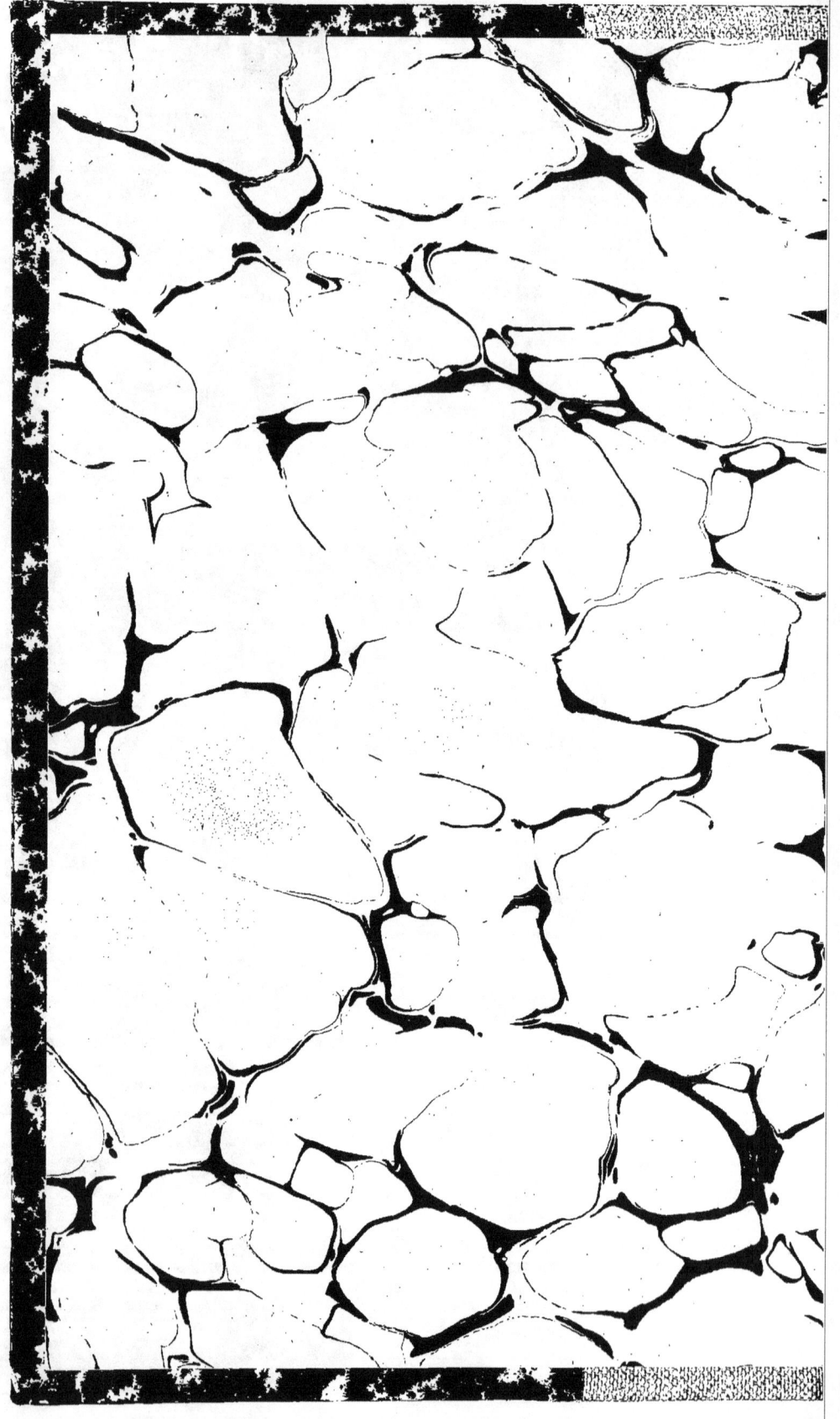

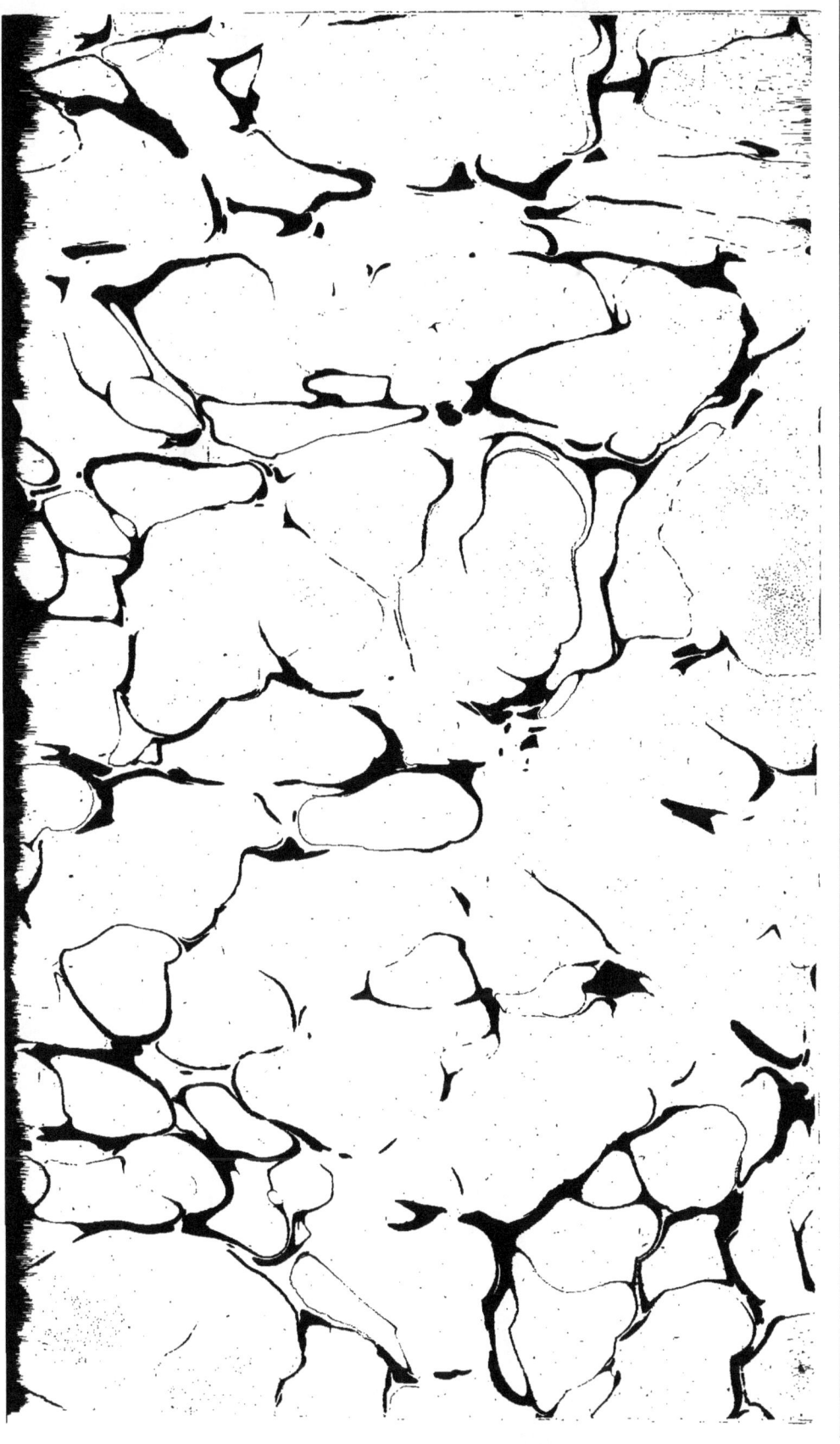

MINARDI REL.

EXPOSITION UNIVERSELLE DE 1878, A PARIS.

NOTICE

HISTORIQUE ET ANALYTIQUE

DES

PEINTURES, SCULPTURES, TAPISSERIES,

MINIATURES, ÉMAUX, DESSINS, ETC.

EXPOSÉS DANS LES GALERIES

DES PORTRAITS NATIONAUX

AU PALAIS DU TROCADÉRO,

PAR M. HENRY JOUIN,

ARCHIVISTE DE LA COMMISSION DE L'INVENTAIRE GÉNÉRAL
DES RICHESSES D'ART DE LA FRANCE,
LAURÉAT DE L'INSTITUT.

PARIS.

IMPRIMERIE NATIONALE.

M DCCC LXXIX.

NOTICE

HISTORIQUE ET ANALYTIQUE

DES

PEINTURES, SCULPTURES, TAPISSERIES,

MINIATURES, ÉMAUX, DESSINS, ETC.

EXPOSÉS DANS LES GALERIES

DES PORTRAITS NATIONAUX

AU PALAIS DU TROCADÉRO.

EXPOSITION UNIVERSELLE DE 1878, À PARIS.

NOTICE

HISTORIQUE ET ANALYTIQUE

DES

PEINTURES, SCULPTURES, TAPISSERIES,

MINIATURES, ÉMAUX, DESSINS, ETC.

EXPOSÉS DANS LES GALERIES

DES PORTRAITS NATIONAUX

AU PALAIS DU TROCADÉRO.

PAR M. HENRY JOUIN,

ARCHIVISTE DE LA COMMISSION DE L'INVENTAIRE GÉNÉRAL
DES RICHESSES D'ART DE LA FRANCE.

PARIS.

IMPRIMERIE NATIONALE.

M DCCC LXXIX.

INTRODUCTION.

A la date du 1er février 1877, M. le Ministre de l'instruction publique et des beaux-arts arrêtait, sur la proposition de M. le marquis de Chennevières, alors directeur des beaux-arts, qu'une exposition des Portraits nationaux serait organisée en 1878.

Frappé de l'intérêt que pourrait offrir une réunion de portraits historiques français, M. le sénateur, commissaire général de l'Exposition universelle voulut bien consacrer à les recevoir la première des vastes galeries destinées aux beaux-arts.

L'exemple de l'Angleterre, qui à trois reprises, en 1866, 1867 et 1868 a placé sous les yeux du public avec un succès si grand une suite d'images authentiques de ses illustrations nationales, nous était un encouragement. Les lettrés et les curieux qu'avaient attirés les collections du South-Kensington-Museum se sentiraient évidemment appelés, pensait-on, vers le Palais du Champ de Mars, et nulle occasion ne s'offrait plus belle d'associer le passé de la France au succès de l'Exposition universelle organisée par la République de 1878.

La Commission de l'Inventaire général des richesses d'art de la France, dont M. le Ministre de l'instruction publique et des beaux-arts avait pu éprouver le zèle laborieux et la haute compétence, voulut bien se charger d'organiser cette exposition.

La tâche ne laissait pas que d'être considérable. En effet, pour que la réunion projetée de portraits et de sujets iconographiques fût digne de représenter à la fois et l'histoire de notre pays et l'histoire de notre École — sans rien distraire de nos grandes collections du Louvre et de Versailles, appelées à recevoir, en 1878, des visiteurs de l'Europe entière — la Commission de l'Inventaire devait faire appel au patriotisme des municipalités provinciales, des autorités diocésaines, des collectionneurs et des descendants des familles illustres.

En présence des œuvres elles-mêmes, le travail que leur choix entraînait allait être des plus délicats; il nécessiterait en même temps le goût dans l'appréciation de l'ouvrage, la sévérité dans la désignation du modèle, et, avant toute chose, une active recherche des peintures, sculptures, dessins, tapisseries, miniatures et médaillons entre lesquels il s'agirait d'opter.

La Commission s'occupa d'abord d'établir un règlement spécial.

Après avoir arrêté que l'exposition comprendrait des portraits historiques français depuis les origines jusqu'à 1830 environ, la Commission décida qu'elle respecterait les attributions indiquées par les possesseurs, mais sans en prendre la responsabilité.

Il fut en outre établi qu'on pourrait admettre les œuvres de peintres de second ordre représentant des personnages de distinction, et qu'il serait donné place aux œuvres d'artistes éminents, lors même que leurs modèles n'auraient pas joui d'une grande notoriété. Cette décision de la Commission n'aura pas été sans profit pour notre histoire nationale : tel portrait, exposé en raison de son seul mérite artistique, a été reconnu pour l'image authentique de quelque illustration française.

Enfin la Commission de l'Inventaire a ouvert sa collection aux portraits d'étrangers, dès lors que le personnage représenté se rattachait, par quelque événement de sa vie, à nos annales politiques, littéraires ou artistiques.

Depuis le mois de mars 1877 jusqu'à la veille de l'ouverture de l'Exposition universelle, la Commission s'est réunie chaque semaine. L'impulsion vigoureuse qu'elle avait donnée à ses recherches la mit promptement sur la trace de quinze cents portraits. Elle dut limiter ses choix aux meilleures toiles, à celles dont l'authenticité paraissait le mieux établie : c'est ainsi qu'elle a prononcé l'admission de plus de neuf cents œuvres, peintures, sculptures, tapisseries, émaux, dessins, etc.

En avril 1878, les envois des propriétaires de tableaux se succédaient avec rapidité ; déjà commençait l'aménagement des premières salles de la galerie médiane du Champ de Mars qui avaient été désignées pour recevoir les Portraits nationaux. Mais, d'une part, l'adhésion tardive de l'Allemagne à l'Exposition universelle, de l'autre, l'obligation flatteuse pour nous de faire une place d'honneur à notre école de sculpture, vinrent modifier, à la dernière heure, l'économie de la galerie des beaux-arts.

Il fut décidé que l'exposition des Portraits nationaux serait transférée au Trocadéro : le caractère rétrospectif de cette collection semblait d'ailleurs marquer sa place dans le voisinage des galeries historiques où ont figuré tant d'œuvres remarquables se rattachant au moyen âge, à la Renaissance et aux temps modernes.

Au Trocadéro, comme au Champ de Mars, l'espace avait été disputé. Les seules parois demeurées libres et susceptibles de recevoir des tableaux étaient celles de la salle des conférences et de la salle des congrès. Encore devenait-il nécessaire d'en masquer les baies par des cloisons, d'atténuer la lumière à l'aide de *velums*, de tendre des draperies aux tons mats, destinées à donner plus de relief aux peintures qu'on voulait exposer. Mais ces préparatifs allaient être entravés par des séances de tout genre dont la date, fixée depuis longtemps, ne souffrait pas de retards. C'est ainsi que les portraits nationaux, transportés tout d'abord au garde-meuble, ne sont entrés au Trocadéro que par petits groupes, entre deux conférences. Ce n'est qu'après la clôture des conférences et des congrès, c'est-à-dire à la fin de septembre, qu'il a été possible d'organiser librement une exposition que le public était impatient de visiter.

Le 8 octobre, les derniers portraits restés au garde-meuble prenaient place au Trocadéro. Immédiatement M. le Directeur général des beaux-arts s'occupait de faire rédiger le catalogue. Sans perdre de vue que le caractère d'un livret est d'être concis, on a tenu cependant à ce que chaque œuvre exposée dans les salles des portraits nationaux fût décrite avec soin ; que ses dimensions et sa provenance fussent indiquées. De même on a relevé les inscriptions qui accompagnent certaines œuvres et qui sont parfois le meilleur témoignage de leur origine. Enfin, on a mentionné les gravures, lithographies, etc. exécutées d'après les portraits exposés.

Il serait difficile de distinguer entre les membres de la Commission de l'Inventaire ceux qui ont le plus contribué à la préparation de l'exposition des Portraits nationaux. S'il en est parmi eux que leurs relations personnelles mettaient en mesure de signaler des œuvres de choix dans les collections particulières, d'autres s'empressaient de se rendre au domicile des propriétaires, pour prononcer l'admission ou le rejet des innombrables ouvrages qui, pendant une année, furent spontanément proposés à la Commission. L'honneur de cette organisation appartient donc à égal titre à chacun des membres de la Commission de l'Inventaire, dont on trouvera plus loin la liste.

Les obstacles imprévus qui vinrent entraver l'installation des œuvres prêtées exigèrent un bon vouloir et une persévérance prolongée chez ceux des membres de la Commission qui avaient accepté la tâche de veiller à l'aménagement des galeries, et il n'est que juste de remercier publiquement à cette place M. le comte Clément de Ris et M. Arthur Gentil, de l'initiative désintéressée dont ils ont donné tant de preuves pendant toute la durée de l'exposition.

MM. Anatole de Montaiglon, Jules Guiffrey et Paul Mantz avaient consenti tout d'abord à se charger de la rédaction du catalogue. Tous les trois se mirent au travail quelques semaines avant l'ouverture officielle de l'Exposition universelle. La notice des Portraits nationaux était déjà ébauchée par leurs soins lorsque les œuvres d'art qu'ils s'empressaient de décrire durent être transportées au garde-meuble : leur tâche était forcément interrompue. M. Henry Jouin, archiviste de la Commission de l'Inventaire, fut chargé, le 8 octobre, de la reprendre et de lui donner sa forme dernière.

Neuf cent soixante et un portraits sont décrits dans ce catalogue. Mis sous presse pendant les derniers jours de novembre 1878, le volume n'a été complètement achevé d'imprimer qu'en février 1879.

Pendant ce temps l'Exposition universelle avait fermé ses portes, et M. le Directeur général des beaux-arts s'empressait de faire rendre à leurs propriétaires les œuvres exposées dans les galeries des Portraits nationaux; cette opération, qui ne laissait pas que de présenter de sérieuses difficultés, a été terminée à la satisfaction générale.

COMMISSION
DE
L'INVENTAIRE GÉNÉRAL DES RICHESSES D'ART
DE LA FRANCE.

Pendant la période d'organisation de l'exposition des Portraits nationaux, la Commission de l'Inventaire était composée comme suit :

Président :

Le Ministre de l'instruction publique, des cultes et des beaux-arts;

Vice-Présidents :

MM. LE MARQUIS DE CHENNEVIÈRES, directeur des beaux-arts;
REISET, directeur des musées nationaux;

Membres :

MM. BŒSWILWALD, architecte, inspecteur général des monuments historiques;
CHABOUILLET, conservateur sous-directeur du département des médailles à la Bibliothèque Nationale;
CHÉRON, bibliothécaire à la Bibliothèque Nationale;
CLÉMENT DE RIS (Comte), conservateur du Musée de Versailles;
COUSIN (JULES), bibliothécaire de la Ville de Paris;
DARCEL, administrateur des Gobelins;
DELABORDE (vicomte HENRI), secrétaire perpétuel de l'Académie des beaux-arts, conservateur sous-directeur du Dépôt des estampes à la Bibliothèque Nationale;
GENTIL (ARTHUR), ancien secrétaire de la Commission supérieure des beaux-arts;
GRUYER (A.), membre de l'Institut, inspecteur des beaux-arts;
GUIFFREY (J.-J.), archiviste aux Archives Nationales;
DE GUILHERMY, conseiller à la Cour des comptes;
LAFENESTRE (GEORGES), chef de bureau à la Direction des beaux-arts;

MM. Louvrier de Lajolais, président de la Commission consultative à l'Union centrale des Arts;

Mantz (Paul), chef de bureau au ministère de l'intérieur;

Michaux, chef de la division des beaux-arts à la Préfecture de la Seine;

De Montaiglon, professeur à l'École des chartes;

Quicherat, directeur de l'École des chartes;

De Ronchaud (Louis), inspecteur des beaux-arts;

De Saint-Victor, inspecteur des beaux-arts;

Servaux, chef de division adjoint au ministère de l'instruction publique;

Du Sommerard, directeur du Musée des Thermes et de l'Hôtel de Cluny;

De Watteville (baron Oscar), chef de la division des sciences et lettres au ministère de l'instruction publique;

Secrétaire:

M. Jouin (Henry), attaché à la direction des beaux-arts, chargé du service de l'Inventaire;

Secrétaire adjoint:

M. Jamain (Joseph), attaché à la direction des beaux-arts.

Un décret en date du 18 octobre 1878 a modifié comme suit la composition de la Commission de l'Inventaire:

M. Guillaume (Eugène), membre de l'Institut, directeur général des beaux-arts, a été nommé premier vice-président en remplacement de M. le marquis de Chennevières;

M. Comte (Jules), chef du bureau de l'Enseignement à la Direction générale des beaux-arts, a été nommé secrétaire en remplacement de M. Jouin (Henry), nommé archiviste;

M. Dreyfus (Gustave), a remplacé M. le baron de Guilhermy, décédé.

EXPOSITION UNIVERSELLE DE 1878, À PARIS.

DIRECTION DES BEAUX-ARTS.

EXPOSITION DES PORTRAITS NATIONAUX.

RÈGLEMENT.

ARTICLE PREMIER. Une exposition de portraits nationaux aura lieu, au palais du Champ de Mars, pendant la durée de l'Exposition universelle internationale de 1878 ; elle sera placée dans la première des grandes galeries consacrées aux beaux-arts. Construit en pierre et soigneusement aménagé, ce bâtiment présentera toutes les garanties désirables au point de vue de la sécurité des objets qui y seront exposés.

ART. 2. La Commission de l'Inventaire des richesses d'art de la France, instituée près le ministère de l'instruction publique et des beaux-arts, est chargée de l'organisation de cette exposition, ainsi que de l'admission des œuvres destinées à y figurer.

ART. 3. Pourront figurer à l'exposition des portraits nationaux les œuvres d'art se rattachant aux genres indiqués ci-après :

1° Peinture ;

2° Dessins, aquarelles, pastels, miniatures non montées sur des bijoux ;

3° Bustes.

ART. 4. Les œuvres d'art dont la Commission aura sollicité elle-même le prêt seront transportées aux frais du commissariat général (emballage compris) et retournées de même sans frais, après la clôture de l'Exposition.

Chaque colis devra porter les marques suivantes :

1° Les lettres E. U. (Exposition universelle) entourées d'un cercle ;

2° Au-dessous des lettres E. U., l'inscription : *Expositon des portraits nationaux* ;

3° Le nom du propriétaire.

Deux étiquettes d'un modèle spécial seront collées chacune sur une face différente des colis. (Ces étiquettes seront envoyées aux exposants admis qui les auront réclamées par lettre à M. le Directeur des beaux-arts.)

Art. 5. Les possesseurs de portraits qui désireraient les voir figurer à l'Exposition devront les soumettre à l'examen de la Commission de l'Inventaire, du 15 au 20 mars 1878, au palais du Champs-de-Mars.

Art. 6. L'exposition sera ouverte le 1er mai 1878 et close le 31 octobre suivant. Aucun objet ne pourra être enlevé avant la clôture sans une autorisation spéciale du Commissaire général et sans une décharge régulière signée par le propriétaire de l'objet retiré.

Art. 7. Chaque œuvre portera un cartel exécuté par les soins de la Commission, indiquant le nom du personnage, le nom de l'artiste et le nom du prêteur.

Art. 8. Aucune reproduction des objets exposés, de quelque nature qu'elle soit, ne sera permise que sur l'autorisation écrite et spéciale du propriétaire. La Commission respecte les attributions indiquées par les possesseurs d'œuvres d'art, mais elle n'en prend pas la responsabilité.

Le Sénateur, Commissaire général,
J.-B. KRANTZ.

PROPRIÉTAIRES D'OEUVRES D'ART,

MUSÉES, BIBLIOTHÈQUES, FABRIQUES, ÉVÊCHÉS, ETC.

QUI ONT PRIS PART

À LA PREMIÈRE EXPOSITION FRANÇAISE

DES PORTRAITS NATIONAUX

AU PALAIS DU TROCADÉRO, EN 1878.

MM.
AGUADO (VICOMTE ONÉSIME), à Paris.
AIGNAN-DESAIX, à Paris.
ALIX (G.), à Paris.
ANDRÉ (ÉDOUARD), à Paris.
ANDRIEU DE MARTILLAT, au château de la Prada, commune de Neyrande, par Thiers (Puy-de-Dôme).
AUBLAY, à Paris.
AUMALE (HENRI-EUGÈNE-PHILIPPE-LOUIS D'ORLÉANS, DUC D'), à Paris.
AUMONT-THIÉVILLE (Mme), à Paris.
AYEN (DUC D'), à Paris.

BABINET (ALEXANDRE), à Paris.
BAILLET (Mme veuve), à Bayeux (Calvados).
BAPST (JULES-AUGUSTE), à Paris.
BARBET DE JOUY (HENRI), à Paris.
BASCLE (THÉOPHILE), à Paris.
BAUDICOUR (THÉODULE DE), à Paris.
BEAUPRÉ (ÉMILE), à Nancy.
BELLENOT (EUGÈNE), à Paris.

MM.
BERTEL, à Rouen.
BERTHOUD (AUGUSTE-LOUIS), à Argenteuil (Seine-et-Oise).
BESENVAL (COMTE DE), à Paris.
BÉTHUNE (COMTE DE), à Paris.
BEURDELEY (PAUL), à Paris.
BEZUEL D'ESNEVAL (ROBERT), à Rouen.
BIBLIOTHÈQUE DE BORDEAUX.
BIBLIOTHÈQUE DE CLERMONT-FERRAND.
BIBLIOTHÈQUE DES AVOCATS, à Clermont-Ferrand.
BIBLIOTHÈQUE DE GRENOBLE.
BIBLIOTHÈQUE DE VERSAILLES.
BIZEMONT (MARQUIS DE), à Paris.
BLAISEL (Mme LA MARQUISE DU), à Paris.
BLANCHEMAIN (PROSPER), au château de Longefont, près Saint-Gaultier (Indre).
BLAZY (Mme LÉON), née PÉRILLIEUX, à Paris.
BOCHER (CHARLES), à Paris.
BOISSELET (JEAN-JOSEPH-THÉRÈSE), à Vesoul.
BOISSIEU (J. DE), à Paris.
BOJANO (DUCHESSE DE), à Paris.
BON-SAINT-ANDRÉ (JEAN), à Montauban.

MM.
BORDIER (HENRI), à Paris.
BOUCHUT, à Paris.
BOUDET DE BARDON, au château de Crouzol, par Volvic, près Riom (Puy-de-Dôme).
BOURDEILLE (MARQUIS DE), à Paris.
BOURDEILLE (Mme LA MARQUISE DE), à Paris.
BOURDIER (LÉON), à Versailles.
BOURGE (DE), à Paris.
BOURGE (Mme JULIETTE DE), à Paris.
BOURGEOT, à Lyon.
BOUVYER (Mme GASTON), à Paris.
BRIEY (COMTE DE), au château de Thierceville (Eure).
BRINQUANT (Mme VICTOR), à Paris.
BRO DE COMERÈS (Mme LA BARONNE), à Paris.

CABUCHET (ÉMILIEN), à Paris.
CAFFIERI (HECTOR), à Boulogne-sur-Mer (Pas-de-Calais).
CALLANDREAU, à Angoulême.
CAMUS, à Paris.
CARRÉ (JULES), à Paris.
CARVALHIDO (COMTE), à Paris.
CASIMIR-PERIER (JEAN), à Paris.
CATHÉDRALE D'AIX (CHAPITRE DE LA).
CATHÉDRALE DE MOULINS (FABRIQUE DE LA).
CATHÉDRALE DE NANCY (FABRIQUE DE LA).
CATHÉDRALE DE POITIERS (CHAPITRE DE LA).
CHABOUILLET (A.), à Paris.
CHANTERAC (MARQUISE DE), à Paris.
CHASLES (HENRY), à Paris.
CHATEAUBRIAND (COMTE DE), à Paris.
CHAZAUD (JEAN-BAPTISTE), à Paris.
CHENNEVIÈRES (MARQUIS DE), à Paris.
CHENUE PÈRE, à Paris.
CHEVRILLON (Mme), à Paris.
CHOPARD, à Vichy (Allier).
CHRISTIAN (Mme), à Versailles.
CINOT (Mme), à Crécy (Seine-et-Oise).
CLAUDE (JULES), à Paris.
CLOCK (LÉON DE), à Falaise.
COLLESSON (LOUIS-FÉLIX-ANTOINE-LÉON), à Nancy.
COTTIER (MAURICE), à Paris.
COUR D'APPEL DE ROUEN.

MM.
COURTOIS (JUSTIN), à Paris.
COUSIN (JULES), à Paris.
COUVET (ÉDOUARD), à Rouen.
CZARTORYSKI (PRINCE), à Paris.

DANLOUX (Mme veuve), à Saint-Germain-en-Laye (Seine-et-Oise).
DANLOUX DU MESNIL, à Paris.
DARCEL (ALFRED), à Paris.
DAUSSOIGNE-MÉHUL (A.), à Bruxelles.
DAVIOUD (GABRIEL), à Paris.
DELACOUR (Mlle), à Paris.
DELAHERCHE (ALEXANDRE), à Beauvais.
DELARUE DE BEAUMARCHAIS (ALFRED-HENRI), à Paris.
DELESTRE (G.), à Paris.
DELORE (Mme BÉATRIX), à Paris.
DENAIN (Mme), à Paris.
DENIS (ANTOINE), à Versailles.
DENIS (FERDINAND), à Paris.
DES FOSSEZ (COMTE), à Paris.
DETROYAT (Mme LÉONCE), à Paris.
DEVOIZE (Mme), à Nantes.
DIRECTION GÉNÉRALE DES BEAUX-ARTS, à Paris.
DREYFUS (Mme GUSTAVE), à Paris.
DUFOUR, à Paris.
DUMAS (ALEXANDRE), à Paris.
DUPONT (EDMOND), à Paris.
DURAND (ALPHONSE), à Mantes (Seine-et-Oise).
DUVERGIER DE HAURANNE (EMMANUEL), à Paris.
DZIALINSKA (COMTESSE), née PRINCESSE CZARTORYSKA, à Paris.

ÉCOLE NATIONALE DES ARTS DÉCORATIFS, à Paris.
EDWARDS (ALFRED), à Paris.
EDWARDS (CHARLES), à Paris.
ERARD (Mme veuve), à Paris.
ÉVÊCHÉ DE MEAUX.
ÉVÊCHÉ DE NÎMES.

MM.
ÉVÊCHÉ D'ORLÉANS.
ÉVÊCHÉ DE TROYES.
EVETTE (HENRI), à Paris.

FABRE (Mme BERTHE), à Paris.
FABRE (MARC), à Paris.
FACULTÉ DE MÉDECINE DE PARIS.
FAU (PIERRE-HENRI), à Paris.
FAURE (FÉLIX), à Paris.
FAURE (Mme FÉLIX), à Paris.
FEBVRE (ALEXIS-JOSEPH), à Paris.
FÉRAL-CUSSAC (EUGÈNE), à Paris.
FILLON (BENJAMIN), à Saint-Cyr-en-Talmoudais (Vendée).
FIRMIN-DIDOT (ALFRED), à Paris.
FONTENAY (COMTE DE), à Paris.
FOURNEL (LOUIS-EDMOND), à Lyon.
FOURNIER (CHARLES), à Paris.
FOY (COMTE), à Paris.
FRÈRE (Mme), au Mont-aux-Malades, près Rouen.
FRÉRET (ARMAND), à Paris.
FRESNAYE (BARON DE LA), à Falaise.
FRESNAYE (Mme LA BARONNE DE LA), à Falaise.
FURTADO-HEINE (Mme), à Paris.

GALICIER DE LA TURMELIÈRE (Mme), à Pont-Rousseau, près Nantes.
GALITZIN (PRINCE BORYS), à Paris.
GALITZIN (PRINCE ÉTIENNE), à Paris.
GANAY (MARQUIS DE), à Paris.
GAND (EUGÈNE), à Paris.
GÉRARD (BARON), à Paris.
GIRARD (LOUIS-ERNEST), à Paris.
GIRARD-GOUPILLON, à Montaigu (Vendée).
GIUDICELLI (HENRI), à Paris.
GIUDICELLI (Mme), à Paris.
GOURGAUD (BARON), à Paris.
GOYON (COMTESSE DE), à Paris.
GRASSAL (ERNEST), à Saint-Flour (Cantal).
GRAVILLON (Mme GABRIELLE DE), à Paris.
GRÉAU (JULIEN), à Troyes.

MM.
GUÉRIN (COMTE), à Paris.
GUIFFREY (Mme JULES), à Paris.
GUILHIERMOZ (BAPTISTIN), à Paris.
GUILLAUME DE ROCHEBRUNE (OCTAVE DE), au château de Terre-Neuve, près Fontenay-le-Comte (Vendée).

HABAÏBY (Mme), à Paris.
HARCOURT (DUC D'), à Paris.
HARO, à Paris.
HASTIER (PAUL), à Paris.
HAUSSONVILLE (COMTE D'), à Paris.
HAUT (MARC DE), à Paris.
HAVILLE, à Duclair (Seine-Inférieure).
HÉDOUIN (EDMOND), à Paris.
HÉRICART DE THURY (VICOMTE), au château de Thury, canton de Betz (Oise).
HERLUISON, à Orléans.
HOUDETOT (COMTE D'), à Foix.
HÜNOLSTEIN (BARON D'), à Paris.
HUTTEAU, à Paris.

INSTITUTION NATIONALE DES SOURDS-MUETS, à Paris.

JANCIGNY (DU BOIS DE), à Paris.
JARRAULT (ÉMILE), à Paris.
JOUIN (HENRY), à Paris.

LABORDE (MARQUIS DE), à Paris.
LABORDE (MARQUISE DE), à Paris.
LACHAUD (C.), à Paris.
LACROIX (PAUL), à Paris.
LACROIX (Mme PAUL), à Paris.
LAGUICHE (MARQUIS DE), à Paris.
LALLEMAND (HENRI), à Paris.
LAMARE (RENÉ DE), à Paris.
LANGLOIS (AMÉDÉE-JÉRÔME), à Paris.
LAUBESPIN (COMTE DE), à Paris.

MM.
LAUGIER (M™e veuve ERNEST), à Paris.
LAVIGNE (HUBERT), à Paris.
LE BERQUIER, à Paris.
LE BRET, à Rennes.
LEBRETON (GASTON), à Rouen.
LEBRUN DALBANE, à Troyes.
LEFEBVRE (PIERRE), à Paris.
LEFÈVRE (ERNEST), à Paris.
LENFANT (ALBERT), à Paris.
LENOIR (ALBERT), à Paris.
LE PESANT DE BOIS-GUILBERT (MARQUIS PIERRE-CHARLES), au château de Saint-Pierre, par Beuzeville (Eure).
LE REBOURS (L'ABBÉ A.), à Paris.
LEROUX, à Paris.
LEROY D'ÉTIOLLES (RAOUL-HENRI), à Paris.
LIOUVILLE, à Paris.
LIZÉ, à Rouen.
LOUP (ERNEST), à Paris.
LUYNES (DUCHESSE DE), au château de Dampierre (Seine-et-Oise).
LUZARCHE (M™e), à Monrepos, commune de Saint-Cyr, près Tours.

MAHÉRAULT, à Paris.
MANDL, à Paris.
MANNHEIM (CHARLES), à Paris.
MARBEAU (L'ABBÉ EMMANUEL), à Paris.
MARCILLAC (DANEY DE), à Aire-sur-la-Lys (Pas-de-Calais).
MARCILLE (EUDOXE), à Paris.
MARILHAT, à Thiers (Puy-de-Dôme).
MARTIN, à Nancy.
MARY-CAFFIERI (M™e), à Senonches (Eure-et-Loir).
MATTEI, à Paris.
MAYOU (CONSTANT), à Paris.
MESNARD (M™e LA COMTESSE DE), au château de Montbeton, près Montauban.
MICHEL, à Nancy.
MICHEL (FRANÇOIS), à Grigny (Rhône).
MILLET (AIMÉ), à Paris.
MOISSON (CHARLES), à Paris.
MONASTÈRE DE MAISON-DIEU-NOTRE-DAME DE LA GRANDE-TRAPPE, à Soligny-la-Trappe (Orne).

MM.
MONTAIGLON (ANATOLE DE), à Paris.
MONTEBELLO (LOUIS LANNES, MARQUIS DE), à Paris.
MONTHOLON-GALLIÉ (MADAME ÉLISA DE), à Versailles.
MUN (MARQUIS DE), à Paris.
MUSÉE D'AMIENS.
MUSÉE D'ANGERS.
MUSÉE DAVID, à Angers.
MUSÉE ARCHÉOLOGIQUE, à Angers.
MUSÉE D'AUXERRE.
MUSÉE CALVET, à Avignon.
MUSÉE DE BESANÇON.
MUSÉE DE BOURGES.
MUSÉE DE CAEN.
MUSÉE DE CHALON-SUR-SAÔNE.
MUSÉE DE CHARTRES.
MUSÉE DE CHÂTEAUROUX.
MUSÉE DE CHÂTEAU-THIERRY (Aisne).
MUSÉE DE CLERMONT-FERRAND.
MUSÉE DE DIJON.
MUSÉE DE DOUAI.
MUSÉE DE GRENOBLE.
MUSÉE DU HAVRE.
MUSÉE D'ISSOUDUN.
MUSÉE DE LILLE.
MUSÉE DE LIMOGES.
MUSÉE DE LYON.
MUSÉE DE MARSEILLE.
MUSÉE DE MONTAUBAN.
MUSÉE DE MONTPELLIER.
MUSÉE DE NANCY.
MUSÉE DE NANGIS (Seine-et-Marne).
MUSÉE DE NEUFCHÂTEL-EN-BRAY (Seine-Inférieure).
MUSÉE DE NIORT.
MUSÉE D'ORLÉANS.
MUSÉE DE L'HÔTEL CARNAVALET, à Paris.
MUSÉE DE PAU.
MUSÉE DE PERPIGNAN.
MUSÉE DU PUY-EN-VELAY.
MUSÉE DE REIMS.
MUSÉE DE RENNES.
MUSÉE DE ROUEN.
MUSÉE DE SAINTES.
MUSÉE DE SAINT-MALO (Ille-et-Vilaine).

MM.
Musée Latour, à Saint-Quentin (Aisne).
Musée de Toulouse.
Musée de Tours.
Musée de Troyes.
Musée de Valenciennes.
Musée de Verdun.

Nadault de Buffon (Henri), à Paris.
Neaud (Nérée-Michel), à Lyon.
Nélaton (Mme), à Paris.

Olivier, à Montauban.
Ollendorff (Gustave), à Paris.
Olleris (Henri), à Paris.
Opigez (Pierre-Amable-Joseph), à Paris.
Orville, au château de Marœuil-en-Brie (Marne).
Osmoy (Comte d'), à Versailles.
Oudot (Alfred), à Paris.

Pange (Marquis de), à Paris.
Paris (Louis-Philippe-Albert d'Orléans, comte de), au château d'Eu (Seine-Inférieure).
Pâris, à Saint-Ouen-l'Aumône (Seine-et-Oise).
Paroisse de Notre-Dame-de-Bonne-Nouvelle (Fabrique de la), à Paris.
Paroisse de Saint-Leu-Saint-Gilles (Fabrique de la), à Paris.
Paroisse de Saint-Nicolas-des-Champs (Fabrique de la), à Paris.
Paroisse de Notre-Dame (Fabrique de la), à Versailles.
Pibrac (Comte de), à Orléans.
Pichon (Baron J.), à Paris.
Pigache (Henri), à Paris.
Pigeotte (Léon), à Troyes.
Pinel (Auguste), à Chaumont (Haute-Marne).
Pinel (Charles-Auguste), à Paris.

MM.
Portalis (Comte - Charles - Guillaume - Étienne), à Paris.
Poulot (Jules-Augustin), à Lyon.
Pouyer-Quertier, à Rouen.
Pourtalès (Comte Edmond de), à Paris.
Pradelle, à Paris.
Prévot (Charles), à Paris.
Protais (Mme), à Paris.
Pruines (Claude-Jacques de), à Clermont-Ferrand.
Puget (Paul), à Paris.

Ragon, à Paris.
Raoul-Rochette (Mme veuve), à Paris.
Read (Charles), à Paris.
Read (Mme Charles), à Paris.
Reignier (Jean), à Lyon.
Reinach (Hermann-Joseph), à Paris.
Reiset (Comte de), à Paris.
Riésener (Louis-Antoine-Léon), à Paris.
Roman, à Paris.
Rossigneux (Charles-François), à Paris.
Rothschild (Baron Gustave de), à Paris.
Rothschild (Baronne James de), à Paris.
Rouillard (Mme), à Paris.
Roxard de la Salle (Henry), à Nancy.

Saint-Ferriol (Comtesse de), au château d'Uriage (Isère).
Saint-Maurice (Mlle de), à Paris.
Saint-Paul (Marquis de), à Paris.
Saint-Victor (Paul de), à Paris.
Sainte-Beuve (Eugène de), à Paris.
Sampayo (Mme de), à Paris.
Sancy de Parabère (Mme de), au château de Boran (Oise).
Saucède (Alfred), à Paris.
Saulcy (Louis-Félicien-Joseph Caignart de), à Paris.
Saulty (Henry-Guillaume-Albert de), au château de Baville, par Saint-Cheron (Seine-et-Oise).
Say (Léon), à Paris.

MM.

Schickler (Baron Arthur de), à Paris.
Seillière (Baron), à Paris.
Sèze (Mme veuve Aurélien de), à Bordeaux.
Société de l'histoire du Protestantisme français, à Paris.
Société de statistique de Niort (Deux-Sèvres).
Soultzener, à Paris.
Strauss, à Paris.
Supérieur des prêtres du séminaire de Saint-Sulpice, à Paris.
Supérieur général de la Congrégation de la Mission, à Paris.
Supérieure des religieuses de Saint-Vincent-de-Paul (Mme la), à Lyon.
Supérieure du couvent de la Visitation (Mme la), à Dijon.

Taigny (Edmond), à Paris.
Talleyrand et Valençay (Duc de), au château de Valençay (Indre).
Target (Paul-Louis), à Paris.
Taschereau (Jules), à Paris.
Teulières (Xavier), à Montauban.
Tillet (Comte Raymond du), à Paris.
Tollin (A.), à Paris.
Toulmouche (Mme), à Paris.
Tribunal de Fontenay-le-Comte.
Tulpain, à Nancy.

MM.

Turenne d'Aynac (Comte Sosthènes-Paul de), à Paris.
Turgot (Mme la marquise), à Paris.

Vail et Cie, à Paris.
Vatel (Charles), à Villepreux (Seine-et-Oise).
Vaulserre (Marquis de), au château de Saint-Albin de Vaulserre (Isère).
Vaussard (Mme), à Montigny, près Rouen.
Vaussin (Ferdinand-Charles-Nicolas), à Paris.
Verdonnet (Comte Sosthènes de), à Paris.
Vernède de Cormeillan (Mme la comtesse de), à Lourmarin (Vaucluse).
Viel, à Tours.
Villeneuve, à Paris.
Villeperdrix (Comte Louis de), au Pont-Saint-Esprit (Gard).
Virieu (Marquis de), au château de Lantilly, commune de Lantilly (Côte-d'Or).

Walferdin (Hippolyte), à Paris.
Whitelocke, à Amboise.
Wilhem fils (Alexis), à Paris.

Yves (Philippe), à Chartres.

EXPOSITION UNIVERSELLE DE 1878,
À PARIS.

NOTICE
HISTORIQUE ET ANALYTIQUE
DES
PEINTURES, SCULPTURES, TAPISSERIES,
MINIATURES, ÉMAUX, DESSINS, ETC.
EXPOSÉS DANS LES GALERIES
DES PORTRAITS NATIONAUX
AU PALAIS DU TROCADÉRO.

DU XIᵉ AU XVIᵉ SIÈCLE.

1. — **Saint Bernard** (1091-1153), fondateur de Clairvaux. — Bois; haut. 0ᵐ,25, larg. 0ᵐ,18. — Auteur inconnu (? siècle).
En buste; tête nue, tournée vers l'épaule gauche et légèrement inclinée; costume de Cistercien. Inscrit dans un médaillon ovale.
Dans la partie inférieure du panneau est écrit :
VERA BERNARDI EFFIGIES.
Provient de l'abbaye de Clairvaux (vers 1795). — A M. Julien Gréau, à Troyes.

2. — **Jean II,** dit **le Bon** (1310?-1364), roi de France. — Bois; haut. 0ᵐ.54, larg. 0ᵐ,34. — Auteur inconnu (xivᵉ siècle).
En buste, de profil à gauche; longs cheveux roux, barbe courte; manteau vert, bordé de fourrure grise. Fond d'or.

Dans la partie supérieure du panneau est écrit :

JEHAN REY DE FRANCE.

Aucune œuvre d'art placée dans les monuments de l'État n'ayant pu figurer à l'Exposition Universelle, l'administration des beaux-arts a fait copier sur toile, pour les galeries des portraits nationaux, le portrait de Jean le Bon, déposé au cabinet des Estampes, à la Bibliothèque Nationale.

Le portrait de Jean II est entré à la Bibliothèque en 1716 avec les collections de dessins et d'estampes données au roi en 1711, par Roger de Gaignières. Gravé en 1636, par Jacques de Bie, dans les *Vrais Portraits des rois de France*, ou *la France métallique*, ce panneau appartenait alors à Joly de Fleury, trésorier des États de Bourgogne.

Photographié au charbon, par M. Braun.

La copie à l'huile, exécutée en 1878, est l'œuvre de M. Cormon (Fernand). Elle doit prendre place au musée de Versailles.

3. — **Charles V** (1337-1380), roi de France. — Miniature sur vélin ; haut. 0^m,29, larg. 0^m,21. — Par Jean de Bruges (?-? XIVe siècle).

En pied, de profil, tourné vers la droite, les cheveux lissés retenus dans une résille à mailles fines ; le roi est assis sur un siège pliant, vêtu d'un costume de moine, à longs plis ; une main dégantée reçoit d'un personnage agenouillé, en justaucorps gris, un livre ouvert sur lequel est écrit : *Coutume*....

Ce portrait, possédé par le musée Meermano-Westreenianum de la Haye, décore le frontispice d'une *Bible historiée*, de format grand in-4°, traduite par Guyart des Moulins et exécutée pour Charles V. En regard de cette miniature est une inscription qui remplit toute la feuille de vélin ; elle fait connaître le nom de l'auteur du portrait, en même temps que sa date (1371). En voici le texte :

ANNO DOMINI MILLESIMO TRECENTESIMO SEPTUAGESIMO PRIMO ISTUD OPUS PICTUM FUIT AD PRECEPTUM AC HONOREM ILLUSTRI PRINCIPIS KAROLI REGIS FRANCIE ETATIS SUE TRECESIMO QUINTO ET REGNI SUI OCTAVO ET JOHANNES DE BRUGIS PICTOR REGIS PREDICTI FECIT HANC PICTURAM PROPRIA SUA MANU.

Photographié au charbon, par M. Braun.

La *Bible* du musée Meermano-Westreenianum n'ayant pu figurer à l'Exposition Universelle, l'administration des beaux-arts a fait exécuter une copie à l'aquarelle du portrait de Charles V, pour les galeries des portraits nationaux. Cette copie est l'œuvre de M. den Duyts (Gustave). Elle doit prendre place au musée de Versailles.

4. — **Jean sans Peur** (1371-1419), duc de Bourgogne. — Bois ; haut. 0^m,36, larg. 0^m,26. — Auteur inconnu (XVe siècle).

En buste, de profil, à gauche ; mains jointes ; calotte grise sur la tête ; vêtement gris, garni de fourrures au col et aux manches ; pèlerine blanche avec broderies de couleur.

Dans la partie supérieure du panneau est écrit :

IEAN DVC DE BÔGNÊ FVC OCCIS A MOTEREAV.

Derrière le panneau est écrit de la main d'Alexandre Lenoir :

« J'ai acheté le présent tableau à M. Designé Maillard, rue de Grammont, n° 13, le 11 novembre 1821.

Signé : Le Chevalier LENOIR. »

Photographié au charbon, par M. Braun.

Provient de la collection Lenoir. — A Mgr LE DUC D'AUMALE, à Paris.

5. — **Jean sans Peur** (1371-1419), duc de Bourgogne. — Buste, albâtre; haut. 0ᵐ,36, socle compris. — Attribué à Claux-Slutter, valet de chambre et sculpteur du duc de Bourgogne. (?-? xivᵉ et xvᵉ siècle).

Tête nue, de face; indication de vêtement.

A M. le baron Arthur de Schickler, à Paris.

6. — **Jean sans Peur** (1371-1419), duc de Bourgogne. — Dessin aux deux crayons et à l'aquarelle, d'après une peinture; haut. 0ᵐ,36, larg. 0ᵐ,25. — Auteur inconnu (xvᵉ siècle).

En buste, de profil, tourné à gauche; cheveux coupés en rond sur le haut de la tête; mantelet sur lequel sont brodés des briquets; robe garnie de fourrure autour du col et au bout des manches; les mains jointes.

Dans la partie supérieure de la composition est écrit :

JEHAN, DVC DE BOURGŌNE, FVT OCCIS A MÔTEREAU, 1418.

Photographié au charbon, par M. Braun.

A M. Benjamin Fillon, à Saint-Cyr-en-Talmondais (Vendée).

7. — **Philippe**, dit le **Bon** (1396-1467), duc de Bourgogne. — Bois; haut. 0ᵐ,34, larg. 0ᵐ,25. — Auteur inconnu (xvᵉ siècle).

En buste, tête légèrement tournée vers l'épaule droite; la main droite sur la poitrine; la main gauche indiquant un blason; drapé de rouge; feutre noir sur la tête; collier de pierreries avec pendeloques.

Photographié au charbon, par M. Braun.

A M. Alexandre Delaherche, à Beauvais.

8. — **Amblard de Beaumont** (?-1374), protonotaire du dernier Dauphin de Viennois Humbert II. — Bois; haut. 0ᵐ,31, larg. 0ᵐ,21. — Auteur inconnu (xivᵉ siècle).

A mi-corps, la tête de trois quarts tournée vers l'épaule gauche; toque ornée de pierreries; costume noir; collerette; collier avec médaillon; une pièce manuscrite ouverte dans les mains.

Provient de la famille de Vaulserre. — A M. le marquis de Vaulserre, au château de Saint-Albin-de-Vaulserre (Isère).

9. — **Louis XI** (1423-1483), roi de France. — Groupe, bronze; haut. 0ᵐ,29, long. 0ᵐ,37. — Auteur inconnu (xvᵉ siècle).

En saint Hubert; il est agenouillé devant un cerf.

Ce modèle fut exécuté en grand pour le mausolée du roi à Notre-Dame de Cléry.

A M. le baron Arthur de Schickler, à Paris.

10. — **Louis XI** (1423-1483), roi de France. — Gouache sur vélin, de forme ovale; haut. 0ᵐ,18, larg. 0ᵐ,35. — Auteur inconnu (xvᵉ siècle).

En pied, de profil, à droite; bas de chausses blancs, manteau rouge; il présente de la main gauche un livre d'heures qu'il s'apprête à déposer près d'une statuette de la Vierge.

Photographié au charbon, par M. Braun.

Provient de la collection de M. Jules Duclos. — A M. Jean-Baptiste Chazaud, à Paris.

11. — Charles VIII (1470-1498), roi de France. — Tapisserie de fabrique italienne; haut. 4 mètres, larg. 4 mètres. — **Auteur inconnu** (XVIe siècle).

A cheval, marchant de gauche à droite; la tête de face; revêtu d'une armure, couverte d'un manteau bleu fleurdelisé; il tient de la main gauche les rênes de son cheval, et de la main droite lève son épée.

Dans la partie supérieure de la composition, à droite, est écrit :

> Carolus invicti Ludovici filius olim
> Parthenopem domuit saliens sicut Hanibal Alpes.
> A. 1611.

(Ce millésime, difficile à déchiffrer, n'est reproduit ici que sous réserves.)

Entre les jambes du cheval, une salamandre avec les mots :

> *Vivifico extingo.*

Dans la bordure, à droite et à gauche, sur des banderolles :

> *Inquire pacem.*

A M. LE BARON ARTHUR DE SCHICKLER, à Paris.

12. — René d'Anjou, *dit* **le roi René** (1409-1480), et **Jeanne de Laval** (?-1498), sa seconde femme. — Triptyque, bois, dit *le Buisson ardent*. — Partie centrale; haut. 2m,90, larg. 2m,10. Volets : haut. 2m,80, larg. 0m,97. — Par **Froment** (**Nicolas**), d'Avignon (?-? XVe siècle).

Partie centrale :

Au sommet d'un tertre est un bouquet de chênes verts, à tiges courtes, dont les branches forment une touffe circulaire. Des flammes légères enveloppent, sans les consumer, les rameaux extrêmes. La Vierge portant l'Enfant Jésus sur ses genoux, domine le buisson. Au premier plan, Moïse, vêtu de rouge, gardant un troupeau de moutons, vient d'ôter une de ses chaussures; en face de lui, l'ange Gabriel s'entretient avec lui. Fond de paysage et de fabriques.

Dans la partie supérieure du panneau est écrit :

QVI ME INVENERIT INVENIET VITAM ET HAVRIET SALVTEM A DOMINO. SAP.

Au-dessous de la composition est écrit :

RVBVM QVEM VIDERAT MOYSES INCOMBVSTVM, CONSERVATAM AGNOVIMVS TVAM LAVDABILEM VIRGINITATEM SCTA DEI GENITRIX.

Volet de gauche :

René d'Anjou est à genoux devant une table recouverte d'un tapis fleurdelisé, aux armes d'Anjou. Sur la table, un livre et la couronne ducale. A sa gauche, un guerrier, tête nimbée, tient de sa main gauche une lance que surmonte une bannière, et, de la droite, une épée. Derrière lui, saint Antoine et saint Maurice, patrons du roi René, et sainte Madeleine, patronne de la Provence, vêtue de rouge, un vase de parfums dans les mains. Dans la partie inférieure du panneau, un levrier. Fond de draperies et d'architecture.

Volet de droite :

Jeanne de Laval est agenouillée, les mains jointes, devant un prie-Dieu recouvert d'un tapis aux armes de sa maison, sur lequel est un missel ouvert. Couronne en tête; robe noire, corsage en hermine. A sa droite, saint Nicolas, en costume d'évêque, bénit les trois enfants symboliques, nus, à ses pieds. Sainte Catherine, vêtue d'hermine et couverte d'un manteau vert, tient une palme dans sa main droite et pose la gauche sur une épée. Saint Jean l'évangéliste, la tête nue, vêtu d'une robe de couleur sombre, tient de la main gauche un calice d'où s'échappe un dragon, et, de la main droite, fait un geste de bénédiction. Fond de draperie et d'architecture.

Dais. — Le dais ne surmonte que la partie centrale.

Le Père Éternel tient le globe dans sa main gauche. Groupes d'anges en voussure. A droite et à gauche, anges adorateurs.

Extérieur du triptyque :

Sur les volets fermés, grisailles représentant, à gauche, sous un dais ogival, l'archange Gabriel, et à droite, la Vierge recevant la salutation angélique. Elle est également sous un dais.

Le *Compte des menus plaisirs du roi René*, de l'an 1475 à l'an 1479, déposé aux archives du département des Bouches-du-Rhône, renferme quatre mentions des sommes versées à Nicolas Froment, peintre d'Avignon, « qui a fait *rubrum* (au lieu *de rubum*) *quem viderat Moyses*. »

Photographié au charbon, par M. Braun.

Exécuté en chromolithographie, par M. Engelman.

Commandé par le roi René, pour sa chapelle des Carmes. — AU CHAPITRE DE LA CATHÉDRALE D'AIX.

13. — René d'Anjou, *dit le roi René* (1409-1480), et **Jeanne de Laval** (?-1498), sa seconde femme. — Diptyque, bois. — Chaque volet : haut. 0^m,130, larg. 0^m,095. — Attribué à René d'Anjou *dit le roi René* (1409-1480).

Premier volet :

En buste, la tête tournée vers sa droite, le roi René porte une calotte de velours noir, un manteau garni de fourrures et il tient un chapelet dans la main droite.

Deuxième volet :

En buste, de profil, à gauche, la reine porte un manteau garni de fourrures et tient ses mains croisées l'une sur l'autre.

Photographie au charbon, par M. Braun.

Voy. sur ce diptyque *Le bon roi René*, par M. Chazaud. Paris, A. Quantin, 1877, in-8° de 31 pages.

Provenant de Mme la comtesse de Saint-Pons, descendante de la famille des Matheron, dont l'ancêtre a été ministre de René d'Anjou. — A M. JEAN-BAPTISTE CHAZAUD, à Paris.

14. — Jeanne d'Arc (1412-1431), libératrice d'Orléans. — Toile ; haut. 1^m,18, larg. 0^m,86. — Auteur inconnu (XVIe ou XVIIe siècle).

A mi-jambes, de trois-quarts, la tête tournée vers l'épaule gauche ; toque noire à plumes blanches ; justaucorps rouge vif à crevés aux manches, la cuirasse échancrée laissant apercevoir un collier. La main droite tient l'épée relevée sur l'épaule. Dans la partie inférieure du tableau, à la droite du personnage, fond de bataille. Dans la partie supérieure, à la droite du personnage, armoiries ; à sa gauche, un soleil d'or, sous lequel est une figure du phénix au milieu des flammes.

Dans la partie supérieure de la composition, au centre, est écrit :

IEXECVTE. LES CONSEILS. DE DIEV.

Autour des armoiries :

DIEV EST MA FORCE. MA VERTV. ANOBLI. MA' RASSE.

Parallèlement au fer de l'épée :

CE FER. A SAVVE LA FRANCE.

En exergue, au-dessous de la figure du phénix :

IE MEVRT. POVR VIVRE.

A la gauche du personnage :

**Icanne Darc dü lis, pucelle d'Orléa^{ns}
lamazone de France, inspirée de
Dieu en sa patrie, pais barois, pris
les armes, et comme une autre
Iudith. coupa la tête à Holopherne anglois;
chassa ses armées. Sauua
le royaume de France. et rétably le
roy Charles 7. en son trône. 1429.**

Photographié au charbon, par M. Braun.

Provient de M. A. Deville, antiquaire, fondateur du musée des antiquités de la Seine-Inférieure (1834). — Au musée de Rouen.

15. — **Guy de Montfaucon**, chevalier, seigneur de Saint-Mesmin et de Roydan, en Bas-Poitou, compagnon d'armes de Jeanne d'Arc, tué à la bataille de Patay, le 18 juin 1429. — Émail en couleur, sur cuivre; haut. 0^m,19, larg. 0,21. — **Auteur inconnu** (XVe siècle).

A cheval, armé de toutes pièces et contemplant le Christ mort entre les deux larrons; à côté de lui un autre personnage à cheval. En pendant, le groupe de la Vierge, soutenue par saint Jean et par une sainte femme. Son écu, de simple au lion d'or lampassé de gueules, à l'orle de gueules chargée de besants d'or, occupe l'angle droit inférieur du tableau. Celui de Marie Marteau, sa femme, occupe l'angle opposé.

A M. Benjamin Fillon, à Saint-Cyr-en-Talmondais (Vendée).

16. — **Simon de Cramand**, (?-1426), cardinal. — Bois; haut. 0^{ût},68, larg. 0^m,50. — **Auteur inconnu** (XVe siècle).

En buste, de trois quarts à gauche; les mains jointes. Manteau rouge, entr'ouvert, laissant paraître le rochet.

Dans la partie inférieure du panneau est écrit :

SIMON DE CRAMADO CARDINALIS ET EPISCOPUS PICTAVENSIS OBIIT 1426.

Dans la partie supérieure, à gauche, deux dates : 1385-1418.
Un peu au-dessous : armoiries surmontées du chapeau cardinalice.

Au Chapitre de la cathédrale de Poitiers.

17. — **Pierre II, duc de Bourbon, sire de Beaujeu** (1439-1503). **Anne de France**, sa femme, fille de Louis XI (1462-1522). **Suzanne de Bourbon**, leur fille. — Triptyque, bois. — Partie centrale : haut. 1^m,58, larg. 1^m,31. Volets : haut. 1^m,55, larg. 0^m,64. — Auteur inconnu (XVe siècle).

Partie centrale :

La Vierge est assise dans une gloire; à ses pieds un croissant. Un diadème est soutenu au-dessus de sa tête par deux anges. De chaque côté, six anges adorateurs. Ceux qui occupent la partie inférieure tiennent un phylactère sur lequel est écrit :

HEC. EST. ILLA. DEQVA. SACRA. CANVNT. EVLOGIA. SOLE. AMICTA.
LVNAM. HABENS. SUB. PEDIBZ. STELIS. MERVIT. CORONARI. DVODENIS.

Volet de gauche :

Pierre II, couronne en tête, mains jointes, à genoux sur un coussin; vêtement bleu, épaules couvertes d'hermine; manteau rouge doublé d'hermine, manches à ramages. Derrière lui : saint Pierre, debout, en costume de pontife.

Volet de droite :

Anne de France, agenouillée sur un coussin, couronne en tête, mains jointes; robe de velours bleu foncé, corsage d'hermine; manteau de velours rouge, ouvert, doublé d'hermine. A sa gauche, Suzanne de Bourbon, couronnée, en robe de brocard d'or, corsage d'hermine, manches de velours rouge; à genoux, mains jointes. Derrière les deux personnages : sainte Anne, debout.

Extérieur du triptyque :

Sur les volets fermés, grisailles représentant, à gauche, une Annonciation; à droite des Anges adorateurs.

Photographié au charbon, par M. Braun.

Exécuté en chromolithographie, par M. Engelman.

A la FABRIQUE DE LA CATHÉDRALE DE MOULINS.

18. — **Louis II de la Trémoille** (1460-1525), gouverneur et lieutenant général de Bourgogne. — Bois; haut. 0m,18, larg. 0m,12. — Par **Ghirlandajo (Domenico)** (1449-1498?).

En buste, de profil, à gauche; tête nue; draperie rouge sur l'épaule.

Dans la partie supérieure du panneau est écrit :

L. DE LA TRÉMOILLE.

Photographié au charbon, par M. Braun.

A Mgr LE DUC D'AUMALE, à Paris.

(Voir APPENDICE nos 891, 892 et 893.)

XVIᵉ SIÈCLE.

I.

GOUVERNEMENT. — PERSONNAGES POLITIQUES.

19. — **Louis XII** (1462-1515), roi de France. — Tapisserie de fabrique italienne; haut. 4 m., larg. 4 m. — **Auteur inconnu** (xvıᵉ siècle).

 La composition est divisée en sept compartiments. Le roi est successivement représenté dictant des édits, rendant la justice, donnant audience à ses sujets, etc. Il n'est pas douteux que cette tapisserie ait été faite pour honorer Louis XII; on reconnaît aisément l'image de ce prince. Il est moins facile de se prononcer sur l'effigie de la reine. Est-ce Jeanne de France ou Anne de Bretagne? Nous l'ignorons. Dans l'un des compartiments l'artiste a mis en scène Charlemagne, reconnaissable à son écu écartelé de l'aigle de l'Empire et des lis de France.

 A M. le baron Arthur de Schickler, à Paris.

20. — **Louis XII** (1462-1515), roi de France. — Aquarelle; haut. 0ᵐ,16, larg. 0ᵐ,12. — **Auteur inconnu.** (xvıᵉ siècle).

 En buste; tête de face, longs cheveux; costume vert sombre, à parements doublés d'hermine.

 Photographié au charbon, par M. Braun.

 A M. Alexandre Delaherche, à Beauvais.

21. — **François Iᵉʳ** (1494-1547), roi de France. — Bois; haut. 0ᵐ,17, larg. 0ᵐ,145. — Par **Clouet (François)** dit **Janet** (1500?-1573.)

 En buste; tête de trois quarts, de gauche à droite; toque avec plumes blanches; vêtement rouge clair, à crevés; chemisette; épaules nues; fourrure passant sur les épaules.

 Photographié au charbon, par M. Braun.

 A Mᵍʳ le duc d'Aumale, à Paris.

22. — **François Iᵉʳ** (1494-1547), roi de France. — **Françoise de Foix, comtesse de Chateaubriand** (1495?-1537). — **Anne de Pisseleu, duchesse d'Étampes** (1508?-1576). — Miniature sur bois; haut. 0ᵐ,095, larg. 0ᵐ,12. — **Auteur inconnu** (xvıᵉ siècle).

 Le roi est représenté assis à table, sur une haute estrade; il occupe le centre; la duchesse d'Étampes est à sa gauche; pages servant; fond de draperie et d'architecture.

 A. M. Alexandre Delaherche, à Beauvais.

23. — **François Iᵉʳ** (1494-1547), roi de France. — Médaillon, bronze doré, de forme ronde; diam. 0ᵐ,50. — **Auteur inconnu** (xvıᵉ siècle).

 En buste, de profil, à gauche; tête nue; cuirasse ornée d'arabesques; draperie sur les épaules. Fig. grand. nat.

GOUVERNEMENT. — **PERSONNAGES POLITIQUES.** (Suite.)

Ce bronze a été acheté en 1842 par M. le comte de Reiset, durant son séjour au château de Beauregard, chez son ami le général comte Camille de Saint-Aldegonde, lorsqu'on démolissait le château de *Roujou* [1]. Le portrait de François Ier formait le principal ornement d'une magnifique cheminée qui a été transportée par M. de Reiset, pierre par pierre, dans sa terre du Breuil (Eure), où elle se trouve aujourd'hui.

Photographié au charbon, par M. Braun.

A M. LE COMTE DE REISET, à Paris.

24. — **Henri II enfant** (1519-1559), roi de France. — Bois; haut. 0^m,30, larg. 0^m,23.
— Par **Clouet (François)** *dit* **Janet** (1500?-1573).

En buste, de trois quarts, à gauche; un chapeau à plumes blanches sur les cheveux; justaucorps rouge à crevés; il tient un petit chien noir dans ses bras.

Photographié au charbon, par M. Braun.

A Mgr LE DUC D'AUMALE, à Paris.

25. — **Henri II** (1519-1559), roi de France. — Bois; haut. 1^m,08, larg. 0^m,74. —
Attribué à **Porbus ou Pourbus (Pieter)** (1510?-1583?).

Debout, à mi-corps, de face; toque noire ornée de plumes; il tient son épée de la main gauche; dans la droite, un gant. Pourpoint blanc; manteau à revers de fourrure blanche; collier de pierreries à fermoirs.

Dans la partie supérieure du panneau est écrit :

HENRICUS II FRAC REX XRIANISSIMUS ANNO ÆTATIS SUÆ XXXVII 1555.

Provient du marquis de la Tour-Maubourg (1832). — AU MUSÉE DU PUY-EN-VELAY.

26. — **Henri II** (1519-1559), roi de France. — Médaillon bronze, de forme ronde; diamètre, 0^m,10. — **Auteur inconnu** (XVIe siècle).

En buste, de profil à droite; tête laurée; cuirasse.

A Mme LÉON BLAZY, née PÉRILLIEUX, à Paris.

27. — **Henri II** (1519-1559), roi de France. — Médaillon bronze, de forme ronde; diamètre, 0^m10. — **Auteur inconnu** (XVIe siècle).

Statue équestre, de profil à gauche; cuirasse; la main gauche sur le pommeau de l'épée; la main droite tient une masse d'armes.

A Mme LÉON BLAZY, née PÉRILLIEUX, à Paris.

28. — **Charles IX** (1550-1574), roi de France. — Bois; haut. 0^m,38, larg. 0^m,28.
— Par **Clouet (François)** *dit* **Janet** (1500?-1573).

En buste, de trois quarts, tête de face; toque noire à plume blanche avec liséré de pierreries; fraise; collier de perles avec fermoirs.

Photographié au charbon, par M. Braun.

A Mgr le DUC D'AUMALE, à Paris.

---

[1] Le fief de Roujou avait appartenu aux de Refuge, qui furent les commensaux ou les amis des ducs d'Orléans et des comtes de Blois, aïeux et pères de Louis XII et de François Ier.

GOUVERNEMENT. — PERSONNAGES POLITIQUES. (Suite.)

29. — **Charles IX** (1550-1574), roi de France. — Bois; haut. 0ᵐ,31, larg. 0ᵐ,24. Par **Clouet (François)** *dit* **Janet** (1500?-1573).

En buste, de trois quarts à gauche; toque noire, garnie d'un rang de perles et ornée d'une plume blanche; collerette; justaucorps montant, brodé d'or.
Photographié au charbon, par M. Braun.
Provient de la collection Lenoir. — A Mᵍʳ le duc d'Aumale, à Paris.

30. — **Charles IX** (1550-1574), roi de France. — Bois; haut. 0ᵐ,34, larg. 0ᵐ,24. — Auteur inconnu (xvɪᵉ siècle).

En buste, de trois quarts, tête de face; toque noire ornée de plumes blanches et de pierreries; vêtement noir, brodé d'entrelacs garnis de perles.
A M. Jules-Augustin Poulot, à Lyon.

31. — **Henri III** (1551-1589), roi de France. — Bois; haut. 0ᵐ,29, larg. 0ᵐ,22. — Par **Clouet (François)** *dit* **Janet** (1500?-1573).

En buste, de trois quarts, le regard tourné vers l'épaule droite; toque avec agrafe; vêtement noir, col rabattu; pendants d'oreilles.
A Mᵍʳ le duc d'Aumale, à Paris.

32. — **Henri III** (1551-1589), roi de France. — Miniature à la gouache, sur vélin; haut. 0ᵐ,13, larg. 0ᵐ,09. — Par **Clouet (François)** *dit* **Janet** (1500?-1573).

En pied, debout; costume de cour; toque noire à plumes blanches; manteau de velours noir; corselet blanc, garni de perles; la main gauche posée sur un fauteuil.
Photographié au charbon, par M. Braun.
Provient de la collection Jules Duclos. — A M. Jean-Baptiste Chazaud, à Paris.

33. — **Henri III** (1551-1589), roi de France. — Tête, bronze; haut. 0ᵐ,35. — Auteur inconnu (xvɪᵉ siècle).

Tête sans socle; indication de collerette; coiffure à bords relevés; plumes et agrafe.
A Mᵐᵉ Luzarche, à Monrepos, commune de Saint-Cyr, près Tours.

34. — **Henri III** (1551-1589), **remettant les insignes de l'ordre du Saint-Esprit.** — Bois; haut. 0ᵐ,18; larg. 0ᵐ,12. — Auteur inconnu (xvɪᵉ siècle).

Au centre de la composition, Henri III, debout, remet les insignes de l'ordre du Saint-Esprit à un personnage agenouillé qui étend la main sur l'Évangile. Autour du roi, quatorze personnages : dignitaires de l'ordre du Saint-Esprit, cardinaux et seigneurs. Au-dessus de la tête du roi, une Gloire dans laquelle apparaît la colombe symbolique; sur le sol, tapis bleu fleurdelisé.
Photographié au charbon, par M. Braun.
A M. Paul de Saint-Victor, à Paris.

35. — **Marie d'Angleterre** (1497-1534), reine de France, fille de Henri VII et sœur de Henri VIII. — Miniature sur bois, de forme ronde; diam. : 0ᵐ,15. — Par **Perréal (Jehan)** *dit* **Jean de Paris**, peintre et maître d'œuvre (1463?-1529).

En buste, de trois quarts à gauche; robe noire, coupée carrément sur la poitrine; collier de pierreries; chaperon jeté en arrière, arrondi en diadème, avec perles et joyaux; voile tombant sur les épaules.

GOUVERNEMENT. — PERSONNAGES POLITIQUES. (Suite.)

Ce portrait doit dater de 1515. Il est semblable à la gravure placée en tête de l'*Épître consolatoire* adressée à la reine Marie, à l'occasion de la mort du roi Louis XII, par Moncetto de Castillione, imprimée par Henri Estienne en 1515.

Photographié au charbon, par M. Braun.

A M. Julien Gréau, à Troyes.

36. — **Renée de France** (1510-1576), duchesse de Ferrare, fille de Louis XII. — Bois; haut. 0^m,30, larg. 0^m,22. — Par **Clouet (François)** *dit* **Janet** (1500?-1573).

A mi-corps, tête nue, de trois quarts à gauche; parure; collier de perles; corsage vert clair décolleté, garni de pendeloques.

A Mgr le duc d'Aumale, à Paris.

37. — **Marguerite d'Angoulême** (1492-1549), sœur de François Ier, duchesse d'Alençon, reine de Navarre. — Miniature sur cuivre; haut. 0^m,095, larg. 0^m,07. — Auteur inconnu (XVIe siècle).

En buste, de trois quarts à gauche; robe noire, garnie de fourrures; coiffe noire sur les cheveux.

A M. Alexandre Delaherche, à Beauvais.

38. — **Charles, duc d'Orléans** (1522-1545), deuxième fils de François Ier et de Claude de France. — Miniature sur bois; haut. 0^m,14, larg. 0,^{m}13. — Auteur inconnu (XVIe siècle).

En buste, de trois quarts à droite; toque de velours noir, plume blanche; costume noir à liséré d'or.

Dans la partie supérieure du panneau est écrit :

FEV DVC D'ORLÉANS.

A M. Charles Mannheim, à Paris.

39. — **Françoise de Foix** (1495-1537), **comtesse de Chateaubriand**, maîtresse de François Ier. — Bois; haut. 0^m,20, larg. 0^m,15. — Par **Clouet (François)** *dit* **Janet** (1500?-1573).

En buste, de trois quarts à gauche; coiffure noire; robe noire; col montant, ouvert.

Dans la partie inférieure du panneau est écrit :

FSE DE FOIX.

Photographié au charbon, par M. Braun.

A Mgr le duc d'Aumale, à Paris.

40. — **Diane de Poitiers** (1499-1566), duchesse de Valentinois, maîtresse de Henri II. — Bois; haut. 0^m,29, larg. 0^m,19. — École de **Clouet (François)** *dit* **Janet**.

En buste, tête légèrement tournée vers l'épaule droite; coiffe noire sur les cheveux; robe noire, décolletée; collier de perles.

Photographié au charbon, par M. Braun.

Provient de la famille de Bonne-Lesdiguières. — A M. Roman, avocat à Paris.

41. — **Diane de Poitiers** (1499-1566), duchesse de Valentinois, maîtresse de Henri II. — Médaillon albâtre, de forme ovale; haut. 0^m,20, larg. 0^m,14. — Attribué à **Cousin (Jean)** (1500?-1589?)

GOUVERNEMENT. — PERSONNAGES POLITIQUES. (Suite.)

En buste, tête de profil, tournée vers l'épaule droite; en cheveux, diadème sur le front; voile tombant sur les épaules. Derrière le personnage, deux D entrelacés. Médaillon doré en partie.

A M. Alfred Firmin-Didot, à Paris.

42. — Anne d'Este, fille d'Hercule II et de Renée de France, mariée en 1549 à François de Lorraine, duc d'Aumale et de Guise (assassiné en 1563), remariée à Philippe de Savoie, duc de Nemours; morte en 1607. — Miniature sur bois; haut. 0^m,11, larg. 0^m,08. — **Auteur inconnu** (XVIe siècle).

En buste, de face; vêtue d'une robe rouge et coiffée d'une guimpe de tulle à grands ramages.

Dans la partie supérieure est écrit :

M^e LA DUCH. DE NEMOVRS.

Photographié au charbon, par M. Braun.

A M. Alexandre Delaherche, à Beauvais.

43. — Catherine de Médicis (1519-1589), reine de France. — Bois; haut. 0^m,50, larg. 0^m,35. — Par **Clouet (François)** *dit* **Janet** (1500?-1573?)

En buste, de trois quarts, tête légèrement tournée vers l'épaule droite; robe noire; collerette; voile sur les cheveux.

Photographié au charbon, par M. Braun.

A. Mgr le duc d'Aumale, à Paris.

44. — Catherine de Médicis (1519-1589), reine de France. — Bois; haut. 0^m,29, larg. 0^m,22. — Par **Clouet (François)** *dit* **Janet** (1500?-1573).

En buste, de trois quarts à droite; coiffure noire sur les cheveux; robe noire montante; collerette blanche à tuyaux.

A Mgr le duc d'Aumale, à Paris.

45. — Marie Stuart (1542-1587), reine de France, puis d'Écosse. — Bois; haut. 0^m,30, larg. 0^m,25. — **Auteur inconnu** (XVIe siècle).

En buste, de trois quarts à droite; robe de couleur sombre, ouverte; coiffe de tulle blanc avec un voile tombant sur les épaules et la poitrine.

Photographié au charbon, par M. Braun.

A M. Alexandre Delaherche, à Beauvais.

46. — Renée de Rieux (1550-?), *dite* **la Belle de Chateauneuf,** fille d'honneur de Catherine de Médicis, maîtresse de Henri III. — Miniature sur vélin; haut. 0^m,09, larg. 0^m,07. — **Auteur inconnu** (XVIe siècle).

En buste, de trois quarts à gauche; robe rouge, coupée carrément sur la poitrine; chemisette bleue, plissée, à col montant. Coiffure carrée; voile tombant.

Dans la partie supérieure est écrit :

MAD. DE RIEUX.

Photographié au charbon, par M. Braun.

A M. Alexandre Delaherche, à Beauvais.

47. — Marguerite de Valois (1552-1615), reine de Navarre, puis de France. — Toile; haut. 0^m,94, larg. 0^m,78. — **Auteur inconnu** (XVIe siècle).

GOUVERNEMENT. — PERSONNAGES POLITIQUES. (Suite.)

Assise, de trois quarts, coiffée d'un petit diadème de perles sur le haut de la tête, le cou entouré d'une large fraise plissée. Elle porte une robe de velours noir, ornée aux épaules de nœuds de soie blanche, à grandes manches ouvertes et pendantes. Les bras sont couverts d'une guipure noire qui laisse voir la chemisette. Elle porte un double collier de pierres fines et d'orfèvrerie, et un bracelet d'or à chaque bras. De la main gauche, ornée d'un anneau d'or au petit doigt, elle caresse un petit chien blanc et feu; dans la main droite, elle tient un mouchoir. A droite, sur une table, des fleurs dans un vase. Fond vert foncé.

Dans l'angle supérieur, à gauche, un écusson à trois fleurs de lys au-dessous duquel est écrit :

MAR. VAL. M. G. R. 1590.

Photographié au charbon, par M. Braun.

Provient de M. Chabert, de Montpellier (1875). — Au Musée de Montpellier.

48. — Marguerite de Valois (1552-1615), reine de Navarre, puis de France. — Bois; haut. 0ᵐ,18, larg. 0ᵐ,15. — Auteur inconnu (xvıᵉ siècle).

A mi-corps, de trois quarts, à gauche; coiffure à voile noir tombant; robe noire ouverte; chemisette montante; collerette.

Photographié au charbon, par M. Braun.

Provient de la collection Lenoir. — A Mᵍʳ le duc d'Aumale, à Paris.

49. — Marguerite de Valois (1552-1615), reine de Navarre, puis de France. — Miniature sur vélin; haut. 0ᵐ,105, larg. 0ᵐ,09. — Auteur inconnu (xvıᵉ siècle).

En buste, la tête tournée vers l'épaule gauche; corsage décolleté; collerette montante; collier de perles; robe rouge à crevés, ornée de dentelles et de pierreries.

Dans la partie inférieure de la composition est écrit :

LA ROYNE DE NAVARRE.

A M. Alexandre Delaherche, à Beauvais.

50. — Gabrielle d'Estrées (1572?-1599), maîtresse de Henri IV, et **la duchesse de Villars**, sa sœur. — Toile; haut. 0ᵐ,96, larg. 1ᵐ,25. — Auteur inconnu (xvıᵉ siècle).

A mi-corps, nues, dans un bain. Gabrielle est vue de face et porte un collier de perles dont l'extrémité retombe en chapelet sur la poitrine. La main gauche relevée a les doigts passés entre les perles. Le bras droit porte sur le bord de la baignoire. La duchesse de Villars, vue de dos, la tête de profil, a le coude droit posé sur le bord de la baignoire. Au fond, entre les deux sœurs, une nourrice allaite un enfant.

Dans la partie supérieure de la toile, à droite, est écrit :

GABRIELLE D'ESTRÉES DUCHESSE DE BEAUFORT.

A gauche :

LEONTINE D'ESTRÉES DUCHESSE DE VILLARS.

Au centre :

CÉSAR DUC DE VENDÔME.

Photographié au charbon, par M. Braun.

Provient du premier président de Verdun et de M. de Sipierre (vente en 1847). — A M. le baron J. Pichon, à Paris.

51. — Elisabeth d'Autriche (1554-1592), reine de France. — Bois; haut. 0ᵐ,36, larg. 0ᵐ,25. — Par Clouet (François) dit Janet (1500?-1573).

GOUVERNEMENT. — PERSONNAGES POLITIQUES. (Suite.)

En buste, tête de trois quarts à gauche; perles et pierreries dans les cheveux; fraise montante; robe blanche brodée, coupée carrément sur la poitrine; pendeloques de pierreries.
Photographié au charbon, par M. Braun.
A Mgr LE DUC D'AUMALE, à Paris.

52. — Anne de Lorraine, princesse d'Orange (1521-?). — Bois; haut. 0^m,48, larg. 0^m,37. — Par Holbein (Hans) le jeune (1498-1554).
En buste, de profil à gauche; plume blanche dans les cheveux; robe noire; pendeloques de pierreries; une rose dans la main gauche.
Dans la partie supérieure du panneau est écrit :

ANNE DE LORAINE, PRINCESSE DORENGE CONTESSE DE NASSOV,
AIGÉE XXI A^s. 1542.

A M. WHITELOCKE, à Amboise.

53. — Henri II, d'Albret (1503-1555), roi de Navarre — Bois; haut. 0^m,33. larg. 0^m,22. — Par Clouet (François) dit Janet (1500?-1573).
En buste, de trois quarts à gauche; toque noire avec plume blanche; vêtement noir fermé; fraise.
Dans la partie inférieure du panneau est écrit :

HENRIE DALBRET, ROY DE NAVARRE.

Photographié au charbon, par M. Braun.
Provient de la collection Lenoir. — A Mgr LE DUC D'AUMALE, à Paris.

54. — Antoine de Bourbon (1518-1562), roi de Navarre, père de Henri IV. — Bois; haut. 0^m,30, larg. 0^m,23. — Auteur inconnu (XVIe siècle).
En buste; tête nue, de trois quarts, à gauche; barbe courte; costume de cour; fraise de dentelle.
Dans la partie supérieure du panneau, à la droite du personnage, est écrit :

ANTONI DE BOURBON........EC HENRYKA IV.

Photographié au charbon, par M. Braun.
Provient de la collection Czartoryski, de Pulawy. — AU PRINCE CZARTORYSKI, à Paris.

55. — Jeanne d'Albret (1528-1572), reine de Navarre. — Bois; haut. 0^m,30, larg. 0^m,22. — Par Clouet (François) dit Janet (1500?-1573).
A mi-corps, de trois quarts, tournée à gauche; robe blanche ouverte; double rang de perles et pendeloques sur le corsage; collier de perles; manches à bouillons; collerette godronnée; rubans et pierreries dans les cheveux.
Dans la partie supérieure du panneau est écrit :

REINE DE NAVARRE, 1570.

Photographié au charbon, par M. Braun.
Provient de la collection Lenoir. — A Mgr LE DUC D'AUMALE, à Paris.

56. — Jacques de Savoie (1531-1585), duc de Nemours. — Bois; haut. 0^m,32, larg. 0^m,23. — Par Clouet (François) dit Janet (1500?-1573).

GOUVERNEMENT. — PERSONNAGES POLITIQUES. (Suite.)

En buste, de trois quarts, la tête légèrement tournée vers l'épaule droite; toque noire ornée de pierreries et de plumes blanches; fraise; justaucorps à brandebourgs; grand collier de perles.

Dans la partie inférieure du panneau est écrit:

JAQUES DE SAVOYE, DUC DE NEMOURS.

A Mgr le duc d'Aumale, à Paris.

57. — **Hercule-François de France** (1554-1584), duc d'Alençon, puis duc d'Anjou. — Bois; haut. 0^m,32, larg. 0^m,22. — Par **Clouet (François)** dit Janet (1500?-1573).

En buste, tête de trois quarts à droite; riche costume de cour; toque, avec plumes blanches et liséré de pierres fines.

Dans la partie inférieure du panneau est écrit:

FRANÇOIS. DE FRANCE. DUC. D'ALENÇON.

Photographié au charbon, par M. Braun.

A Mgr le duc d'Aumale, à Paris.

58. — **Claude de Lorraine** (1496-1550), premier duc de Guise, comte d'Aumale, pair et grand veneur de France. — Miniature sur vélin, haut. 0^m,105, larg. 0^m,090. — **Auteur inconnu** (xvie siècle).

En buste, la tête tournée vers l'épaule droite; bonnet et manteau brodés de perles; pourpoint ouvert sur lequel sont brodés des G.

Dans la partie supérieure est écrit:

CLAVDE DE LORRAINE DVC DE GVISE.

Photographié au charbon, par M. Braun.

A M. Alexandre Delaherche, à Beauvais.

59. — **Henri Ier de Lorraine** (1550-1578), troisième duc de Guise, dit le Balafré. — Bois; haut. 0^m,23, larg. 0^m,17. — **Auteur inconnu** (xvie siècle).

En buste, de trois quarts, tête nue, tournée vers l'épaule gauche; grande collerette plissée; indication de vêtement noir, bordé de jaune.

Dans la partie supérieure du panneau est écrit:

RZ DE........RAGUEN GRAN.... QUER....

Photographié au charbon, par M. Braun.

Provient de la collection Czartoryski, de Pulawy. — Au prince Czartoryski, à Paris.

60. — **François de Beaumont, baron des Adrets** (1512?-1587), chef des protestants en Dauphiné. — Bois; haut. 0^m,31, larg. 0^m,21. — **Auteur inconnu** (xvie siècle).

A mi-corps, de trois quarts, tête nue, tournée vers l'épaule gauche; vêtement bleu clair; collerette blanche; la main gauche passée dans une écharpe.

Provient de successions. — A M. le marquis de Vaulserre, au château de Saint-Albin-de-Vaulserre (Isère).

61. — **Charles de Savoie, duc de Nemours** (1567-1595), chef de ligueurs, défendit Paris contre Henri IV. — Bois; haut. 0^m,38, larg. 0^m,31. — **Auteur inconnu** (xvie siècle).

En buste, de face, tête nue; costume à ramages et à petits crevés rouges; fraise de dentelle.

GOUVERNEMENT. — PERSONNAGES POLITIQUES. (Suite.)

Dans la partie supérieure du panneau est écrit en capitales dorées :
CHARLES DE SAVOYE, DUC DE NEMOURS EN 1582.
Photographié au charbon, par M. Braun.
A M. Julien Gréau, à Troyes.

II.

ARMÉE.

62. — Gaspard de Coligny (1517-1572) deuxième du nom, seigneur de Châtillon-sur-Loing, amiral de France, dit l'*Amiral de Châtillon*.— Bois; haut. 0^m,52, larg. 0^m,41. — École de **Clouet (François)** *dit* **Janet**.

Un buste, de face, tête nue; col rabattu; pourpoint jaune clair; grand collier de pierreries.

Dans la partie supérieure du panneau est écrit :
GASPARD DE COLLIGNY ADMIRAL DE FRANCE.
Photographié au charbon, par M. Braun.
Provient de la collection Camille Marcille. — A M. Eugène Féral-Cussac, à Paris.

63. — Gaspard de Coligny (1517-1572), deuxième du nom, seigneur de Châtillon-sur-Loing, amiral de France, dit l'*Amiral de Châtillon*. — Toile; haut. 0^m,97, larg. 0^m,72. — **Auteur inconnu** (XVIe siècle).

A mi-corps, debout, de trois quarts; le regard tourné vers l'épaule gauche; toque noire à liséré de pierres fines; armure; écharpe en sautoir; col blanc, rabattu; gants dans la main gauche; le bras droit posé sur un casque.

Dans la partie supérieure de la toile est écrit :
GASPARD DE COLIGNY SEIGNEUR DE CHATILLON ADMIRAL DE FRANCE.
Photographié au charbon, par M. Braun.
Provient d'un couvent de Lyon. — A la société de l'histoire du protestantisme français, à Paris.

64. — Gaspard de Coligny (1517-1572), deuxième du nom, seigneur de Châtillon-sur-Loing, amiral de France, dit l'*Amiral de Châtillon*. — Bois, haut. 0^m,30, larg. 0^m,21. — École de **Clouet (François)** *dit* **Janet**.

En buste, de trois quarts, regard tourné vers l'épaule gauche; toque noire; fraise; costume noir, garni de fourrures.

Photographié au charbon, par M. Braun.
Provient d'une vente. — Au Musée de Grenoble.

65. — Gaspard de Coligny (1517-1572), deuxième du nom, seigneur de Châtillon-sur-Loing, amiral de France, dit l'*Amiral de Châtillon*. — Bois; haut. 0^m,17, larg. 0^m,13. — **Auteur inconnu** (XVIe siècle).

En buste, la tête tournée vers l'épaule droite; manteau de velours noir brodé d'or; de la main droite il tient une chaîne de pierreries suspendue à son cou.

A M. Alexandre Delaherche, à Beauvais.

ARMÉE. (Suite.)

66. — Charles de Lorraine, marquis, puis duc de Mayenne (1554-1611), chef de la Ligue après 1588. — Miniature sur cuivre; haut. 0 ^{m},105, larg. 0 ^{m},085. — Auteur inconnu (XVIe siècle).

En buste, la tête tournée vers l'épaule gauche; feutre orné de pierreries; fraise de dentelles; collier; manteau garni de fourrures.

A M. Émile Beaupré, à Nancy.

67. — Pierre du Terrail, seigneur de Bayard (1475-1524.) — Bois; haut. 0 ^{m},45, larg. 0 ^{m},37. — Auteur inconnu (XVIe siècle).

En buste, tête de trois quarts, tournée vers l'épaule gauche; cheveux longs, tombant sur les côtés; pourpoint noir, garni de fourrures, coupé carrément sur la poitrine; chemise montante; grand collier de pierreries.

De date immémoriale au château d'Uriage (Isère). — A Mme la comtesse de Saint-Ferriol, au château d'Uriage.

68. — Pierre du Terrail, seigneur de Bayard (1475-1524). — Dessin aux deux crayons; haut. 0 ^{m},33, larg. 0 ^{m},21. — Auteur inconnu (XVIe siècle).

En buste, tête de trois quarts, tournée de droite à gauche; cheveux partagés sur le front et retombant de chaque côté du visage; collier de l'ordre de Saint-Michel.

Signé J. D. M.

Photographié au charbon, par M. Braun.

Provient d'une vente faite à Paris en 1863. — A la Bibliothèque de Grenoble.

69. — Anne, baron, puis premier duc de Montmorency (1492-1567), connétable de France. — Carton; haut. 0 ^{m},30, larg. 0 ^{m},20. — Par **Limosin (Léonard Ier)** (1505?-1575?), émailleur.

En buste, le regard tourné vers l'épaule gauche; coiffé d'un béret; grande collerette.

L'émail que possède le musée du Louvre a été exécuté d'après ce carton.

Provient d'une vente. — Au Musée de Limoges.

70. — Anne, baron, puis premier duc de Montmorency (1492-1567), connétable de France. — Miniature sur bois; haut. 0 ^{m},09, larg. 0 ^{m},06. — Auteur inconnu (XVIe siècle).

En buste, de face; barbe rousse; toque noire; fraise plissée; manteau à parements garnis de fourrures.

A M. Alexandre Delaherche, à Beauvais.

71. — Charles de Gontaut, baron de Biron (1562-1602), maréchal de France. — Dessin aux deux crayons; haut. 0 ^{m},42, larg. 0 ^{m},33. — Par **Dumonstier (Daniel)** (1576-1646).

En buste, tête nue, de trois quarts; le regard tourné vers l'épaule gauche; cuirasse.

Dans la partie supérieure du dessin est écrit :

LE MARESCHAL DE BIRON QUI EUT LA TESTE TRANCHÉE DANS LA BASTILLE EN L'ANNÉE 1602.

Provient de la collection Sauvageot. — A Mme Béatrix Delore, nièce de M. Sauvageot, à Paris.

Portraits nationaux. 2

ARMÉE. (Suite.)

72. — Charles de Cossé, comte de Brissac (1507-1563), maréchal de France. — Bois; haut. 0ᵐ,32, larg. 0ᵐ,23. — Par Clouet (François) dit Janet (1500?-1573).

En buste, de trois quarts à gauche; toque noire sur les cheveux; costume noir; fraise; collier.

Dans la partie supérieure du panneau est écrit :

M. LE Mᴬᴸ DE COSSE.

A Mᵍʳ LE DUC D'AUMALE, à Paris.

73. — Jean d'Aumont (1522-1595), maréchal de France. — Bois; haut. 0ᵐ,28, larg. 0ᵐ,21. — Par Porbus ou Pourbus (Franz) dit le Jeune (1570-1622).

A cheval, tête nue tournée vers sa gauche; en marche de droite à gauche; armure.

A Mᵍʳ LE DUC D'AUMALE, à Paris.

74. — Albert de Gondy, duc de Retz (1522-1602), maréchal de France. — Bois; haut. 0ᵐ,30, larg. 0ᵐ,22. — Par Clouet (François) dit Janet (1500?-1573).

En buste, de trois quarts à gauche; toque noire à plumes sur les cheveux; costume de velours noir fermé; collerette plissée; collier.

Photographié au charbon, par M. Braun.

A Mᵍʳ LE DUC D'AUMALE, à Paris.

75. — Louis des Balbes de Berton, seigneur de Crillon (1541-1615), capitaine. — Bois; haut. 0ᵐ,36, larg. 0ᵐ,27. — Auteur inconnu (xvıᵉ siècle).

En buste, de trois quarts, tête nue; le regard tourné vers l'épaule gauche; vêtement noir; collerette plissée.

Dans la partie supérieure du panneau, à la droite du personnage, est écrit :

ANNO 1586

Photographié au charbon, par M. Braun.

A M. ALEXANDRE DELAHERCHE, à Beauvais.

76. — Henri, comte du Bouchage, duc de Joyeuse (1567-1608), maréchal de France. — Toile; haut. 0ᵐ,49, larg. 0ᵐ,39. — Auteur inconnu (xvııᵉ siècle).

En buste; tête nue, rasée, de face; longue barbe; costume de capucin. A sa droite, armoiries; bâtons de commandement fleurdelisés, en sautoir, surmontés de la couronne ducale.

Dans la partie inférieure de la toile est écrit :

R. P. ANGELᵘˢ IOYOSEᵘˢ DVX ET MARESCH. FRANC. OB. 1608.

A M. BERTEL, à Rouen.

III.

MAGISTRATS, JURISCONSULTES.

77. — Antoine Duprat (1463-1535), chancelier de France et cardinal. — Bois; haut. 0ᵐ,16, larg. 0ᵐ,13. — Auteur inconnu (xvıᵉ siècle).

En buste, de face; toque sur la tête; manteau garni d'hermine; chaîne d'or à laquelle est suspendu un médaillon.

Provient du château de Beauregard (Puy-de-Dôme), où il a été découvert au dernier siècle.

Don de M. Besse Beauregard AU MUSÉE DE CLERMONT-FERRAND.

MAGISTRATS, JURISCONSULTES. (Suite.)

78. — **André Tiraqueau** (1480?-1558), jurisconsulte, né à Fontenay-le-Comte; conseiller au parlement de Paris; ami de Rabelais. — Toile; haut. 0^m,65, larg. 0^m,54. — **Auteur inconnu** (XVIe siècle).

A mi-corps, tête de face; drapé d'un manteau garni de fourrures; toque noire.

Dans la partie supérieure de la toile, à la droite du personnage, est écrit :

ANDRÉ TIRAQVEAV.

Découvert en 1806, à Paris, dans une vente, par M. des Paillières, député de la Vendée, qui en fit hommage AU TRIBUNAL DE FONTENAY-LE-COMTE.

79. — **Michel de l'Hospital** (1507-1573), chancelier de France. — Toile, de forme ovale; haut. 0^m,71, larg. 0^m,59. — **Auteur inconnu** (XVIe siècle).

A mi-corps, debout, de trois quarts; tête nue; vêtement noir à parements rouges.

Dans la partie supérieure de la toile est écrit :

LE CH^{ier} MICHEL DE L'HOSPITAL.

Provient de M. Michel, avocat (1841). — A LA BIBLIOTHÈQUE DES AVOCATS, à Clermont-Ferrand.

80. — **Bertrand d'Argentré** (1519-1590), grand sénéchal de Rennes, jurisconsulte et historien. — Toile; haut. 1^m,34, larg. 1^m,03. — **Auteur inconnu** (XVIe siècle).

A mi-jambes, assis sur un fauteuil, de trois quarts; tête nue; vêtement noir; manteau rouge.

A la gauche du personnage est écrit :

Mre BERTRAND D'ARGEN....
FILS DE PIERRE SENNESC....
DE RENNES EN 1547.

Le cadre ne permet pas de lire la dernière syllabe des mots : d'Argentré et senneschal.

Provient de M. le marquis DE PIRÉ. — AU MUSÉE DE RENNES.

81. — **Jacques Cujas** (1522-1590), jurisconsulte. — Toile; haut. 1^m,90, larg. 1^m,14. — **Auteur inconnu** (XVIe siècle).

En pied, debout, de face; robe noire, manteau rouge, calotte noire; la main droite posée sur la ferrure d'une fenêtre; la main gauche, sur la poitrine, tient un bonnet carré.

Dans la partie inférieure de la toile, aux pieds du personnage, est écrit :

CE.PORTRAIT.DE.L'ILLVSTRE.IACQVES.CVIAS.QVE.M.M.PIERRE.GIBIEVF. CON^{er}.AU PRESIDIAL.DE BOVRGES.AVAIT.FAIT.METTRE.EN.1647.DANS. L'EGLIZE.DE.ST.PIERRE.LEGVILLARD.SVR.LE TOMBEAV.DE.CE.GRAND. HOMME.DECEDÉ.EN.1590.AGÉ.DE.68.ANS.FUT.TIRÉ.DE.CE.LIEV.OV. IL.PERISSAIT.RETABLY.ET.PLACE.DANS.CET.HOTEL.DE.VILLE.EN. 1735.PAR.LES.ORDRES.DE.M.ALABAT.DES.VAZAVX.MAIRE.

Au-dessous de cette première inscription, en écriture courante, caractères rouges :

Ce tableau a été rentoilé en novembre 1814, sous le mairat de M. le comte de Bonneval, MM. Archambault et Delachaussée étant adjoints, par Alexandre Boulland et Cezaire Quillien.

AU MUSÉE DE BOURGES.

2.

IV.

CLERGÉ.

82. — Odet de Coligny (1515-1571), dit le *Cardinal de Châtillon*. — Bois ; haut. 0ᵐ,31, larg. 0ᵐ,23. — Par Clouet (François) dit *Janet* (1500?-1573).

En buste, de trois quarts à gauche; soutane rouge; barrette; *cappa* de soie rose; col blanc, brodé.

Dans la partie inférieure du panneau est écrit :

ODET . DE . COLIGNY, CAR . DE . CHASTILLON.

Photographié au charbon, par M. Braun.

Provient de la collection Lenoir. — A Mᵍʳ ʟᴇ ᴅᴜᴄ ᴅ'Aᴜᴍᴀʟᴇ, à Paris.

83. — Odet de Coligny (1515-1571), dit le *Cardinal de Châtillon*. — Bois ; haut. 0ᵐ,92, larg. 0ᵐ,70. — Par Primaticcio (Francesco) dit *le Primatice* (1504-1570).

A mi-corps, la tête légèrement tournée vers l'épaule droite; fraise; pourpoint rouge; manteau garni de fourrure blanche tachetée; toque rouge; le pouce gauche passé dans la ceinture; dans la main droite, des gants. Fond de draperie.

Photographié au charbon, par M. Braun.

A Mᵍʳ ʟᴇ ᴅᴜᴄ ᴅ'Aᴜᴍᴀʟᴇ, à Paris.

84. — Charles de Lorraine (1524-1574), cardinal de Guise, plus connu sous le nom de *Cardinal de Lorraine*. — Bois; haut. 0ᵐ,20, larg. 0ᵐ,10. — Attribué à Clouet (François) dit *Janet* (1500?-1573).

En pied, de trois quarts à gauche; costume de cardinal, rochet brodé; barrette; la main droite posée sur un meuble, un mouchoir dans la main gauche.

Dans la partie inférieure du panneau est écrit :

CHARLES, CARDINAL DE LORRAINE.

Ce portrait est le pendant de celui de François de Lorraine, duc de Guise, exposé au Musée du Louvre, sous le n° 113. La tête du personnage a été encastrée dans le panneau peint. Elle avait constitué primitivement une fine miniature, de forme ovale : on ne l'a évidemment incrustée dans le présent panneau que pour en faire le pendant du tableau du Louvre.

A M. ʟᴇ ᴍᴀʀQᴜɪs ᴅᴇ CʜᴇɴɴᴇᴠɪÈʀᴇs, à Paris.

85. — Charles de Lorraine (1524-1574), cardinal de Guise, plus connu sous le nom de *Cardinal de Lorraine*. — Bois; haut. 0ᵐ,29, larg. 0ᵐ,19. — École de Clouet (François) dit *Janet*.

En buste, de trois quarts, le regard tourné vers l'épaule gauche; soutane et barrette rouges; collet blanc.

Provient de la famille de Bonne-Lesdiguières. — A M. Rᴏᴍᴀɴ, avocat, à Paris.

86. — Charles de Lorraine (1524-1574), cardinal de Guise, plus connu sous le nom de *Cardinal de Lorraine*. — Miniature sur cuivre; haut. 0ᵐ,105, larg. 0ᵐ,085. — Auteur inconnu (xvɪᵉ siècle).

En buste, de trois quarts, le regard tourné vers l'épaule droite; barbe courte; barrette et soutane rouges; col blanc.

A M. Éᴍɪʟᴇ BᴇᴀᴜᴘʀÉ, à Nancy.

CLERGÉ. (Suite.)

87. — Jean de Morvilliers (1507?-1577), évêque d'Orléans et garde des sceaux en 1568. — Buste bronze; haut. 0ᵐ,82. — Par **Pilon (Germain)** (1535?-1590).

De face; tête légèrement inclinée; coiffé d'une calotte.

Dans la plinthe, face antérieure du piédouche, est gravé, sur une plaque de cuivre :

JOHANNIS MORVILLERII EFFIGIEM NE FRUSTRA CONTEMPLATOR
SED SIMUL AD AEMULANDAS TANTI VIRI VIRTUTES EXCITATOR.

« *Cette inscription accompagnait le buste de Jean de Morvilliers, qui ornait son tombeau dans l'église des Franciscains de Blois.* »

Face latérale gauche de la plinthe :

JEAN DE MORVILLIER,
ÉVÊQUE D'ORLÉANS ET GARDE DES SCEAUX DE FRANCE.
MDLII-MDLXXVII.

Face latérale droite de la plinthe :

CE BUSTE EST L'OEUVRE DE
GERMAIN PILON
CÉLÈBRE SCULPTEUR DU XVIᵉ SIÈCLE.

Provient du tombeau de Jean de Morvilliers, érigé dans l'église des Franciscains de Blois. — A L'ÉVÊCHÉ D'ORLÉANS.

88. — Pierre d'Amboise (?-?), évêque de Poitiers de 1481 à 1505. — Bois; haut. 0ᵐ,46, larg. 0ᵐ,32. — Auteur inconnu (XVIᵉ siècle).

En buste, de profil à droite; camail rouge; col de soutane noir; calotte noire.

Dans la partie inférieure du panneau est écrit :

PIERRE DAMBOISE, ÉVESQUE DE POICTIERS.

AU CHAPITRE DE LA CATHÉDRALE DE POITIERS.

V.

PHILOSOPHES, POÈTES, ÉCRIVAINS, SAVANTS.

89. — Guillaume Budé (1467-1540), érudit. — Miniature, de forme ovale; haut. 0ᵐ,06, larg. 0ᵐ,05. — Auteur inconnu (XVIᵉ siècle).

En buste, de trois quarts, tête nue; costume noir à boutons d'or; fraise blanche.

A M. LE BARON GUSTAVE DE ROTHSCHILD, à Paris.

90. — Clément Marot (1495-1544), poète. — Bois; haut. 0ᵐ,58, larg. 0ᵐ,47. — Par **Porbus** ou **Pourbus (Pieter)** (1510?-1584?).

En buste, de trois quarts, tête nue; le regard tourné vers l'épaule gauche; vêtement noir, garni de fourrures; indication de collerette. Inscrit dans un médaillon de forme ovale.

Dans la partie supérieure du panneau est écrit :

CLEM. MAROT.

Photographié au charbon, par M. Braun.

A M. LIOUVILLE, à Paris.

PHILOSOPHES, POÈTES, ÉCRIVAINS, SAVANTS. (Suite.)

91. — Pierre de Ronsard (1524-1585), poète. — Dessin aux deux crayons; haut. 0m,15, larg. 0m,10. — Auteur inconnu (xvie siècle).

En buste, de profil; tête nue; couronné de lauriers; indication de vêtement.

Au-dessous du personnage est écrit :

PETRUS RONSARDUS VINDOMIESIS
POË. GALL.

Photographié au charbon, par M. Braun.

Provient d'une vente publique. Ce dessin a fait partie, en 1583, d'un *Album amicorum*, appartenant à Barnabas Pomer, voyageur allemand, qui est peut-être l'auteur du présent portrait. — A M. PROSPER BLANCHEMAIN, au château de Longefont, près Saint-Gaultier (Indre).

92. — Gui du Faur, seigneur de Pibrac (1529-1584), magistrat et poète. — Bois; haut. 0m,34, larg. 0m,24. — Auteur inconnu (xvie siècle).

En buste, de trois quarts à droite; tête nue; vêtement de couleur sombre; col rabattu.

A M. LE COMTE DE PIBRAC, à Orléans.

93. — Michel Eyquem de Montaigne (1533-1592), moraliste. — Miniature à la gouache, de forme ovale; haut. 0m,041, larg. 0,036. — Auteur inconnu (xvie siècle).

En buste, de trois quarts à droite; tête nue; fraise; manteau rouge; vêtement de satin blanc, brodé d'or. Collier de l'ordre de Saint-Michel.

Dans la partie supérieure est écrit, en capitales gothiques :

MICHEL DE MONTAGNE.

A M. LE BARON GUSTAVE DE ROTHSCHILD, à Paris.

94. — Michel Eyquem de Montaigne (1533-1592), moraliste. — Miniature, de forme ronde; diam. 0m,05. — Attribué à l'un des Dumonstier.

En buste, de trois quarts à droite; tête nue, chauve; costume rose, orné de broderies; grande fraise; collier.

A M. HIPPOLYTE WALFERDIN, à Paris.

95. — Jean Passerat (1534-1602), poète latin et professeur d'éloquence, né à Troyes. — Toile, de forme ovale; haut. 0m,64, larg. 0m,53. — Auteur inconnu (xvie siècle).

En buste, de trois quarts, tête nue; fraise. Fig. grand. nat.

Provient de successions. — A Mlle DELACOUR, à Paris.

96. — Pierre de Bourdeille, seigneur et abbé séculier de Brantôme (1540?-1614), écrivain. — Toile; haut. 0m,45, larg. 0m,35. — Auteur inconnu (xvie siècle).

En buste, de trois quarts, le regard tourné vers l'épaule gauche; costume de la fin du règne de Henri III ou du commencement du règne de Henri IV; cordon de l'ordre de Saint-Michel; pourpoint noir; manches blanches.

Derrière le cadre est écrit :

Donné le 6 septembre 1864, par M. Thabaud de Chasteigner, arrière-petit-neveu de Brantôme. Fontenay (Vendée), 6 septembre 1866.

Signé : B. FILLON.

Photographié au charbon, par M. Braun.

A M. BENJAMIN FILLON, à Saint-Cyr-en-Talmondais (Vendée).

PHILOSOPHES, POÈTES, ÉCRIVAINS, SAVANTS. (Suite.)

97. — **Nicolas Rapin** (1540?-1608), poète latin et français, né à Fontenay-le-Comte. — Bois; haut. 0ᵐ,55, larg. 0ᵐ,39. — **Auteur inconnu** (xvɪᵉ siècle).

A mi-corps, de trois quarts; costume de la fin du xvɪᵉ siècle; fraise blanche et pourpoint de satin noir; sous le bras gauche, l'épée à poignée d'or de grand-prévôt, dont le pommeau est orné de camées en coquille.

Dans la partie supérieure du panneau est écrit :

NICOLAS RAPIN, GRAND PRÉVOST DE CONESTABLIE DE FRANCE.

Photographié au charbon, par M. Braun.

A M. Benjamin Fillon, à Saint-Cyr-en-Talmondais (Vendée).

98. — **Pierre Charron** (1541-1603), moraliste et théologien.—Miniature sur bois; haut. 0ᵐ,12, larg. 0ᵐ,09. — **Auteur inconnu** (xvɪᵉ siècle).

En buste, tête nue, tournée vers l'épaule gauche; large col; justaucorps rouge; manteau de couleur sombre.

Dans la partie inférieure est écrit :

...RE CHARR..

A M. Alexandre Delaherche, à Beauvais.

99. — **Étienne Tabourot**, *dit* **le seigneur des Accords** (1549-1598), poète. — Miniature sur bois; haut. 0ᵐ,145; larg. 0ᵐ,115. — **Auteur inconnu** (xvɪᵉ siècle).

En buste, de trois quarts, tête nue, tournée vers l'épaule gauche; barbe blonde; robe brune, à revers jaunes.

A gauche est écrit :

AETA 33.

A droite :

ANNO 1582.

Au b s de la composition :

A TOVS ACCORDS.

A M. Alexandre Delaherche, à Beauvais.

100. — **Vauquelin des Yveteaux** (1567-1647) poète, né au château de la Fresnaye (Calvados). — Bois; haut. 0ᵐ,41, larg. 0ᵐ,30. — **Auteur inconnu** (xvɪᵉ siècle).

En buste, de face, tête nue; fraise de dentelle; vêtement de couleur sombre.

A la droite du personnage est écrit :

Missire Nicolas Vauquelin, sʳ des Yueteaus, conʳ du Roy en son conseil d'Estat et precepteur du Roy Louis xiii. 1595.

A M. le baron de la Fresnaye, à Falaise.

VI.

ARTISTES.

101. — **François Gentil** (1510-1582), sculpteur, né à Troyes. — Toile; haut. 0ᵐ,55, larg. 0ᵐ,44. — **Auteur inconnu** (xvɪᵉ siècle).

En buste, de trois quarts, tête de face; longue barbe; coiffé d'une toque; costume noir; il tient de la main droite un compas entr'ouvert.

ARTISTES. (Suite.)

Derrière le personnage, dans la partie supérieure de la toile, est écrit :

FRANÇOIS GENTIL, SCULPTEUR, EST DÉCÉDDÉ EN L'ANNÉE 1588.

Il y a là une erreur du peintre qui a dû ajouter cette inscription sur le portrait. Ce n'est pas 1588 qu'il fallait écrire, mais 1582.

Provient de la famille Gentil-Jacob, de Villenauxe. — Au Musée de Troyes.

102. — Jean Goujon (1515?-1570?), sculpteur et maître d'œuvres. — Dessin à la plume; haut. 0^m,18, larg. 0^m,14. — **Auteur inconnu** (XVIe siècle).

A mi-corps, debout; la tête couverte d'un bonnet; col rabattu; vêtu d'un pourpoint que recouvre une sorte de casaque. De la main gauche il tient soit un marteau, soit un coin de médaille, pourvu de son emmanchure.

En haut, à gauche :

MAISTRE JEHAN GOUJON 1563.

Ce dessin semble une copie de seconde main, destinée à être gravée pour un recueil de portraits.

A M. Benjamin Fillon, à Saint-Cyr-en-Talmondais (Vendée).

VII.

PERSONNAGES DIVERS.

103. — Nicolas Perrenot, seigneur de Granvelle (1486-1550), né à Ornans (Doubs), premier conseiller d'État de Charles-Quint. — Toile; haut. 1^m,20, larg. 0^m,94. — Par **Vecellio (Tiziano)** (1477-1576).

A mi-jambes, debout, de trois quarts; tête nue, tournée vers l'épaule gauche; costume noir; croix suspendue sur la poitrine; un rouleau dans la main gauche.

Provient de la galerie du palais Granvelle, à Besançon. — Au Musée de Besançon.

104. — Antoine Perrenot, cardinal de Granvelle (1517-1586), né à Besançon, ministre de Philippe II. — Cuivre; haut. 0^m,71, larg. 0^m,54. — Par **Pulzone (Scipione)** *dit* Il Gaetano (1550?-1588?).

En buste, de trois quarts; tête nue, tournée vers l'épaule gauche; longue barbe blanche; mosette de moire rouge; collet blanc; les doigts de la main gauche passés dans les feuillets d'un livre. Fig. grand. nat.

Photographié au charbon, par M. Braun.

Provient de la galerie du palais Granvelle, à Besançon. — Au Musée de Besançon,

105. — Ambroise Paré (1516?-1590), surnommé le *Père de la chirurgie française*. — Toile; haut. 1^m,04, larg. 0^m,76. — Par **Porbus ou Pourbus (Pieter)** (1510?-1584?).

A mi-corps, assis, tourné à droite; tête nue, de trois quarts; la main droite posée sur un livre; la gauche passée dans la manche ouverte du pourpoint; manteau de couleur sombre, garni de fourrures.

A Mme Nélaton, à Paris.

106. — Jean Calvin (1509-1564), second chef de la Réforme. — Bois; haut. 0^m,34, larg. 0^m,26. — Par **Holbein (Hans)** *dit* le Jeune (1498-1554).

A mi-corps, de trois quarts à gauche; costume et calotte noirs; dans ses mains croisées est un pli.

PERSONNAGES DIVERS. (Suite.)

Dans la partie supérieure du panneau est écrit :

CALVINVS ETATIS : 44, 1538.

Cette inscription est erronée. Si le modèle avait quarante-quatre ans quand il a posé, le millésime ne saurait être 1538, mais bien 1553 ; si au contraire le tableau date de 1538, le modèle n'avait alors que vingt-neuf ans.

Provient de la collection Lenoir. — A Mgr LE DUC D'AUMALE, à Paris.

107. — **Enjobert de Martillat (Dame de la famille).** — Bois; haut. 0^m,34, larg. 0^m,27. — Auteur inconnu (xvie siècle).

En buste, de trois quarts à droite; robe de couleur sombre, décolletée; voile tombant sur les épaules; collier de perles; parure.

Provient de la famille Enjobert de Martillat. — A M. ANDRIEU DE MARTILLAT, au château de la Prada, commune de Neyrande, par Thiers (Puy-de-Dôme).

108. — **Marie Miraille,** pendue et étranglée, puis brûlée au parvis Notre-Dame, pour magie et sorcellerie. (Journal de Pierre de l'Étoile, 26 février 1587.) — Toile; haut. 0^m,39, larg. 0^m,31. — Attribué à **Niccolo** (École française, xviie siècle).

En buste, tête tournée vers l'épaule gauche; robe de couleur sombre; coiffe blanche, plissée.

A M. CHARLES READ, à Paris.

109. — **Madelaine de l'Aubespine** (1542-1617), mariée en 1559 à Nicolas de Neufville, seigneur de Villeroy, secrétaire et ministre d'État. — Toile; haut. 0^m,61, larg. 0^m,47. — Auteur inconnu (xvie siècle).

En buste, tête nue, de face; robe noire, décolletée; chemise montante, brodée; collerette en éventail; double rang de perles sur la poitrine; parure dans les cheveux.

Dans la partie supérieure de la toile est écrit :

MAGDELAINE DE L'AVBESPINE, DAME DE VILLEROY.

Photographié au charbon, par M. Braun.

A LA VILLE DE PARIS, Musée de l'hôtel Carnavalet.

110. — **Marie Cousin** (1536-1616), fille de Jean Cousin. — Bois; haut. 0^m,33, larg. 0^m,27. — Par **Cousin (Jean)** (1500?-1589?).

En buste, de trois quarts, le regard tourné vers l'épaule droite; elle tient une corbeille d'osier dans les mains; index et annulaire ornés de bagues; robe noire ouverte; chemise montante.

Provient de successions. — A Mme GASTON BOUVYER, à Paris.

111. — **Jehan Bowyer II,** chanoine de la cathédrale de Sens, beau-frère de Jean Cousin. — Bois; haut. 0^m,32, larg. 0^m,26. — Par **Cousin (Jean)** (1500?-1589?).

En buste, de face, la tête tournée vers l'épaule droite; tricorne; vêtement de couleur sombre; un livre à reliure rouge dans les mains.

Provient de successions. — A Mme GASTON BOUVYER, à Paris.

112. — **Estienne Bowyer II** (1524-1612), receveur des gabelles à Sens, gendre de Jean Cousin. — Bois; haut. 0^m,34, larg. 0^m,27. — Par **Cousin (Jean)** (1500?-1589?).

PERSONNAGES DIVERS. (Suite.)

En buste, de trois quarts, le regard tourné vers l'épaule gauche; toque noire; vêtement de couleur sombre; dans la main droite, une branche de laurier.

Provient de successions. — A Mme GASTON BOUVYER, à Paris.

113. — **Jehan Bowyer III** (1558-1613), fils d'Estienne II et petit-fils de Jean Cousin. — Bois; haut. 0^m,33, larg. 0^m,26. — Par **Cousin (Jean)** (1500?-1589?).

En buste, de trois quarts, tête nue, le regard tourné vers l'épaule droite; collerette blanche bordée de gris; vêtement de couleur sombre. Inscrit dans un ovale de feuillage.

Au-dessus du personnage, ses armoiries, et sous le blason, la date : 1582.

Provient de successions. — A Mme GASTON BOUVYER, à Paris.

114. — **Savinienne de Bornes**, femme de Jehan Bowyer III, petit-fils de Jean Cousin. — Bois; haut. 0^m,33, larg. 0^m,29. — Par **Cousin (Jean)** (1500?-1589?).

En buste, tête de face; corsage ouvert, chemise brodée; pendants d'oreilles; collier de perles.

Derrière le personnage, un blason losangé.

Provient de successions. — A Mme GASTON BOUVYER, à Paris.

(Voir APPENDICE, n°s 894 à 907.)

XVIIe SIÈCLE.

I.

GOUVERNEMENT. — PERSONNAGES POLITIQUES.

115. — Henri IV (1553-1610), roi de France. — Bois; haut. 0m,54, larg. 0m,38. — Par **Rubens (Peter-Paul)** (1577-1640).

En buste, de face, tête nue; vêtement de couleur sombre, fraise blanche; ordre du Saint-Esprit.

Photographié au charbon, par M. Braun.

Provient de successions. — A M. CHARLES-FRANÇOIS ROSSIGNEUX, à Paris.

116. — Henri IV (1553-1610), roi de France. — Toile; haut. 0m,35, larg. 0m,72. — Attribué à **Bunel (Jacob)** (1558-1614).

Henri IV, en pied, est représenté assis à table avec la Reine, le dauphin et l'une des filles du roi. Il porte un costume rouge et prend son repas au milieu d'un paysage. Il est servi par ses grands officiers et de jeunes pages. Derrière lui, groupe de courtisans parmi lesquels on reconnaît Sully.

Photographié au charbon, par M. Braun.

Provient de la collection du général Despinoy. Attribué à Bunel sur le catalogue de vente de cette collection. — A M. LE MARQUIS DE CHENNEVIÈRES, à Paris.

117. — Henri IV (1553-1610), roi de France. — Toile; haut. 0m,45, larg. 0m,60. — **Auteur inconnu** (XVIIe siècle).

Henri IV, à gauche, sous un dais suspendu à des branches d'arbres, est assis à table au milieu de sa famille. Des personnages de la cour se tiennent debout derrière lui; des gardes sont rangés en avant, et sur la droite des serviteurs s'avancent avec des mets que leur apportent des gens du pays. Fond de paysage.

Les figures de ce tableau sont de moindres proportions que celles du tableau qui précède; mais, à part quelques légères variantes, la composition est la même. Ajoutons que le musée de Nantes possède une répétition du *Repas de Henri IV* qui présente une très grande analogie avec les deux œuvres exposées au Trocadéro. Lequel de ces trois ouvrages est l'original?

A M. THÉODULE DE BAUDICOUR, à Paris.

118. — Henri IV (1553-1610), roi de France. — Bois, de forme rectangulaire avec les extrémités en plein cintre; haut. 1m,58, larg. 1m,04. — **Auteur inconnu** (XVIIe siècle).

Au centre de la composition, dans la partie supérieure, la Vierge et l'Enfant Jésus. Au premier plan les deux donateurs agenouillés sont Henri IV et l'un de ses fils, en manteau rouge.

Vingt-huit personnes du temps sont groupées autour du roi de France. Au fond, à droite, un personnage oriental couché dans un lit, que surmonte un baldaquin à forme de coupole. Au dernier plan, une montagne, que domine une croix. Au fond, à gauche, une ville fortifiée au sommet d'une montagne; au pied de la montagne, personnages orientaux. Au fond de la partie centrale, façade d'église flanquée de deux tours et inscrite dans une gloire.

GOUVERNEMENT. — PERSONNAGES POLITIQUES. (Suite.)

Sur quatre banderolles disposées vers les extrémités du panneau est écrit :
A gauche :

NON POTEST CIVITAS ABSONDI SVPRA MONTEM POSITA.
MATHI. 5.
(*Absondi* pour *abscondi*.)

A droite :

FACTVS EST MONS MAGNVS ET IMPLEVIT VNIVERSAM TERRAM.
DAN. 2.

Au centre, partie supérieure :

IN SOLE POSVIT TABERNACVLV̄ SVVM.
(Psal. 18.)

Partie inférieure :

TEMPLE ILLVSTRE DE LVMIERE ETERNELLE.

Photographié au charbon, par M. Braun.

Provient de la série des tableaux votifs de Notre-Dame-du-Puy, d'Amiens, et de la collection du général Despinoy. — A M. MAURICE COTTIER, à Paris.

119. — Henri IV (1553-1610), roi de France. — Dessin à la plume; haut. $0^m,28$, larg. $0^m,22$. — Par **Marin (Charles)** (?-? XVIIe siècle) (peut-être le même que **Marin Bourgeois**, peintre, sculpteur et mécanicien de Henri IV, qui florissait en 1599).

En buste, de face, tête nue; cuirasse; grand cordon de l'ordre du Saint-Esprit. Inscrit dans un médaillon de forme ovale. Au-dessous : monogramme de Henri IV.

Dans la partie inférieure est écrit :

VENTRE SAINT-GRIS, S'EN PRENDRE A MON PEUPLE,
C'EST S'EN PRENDRE A MOI-MÊME.

« *Exécuté à la plume, sans le secours du pinceau, du crayon ni de l'estompe, par Charles Marin.* »
A M. LE MARQUIS DE BOURDEILLES, à Paris.

120. — Henri IV (1553-1610), roi de France. — Bas-relief bronze, de forme ovale; haut. $0^m,095$, larg. $0^m,070$. — **Auteur inconnu** (XVIIe siècle).

En buste, de trois quarts; grande fraise; manteau; ordre du Saint-Esprit.

A Mme LÉON BLAZY, née PÉRILLIEUX, à Paris.

121. — Henri IV (1553-1610), roi de France. — Tête bronze; haut. $0^m,30$. — **Auteur inconnu** (XVIIe siècle).

Tête, sans socle, laurée; cheveux relevés sur le front; barbe.

A Mme LUZARCHE, à Monrepos, commune de Saint-Cyr, près Tours.

122. — Louis XIII (1601-1643), roi de France. — Bois; haut. $0^m,35$, larg. $0^m,29$. Par **Porbus** ou **Pourbus (Franz)** *dit le Jeune* (1570-1622).

En pied, de trois quarts à droite; tête nue; la main droite sur la hanche; la main gauche posée sur un meuble; costume de cour. Fond de draperie.

Dans la partie inférieure du panneau, sur le dallage, est écrit :

LUDWIK XIII.

Photographié au charbon, par M. Braun.

Provient de la collection Czartoryski, de Pulawy (Pologne). — AU PRINCE CZARTORYSKI, à Paris.

GOUVERNEMENT. — PERSONNAGES POLITIQUES. (Suite.)

123. — Louis XIII (1601-1643), roi de France. — Toile; haut. 2^m,20, larg. 1^m,43. Par **Champaigne (Philippe de)** (1602-1674).

En pied, debout, tête nue, de face; bâton de commandement dans la main droite; la main gauche posée sur un casque à plume blanche que supporte une table recouverte d'un tapis rouge; écharpe; ordre du Saint-Esprit. Fond de draperie. Figure grand. nat.

A Mgr LE COMTE DE PARIS, au château d'Eu (Seine-Inférieure).

124. — Louis XIII (1601-1643), roi de France. — Bois; haut. 0^m,30, larg. 0^m,25. — **Auteur inconnu** (XVIIe siècle).

En buste, la tête tournée vers l'épaule droite; perruque; grande collerette godronnée; armure; décorations.

Provient de la collection Camille Marcille. — A M. EUGÈNE FÉRAL-CUSSAC, à Paris.

125. — Louis XIII donnant le collier de l'ordre du Saint-Esprit à Henri II, duc de Longueville (14 mai 1633). — Toile; haut. 2^m,90, larg. 3^m,90. — Par **Champaigne (Philippe de)** (1602-1674).

Au centre de la composition, Louis XIII, assis sur son trône, tient à la main une image représentant la cérémonie qui eut lieu sous Henri III, lors de l'institution de l'ordre des chevaliers du Saint-Esprit, et il la présente au récipiendaire assis devant lui sur un coussin de velours vert. Celui-ci prête serment en posant les mains sur l'image que soutient un grand dignitaire de l'ordre, à la droite du roi. Le suivant tient le grand collier, formé du chiffre du roi et de fleurs de lis d'or. Le premier des deux officiers placés à la gauche du monarque tient devant lui un livre ouvert dans lequel il indique du doigt un passage; l'autre porte le manteau du récipiendaire. — Parmi les témoins de cette scène se trouvent les seigneurs de Bullion et Bouthillier de Chavigny. Le Saint-Esprit, sous la forme d'une colombe, plane sur la tête de Louis XIII. Derrière eux, un autel. La salle de réception est tendue de tapisseries bleues, semées de lis d'or.

Dans la partie inférieure de la toile, sur un cartel simulé est écrit:

CÉRÉMONIE FAICTE A FONTAINEBELLEAU, EN 1633. —
REPRÉSENTÉE PAR P. DE CHAMPAIGNE.

Commandé par Louis XIII pour être placé dans l'église des Grands-Augustins, ce tableau y est demeuré jusqu'en 1789. Les seigneurs de Bullion et de Bouthillier en demandèrent chacun une répétition à l'artiste pour décorer leurs hôtels à Paris.

Envoi du gouvernement, en 1812, AU MUSÉE DE TOULOUSE.

126. — Louis XIII (1601-1643), **Anne d'Autriche** (1602-1666) **et le cardinal de Bérulle** (1575-1629). — Toile; haut. 1^m,58, larg. 1^m,80. — **Auteur inconnu** (XVIIe siècle).

Au centre, la Vierge, les yeux levés, ayant à ses pieds le corps de Jésus-Christ descendu de la croix. A la droite du Christ, Louis XIII à mi-corps, de profil, la tête laurée; les mains croisées sur la poitrine et tenant le sceptre. Armure sur laquelle est écrit: *adbilitas* (?). Derrière lui, Anne d'Autriche, coiffée de la tiare, symbolisant l'Église ou la Religion. A la gauche du Christ, trois personnages à mi-corps, tête nue, dont l'un, le dernier à droite, est le cardinal de Bérulle.

Sur le linceul du Christ est écrit:

PEINT AN 1632.

A la FABRIQUE DE LA PAROISSE NOTRE-DAME, à Versailles.

GOUVERNEMENT. — PERSONNAGES POLITIQUES. (Suite.)

127. — **Louis XIV** (1638-1715), roi de France. — Toile, de forme ovale; haut. 0ᵐ,90, larg. 0ᵐ,72. — Par Rigaud (Hyacinthe) (1659-1743).

A mi-corps, le regard tourné vers l'épaule gauche; cuirasse sur habit de velours gris; grand cordon de l'ordre de Saint-Louis; cravate de dentelle; longue perruque. Fig. grand. nat.

Provient de successions. — A M. Bouchut, à Paris.

128. — **Louis XIV** (1638-1715), roi de France. — Miniature sur émail, montée sur une tabatière d'écaille, de forme ovale; haut. 0ᵐ,025, larg. 0ᵐ,02. — Par Petitot (Jean) (1607-1691).

En buste, tête tournée vers l'épaule droite; longue perruque; cuirasse.

A M. Henri Bordier, à Paris.

129. — **Louis XIV** (1638-1715), roi de France. — Dessin; haut. 0ᵐ,56, larg. 0ᵐ,24. — Par Bosse (Abraham) (1610-1678).

Au centre, le roi à cheval, tenant son chapeau de la main gauche; des deux côtés, cortège. Au fond et sur les extrémités latérales de la composition, spectateurs dans des tribunes.

Dans la partie inférieure du dessin est écrit, en caractères du temps :

LA CAUALCADE ROYALLE OU LE ROY ALLANT A CHEUAL A L'EGLISE DES JÉSUITTES, ACCOMPAGNÉ DE TOUTE SA COUR, LE JOUR DE SAINT-LOUIS, 1649.

Au milieu du dessin, au-dessous de l'inscription qui précède :

A BOSSE Fᵗ.

Provient de la vente Thibaudeau. — A M. Jules Taschereau, à Paris.

130. — **Louis XIV** (1638-1715), roi de France. — Buste, terre cuite, peint; haut. 0ᵐ,60. — Auteur inconnu (XVIIᵉ siècle).

Ce buste représente Louis XIV jeune, tête nue, tournée vers l'épaule droite; perruque; cuirasse; col de dentelle; écharpe. Fig. grand. demi-nat.

A M. Orville, Château de Marœuil-en-Brie (Marne).

131. — **Louis XIV** (1638-1715), roi de France. — Buste, marbre; haut. 0ᵐ,90. — Par Girardon (François) (1627-1715).

Tête nue, grande perruque; le regard tourné vers l'épaule gauche; cuirasse; écharpe; cravate de dentelles. Fig. grand. nat.

Au musée de Dijon.

132. — **Louis XIV** (1638-1715), roi de France. — Médaillon, bronze; diam. 0ᵐ,165. Par Bertinetti (Francesco) dit Bertinet. (?-? XVIIᵉ siècle), modeleur et fondeur en médailles.

En buste, de profil, à droite; grande perruque; cuirassé à l'antique et portant un manteau; tête de lion sur l'épaule; très légères moustaches; sous l'épaule droite est écrit :

BERTINET SCULP

CŪ PRIVILEGIO.

GOUVERNEMENT. — PERSONNAGES POLITIQUES. (Suite.)

Au revers du médaillon est une plaque, que l'on trouve rarement avec ce portrait; elle porte la double L royale surmontée d'une couronne fleurdelisée et fermée. Autour du chiffre sont deux branches de laurier; le tout se détache sur le manteau royal.

Nous avons inutilement cherché l'époque de la naissance et celle du décès de Bertinet. La notice insérée dans les *Archives de l'Art français* (tome VI, p. 11-13), si instructive qu'elle soit, ne renferme aucune date. De Fontenai, Mariette, Jal, Lalanne, Didot, Perkins ne mentionnent pas son nom.

A M. ANATOLE DE MONTAIGLON, à Paris.

133. — **Louis XIV** (1638-1715), roi de France. — Médaillon marbre, de forme ronde; diam. 0m,18. — **Auteur inconnu** (XVIIe siècle).

En buste, de profil à gauche; tête laurée; grande perruque; cuirasse.

Photographié au charbon, par M. Braun.

A M. ALEXANDRE DELAHERCHE, à Beauvais.

134. — **Marie de Médicis** (1573-1642), reine de France. — Toile; haut. 0m,58, larg. 0m,42. — Par **Porbus ou Pourbus (Franz)**, *dit le Jeune* (1570-1622).

En pied, debout, de trois quarts à gauche; coiffure noire; robe noire montante, garnie de perles; bracelets; main droite posée sur le dossier d'un fauteuil recouvert de velours noir; un mouchoir dans la main gauche. Fond d'architecture.

Photographié au charbon, par M. Braun.

AU MUSÉE DE VALENCIENNES.

135. — **Marie de Médicis** (1573-1642), reine de France. — Toile; haut. 1m,08, larg. 1m,26. — Par **Dyck (Anton Van)** (1599-1641).

A mi-jambes, assise, de trois quarts; robe de couleur sombre; grande collerette de mousseline; fleur rouge au corsage; deux roses dans la main droite; la main gauche sur les genoux; le coude droit posé sur une table recouverte d'un tapis fleurdelisé; la couronne royale est sur la table. Au fond, à la droite du personnage, une fenêtre ouverte à travers laquelle on aperçoit une ville baignée par une rivière sur laquelle navigue un bateau à rames.

Photographié au charbon, par M. Braun.

Antérieurement à la Révolution, ce tableau décorait une des salles du Palais de Versailles.

Envoi du Gouvernement, en 1801, AU MUSÉE DE LILLE.

136. — **Anne d'Autriche** (1602-1666), reine de France. — Toile, haut. 1m,17, larg. 0m,92. — Par **Mignard (Pierre)** (1612-1695) [1].

A mi-jambes, de trois quarts à gauche; assise sur un fauteuil; elle porte le voile de veuve; robe de velours noir; guimpe en point d'Angleterre recouvrant le corsage; agrafes de pierres fines; elle tient de la main gauche des fleurs d'oranger; le bras droit est posé sur une table qui supporte la couronne de France. Fond de draperies et de paysage.

Les fleurs d'oranger que tient à la main Anne d'Autriche sont vraisemblablement une allusion au mariage de son fils Louis XIV avec Marie-Thérèse d'Autriche (1660), ce qui permet de supposer que le portrait est postérieur à cette date.

Photographié au charbon, par M. Braun.

A M. LEBRUN DALBANE, à Troyes.

---

[1] M. Lebrun Dalbane, conservateur du musée de Troyes, a bien voulu nous écrire que la date précise de la naissance de Mignard (Pierre), relevée sur l'état civil de Troyes, est le 17 novembre 1612. Jusqu'ici aucune biographie du peintre n'avait mentionné cette date.

GOUVERNEMENT. — PERSONNAGES POLITIQUES. (Suite.)

137. — Anne d'Autriche (1602-1666), reine de France. — Toile; haut. 1ᵐ,35, larg. 1ᵐ,15. — Par **Beaubrun, Baubrun** ou **Bobrun (Henri)** (1603?-1677).

A mi-jambes; tête nue; assise, de trois quarts, tournée vers la gauche; robe ouverte, garnie de bandes d'hermine; épaules nues; mains croisées tenant un pli. Fond de draperie. Inscrit dans un ovale de feuilles de chêne.

A la droite du personnage, sur le piédestal d'une colonne, est écrit :

BAVBRVN FEᶜ.

A M. Soultzener, à Paris.

138. — Anne d'Autriche (1602-1666), reine de France. — Miniature sur émail, de forme ronde; diamètre 0ᵐ,03. — Par **Petitot (Jean)** (1607-1691).

En buste; le regard tourné vers la gauche; voile noir sur la tête; cheveux nattés.

A M. Henri Bordier, à Paris.

139. — Anne d'Autriche (1602-1666), reine de France et **Henriette-Marie de France**, reine d'Angleterre (1609-1669). — Toile, cintrée par le haut; haut. 3ᵐ,17, larg. 2ᵐ,59. — Par **Mignard (Pierre)** (1612-1695).

Anne d'Autriche, en pied, à genoux sur des coussins, soutient de sa main gauche une grande croix; un ange en supporte le sommet. Aux pieds de la reine, une couronne. En face d'elle, Henriette de France, également à genoux, tient dans sa main droite une couronne royale; de l'autre main, elle donne des pièces de monnaie à un pauvre. Le manteau d'Anne d'Autriche est bleu fleurdelisé, doublé d'hermine; celui d'Henriette de France, en velours rouge, est orné d'armoiries. Au centre de la composition, un sac de pièces d'or. Fond de ciel et d'architecture.

Provenant d'un don d'Anne d'Autriche à l'église Notre-Dame-de-Bonne-Nouvelle, dont elle a posé la première pierre (église démolie en 1823).

A la fabrique de la paroisse de Notre-Dame-de-Bonne-Nouvelle, à Paris.

140. — Anne d'Autriche (1602-1666), reine de France, et **Louis XIV enfant** (1638-1715), roi de France. — Toile; haut. 1ᵐ,92, larg. 1ᵐ,56. — Par **Beaubrun, Baubrun** ou **Bobrun (Charles)** (1606-1692).

En pied; assise, au milieu d'un paysage, de trois quarts à gauche; tête nue; robe gris perle, ouverte et garnie de dentelles; corsage enrichi de pierreries. A sa droite, Louis XIV enfant; robe de soie; collerette de dentelles; bonnet à plumes blanches; une main dans celle de sa mère. Dans un angle du tableau, un chien.

A M. Pierre-Henry Fau, à Paris.

141. — Marie-Thérèse d'Autriche (1638-1683), reine de France. — Toile, de forme ovale; haut. 0ᵐ,40, larg. 0ᵐ,30. — Attribué à **Mignard (Pierre)** (1612-1695).

A mi-corps, tête de face, couronne royale sur le front. Robe rouge; collerette brodée; manteau bleu brodé d'hermine. A la gauche du personnage, une colombe apportant la Sainte-Ampoule. Allusion au mariage et au couronnement de la reine, qui eurent lieu, comme on sait, le 9 juin 1660.

A M. Philippe Yves, à Chartres.

142. — Marie-Thérèse d'Autriche (1638-1683), reine de France. — Buste, marbre; haut. 0ᵐ,88. — Par **Girardon (François)** (1627?-1715).

Tête nue, de face; robe décolletée; manteau fleurdelisé.

Provient du château de Villacerf, bâti par Odard Colbert. — Au Musée de Troyes.

GOUVERNEMENT. — PERSONNAGES POLITIQUES. (Suite.)

143. — Françoise d'Aubigné, marquise de Maintenon (1635-1719), femme de Louis XIV. — Toile, de forme ovale; haut. 0m,72, larg. 0m,58. — D'après **Mignard (Pierre).**

A mi-corps, de trois quarts à droite; tête de face; robe jaune à ramages; épaules découvertes; manteau bleu doublé d'hermine. Elle tient un livre dans la main gauche; la main droite est posée sur la poitrine.

Photographié au charbon, par M. Braun.

Au Musée de Rouen.

144. — Catherine-Henriette de Balzac d'Entraigues, marquise de Verneuil (1579-1633), maîtresse de Henri IV. — Bois; haut. 0m,35, larg. 0m,26. — **Auteur inconnu** (XVIIe siècle).

En buste, de trois quarts à droite; robe ouverte, garnie de dentelles; corsage rouge avec broderies; diamants dans les cheveux; collier de perles.

Photographié au charbon, par M. Braun.

A M. Herluison, à Orléans.

145. — Catherine-Henriette de Balzac d'Entraigues, marquise de Verneuil (1579-1633), maîtresse de Henri IV. — Bois; haut. 0m,180, larg. 0m,135. — **Auteur inconnu** (XVIIe siècle).

A mi-corps, de face; tête légèrement tournée vers l'épaule droite; aigrette blanche; perles, épingles ornées de pierres fines dans les cheveux; grande collerette godronnée; robe rouge brodée d'or.

A M. Alexandre Delaherche, à Beauvais.

146. — Charlotte des Essarts, comtesse de Romorantin (1580-1651), maîtresse de Henri IV, puis épouse du maréchal de l'Hospital — Miniature sur cuivre, de forme ovale; haut. 0m,115, larg. 0m,09. — Par **Champaigne (Philippe de)** (1602-1674).

En buste, de trois quarts à gauche; cheveux blancs; robe noire décolletée; fichu de dentelle brodée sur les épaules.

Derrière le tableau, en caractères du temps, la date 1631.

Photographié au charbon, par M. Braun.

Provient de successions. — A M. Charles-Auguste Pinel, à Paris.

147. — Françoise-Louise de la Baume-Leblanc, duchesse de la Vallière (1644-1710), maîtresse de Louis XIV. — Toile; haut. 1m,14, larg. 0m,87. — Par **Mignard (Pierre)** (1612-1695).

A mi-jambes, assise, de face; tête nue, regard tourné vers l'épaule droite; elle soutient, de la main gauche, une draperie sur sa poitrine; robe décolletée. Fig. grand. nat.

Photographié au charbon, par M. Braun.

Provient d'un château du Calvados. — A M. Le Berquier, à Paris.

148. — Françoise-Louise de la Baume-Leblanc, duchesse de la Vallière (1644-1710), maîtresse de Louis XIV. — Miniature sur émail, à double face; haut. 0m,035, larg. 0m,030. — Par **Petitot (Jean)** (1607-1691).

Première face. — En buste, tête nue, de face; robe rose, ouverte; grande perruque.

Deuxième face. — En buste, tête de face; les yeux levés; la main gauche perdue dans la chevelure déroulée.

A M. Henri Bordier, à Paris.

GOUVERNEMENT. — PERSONNAGES POLITIQUES. (Suite.)

149. — Françoise-Louise de la Baume-Leblanc, duchesse de la Vallière (1644-1710), maîtresse de Louis XIV. — Miniature sur émail, de forme ovale; haut. 0m,036, largeur 0m,081. — Par **Petitot (Jean)** (1607-1691).

En buste, de face, tête nue, tournée vers l'épaule gauche; robe bleue, décolletée, bordée de dentelles; nœud de rubans rouges au corsage; collier de perles et boucles d'oreilles; indication de draperie de couleur foncée sur l'épaule droite.

Provient de M. Bourdillon, décédé à Genève, le 12 juin 1856. — Au MUSÉE DE CHATEAUROUX.

150. — Françoise-Athénaïs de Rochechouart, marquise de Montespan (1641-1707), maîtresse de Louis XIV. — Toile; haut. 1m,92, larg. 1m,45. — Par **Mignard (Pierre)** (1612-1695).

En buste, de trois quarts à gauche; robe décolletée. Inscrit dans un médaillon soutenu par les trois Grâces et par deux Amours voltigeant. La partie supérieure de la toile est décorée d'une guirlande de fleurs.

Cette composition semi-allégorique rappelle l'avènement de Mme de Montespan au poste de favorite; elle serait donc d'une date assez rapprochée de l'année 1668.

Photographié au charbon, par M. Braun.

Provient de la collection du roi Louis-Philippe. Ce portrait porte le n° 2 du catalogue des tableaux du château de Belfort, ancienne résidence des princes de la famille d'Orléans. — Au MUSÉE DE TROYES.

151. — Françoise-Athénaïs de Rochechouart, marquise de Montespan (1641-1707), maîtresse de Louis XIV. — Toile; haut. 0m,57, larg. 0m,49. — Par **Loo (Jacques Van)** (1614-1670).

A mi-corps, en burnous de soie bleue, bordé de fourrure blanche; elle regarde de droite à gauche. Fig. grand. demi-nat.

Photographié au charbon, par M. Braun.

A M. HERMANN-JOSEPH REINACH, à Paris.

152. — Françoise-Athénaïs de Rochechouart, marquise de Montespan (1641-1707), maîtresse de Louis XIV (portrait présumé). — Toile, de forme ovale; haut. 0m,80, larg. 0m,98. — Auteur inconnu (XVIIe siècle).

A mi-corps, assise; épaules découvertes; robe de brocart d'or; le bras droit posé sur un meuble.

A M. WHITELOCKE, à Amboise.

153. — Christine de France (1606-1683), duchesse de Savoie, fille de Henri IV et de Marie de Médicis. — Miniature sur cuivre; haut. 0m,155, larg. 0m,140. — Auteur inconnu (XVIIe siècle).

A mi-jambes, de face, assise; tenant sur ses genoux un enfant dont la tête est nimbée. Elle le soutient du bras gauche, et, de la main droite, lui présente une rose. Elle porte une robe bleue fleurdelisée; diadème dans les cheveux; manchettes et collerette de dentelles.

A M. ALEXANDRE DELAHERCHE, à Beauvais.

154. — Henriette-Marie de France (1609-1669), troisième fille de Henri IV et de Marie de Médicis, épousa Charles Ier, roi d'Angleterre (1625). — Toile, cintrée par le haut; haut. 3m,17, larg. 2m,59. — Par **Mignard (Pierre)** (1612-1695).

GOUVERNEMENT. — PERSONNAGES POLITIQUES. (Suite.)

En pied, debout, à gauche, couverte du manteau royal. Saint François de Sales, une auréole autour du front, debout, à droite, tient un des enfants de la reine; les deux autres sont au milieu, un genou en terre.

Photographié au charbon, par M. Braun.

Provient d'un don de la reine Anne d'Autriche à l'église Notre-Dame-de-Bonne-Nouvelle, dont elle a posé la première pierre. (Église démolie en 1823.)

A la FABRIQUE DE LA PAROISSE NOTRE-DAME-DE-BONNE-NOUVELLE, à Paris.

155. — **Élisabeth de France** (1602-1644), reine d'Espagne, fille de Henri IV et de Marie de Médicis. — Bois; haut. 0^m,34, larg. 0^m,27. — Par **Porbus** ou **Pourbus (Franz)** dit le Jeune (1570-1622).

Tête de trois quarts à droite; perles dans les cheveux; grande collerette de dentelles; indication de costume.

A Mgr le duc D'AUMALE, à Paris.

156. — **Gaston-Jean-Baptiste de France, duc d'Orléans, enfant** (1608-1660), frère de Louis XIII, lieutenant général du royaume. — Toile; haut. 0^m,52, larg. 0^m,44. — Par **Porbus** ou **Pourbus** dit le Jeune (1570-1622).

A mi-corps, de trois quarts; tête de face; costume de cour; riche collerette; la main gauche sur la hanche; décoration de l'ordre du Saint-Esprit.

Photographié au charbon, par M. Braun.

A M. CHARLES MOISSON, à Paris.

157. — **Louis de France,** dit **le Grand Dauphin, enfant** (1661-1711), fils de Louis XIV et de Marie-Thérèse. — Dessin à la plume, de forme ovale; haut. 0^m,16, larg. 0^m,12. — Par **Nanteuil (Robert)** (1625-1678).

En buste, tête nue; le regard tourné vers l'épaule gauche; cravate de dentelles autour du cou.

Photographié au charbon, par M. Braun.

A M. ALEXANDRE DELAHERCHE, à Beauvais.

158. — **Louis de France,** dit **le Grand Dauphin** (1661-1711), fils de Louis XIV et de Marie-Thérèse. — Miniature à l'huile, de forme ovale; haut. 0^m,045, larg. 0^m,04. — **Auteur inconnu** (XVIIe siècle).

En buste, de trois quarts à droite; perruque; chemise brodée; costume à ramages.

A M. ALEXANDRE DELAHERCHE, à Beauvais.

159. — **Louis, duc de Bourgogne,** fils de Louis de France, dit le Grand Dauphin, et de Marie-Anne-Christine de Bavière, petit-fils de Louis XIV (1682-1712). — Toile, de forme ovale; haut. 0^m,75, larg. 0^m,50. — Par **Rigaud (Hyacinthe)** (1659-1743).

A mi-corps, de trois quarts à droite; cuirasse; cravate rouge; vêtement de brocart; grand cordon de l'ordre de Saint-Louis en sautoir.

Provient d'une vente. — A Madame CHEVRILLON, à Paris.

160. — **Mariage du duc de Bourgogne,** fils de Louis de France, dit le Grand Dauphin, et de Marie-Anne-Christine de Bavière, petit-fils de Louis XIV. — Toile; haut. 0^m,49, larg. 0^m,79. — Par **Troy (François de)** (1645-1730).

GOUVERNEMENT. — PERSONNAGES POLITIQUES. (Suite.)

Debout, au centre de la composition, Louis, duc de Bourgogne, entouré de nombreux témoins, en costume de cour, donne la main à Marie-Adélaïde de Savoie, et reçoit du cardinal de Coislin la bénédiction nuptiale (17 décembre 1697). La scène se passe dans la chapelle de Versailles.

Ce tableau diffère sensiblement de celui d'Antoine Dieu, que possède le musée de Versailles (n° 2095) et cité à tort comme une répétition de l'œuvre de de Troy.

Photographié au charbon, par M. Braun.

Provient de la collection Jules Duclos. — A M. JEAN-BAPTISTE CHAZAUD, à Paris.

161. — **Marie-Anne de Bourbon,** dite **Mademoiselle de Blois, enfant** (1666-1739), princesse de Conti, fille de Louis XIV et de la duchesse de la Vallière. — Toile, de forme ovale; haut. 0^m,55, larg. 0^m,50. — Par **Mignard (Pierre)** (1612-1695).

En pied, assise sur un sofa; robe de brocart d'or; manteau bleu; le bras droit posé sur une table; elle fait des bulles de savon; à ses pieds, un perroquet; à droite, un chien.

A M. JULIEN GRÉAU, à Troyes.

162. — **Louis-Auguste de Bourbon, duc du Maine, enfant** (1670-1736), fils de Louis XIV et de la marquise de Montespan. — Toile, de forme ovale; haut. 0^m,40, larg. 0^m,30. — Par **Mignard (Pierre)** (1612-1695).

En buste, de trois quarts à droite; cuirasse; cravate rouge.

Provient du château de Navarre, près Évreux. — A M. le comte GUÉRIN, à Paris.

163. — **Louise-Françoise de Bourbon,** dite **Mademoiselle de Nantes** (1673-1743), fille de Louis XIV et de la marquise de Montespan, mariée à Louis III, duc de Bourgogne, prince de Condé. — Toile; haut. 1^m,45, larg. 0^m,96. — Par **Largillière (Nicolas de)** (1656-1746).

A mi-jambes, debout, la tête tournée vers l'épaule gauche; aigrette et perles dans les cheveux; robe décolletée; costume de velours bleu; elle tient de la main droite une branche de jasmin. Devant elle, un négrillon, vêtu de rouge, lui présente des raisins sur un plateau.

Photographié au charbon, par M. Braun.

Provient de M. Dieudonné Collesson, inspecteur des domaines à Reims. — A M. LOUIS-FÉLIX-ANTOINE-LÉON COLLESSON, à Nancy.

164. — **Louise-Françoise de Bourbon,** dite **Mademoiselle de Nantes** (1673-1743), fille de Louis XIV et de la marquise de Montespan, mariée à Louis III, duc de Bourbon, prince de Condé. — Toile; haut. 0^m,70, larg. 0^m,58. — **Auteur inconnu** (XVIIe siècle).

En pied, debout, en marche vers la droite, suivie d'un chien; costume de chasse rouge, galonné d'or.

A M. LEROUX, à Paris.

165. — **Louis-Alexandre de Bourbon, comte de Toulouse** (1678-1737), fils de Louis XIV et de la marquise de Montespan, grand amiral de France. — Toile; haut. 1^m,58, larg. 1^m,08. — Par **Troy (François de)** (1645-1730).

En pied, debout, vêtu d'un habit de velours bleu, tenant son chapeau dans la main droite; de la gauche, il indique la mer à l'horizon; un page coiffé d'un turban est placé derrière et lui noue sa ceinture.

Photographié au charbon, par M. Braun.

Provient d'une vente. — A M. BAPTISTIN GUILHIERMOZ, à Paris.

GOUVERNEMENT. — PERSONNAGES POLITIQUES. (Suite.)

166. — Henriette-Anne d'Angleterre (Madame), duchesse d'Orléans (1644-1670), fille de Charles Ier et de Henriette de France, épousa, le 31 mars 1661, Philippe, duc d'Orléans. — Toile; haut. 0^m,40, larg. 0^m,30. — Attribué à **Rigaud (Hyacinthe)** (1659-1743).

En buste, de face; corsage de drap d'or; manteau bleu fleurdelisé, doublé d'hermine.

Dans la partie supérieure de la toile est écrit :

HENRIETTE, DUCHESSE D'ORLÉANS, NÉE LE 16 JUIN 1644, MORTE LE 30 JUIN 1670.

Il est à peine besoin de faire remarquer que Rigaud n'a pu exécuter ce portrait qu'après la mort du modèle.

Photographié au charbon, par M. Braun.

Provient de M. Dieudonné Collesson, inspecteur des domaines, à Reims. — A M. Louis-Félix-Antoine-Léon Collesson, à Nancy.

167. — Marie-Louise d'Orléans (1662-1689), reine d'Espagne, fille de Philippe, duc d'Orléans, frère de Louis XIV, et femme de Charles II. — Toile; haut. 1^m,10, larg. 0^m,84. — Par **Mignard (Pierre)** (1612-1695).

Debout, à mi-jambes, tête nue, tournée vers l'épaule gauche; robe jaune; écharpe rouge; table surmontée d'un vase de fleurs, parmi lesquelles elle cueille, de la main droite, un œillet.

Photographié au charbon, par M. Braun.

Provient de M. Brunard, peintre en miniature. — A M. Lebrun Dalbane, à Troyes.

168. — Anne-Marie-Louise d'Orléans, duchesse de Montpensier, dite **Mademoiselle** et la **Grande Mademoiselle** (1627-1693), fille de Gaston, duc d'Orléans, frère de Louis XIII, et de Marie de Bourbon, duchesse de Montpensier. — Toile; haut. 1^m,27, larg. 0^m,98. — Attribué à **Mignard (Pierre)** (1612-1695).

A mi-jambes, debout, de trois quarts à gauche; représentée en Pallas, casque en tête, cimier avec plumes bleues, blanches et rouges; cuirasse enrichie de perles, laissant à découvert la poitrine; une lance dans la main droite; écharpe en sautoir; fond de paysage.

Photographié au charbon, par M. Braun.

Provient du château de Larochefoucauld (Charente). — A M. Callandreau, à Angoulême.

169. — Anne-Marie-Louise d'Orléans, duchesse de Montpensier, dite **Mademoiselle** et la **Grande Mademoiselle** (1627-1693), fille de Gaston, duc d'Orléans, frère de Louis XIII, et de Marie de Bourbon, duchesse de Montpensier. — Miniature sur vélin maroufflé; haut. 0^m,13, larg. 0^m,09. — **Auteur inconnu** (XVIIe siècle).

Elle est représentée à la Bastille. A mi-jambes, debout, le coude posé près de l'embrasure d'une fenêtre, les mains croisées. Perruque blonde; feutre; cuirasse; épée; fond d'architecture.

Photographié au charbon, par M. Braun.

A M. Alexandre Delaherche, à Beauvais.

GOUVERNEMENT. — PERSONNAGES POLITIQUES. (Suite.)

170. — Anne-Marie-Louise d'Orléans, duchesse de Montpensier, dite **Mademoiselle** et la **grande Mademoiselle** (1627-1693), fille de Gaston, duc d'Orléans, frère de Louis XIII, et de Marie de Bourbon, duchesse de Montpensier — Toile, de forme ovale ; haut. 0^m,72, larg. 0^m,57. — **Auteur inconnu** (XVIIe siècle).

En buste, tête nue, légèrement tournée vers l'épaule gauche ; robe orange ; épaules découvertes ; manteau bleu fleurdelisé, doublé d'hermine. Fig. grand. nat.

Photographié au charbon, par M. Braun.

Au prince Étienne Galitzin, à Paris.

171. — Charlotte-Élisabeth de Bavière, dite la **princesse Palatine** (1652-1722), seconde femme de Philippe, duc d'Orléans ; mère du régent. — Toile ; haut. 1^m,44, larg. 1^m,12. — **Par Rigaud (Hyacinthe)** (1659-1743).

A mi-jambes, assise, de face ; la tête tournée vers l'épaule droite ; manteau bleu fleurdelisé, doublé d'hermine ; robe de brocard d'or ; grande collerette brodée ; la main gauche sur un diadème. Fig. grand. nat.

A Mgr le comte de Paris, au château d'Eu (Seine-Inférieure).

172. — Charlotte-Élisabeth de Bavière, dite **la princesse Palatine** (1652-1722), seconde femme de Philippe, duc d'Orléans ; mère du régent. — Miniature sur émail ; haut. 0^m,055, larg. 0^m,04. — **Auteur inconnu.** (École allemande. — XVIIe siècle).

En buste, tête de face ; coiffure à la Henri IV ; robe décolletée, de couleur vert sombre.

A M. Henri Bordier, à Paris.

173. — Charlotte-Élisabeth de Bavière, dite **la princesse Palatine** (1652-1722), seconde femme de Philippe, duc d'Orléans ; mère du régent. — Miniature sur porcelaine, de forme ovale ; haut. 0^m,065, larg. 0^m,05. — **Auteur inconnu** (XVIIe siècle).

En buste, de face, la tête légèrement tournée vers l'épaule droite ; robe ouverte, à ramages ; grande écharpe d'hermine sur les épaules ; voile sur les cheveux.

Provient de successions. — A M. Henry Chasles, à Paris.

174. — Louise-Marguerite de Lorraine, princesse de Conti (?-1631), fille de Henri Ier de Lorraine, troisième duc de Guise ; femme de François, prince de Conti, qui l'épousa en 1605. — Bois ; haut. 0^m,57, larg. 0^m,47. — Par **Corneil ou Corneille de Lyon** (?-? XVIIe siècle).

En buste, de trois quarts à droite ; robe de cour, garnie de diamants ; corsage décolleté ; manches à bouillons ; grande collerette en éventail ; diadème sur les cheveux ; collier.

Dans la partie inférieure du panneau est écrit :

LOUISE-MARGUERITE DE LORRAINE PRIN. DE CONTY.

Photographié au charbon, par M. Braun.

A Mgr le duc d'Aumale, à Paris.

175. — Louise-Marguerite de Lorraine, princesse de Conti (?-1631), fille de Henri Ier de Lorraine, troisième duc de Guise ; femme de François, prince de Conti, qui l'épousa en 1605. — Bois ; haut. 0^m,35, larg. 0^m,27. — **Auteur inconnu** (XVIIe siècle).

GOUVERNEMENT. — PERSONNAGES POLITIQUES. (Suite.)

En buste, de trois quarts; regard tourné vers l'épaule droite; robe verte, décolletée; voile tombant sur les épaules; parure, collier, agrafes de faux bijoux fixés dans le panneau.

Photographié au charbon, par M. Braun.

A M. Charles Moisson, à Paris.

176. — **Marie d'Orléans** (1625-1707), **duchesse de Nemours, princesse de Neufchâtel**, fille de Louise de Bourbon et de Henri II d'Orléans, duc de Longueville. — Toile; haut. 1^m,47, larg. 1^m,09. — Par **Rigaud (Hyacinthe)** (1659-1743).

A mi-jambes, assise sur un fauteuil de velours rouge; vêtue de noir; la tête enveloppée d'une mantille, dont elle retient de la main les extrémités sur sa poitrine; la main gauche étendue sur un coussin rouge que supporte un guéridon couvert d'un tapis de même couleur.

Photographié au charbon, par M. Braun.

Provient de successions. — La fille de l'héritier de la princesse de Neufchâtel épousa, en 1710, un duc de Luynes. — A Mme la duchesse de Luynes, au château de Dampierre (Seine-et-Oise).

177. — **Une princesse de Rohan** (?-?). — Toile; haut. 0^m,80, larg. 0^m,60. — Par **Largillière (Nicolas de)** (1656-1746).

A mi-corps, de face; corsage bleu brodé d'or; draperie rouge sur les épaules. Fig. grand. nat.

Photographié au charbon, par M. Braun.

Provient de la collection de M. Descamps, ancien conservateur du musée de Rouen. — Au musée de Rouen.

178. — **Charlotte-Marguerite de Montmorency, princesse de Condé** (1593-1650), femme de Henri II de Bourbon, prince de Condé, père de Louis II de Bourbon, dit *le Grand Condé*. — Bois; haut. 0^m,62, larg. 0^m,54. — **Auteur inconnu** (XVIIe siècle).

En buste, de trois quarts; tête nue, de face; robe noire ouverte, garnie d'un triple rang de perles; collerette de dentelles en éventail; large rosette au corsage; collier de perles.

Dans la partie supérieure du panneau est écrit :

PRINCESSE DE CONDÉ.

A M. le baron J. Pichon, à Paris.

179. — **La comtesse Diane de Crussol** (?-?), dame d'honneur de la reine Anne d'Autriche. — Toile; haut. 1^m,03, larg. 0^m,73. — Par **Champaigne (Philippe de)** (1602-1674).

A mi-jambes, debout; tête nue; robe blanche décolletée; corsage garni de perles; collier; écharpe rose clair; elle porte les attributs de Diane chasseresse : carquois sur l'épaule, flèche dans la main droite, arc dans la main gauche. Fond de paysage. Fig. grand. nat.

Photographié au charbon, par M. Braun.

Provient de la collection Saint-Phal. — A M. Pierre-Amable-Joseph Opigez, à Paris.

180. — **Julie d'Angennes** (1607-1671), fille de la marquise de Rambouillet, gouvernante des enfants de France. — Toile; haut. 0^m,71, larg. 0^m,57. — Par **Beaubrun, Baubrun ou Bobrun (Henri)** (1603-1677).

GOUVERNEMENT. — PERSONNAGES POLITIQUES. (Suite.)

En buste, de trois quarts; tête nue; fleurs dans les cheveux, regard tourné vers l'épaule droite; robe à ramages; collier; pendants d'oreilles; agrafe. Inscrit dans une guirlande, de forme ovale.

Découvert en 1854; d'après une gravure anonyme.

A M. Paul Lacroix, à Paris.

181. — **Marcelin Hercule Bompart** (?-?), médecin du roi Louis XIII, né à Clermont-Ferrand. — Toile, de forme octogonale; haut. 0^m,67, larg. 0^m,57. — **Auteur inconnu** (XVIIe siècle).

En buste, de trois quarts à droite; perruque noire; robe; cravate tombante.

Provient de successions. — A M. Chopard, à Vichy (Allier).

182. — **Charles III, duc de Lorraine** (1604-1675), dit aussi *Charles IV*, gouverna de 1624 à 1633. — Dessin; haut. 0^m,41, larg. 0,33. — **Auteur inconnu** (XVIIe siècle).

En buste, tête nue; regard tourné vers l'épaule gauche; grande collerette de dentelle.

Dans la partie supérieure du dessin est écrit :

CHARLE DUC DE LORRAINE 1631.

A M. Émile Beaupré, à Nancy.

183. — **François de l'Aubespine, marquis d'Hauterive et de Châteauneuf** (1586?-1670), lieutenant général, gouverneur de Bréda. — Toile; haut. 0^m,49, larg. 0^m,42. — Par **Quesnel (Nicolas)** (?-1632).

En buste, tête nue, de trois quarts, le regard tourné vers l'épaule droite; double collerette blanche; plastron. Fig. grand. nat.

Photographié au charbon, par M. Braun.

A Mgr le duc d'Aumale, à Paris.

184. — **Jean Pierre Acarie** (1540?-1613), membre du Conseil des Seize pendant la Ligue. — Dessin aux trois crayons; haut. 0^m,37, larg. 0^m,26. — Par **Lagneau** ou **Lanneau** (?-?), peintre en crayon et en pastel (commencement du XVIIe siècle.)

En buste, de trois quarts, regard tourné vers l'épaule gauche; longue barbe grise; calotte noire sur le sommet de la tête; robe garnie de fourrures.

M. Niel a possédé une copie ancienne de ce dessin, sur laquelle on lisait :

ACHARIE, LE LAQUAIS DE LA LIGUE.

Photographié au charbon, par M. Braun.

A M. Benjamin Fillon, à Saint-Cyr-en-Talmondais (Vendée).

185. — **Jacques-Auguste de Thou, baron de Meslay** (1553-1617), historien et homme d'État. — Toile; haut. 0^m,50, larg. 0^m,42. — Par **El ou Elle (Ferdinand)** (?-1637).

En buste, tête nue, tournée vers l'épaule gauche; collerette blanche; vêtement de couleur sombre, garni de fourrures.

Photographié au charbon, par M. Braun.

Provient de la collection de M. Marcille père. — A M. Eudoxe Marcille, à Paris.

GOUVERNEMENT. — PERSONNAGES POLITIQUES. (Suite).

186. — **Claude de Bullion, sieur de Bonnelles** (?-1640), homme d'État. Toile; haut. 1ᵐ,48, larg. 1ᵐ,24. — Par **Champaigne (Philippe de)** (1602-1674).

A mi-jambes, assis; le regard tourné vers l'épaule gauche; la main droite posée sur un livre, supportant un coffret en or ciselé aux armes et au chiffre de Bullion, costume noir; cordon de l'ordre du Saint-Esprit. Fond de ciel et de paysage.

Provient de successions. Une demoiselle de Bullion fut mariée au duc de Laval-Montmorency, dont la fille épousa, en 1768, un duc de Luynes. — A Mᵐᵉ LA DUCHESSE DE LUYNES, au château de Dampierre (Seine-et-Oise).

187. — **Armand-Jean du Plessis de Richelieu** (1585-1642), cardinal-duc, homme d'État. — Toile; haut. 2 mètres, larg. 1ᵐ,42. — Par **Champaigne (Philippe de)** (1602-1674).

En pied, de trois quarts; assis sur un fauteuil de velours rouge à franges d'or; le regard tourné vers l'épaule droite; soutane rouge; rochet, camail, barrette; dans la main droite, posée sur le bras du fauteuil, une lettre pliée; le bras gauche est appuyé sur un meuble que recouvre un tapis rouge. Fond de draperie. Fig. grand. nat.

A Mᵍʳ LE DUC D'AUMALE, à Paris.

188. — **Armand-Jean du Plessis de Richelieu** (1585-1642), cardinal-duc, homme d'État. — Toile; haut. 0ᵐ,52, larg. 0ᵐ,62. — Par **Champaigne (Philippe de)** (1602-1674).

Sur son lit de mort, vu du côté droit; à mi-corps, couché; un bonnet sur la tête, couverture rouge.

Dans la partie supérieure de la toile est écrit :

JEAN ARMAND DV PLESSIS, CARDINAL, DVC DE RICHELIEV, OBIIT
ANNO 1642, ÆTATIS SUÆ 58.

A M. CHARLES READ, à Paris.

189. — **François Leclerc du Tremblay,** dit le **Père Joseph** ou l'**Éminence grise** (1577-1638), capucin, confident et agent politique du cardinal de Richelieu. — Toile; haut. 0ᵐ,95, larg 0ᵐ,72. — Attribué à **Vouet (Simon)** (1590-1649).

A mi-corps, debout; costume de capucin; tenant en main un volume des Saintes Écritures. Le chapeau de cardinal, peint après sa mort, est posé sur une table derrière lui.

Dans la partie inférieure de la composition est écrit :

P. IOSEPH LE CLERC DE TREMBLAY TITULOS OPES PROSAPIÆ INUITIS
PARENTIBUS RELIQUENS PROÆ
PARISIENSIS CAPᵇᵘˢ EIUSDEM DEIN PRALIS ELECTUS :
ECCLESIÆ REGI PATRIÆ INSERUIENS
CARDINALIS DESIGNATUS MORTUUS EST. 16. XBRIS. 1638.

Cette inscription fut ajoutée après la mort du modèle par les soins des capucins de Dôle, auquel le Père Joseph avait offert son portrait.

Photographié au charbon, par M. Braun.

Provient du couvent des capucins de Dôle. — A M. CHARLES-FRANÇOIS ROSSIGNEUX, à Paris.

GOUVERNEMENT. — PERSONNAGES POLITIQUES. (Suite.)

190. — Marie-Madeleine de Vignerot, dame de Combalet, duchesse d'Aiguillon (?-1675), nièce du cardinal de Richelieu, dame d'atours de Marie de Médicis, fondatrice d'une maison de religieuses hospitalières au Canada. — Bois; haut. 0^m,72, larg. 0^m,57. — Auteur inconnu (XVIIe siècle).

En buste, de trois quarts à droite; regard tourné vers l'épaule droite; robe noire, ouverte; voile de couleur foncée tombant sur les épaules.

A M. le Supérieur général de la Congrégation de la Mission, à Paris.

191. — Guilio Mazarini, *dit* **Mazarin** (1602-1661), homme d'État et cardinal. — Toile; haut. 2^m,02, larg. 1^m,42. — Par **Champaigne (Philippe de)** (1602-1674).

En pied; assis, de trois quarts; regard tourné vers l'épaule gauche; costume de cardinal; rochet brodé; il tient une lettre ouverte dans la main gauche. Fond de monuments.

A Mgr le duc d'Aumale, à Paris.

192. — Guilio Mazarini, *dit* **Mazarin** (1602-1661), homme d'État et cardinal. — Toile; haut. 0^m,62, larg. 0^m,52. — Par **Champaigne (Philippe de)** (1602-1674).

En buste; la tête tournée vers l'épaule gauche; camail et calotte rouges; rabat.

A Mgr le duc d'Aumale, à Paris.

193. — François du Val, marquis de Fontenay Mareuil (1594?-1665), ambassadeur de France à Rome; historien. — Toile; haut. 0^m,80, larg. 0^m,65. — Auteur inconnu (XVIIe siècle).

A mi-corps, de trois quarts, tête nue, regard tourné vers l'épaule droite; cuirasse; brassards; riche collerette brodée; décoration.

Dans la partie supérieure du cadre est gravé :

M. DUVAL MARQUIS DE FONTENAY MAROEUIL.

A M. le baron J. Pichon, à Paris.

194. — Michel Le Tellier (1603-1685), homme d'État, chancelier de France. — Médaillon cuivre, de forme ronde; diam. 0^m,13. — Par **Bertinetti (Francesco)** *dit* **Bertinet** (?-?) XVIIe siècle), modeleur et fondeur en médailles.

En buste; de profil à droite; calotte; robe de chancelier; grand cordon de l'ordre du Saint-Esprit.

Sous l'épaule droite est écrit :

BERTINET.

En exergue :

MICHA. LETELLIER. FR. CANCELLARIUS 1678.

Provient de successions. — A M. Hubert Lavigne, à Paris.

195. — Jean-Baptiste Colbert, marquis de Seignelay (1619-1683), homme d'État. (Portrait présumé.) — Toile; haut. 0^m,87, larg. 0^m,70. — Par **Champaigne (Philippe de)** (1602-1674).

A mi-corps, la tête légèrement tournée vers l'épaule gauche; perruque noire; la main droite sur la poitrine; le bras gauche appuyé sur une table de marbre, la main pendante. Fig. grand. nat.

Sur la face antérieure de la table est écrit :

ÆTATIS SUÆ 32

GOUVERNEMENT. — PERSONNAGES POLITIQUES. (Suite.)

Sur l'une des faces latérales :

DE CHAMPAGNE FACIEBAT.

Provient de la collection d'Harcourt. — A M. Édouard André, à Paris.

196. — Jean-Baptiste Colbert, marquis de Seignelay (1619-1683), homme d'État. — Toile, de forme ovale; haut. 0^m,65, larg. 0^m,55. — Par **Nanteuil (Robert)** (1630-1678).

En buste, de trois quarts à droite; perruque; rabat de dentelle; plaque de l'ordre du Saint-Esprit.

Dans la partie supérieure de la toile est écrit :

NANTEUIL PIN^T.

Photographié au charbon, par M. Braun.

A M. Julien Greau, à Troyes.

197. — François-Michel Le Tellier, marquis de Louvois (1639-1691), secrétaire d'État au ministère de la guerre — Toile; haut. 0^m,65, larg. 0^m,50. — **Auteur inconnu** (XVIIe siècle).

En buste, de trois quarts à gauche; perruque noire; robe de chambre à ramages et à revers rouges; cravate brodée. Fig. grand. nat.

Provient d'une vente (1820). — A Mme Élisa de Montholon-Gallié, à Versailles.

198. — Henri Coiffier de Ruzé, marquis de Cinq-Mars (1620-1642), favori de Louis XIII et grand écuyer de France. — Toile; haut. 1^m,92, larg. 1^m,04. — Attribué à **Lenain (Louis ou Antoine)** (?-1646).

En pied, de trois quarts à droite; tête nue; la main droite sur la hanche; la gauche appuyée sur une canne. Riche costume de cour; grande collerette de dentelle; bottes à revers rouges; cuirasse et casque richement travaillés, posés près du personnage. Fond de draperie. Fig. grand. nat.

Photographié au charbon, par M. Braun.

Provient de la collection du roi Louis-Philippe. — A M. le baron Seillière, à Paris.

199. — Nicolas Fouquet, vicomte de Melun et de Vaux, marquis de Belle-Isle (1615-1680), surintendant des finances. — Toile, de forme ovale; haut. 0^m,62, larg. 0^m,50. — Par **Champaigne (Philippe de)** (1602-1674).

En buste, de trois quarts à droite; tête nue; costume noir; col blanc rabattu sur les épaules; perruque.

Photographié au charbon, par M. Braun.

Provient de l'ancien évêché d'Uzès. — A M. Paul Puget, à Paris.

200. — Nicolas Fouquet, vicomte de Melun et de Vaux, marquis de Belle-Isle (1615-1680), surintendant des finances. — Toile; haut. 1^m,30, larg 0^m,96. — Par **El** ou **Elle** dit **Ferdinand (Louis)** (1612-1689).

A mi-jambes, de trois quarts à droite; assis sur un fauteuil; calotte noire; pourpoint noir; large collet rabattu; il tient un crayon dans la main droite et un pli dans la main gauche. Fond de draperie.

Photographié au charbon, par M. Braun.

Provient de la vente du général Despinoy. — A M. le baron Seillière, à Paris.

GOUVERNEMENT. — PERSONNAGES POLITIQUES. (Suite.)

201. — **Nicolas-Gabriel de la Reynie** (1625-1709), lieutenant de police. — Toile, de forme ovale; haut. 0^m,72, larg. 0^m,60. — Par **Mignard (Pierre)** (1612-1695).

A mi-corps, de trois quarts à gauche; vêtement noir; rabat blanc; perruque blonde. Fig. grand. nat.

Provient de la succession du fils de Nicolas Gabriel de la Reynie, mort en 1747. Ce tableau échut alors à de Guillaume de Rochebrune, trisaïeul du propriétaire actuel. — A M. Octave de Guillaume de Rochebrune, au château de Terre-Neuve, près Fontenay-le-Comte (Vendée).

202. — **Claude Le Peletier** (1630-1711), contrôleur général des finances (1683), ministre d'État (1689). — Toile; haut. 0^m,04 larg. 0^m,30. — Par **Mignard (Pierre)** (1612-1695).

En buste, de face; perruque; rabat de dentelles. Fig. grand. nat.

Photographié au charbon, par M. Braun.

Provient de la collection de M. Marcille père. — A M. Eudoxe Marcille, à Paris.

II.

ARMÉE.

203. — **François de Bonne, duc de Lesdiguières** (1543-1626), maréchal et connétable de France. — Buste, bronze; haut. 0^m,62. — **Auteur inconnu** (XVIIe siècle).

Tête nue, de face, légèrement inclinée en avant; large collerette; cuirasse.

Provient de la famille de Lesdiguières. — A la bibliothèque de Grenoble.

204. — **François II de Bassompierre** (1579-1646), colonel-général des Suisses, maréchal de France. — Toile; haut. 0^m,72, larg. 0^m,53. — Par **Dyck (Anton Van)** (1599-1641).

En buste, tête nue, de trois quarts; regard tourné vers l'épaule droite; riche costume de couleur sombre, ouvert sur les manches; grande collerette brodée.

Dans la partie supérieure de la toile, à la droite du personnage : armoiries composées de l'écu entouré du collier de l'ordre du Saint-Esprit et surmonté du cimier, le tout placé sur un fond de drapeaux bleu, blanc, rouge, disposés trois et trois.

Photographié au charbon, par M. Braun.

Provient de successions. — A Madame la marquise de Chantérac, née de Bassompierre, à Paris.

205. — **Henri de Lorraine, marquis de Moüy** (1596-1672), lieutenant général de Lorraine pendant l'absence du duc Charles de Lorraine en 1633. — Toile; haut. 0^m,91, larg. 1^m,10. — Attribué à **El ou Elle (Ferdinand)** ($\sim$1637).

En pied, debout; costume de cour; la main droite appuyée sur une canne; la main gauche sur la hanche. Fig. grand. nat.

Dans la partie inférieure de la toile est écrit :

1631. ÆTATIS EJUS 34.

Provient de M. Gouillart, juge de paix à Reims. — Au musée de Reims (Marne).

ARMÉE. (Suite).

206. — Abraham Fabert (1599-1662), maréchal de France. — Toile; haut. 1^m,30, larg. 0^m,95. — Auteur inconnu (XVIIe siècle).

A mi-jambes, de profil; le coude gauche posé sur un piédestal où sont gravées ses armoiries : d'or à la croix de gueules, deux bâtons de commandement en sautoir. En cuirasse; grande collerette de dentelle; écharpe; la main droite, étendue, tient le bâton de commandement. Fond de bataille, à droite.

A la gauche du personnage est écrit :

ABRAHAM DE FABERT MARÉCHAL DE FRANCE.

Provient de successions. — A M. Jean-Joseph-Thérèse Boisselet, à Vesoul.

207. — Henri de la Tour d'Auvergne, vicomte de Turenne (1611-1675), maréchal de France. — Toile, de forme ovale; haut. 0^m,63, larg. 0^m,53. — Par Champaigne (Philippe de) (1602-1674).

En buste, la tête légèrement tournée vers l'épaule gauche; cravate blanche brodée; cuirasse.

Provient de la vente Lamésange de Dreux (1866) et aurait appartenu, au siècle dernier, suivant une tradition, à la marquise de Pompadour. — Au musée de Chartres.

208. — Henri de la Tour d'Auvergne, vicomte de Turenne (1611-1675), maréchal de France. — Miniature à la gouache, sur carton, de forme ovale; haut. 0^m,050, larg. 0^m,045. — Auteur inconnu (XVIIe siècle).

En buste, tête tournée vers l'épaule droite; longue perruque; collerette brodée; cuirasse.

A M. Julien Gréau, à Troyes.

209. — Louis II de Bourbon, prince de Condé, dit **le Grand Condé** (1621-1686), homme de guerre. — Toile, de forme légèrement cintrée; haut. 1^m,34, larg. 1^m,05. — Auteur inconnu (XVIIe siècle).

A mi-jambes, debout, de trois quarts; le regard tourné vers l'épaule gauche; perruque; costume de drap d'or; manteau rouge; écharpe bleu clair; épée au côté; la main droite tenant le bâton de commandement. Fond de bataille.

Dans la partie supérieure de la toile, à la droite du personnage, est écrit :

LOVIS 2 DE BOVRBON CONDE (DIT LE GRAND), 1621-1686.

A Mgr le duc d'Aumale, à Paris.

210. — François d'Aubusson, duc de la Feuillade et de Roannais (1625?-1691), maréchal de France. — Toile, de forme ovale; haut. 0^m,79, larg. 0^m,61. — Par Largillière (Nicolas de) (1656-1746).

A mi-corps, de trois quarts à gauche; tête nue, de face; perruque; cuirasse; cravate de soie rouge; manteau de couleur cramoisie.

Au musée Calvet, à Avignon.

211. — François-Henri de Montmorency, duc de Luxembourg (1628-1695), maréchal de France. — Toile, de forme ovale; haut. 0^m,37, larg. 0^m,30. Par Fèvre, Febvre ou Febure (Claude Le) (1633-1675).

En buste de trois quarts, à gauche; cuirasse; cravate brodée.

Photographié au charbon, par M. Braun.

A M. Pierre-Amable-Joseph Opigez, à Paris.

ARMÉE. (Suite).

212. — **François-Henri de Montmorency, duc de Luxembourg** (1628-1695), maréchal de France. — Toile; haut. 0m,37, larg. 0m,28. — Par Rigaud (Hyacinthe) (1659-1743).

En buste, debout; tête nue, de face; perruque; cuirasse; un manteau jeté sur l'armure.

Provient d'une vente. — A M. Philippe Yves, à Chartres.

213. — **Sébastien Le Prestre de Vauban** (1633-1707), ingénieur, économiste, maréchal de France. — Toile; haut. 1m,36, larg. 1m,03. — Par Rigaud (Hyacinthe) (1659-1743).

A mi-jambes, debout; tête nue, le regard tourné vers l'épaule droite; cicatrice à la joue gauche; les mains posées sur son bâton de commandement; vêtement jaune foncé; écharpe de soie blanche; cordon de l'ordre du Saint-Esprit; grande perruque. Fond de paysage.

Dans le catalogue chronologique de l'œuvre gravé par Rigaud, rédigé par Hulst, nous relevons ces lignes : « Sébastien Le Prêtre de Vauban, maréchal de France, peint en 1704, gravé en 1738 par N. Dupuis. » Toutefois Hulst fait observer que la gravure de Dupuis comporte seulement « un buste sans mains, pris dans un tableau de plus grande composition. » (Voir *Mémoires inédits sur la vie et les ouvrages des membres de l'Académie royale de peinture et de sculpture*, publiés par MM. L. Dussieux, E. Soulié, Ph. de Chennevières, Paul Mantz, A. de Montaiglon. Paris, Dumoulin, 1854, 2 vol. in-8°, tome II, p. 185.)

Photographié au charbon, par M. Braun.

A M. le comte de Fontenay, à Paris.

214. — **Sébastien Le Prestre de Vauban** (1633-1707), ingénieur, économiste, maréchal de France. Toile; haut. 0m,84, larg. 0m,67. — Par Rigaud (Hyacinthe) (1659-1743).

En buste, tête nue, regard tourné vers l'épaule gauche; cicatrice à la joue; manteau de velours rouge; cravate brodée; grande perruque. Fig. grand. nat.

Photographié au charbon, par M. Braun.

Provient d'un legs du comte Lemercier. — Au musée de Saintes.

215. — **Louis-Victor de Rochechouart, comte, puis duc de Mortemart et de Vivonne** (1636-1688), maréchal de France, frère de la marquise de Montespan. — Miniature, de forme ovale; haut. 0m,036, larg. 0m,030. — Auteur inconnu (XVIIe siècle).

En buste, de trois quarts, le regard tourné vers l'épaule droite; tête nue, perruque; cravate de dentelle à nœud de rubans bleus.

A M. Alexandre Delaherche, à Beauvais.

216. — **Claude-Louis-Hector, duc de Villars** (1653-1734), maréchal de France. — Toile; haut. 1m,44, larg. 1m,11. — D'après Rigaud (Hyacinthe) (1659-1743).

A mi-jambes, tête nue, tournée vers l'épaule gauche; cuirasse; manteau de velours bleu doublé de fourrure blanche; le bâton de maréchal de France dans la main droite; grand cordon de l'ordre du Saint-Esprit et de l'ordre de la Toison-d'Or. Au fond, à droite, combat de cavalerie.

L'original a été gravé par F. Drevet.

Au musée de Marseille.

ARMÉE. (Suite.)

217. — Yves de Tourzel, marquis d'Alègre (1653-1733), maréchal de France. — Toile; 1ᵐ,50, larg. 1ᵐ,10. — Par **Rigaud (Hyacinthe)** (1659-1743).

A mi-jambes, debout, tête de face; perruque; cuirasse; écharpe blanche; le corps de profil à gauche; la main gauche sur la hanche; la droite tient le bâton de maréchal; devant lui, une table sur laquelle est un casque. Fond de ciel. Inscrit dans un ovale.

Provient de successions. — A M. LE BARON D'HÜNOLSTEIN, à Paris.

218. — Philippe, chevalier, puis duc de Vendôme (1655-1727), grand prieur de France et lieutenant général. — Toile; haut. 2ᵐ,52, larg. 2ᵐ. — Par **Raoux (Jean)** (1677-1734).

En pied, tête nue, regard tourné vers l'épaule gauche; assis au milieu d'un paysage; le bras gauche appuyé sur un tertre, la main droite posée sur les genoux; vêtement garni de brandebourgs d'or; à ses pieds, un chien couché; derrière lui, un temple; à sa droite, ronde de danseurs; à sa gauche une épée suspendue à un arbre.

Allusion à la vie militaire du duc de Vendôme qui prit fin à la bataille de Cassano (1705), et plus encore à l'existence de plaisirs dont il fit son occupation de 1715 jusqu'à sa mort, au Temple, où il s'était retiré.

Provient de la collection du prince de Conti. — A M. LE BARON J. PICHON, à Paris.

219. — Pierre Corneille, deuxième du nom (?-?), fils du grand Corneille, capitaine des chevau-légers du roi. (Portrait présumé.) — Toile; haut. 1ᵐ,25, larg. 0ᵐ,97. — Par **Reyn (Jean de)** (1610-1678).

A mi-jambes, de trois quarts à droite; tête nue; perruque; regard tourné vers l'épaule gauche; armure; écharpe blanche en sautoir; la main droite, sur un costume galonné, de couleur écarlate, posé près de lui, tient une baguette; derrière le personnage, un casque à panache blanc.

Dans la partie inférieure de la toile, à droite, est écrit:

Y DE REYN.

Photographié au charbon, par M. Braun.

Provient de Mᵐᵉ Vᵉ de Corday, de la branche des Corday d'Armonti, descendante en ligne directe de Marie de Corneille, fille du grand Corneille. — A M. CHARLES VATEL, à Villepreux (Seine-et-Oise).

III.

MAGISTRATS, JURISCONSULTES.

220. — Pierre Jeannin (1540-1622), homme d'État, président au parlement de Dijon. Médaillon bronze, de forme ronde; diam. 0ᵐ,19. — Par **Dupré (Guillaume)** (?-?), graveur de monnaies; florissait en 1590, contrôleur général des monnaies de France en 1604.

En buste, de profil à droite; col rabattu; robe; simarre.

En exergue est écrit:

PETRVS. IEANNIN. REG. CHRIST. A. SECR. CONS. ET SAC. ÆRA PRÆF.

(Regis Christianissimi a secretis consiliis et sacri œrarii Præfectus.)

Au-dessous du buste est écrit:

G. DVPRÉ F. 1613 (ou 1618).

Autour du médaillon, un grènetis.

A M. BENJAMIN FILLON, à Saint-Cyr-en-Talmondais (Vendée).

MAGISTRATS, JURISCONSULTES. (Suite.)

221. — François Pithou (1543-1621), avocat au parlement de Paris, procureur général, jurisconsulte. — Toile; haut. 0ᵐ,52, larg. 0ᵐ,49. — École de **Porbus** ou **Pourbus (Franz)** *dit* **le Jeune**.

En buste, tête nue, de trois quarts; regard tourné vers l'épaule droite; barbe blanche; costume noir; fraise godronnée. Fig. grand. nat.

Dans la partie supérieure de la toile, à la gauche du personnage, est écrit :

F R PITHOEVS AET. LXVII.

A la droite du personnage, ses armoiries.

Photographié au charbon, par M. Braun.

Provient de la collection Fortin, juge au tribunal civil de Troyes. — Au musée de Troyes.

222. — François de Lamoignon, seigneur de Baville (?-1644). — Magistrat. — Buste terre cuite; haut. 0ᵐ,78. — Auteur inconnu (XVIIᵉ siècle).

Tête nue, légèrement tournée vers l'épaule droite; costume doublé de fourrures.

Sur le piédouche est écrit :

FRANÇOIS DE LAMOIGNON, MORT EN 1644.

A M. Henry-Guillaume-Albert de Saulty, au château de Baville, par Saint-Chéron (Seine-et-Oise).

223. — Jean Domat (1625-1696), jurisconsulte; légataire de Pascal. — Toile; haut. 0ᵐ,80, larg. 0ᵐ,64, — Auteur inconnu (XVIIᵉ siècle).

En buste, tête nue, le regard tourné vers l'épaule droite; perruque; rabat.

Provient de M. H. Michel, avocat (1840). — A la bibliothèque des Avocats, à Clermont-Ferrand.

224. — Louis Phelypeaux, comte de Pontchartrain (1643-1727), premier président du parlement de Bretagne, contrôleur général des finances (1689), ministre de la marine et de la maison du Roi (1690), chancelier de France (1699). — Toile, de forme ovale; haut. 0ᵐ,70, larg. 0ᵐ,58. — Par **Troy (François de)** (1645-1730).

En buste, tête nue, tournée vers l'épaule droite; costume de velours rouge; chemise brodée; perruque. Fig. grand. nat.

Au musée de Rennes.

225. — La comtesse de Pontchartrain (?-1714), femme du premier président au parlement de Bretagne. — Toile, de forme ovale; haut. 0ᵐ,70, larg. 0ᵐ,58. — Par **Troy (François de)** (1645-1730).

A mi-corps, debout, tête de trois quarts, regard tourné vers l'épaule droite; robe décolletée, en étoffe jaune à ramages; pardessus de velours rouge.

Photographié au charbon, par M. Braun.

Au musée de Rennes.

226. — Charles-François de Montholon (?-?), premier président du parlement de Rouen (de 1692 à 1703). — Toile; haut. 1ᵐ,32, larg. 1ᵐ,12. — Par **Largillière (Nicolas de)** (1656-1746).

A mi-jambes, assis sur un fauteuil; tête nue; perruque; regard tourné vers l'épaule gauche; costume sombre; la main droite fait un geste indicateur.

Provient du parlement de Rouen — A la cour d'appel de Rouen.

MAGISTRATS, JURISCONSULTES. (Suite.)

227. — La duchesse Isabelle de Luines (?-?), femme de M. de Luines, conseiller à Metz. — Bois; haut. 0^m,35, larg. 0^m,27. — **Auteur inconnu** (XVIIe siècle).

A mi-jambes, debout, de trois quarts; le regard tourné vers l'épaule droite; robe de satin blanc; jupe bleue, brodée sur le devant; corsage brodé et garni de perles; écharpe de gaze jaune retenue par des rubans bleus; chevelure tombante; peigne garni de perles, boucles d'oreilles, collier, agrafe; de la main gauche elle tient son écharpe. Fond de paysage.

Au revers de la toile est écrit :

ISABELLE DE LVINE, FEMME DE MONSIEVR DE LVINE,
CONSEILLER A METS.

Photographié au charbon, par M. Braun.

Au musée de Troyes.

228. — Antoine-Bernard, marquis de Bouhier (?-?), conseiller au parlement de Dijon. — Toile; haut. 0^m,92, larg. 0^m,76. — **Par Largillière (Nicolas de)** (1656-1746).

A mi-corps, de face; grande perruque; manteau violet sur les épaules. Fig. grand. nat.

A la gauche du personnage est écrit :

ANTOINE BERNARD BOUHIER.

Au musée de Dijon.

229. — François du Perrier (?-?), avocat à Aix, chambellan de Henri IV, ami de Malherbe. — Toile, de forme ovale; haut. 0^m,58, larg. 0^m,48. — **Auteur inconnu** (XVIIe siècle).

En buste, de face, tête nue; grande collerette de dentelles; vêtement rayé noir et blanc.

Dans la partie supérieure de la toile est écrit :

FRANCOIS DUPERRIER, CHAMBELLAN D'HENRI IV, POUR QUI MALHERBE
A COMPOSÉ SON ODE.

A M. le baron J. Pichon, à Paris.

IV.

CLERGÉ.

230. — Saint François de Sales (1567-1622), évêque de Genève, fondateur de la Visitation. — Toile; haut. 0^m,73, larg. 0^m,92. — **Par Champaigne (Philippe de)** (1602-1674).

A mi-corps, étendu mort sur son lit; tête nue, posée sur un coussin rouge; vêtement blanc; collerette brodée de dentelle; les mains jointes, tenant un crucifix. Fond de draperie.

Sur un cartel ancien est écrit :

SAINT FRANÇOIS DE SALES. — SOMMEIL DU JUSTE.

Provient d'une famille de la paroisse Saint-Leu. — A la Fabrique de la paroisse Saint-Leu-Saint-Gilles, à Paris.

CLERGÉ. (Suite.)

231. — Saint Vincent-de-Paul (1576-1660), fondateur des Prêtres de la Mission et de l'œuvre des Enfants trouvés. — Toile; haut. 0^m,64, larg. 0^m,54. — Par **Champaigne (Philippe de)** (1602-1674).

En buste, de trois quarts à droite; surplis; calotte noire.

Dans la partie supérieure de la toile est écrit :

SS. VINCENTIUS A PAULO OBIIT ANNO 1660 ÆTATIS 85.

Provient du cardinal de Bonald, qui l'a légué aux Sœurs de Saint-Vincent-de-Paul de Lyon. — A Madame la supérieure des religieuses de Saint-Vincent-de-Paul, à Lyon.

232. — Armand-Jean le Bouthillier, abbé de Rancé (1626-1700), réformateur de la Trappe. — Toile; haut. 1^m,76, larg. 1^m,34. — Par **Rigaud (Hyacinthe)** (1659-1743).

En pied, de profil à droite; tête tournée vers l'épaule droite; assis devant une table, il écrit; sur la table, une tête de mort, un crucifix et des livres; robe de trappiste. Fig. grand. nat.

Ce portrait date de 1696. Il fut exécuté pour le compte de Saint-Simon, qui a laissé la relation curieuse des prétextes adroits auxquels il eut recours afin de présenter Rigaud à M. de la Trappe, sans que celui-ci se doutât du véritable motif de l'entrevue. (Voir *Mémoires du duc de Saint-Simon*, tome 1er, pages 236-239, édition Chéruel, Paris, Hachette, 1856, 13 vol. in-12.) Indépendamment du tableau exécuté pour Saint-Simon, « Rigault, dit l'auteur des *Mémoires,* ne put refuser au père abbé de la Trappe (alors M. Maisne) une copie en grand, pareille à mon original... et par la suite il a gagné plus de vingt-cinq mille livres en copies, de son propre aveu. » Les répétitions de cette toile, de la main de Rigaud, sont donc nombreuses, mais celle que possède la Trappe est la première qui ait été faite sur le tableau vendu à Saint-Simon. « Je fis présent à la Trappe, écrit celui-ci, de la copie en grand, d'une en petit et de deux en petit, c'est-à-dire en buste, à M. de Saint-Louis (trappiste) et à M. Maisne (abbé de la Trappe), que j'envoyai toutes à la fois. » — L'original, dont nous n'avons pas eu à rechercher la trace, est reconnaissable à une inscription qui doit exister au revers de la toile. En effet, Saint-Simon a pris soin d'expliquer qu'en 1696 l'abbé de Rancé avait depuis quelques années déjà la main droite ouverte et ne pouvait s'en servir; mais M. Maisne, le nouvel abbé, complice de Saint-Simon dans son entreprise, avait bien voulu poser devant Rigaud [1], assis dans la cellule et à la table du réformateur de la Trappe, une plume à la main. « Dès que j'eus mon original, dit l'auteur des *Mémoires,* où M. de la Trappe est peint la plume à la main, assis à son bureau, je fis écrire cette circonstance derrière la toile pour qu'à l'avenir elle ne fît point erreur. »

Photographié au charbon, par M. Braun.

Au monastère de Maison-Dieu-Notre-Dame de la grande Trappe, à Soligny-la-Trappe (Orne).

233. — Jean-Jacques Ollier (1608-1657), prêtre, fondateur de la congrégation et du séminaire de Saint-Sulpice, écrivain. — Toile; haut. 0^m,79, larg. 0^m,63. — **Auteur inconnu** (XVIIe siècle).

En buste, regardant vers sa gauche; petites moustaches et royale; surplis blanc. Fig. grand. nat.

A. M. le supérieur du séminaire de Saint-Sulpice, à Paris.

---

[1] Nous avons respecté, dans les citations des *Mémoires,* sans nous y conformer dans notre texte, l'orthographe du nom de Rigaud, que Saint-Simon écrit toujours « Rigault ».

CLERGÉ. (Suite.)

234. — **Pierre de Bérulle** (1575-1629), cardinal, homme d'État. — Toile; haut. 2^m,30, larg. 1^m,62. — Auteur inconnu (XVIIe siècle).

En pied, assis; feuilletant de la main droite un livre placé sur une table; la main gauche appuyée sur le bras du fauteuil; soutane rouge; rochet brodé; manteau rouge à revers d'hermine; calotte. Fig. grand. nat.

Provient de la famille de Bérulle. — A M. LE SUPÉRIEUR DU SÉMINAIRE DE SAINT-SULPICE, à Paris.

235. — **Pierre de Bérulle** (1575-1629), cardinal, homme d'État. — Toile; haut. 0^m,54, larg. 0^m,54. — Par **François (F.)** (?-?), lazariste, d'après un portrait du temps.

En buste, de trois quarts à gauche; camail rouge; collet blanc; toque rouge. Fig. grand. nat.

A la droite du personnage est écrit :

F. FRANÇOIS, LAZARISTE, PINXIT 1859.

A M. LE SUPÉRIEUR GÉNÉRAL DE LA CONGRÉGATION DE LA MISSION, à Paris.

236. — **Henri de Thiard, cardinal de Bissy** (1657-1737), évêque de Meaux et abbé de Saint-Germain-des-Prés. — Toile; haut. 1^m,25, larg. 0^m,88. — Par **Largillière (Nicolas de)** (1656-1746).

A mi-corps, assis; soutane rouge; camail blanc garni de fourrures; la main gauche posée sur une barrette.

Dans la partie supérieure de la toile est écrit :

DE THIARD CARDINAL DE BISSY.

Photographié au charbon, par M. Braun.

A L'ÉVÊCHÉ DE MEAUX.

237. — **Jacques-Bénigne Bossuet** (1627-1704), évêque de Meaux, orateur, philosophe, écrivain; membre de l'Académie française (1671). — Toile, de forme ovale; haut. 0^m,69, larg. 0^m,56. — Auteur inconnu (XVIIe siècle).

En buste, tête de face, légèrement tournée vers l'épaule gauche; camail et rabat.

Dans la partie supérieure de la toile est écrit :

JACQUES-BÉNIGNE BOSSUET, ÉVÊQUE DE MEAUX.

Cette inscription est à demi cachée par le cadre.

Photographié au charbon, par M. Braun.

A L'ÉVÊCHÉ DE MEAUX.

238. — **Jacques-Bénigne Bossuet** (1627-1704), évêque de Meaux, orateur, philosophe, écrivain; membre de l'Académie française (1671). — Buste marbre; haut. avec le piédestal, 0^m,29. — Par **Rosset (Joseph)** (1706-1786), sculpteur en ivoire.

Tête nue, tournée vers l'épaule gauche; camail et rabat.

Sous l'épaule droite est écrit :

ROSSET PÈRE A SAINT-CLAUDE. 1770.

Ce portrait est postérieur de soixante-six ans à la mort du modèle.

A M. CHENUE PÈRE, à Paris.

CLERGÉ. (Suite.)

239. — François de Salignac de la Mothe Fénelon (1651-1715), précepteur du duc de Bourgogne (1689), archevêque de Cambrai (1695), écrivain; membre de l'Académie française (1693). — Toile; haut. 0m,78, larg. 0m,63. — Par **Largillière (Nicolas de)** (1656-1746).

A mi-corps, de trois quarts; le regard tourné vers sa droite; épaules couvertes du camail à revers rouges; la main droite posée sur un livre. Fig grand. nat.

Provient de successions. — A M. LE MARQUIS DE BOURDEILLE, à Paris.

240. — François de Salignac de la Mothe Fénelon (1651-1715), précepteur du duc de Bourgogne (1689), archevêque de Cambrai (1695), écrivain; membre de l'Académie française (1693). — Toile, de forme ronde; diam.: 1m,02. — Par **Rigaud (Hyacinthe)** (1659-1743).

A mi-corps, tête nue; assis; la main gauche appuyée sur un livre qu'il tient posé verticalement sur ses genoux; rochet à manches brodées; camail.

Photographié au charbon, par M. Braun.

Provient de la famille de Fénelon. — A M. LE COMTE SOSTHÈNES DE VERDONNET, à Paris.

241. — François de Salignac de la Mothe Fénelon (1651-1715), précepteur du duc de Bourgogne (1689), archevêque de Cambrai (1695), écrivain; membre de l'Académie française (1693). — Toile; haut. 1m,28, larg. 0m,96. — Par **Vivien (Joseph)** (1657-1735).

A mi-corps, assis, de droite à gauche, devant une table; la main droite est posée sur un livre portant pour titre : *Maximes des saints*, auprès duquel se trouve un manuscrit ouvert sur lequel est écrit : *Rétractation*; un peu à gauche, le *Télémaque* et le traité de l'*Éducation des filles*; rochet brodé; camail.

L'*Explication des Maximes des saints* ayant été condamnée par Innocent XII, le 12 mars 1699, et Fénelon ayant accepté sa condamnation en avril de la même année, le portrait que nous venons de décrire est nécessairement postérieur à cette date, puisqu'il y est fait allusion à la *Rétractation* du prélat.

Gravé par Benoît Audran en 1714.

Ce portrait a décoré jusqu'en 1792 le grand salon de l'archevêché de Cambrai. Vendu par le comité révolutionnaire, en 1792, à M. Godart, de Cambrai; en 1835, à M. Longraire, de Verdun; en 1841, à M. Simonot; en 1845 ou 1846, à M. Barrault; il a été légué en 1877 à la ville de Verdun par Mme veuve Barrault.

AU MUSÉE DE VERDUN.

242. — François de Salignac de la Mothe Fénelon (1651-1715), précepteur du duc de Bourgogne (1689), archevêque de Cambrai (1695), écrivain; membre de l'Académie française (1693). — Buste marbre; haut. avec le piédestal, 0m,29. — Par **Rosset (Joseph)** (1706-1786), sculpteur en ivoire.

Tête nue, tournée vers l'épaule droite; indication du costume épiscopal.

Sous l'épaule droite est écrit :

ROSSET PÈRE A SAINT-CLAUDE. 1771.

Ce portrait est postérieur de cinquante-six ans à la mort du modèle.

A M. CHENUE PÈRE, à Paris.

243. — Louis Bourdaloue (1632-1704), prédicateur. — Toile; haut. 0m,72, larg. 0m,59. —Attribué à **Champaigne (Philippe de)** (1602-1674).

CLERGÉ. (Suite.)

En buste, de face, les yeux baissés; soutanelle; calotte. Fig. grand. nat.
Photographié au charbon, par M. Braun.
Provient de successions. — A M. Paul Hastier, à Paris.

244. — **Louis Bourdaloue** (1632-1704), prédicateur. — Dessin ; haut. 0^m,26, larg. 0^m,20. — Par Jouvenet (Jean) (1644-1717).
A mi-corps, de trois quarts, tête nue; il est devant une table, le corps incliné et tient dans la main droite un crucifix; la main gauche est posée sur la poitrine.
Dans la partie inférieure du dessin est écrit :

DESSIN ORIGINAL DE JOUVENET TIRÉ SUR LE VISAGE DU MORT.
Modèle de la chaire, il fut tout à la fois.
Le roi des orateurs et l'orateur des rois.

Photographié au charbon, par M. Braun.
A M. le marquis de Chennevières, à Paris.

245. — **Jean-Baptiste Massillon** (1663-1742), prédicateur, évêque de Clermont (1717); membre de l'Académie française (1710). — Toile; haut. 0^m,73, larg. 0^m,58. — Par Bouys (André) (1657-1740).
A mi-corps, tête de face, en costume d'oratorien. Fig. grand. nat.
Derrière la toile est écrit :

DONNÉ A LA MAISON DE L'ORATOIRE DE MONTMORENCY PAR M. CROIZAT.

Provient de Daunou (Pierre-Claude-François), archiviste de l'Empire (1807), qui l'a légué par testament. — A M. Edmond Dupont, à Paris.

246. — **Jean Duvergier de Hauranne, abbé de Saint-Cyran** (1581-1643), théologien, ami de Jansénius et des Arnauld. — Toile; haut. 0^m,62, larg. 0^m,58. — Par Champaigne (Philippe de) (1602-1674).
En buste, de trois quarts, tête nue, chauve, front fuyant; surplis brodé. Inscrit dans un médaillon ovale. Fig. grand. nat.
Dans la partie inférieure de l'ovale est écrit, à gauche :

ÆTA'. 62.

A droite :

A° 1643.

Photographié au charbon, par M. Braun.
A M. Emmanuel Duvergier de Hauranne, à Paris.

247. — **Jean Duvergier de Hauranne, abbé de Saint-Cyran** (1581-1643), théologien, ami de Jansénius et des Arnauld. — Toile; haut. 0^m,72, larg. 0^m,55. — Par Champaigne (Philippe de) (1602-1674).
En buste, de trois quarts, tête nue, tournée vers l'épaule gauche; regard de face; front chauve; barbe courte; surplis.
Dans la partie inférieure de la toile est écrit :

ÆTA'. 62. 1643.

Provient de M. Henry, expert des musées royaux en 1823. — Au musée de Grenoble.

CLERGÉ. (Suite.)

248. — Louis-Henri de Pardaillan de Gondrin (1620-1674), archevêque de Sens de 1646 à 1674. — Toile; haut. 1m,10, larg. 0m,84. — Attribué à **Bourdon (Sébastien)** (1616-1671).

A mi-jambes; tête nue, tournée vers l'épaule gauche; rabat; camail à revers rouges; il tient de la main gauche un manuscrit portant pour titre : *Procès-verbal du synode tenu à Sens le 16 mai 1665, pour la signature du formulaire;* il fait un signe indicateur de la main droite.

Inscrit dans un médaillon simulé, de forme ovale.

Provient d'un domaine ayant appartenu à la famille de Pardaillan, à Nérac (Lot-et-Garonne).

A M. Xavier Teulières, à Montauban.

249. — Denys François I*er*, Bouthillier de Chavigny (1641-1731), évêque de Rennes (1676) et de Troyes (1678 ou 1679). — Toile, de forme ovale; haut. 0m,80, larg. 0m,63. — **Auteur inconnu** (XVIIe siècle).

A mi-corps; tête de trois quarts, tournée vers l'épaule gauche; mozette violette; croix pectorale; rabat blanc.

A l'évêché de Troyes.

250. — Denys François II, Bouthillier de Chavigny (1660-1730), neveu du précédent, évêque de Troyes, par la démission de son oncle (1698), puis archevêque de Sens (1718). — Toile, de forme ovale; haut. 0m,80, larg. 0m,63. — **Auteur inconnu** (XVIIe siècle).

A mi-corps; tête tournée vers l'épaule droite; mozette violette; croix pectorale; rabat blanc.

A l'évêché de Troyes.

251. — Claude Joly (1610-1678), curé de la paroisse Saint-Nicolas-des-Champs, à Paris, puis évêque d'Agen (15 mars 1665). — Toile, avec encadrement de forme chantournée; haut. 0m,74, larg. 0m,96. — Par **Champaigne (Philippe de)** (1602-1674).

En buste, de trois quarts; regard tourné vers l'épaule droite; calotte noire; mozette violette à revers rouges; collerette blanche.

A la gauche du personnage est écrit :

CLAUDE JOLY, 1653, SACRÉ ÉVÊQUE D'AGEN LE 15 MARS 1665.

A la Fabrique de la paroisse Saint-Nicolas-des-Champs, à Paris.

252. — François de Montmignon (?-1699), curé de la paroisse Saint-Nicolas-des-Champs, à Paris, de 1664 à 1699. — Toile, avec encadrement de forme chantournée; haut. 0m,74, larg. 0m,96. — **Auteur inconnu** (XVIIe siècle).

En buste, tête nue; mozette de chanoine.

A la gauche du personnage est écrit :

FRANCISCUS MONTMIGNON PASTOR AB. AN. 1664. AD. AN. 1699.

A la Fabrique de la paroisse Saint-Nicolas-des-Champs, à Paris.

253. — Jacques de Sainte-Beuve (1613-1677), docteur en Sorbonne, théologien janséniste. — Médaillon bronze; diam. 0m,125. — Par **Bertinetti (Francesco)** dit **Bertinet** (?-?-XVIIe siècle), modeleur et fondeur en médailles.

CLERGÉ. (Suite.)

De profil à droite; cheveux longs; calotte; douillette; rabat.
En exergue est écrit :
IACOB DE SAINTEBEWE. DOCTOR. SORBONICUS.
Devant le personnage, dans la partie inférieure du médaillon, à droite :
1677.
Sous l'épaule :
BERTINET EX IDEA POST OBITUM.
Reproduction galvanoplastique d'un médaillon conservé à la Bibliothèque Nationale.
A M. EUGÈNE DE SAINTE-BEUVE, à Paris.

254. — **L'abbé Antoine Furetière** (1619-1688), littérateur. — Bois; haut. 0m,39, larg. 0m,30. — **Auteur inconnu** (XVIIe siècle).
En buste; tête nue à grande perruque; le regard tourné vers l'épaule gauche; soutane; rabat.
Provient de la collection Lenoir. — A Mgr LE DUC D'AUMALE, à Paris.

255. — **L'abbé Pierre Danet** (?-1709), latiniste, né à Paris. — Toile, de forme ovale; haut. 0m,75, larg. 0m,55. — Attribué à **Champaigne (Philippe de)** (1602-1674).
A mi corps; tête nue, de face; il tient un livre dans la main droite; surplis à manches brodées; mozette et rabat.
A M. FERDINAND DENIS, arrière-neveu de l'abbé Danet, à Paris.

256. — **Jéliot** (?-?) banquier expéditionnaire en cour de Rome. — Toile; haut. 0m,64, larg. 0m,48. — **Auteur inconnu** (XVIIe siècle).
En buste; tête nue, de face; costume ecclésiastique; croix pectorale; collet blanc; de la main droite il tient une lettre sur laquelle est écrit :
Monsieur Jéliot expéditionnaire à Rome.
Provient de la collection Schmidt. — AU MUSÉE DE TOURS.

V.

PHILOSOPHES, POÈTES, ÉCRIVAINS, SAVANTS.

257. — **Philippe de Mornay** (1549-1623), seigneur du Plessis-Marly, homme politique et controversiste protestant. — Dessin aux trois crayons; haut. 0m,38, larg. 0m,28. — École de **Lagneau** ou **Lanneau** (?-?), peintre en crayon et au pastel, du commencement du XVIIe siècle.
En buste; tête nue, presque chauve, tournée vers l'épaule gauche; barbe blanche; drapé d'un manteau.
Photographié au charbon, par M. Braun.
A M. BENJAMIN FILLON, à Saint-Cyr-en-Talmondais (Vendée).

258. — **René de Cumont** (1562-1635), confident et biographe du prince Henri de Condé. — Dessin aux trois crayons; haut. 0m,23, larg 0m,18. — Attribué à l'un des **Dumonstier**.

PHILOSOPHES, POËTES, ÉCRIVAINS, SAVANTS. (Suite.)

En buste et presque de face; costume du temps de Louis XIII; grand col rabattu, garni de dentelles; pourpoint d'étoffe à rayures.
Photographié au charbon, par M. Braun.
A M. Benjamin Fillon, à Saint-Cyr-en-Talmondais (Vendée).

259. — René Descartes (1596-1650), philosophe et mathématicien. — Bois; haut. 0^m,34, larg. 0^m,25. — *Auteur inconnu* (XVIIe siècle).

En buste; de profil, tête nue, tournée vers l'épaule droite, grands cheveux tombant sur les épaules; pourpoint vert clair, ouvert aux manches. Fond de draperie et de marine.
Derrière le cadre est écrit :

.... PEINTRE DU ROY, 1750.

Au musée de Toulouse.

260. — Madeleine de Souvré, marquise de Sablé (1598-1678), écrivain. — Toile; haut. 1^m,27, larg. 0^m,77. — *Auteur inconnu* (XVIIe siècle).

A mi-jambes, debout, de trois quarts; robe décolletée, richement bordée; manches de dentelles à crevés; un mouchoir dans la main gauche; la main droite sur un livre que supporte une table.
Sur le tapis qui recouvre la table est écrit :

MARIE DE SONNERAY, MARQUISE DE SABLÉ.

Photographié au charbon, par M. Braun.
Provient du marquis de Nangis. — Au musée de Nangis (Seine-et-Marne).

261. — Gui Patin (1602-1672), médecin et épistolier. — Toile; 0^m,71, larg. 0^m,59. — Par **Masson (Antoine)** (1636-1702).

En buste, de face; tête nue, tournée vers l'épaule droite; collerette blanche; costume de docteur-régent de l'ancienne Faculté de médecine. Inscrit dans un médaillon de pierre simulé, de forme ovale.
Dans la partie inférieure de la toile est écrit :

HANC EFFIGIEM
GVIDONIS PATIN. DEC. AN. 1650. 51.
HIC POSVIT
GUIDO ERASMUS EMMEREZ EIUS
FILIOLUS DEC. AN. 1721. 22.

A la Faculté de Médecine, à Paris.

262. — Olivier Patru (1604-1681), avocat, membre de l'Académie française (1640), où il introduisit l'usage des discours de réception. — Toile; haut. 0^m,71, larg. 0^m,59. — Attribué à **Largillière (Nicolas de)** (1656-1746).

En buste; tête nue, tournée vers l'épaule droite; perruque; vêtement jaune brodé d'or; manteau de velours rouge.

Au musée de Rouen.

263. — Pierre Corneille (1606-1684), poëte tragique; membre de l'Académie française (1647). — Toile; haut. 0^m,61, larg. 0^m,51. — Par **Brun (Charles Le)** (1619-1690).

PHILOSOPHES, POÈTES, ÉCRIVAINS, SAVANTS (Suite.)

En buste, de trois quarts à droite; tête nue; longue perruque; costume noir; petit col blanc.

A M. le comte d'Osmoy, à Versailles.

264. — **Pierre Corneille** (1606-1684), poëte tragique; membre de l'Académie française (1647). — Toile; haut. 0ᵐ,66, larg. 0ᵐ,50. — Attribué à **Champaigne (Philippe de)** (1602-1674).

En buste, de trois quarts; tête tournée vers l'épaule droite; perruque; rabat.

Dans la partie supérieure de la toile est écrit :

PIERRE CORNEILLE

Acquis en 1862. — Au musée de Rouen.

265. — **François-Eudes de Mézeray** (1610-1688), historien, secrétaire perpétuel de l'Académie française (1675), dont il était membre depuis 1649. — Toile; haut. 0ᵐ,87, larg. 0ᵐ,72. — Par **Largillière (Nicolas de)** (1656-1746).

A mi-corps, debout; tête nue, perruque; regard tourné vers l'épaule droite; la main droite posée sur un volume de l'*Histoire de France*; habit noir ouvert; chemise brodée. Fond de bibliothèque.

Signé à la gauche du personnage :

LARGILLIÈRE.

Provient de la collection Butte père, amateur, décédé à Nancy. — A M. Martin, à Nancy.

266. — **Antoine Arnauld**, *dit le Grand Arnauld* (1612-1694), théologien et métaphysicien. — Toile, de forme ovale, haut. 0ᵐ,40, larg. 0ᵐ,30. — Par **Champaigne (Philippe de)** (1602-1674).

En buste; tête nue, de trois quarts à droite; rabat.

Photographié au charbon, par M. Braun.

A M. Jules-Augustin Poulot, à Lyon.

267. — **Marie-Angélique de Sainte-Madeleine Arnauld**, *dite la Mère Angélique* (1591-1661), sœur des Arnauld, abbesse de Port-Royal, qui lui dut sa réforme. Toile; haut. 0ᵐ,70, larg. 0ᵐ,58. — Par **Champaigne (Philippe de)** (1602-1674).

A mi-corps; tête de face; costume blanc; croix d'étoffe rouge sur la poitrine; coiffure noire.

Dans la partie inférieure de la toile est écrit :

AGÉE DE 57 ANS, 1648.

Provient de la Collection Lenoir. — A Mgr le duc d'Aumale, à Paris.

268. — **Jean de la Fontaine** (1621-1695), fabuliste; membre de l'Académie française (1683). — Toile; haut. 0ᵐ,80, larg. 0ᵐ,60. — Par **Rigaud (Hyacinthe)** (1659-1743).

En buste, de face; perruque; costume de velours noir; draperie de couleur sombre sur le vêtement; cravate de dentelle. Fig. grand. nat.

Photographié au charbon, par M. Braun.

Provient de successions. A M. le vicomte Hericart de Thury, au château de Thury, canton de Betz (Oise).

PHILOSOPHES, POÈTES, ÉCRIVAINS, SAVANTS (Suite.)

269. — **Jean de la Fontaine** (1621-1695), fabuliste; membre de l'Académie française (1683). — Toile; haut. 0^m,71, larg. 0^m,50. — *Auteur inconnu* (XVIIe siècle).

A mi-corps, assis; tête nue, de face; perruque; la main gauche posée sur un livre; vêtement noir; cravate de dentelle.

Derrière le cadre est écrit :

Ce précieux portrait du grand fabuliste est l'original qui fut peint pour madame de la Sablière en 1692.

Provient d'une vente. — Donné par M. Jules Maciet, en 1877. — AU MUSÉE DE CHÂTEAU-THIERRY (Aisne).

270. — **Marie Héricart** (?-?), femme de Jean de la Fontaine. — Toile; haut. 0^m,80, larg. 0^m,63. — Par **Mignard (Pierre)** (1612-1695).

A mi-corps, assise; regard tourné vers l'épaule gauche; robe décolletée; la main droite posée sur la poitrine, le bras gauche, nu, sur l'appui du fauteuil.

Provient de successions. — A M. LE VICOMTE HÉRICART DE THURY, au château de Thury, canton de Betz (Oise).

271. — **Jean-Baptiste Poquelin** *dit* **Molière** (1622-1673), poète comique. — Toile, de forme ovale; haut. 0^m,53; larg. 0^m,48. — Par **Mignard (Pierre)** (1612-1695).

En buste, de trois quarts; tête de face; perruque; vêtement de couleur sombre.

Photographié au charbon, par M. Braun.

A Mgr LE DUC D'AUMALE, à Paris.

272. — **Jean-Baptiste Poquelin** *dit* **Molière** (1622-1673), poète comique. — Toile; haut. 0^m,90, larg. 0^m,73. — Par **Bourdon (Sébastien)** (1616-1671).

A mi-corps, de trois quarts à droite; tête nue; la main gauche appuyée sur un fût de colonne; drapé d'un manteau jaune foncé; perruque.

Photographié au charbon, par M. Braun.

Provient de la collection Ingres. — AU MUSÉE DE MONTAUBAN.

273. — **Jean-Baptiste Poquelin** *dit* **Molière** (1622-1673), poète comique. — Toile, de forme ovale; haut. 0^m,70, larg. 0^m,56. — Par **Santerre (Jean-Baptiste)** (1650-1717).

En buste, de profil; tête de face; vêtement rouge; perruque; col de dentelle. Fig. grand. nat.

Photographié au charbon, par M. Braun.

Provient de la collection du duc de Choiseul, au château de Chanteloup, près Amboise (Indre-et-Loire). — A M. PIERRE-AMABLE-JOSEPH OPIGEZ, à Paris.

274. — **Jean-Baptiste Poquelin** *dit* **Molière** (1622-1673), poète comique. — Toile; haut. 0^m,48, larg. 0^m,37. — Par **Mignard (Pierre)** (1612-1695).

En buste; la tête tournée vers l'épaule gauche et légèrement inclinée; la main droite relevée effleure la tempe; vêtement gris ouvert, laissant voir la chemise.

PORTRAITS NATIONAUX DU XVIIᵉ SIÈCLE. 59

PHILOSOPHES, POÈTES, ÉCRIVAINS, SAVANTS (Suite.)

Gravé en 1877, par M. Ad. Lalauze, pour l'ouvrage *Les points obscurs de la vie de Molière*, de M. Jules Loiseleur (Paris, Liseux, 1877, in-12). Une note curieuse de M. Paul Lacroix, publiée en tête du livre de M. Loiseleur, établit l'origine probable et la date (1657 ou 1658) de ce portrait. On peut consulter encore, au sujet de la pose donnée au poète dans ce tableau, *Un portrait de Molière en Bretagne*, par le baron de Wismes (Nantes, Vincent Forest, et Émile Grimaud, 1873, in-8°).
Photographié au charbon, par M. Braun.
Provient du château de Feuquières, propriété de la fille de Mignard, marquise de Feuquières. — A M. Justin Courtois, à Paris.

275. — **Jean-Baptiste Poquelin** *dit* **Molière** (1622-1673), poète comique. — Dessin rehaussé de pastel sur vélin, de forme ovale; haut. 0ᵐ,27, larg. 0ᵐ,21. — Par **Nanteuil (Robert)** (1630-1678).
A mi-corps, assis, de profil; tête nue, tournée vers l'épaule droite; perruque; cravate nouée négligemment; vêtement gris.
Photographié au charbon, par M. Braun.
A M. Justin Courtois, à Paris.

276. — **Jean-Baptiste Poquelin** *dit* **Molière** (1622-1673), poète comique. — Buste bronze; haut. 0ᵐ,71. — Par **Houdon (Jean-Antoine)** (1741-1828).
Tête nue, légèrement inclinée et tournée vers l'épaule droite; grande perruque; indication de costume.
Sous l'épaule droite du personnage est gravé :
HOUDON F. 1786.
Provient de la collection Scitivaux. — Au musée de Montauban.

277. — **Thomas Corneille** (1625-1709), poète dramatique; membre de l'Académie française (1685). — Toile; haut. 0ᵐ,52, larg. 0ᵐ,42. — Attribué à **Champaigne (Philippe de)** (1602-1674).
En buste, tête nue, de face; chevelure longue et tombante; robe de chambre rouge à ramages.
Provient de Burger (1862). — Au musée de Rouen.

278. — **Thomas Corneille** (1625-1709), poète dramatique; membre de l'Académie française (1685). — Toile; haut. 0ᵐ,78, larg. 0ᵐ,63. — Par **Jouvenet (Jean)** (1644-1717).
A mi-corps, assis, de profil; tête nue, tournée vers l'épaule droite; costume à ramages.
Photographié au charbon, par M. Braun.
A M. le comte d'Osmoy, à Versailles.

279. — **Marie de Rabutin-Chantal, marquise de Sévigné** (1626-1696), épistolière. — Bois; haut. 0ᵐ,36, larg. 0ᵐ,26. — Par **Beaubrun, Baubrun ou Bobrun (Henri)** (1603-1677) ou **Charles** (1604-1692).
En buste, de trois quarts à droite; robe jaune, décolletée, garnie de dentelles; rosette au corsage.
Dans la partie supérieure du panneau est écrit :
... DE CHANTAL.

PHILOSOPHES, POÈTES, ÉCRIVAINS, SAVANTS (Suite.)

Derrière le panneau, en écriture ancienne:
Marie de Rabutin, fille de M. le baron de Chantal. Fait par Banbrun, l'année 1658.
Photographié au charbon, par M. Braun.
Provient de la collection du marquis de Saint-Cloud. — A M. Eugène Féral-Cussac, à Paris.

280. — Marie de Rabutin-Chantal, marquise de Sévigné (1626-1696), épistolière. — Pastel; haut. 0^m,50, larg. 0^m,40. — Par **Nanteuil (Robert)** (1630-1678).

En buste, tête nue, tournée vers l'épaule gauche; robe de couleur sombre, décolletée; collier de perles.

Gravé par Gérard Edelinck.

Le baron Walkenaër a donné la description détaillée de ce portrait dans les *Mémoires touchant la vie et les écrits de Mme de Sévigné.* (Paris, Firmin-Didot, 1852), tome V, p. 455.

Photographié au charbon, par M. Braun.
Provient de la collection de M. Traullé. — A M. le comte de Laubespin, à Paris.

281. — Françoise-Marguerite de Sévigné, comtesse de Grignan (1648-1705). (Portrait présumé.) — Miniature sur émail, montée sur une tabatière en écaille, de forme ronde; diamètre 0^m,04. — Par **Petitot (Jean)** (1607-1691).

En buste, tête nue, de trois quarts, légèrement tournée vers l'épaule droite; corsage chamois, orné d'une épingle en pierreries; épaules nues; collier de perles.

A M. Henri Bordier, à Paris.

282. Claude-Emmanuel Luillier Chapelle (1626-1686), littérateur. — Toile; haut. 0^m,47, larg. 0^m,41. — Par **Fèvre, Febvre ou Febure (Claude Le)** (1633-1675).

En buste, tête nue, fortement relevée et tournée vers l'épaule droite; costume noir; collerette blanche.

Provient de la collection Lenoir. — A Mgr le duc d'Aumale, à Paris.

283. — Nicolas Boileau-Despréaux (1636-1711), poète satirique; membre de l'Académie française (1684). — Toile; haut. 0^m,79, larg. 0^m,64. — Par **Largillière (Nicolas de)** (1656-1746).

A mi-corps, tête nue, de face; la main gauche sur la poitrine; costume de velours jaune foncé; perruque.

Photographié au charbon, par M. Braun.
Provient de la galerie Smirnoff. — A M. Charles Edwards, à Paris.

284. — Nicolas Boileau-Despréaux (1636-1711), poète satirique; membre de l'Académie française (1684). — Toile; haut. 0^m,99, larg. 0^m,80. — Par **Santerre (Jean-Baptiste)** (1650-1717).

A mi-corps, assis, de trois quarts; tête de face; perruque; robe de chambre bleu clair à ramages; cravate blanche; la main droite indique l'ouvrage de Chapelain, *La Pucelle ou la France délivrée*, que l'auteur des *Satires* a si souvent critiqué. Le volume est ouvert et posé sur une table; la main gauche repose sur un livre fermé.

Dans la partie inférieure de la toile, à droite, est écrit:

NIC. BOYLEAV DESPREAVX.

PHILOSOPHES, POÈTES, ÉCRIVAINS, SAVANTS. (Suite.)

Deux cartels attenant au cadre, qui est ancien, renferment des vers.

Cartel de la partie supérieure :

> Ne cherchez point comment s'appelle
> Celui dont le visage est peint dans ce tableau ;
> A l'air dont il regarde et montre la Pucelle
> Qui ne reconnaîtrait Boileau ?

Cartel de la partie inférieure :

> Tu peux voir dans ces traits qu'au fond cet hōme horrible,
> Ce censeur qu'on a cru si noir et si terrible
> Fut un Esprit doux, simple, ami de l'équité,
> Qui, cherchant dans ces vers la seule vérité,
> Fit sans être malin ses plus grandes malices,
> Et sa candeur fit tous ses vices.

Ce portrait, le cadre et les vers qui y sont gravés font l'objet de plusieurs lettres échangées entre Boileau et le président Brossette. La première de ces lettres, relative aux vers qu'il conviendra de graver sur les cartels du cadre, est de Brossette et porte la date du 10 mars 1699; la peinture aurait donc été exécutée en 1698. — Offert par Boileau à son ami, ce tableau a fait partie, au siècle dernier, de la galerie des RR. PP. Augustins, à Lyon.

Photographié au charbon, par M. Braun.

A M. VERÉE-MICHEL NEAUD, à Lyon.

285. — **Antoinette de Ligier de la Garde, dame des Houlières** (1638?-1694), poète. — Toile; haut. 0ᵐ,42, larg. 0ᵐ,38. — Par **Mignard (Pierre)** (1612-1695).

En bergère; robe décolletée; bras nus; une rose dans chaque main; assise et gardant un troupeau de moutons. Fond de paysage.

Photographié au charbon, par M. Braun.

A Mᵍʳ LE DUC D'AUMALE, à Paris.

286. — **Jean Racine** (1639-1699) **et Claude Emmanuel Luillier Chapelle** (1626-1686). — Toile; haut. 0ᵐ,71, larg. 0ᵐ,90. — Par **Tournières (Robert)** (1688-1752).

Racine en costume noir, et Chapelle en costume rouge, sont assis devant une table sur laquelle on voit deux couverts et une bouteille; des livres sont jetés à terre et foulés aux pieds par Racine.

Provient de M. d'Houdetot. — AU MUSÉE DE CAEN.

287. — **Racine** (1639-1699), **Mignard** (1610-1695), **le comte des Fossez, le marquis d'Artemisande et le comte d'Acy.** — Toile; haut. 0ᵐ,88, larg. 1ᵐ,13. — Par **Mignard (Pierre)** (1612-1695) et d'après lui, par **Des Fossez (Charles-Henry, comte)** (1764-1852).

Les cinq personnages sont à déjeuner dans le parc du château d'Acy. A la gauche du spectateur est Racine, en costume marron; à sa gauche est Mignard. Le comte des Fossez occupe le milieu de la table, ayant à sa droite le comte d'Acy et le marquis d'Artemisande; tous sont assis et portent une santé. Fond de paysage.

Photographié au charbon, par M. Braun.

A M. LE COMTE DES FOSSEZ, à Paris.

PHILOSOPHES, POÈTES, ÉCRIVAINS, SAVANTS (Suite.)

288. — Pierre Rainssant (1640-1689), échevin de la ville de Reims; numismate; membre de l'Académie des inscriptions. — Toile, de forme ovale. — **Auteur inconnu** (XVIIᵉ siècle).

A mi-corps, tête nue, tournée vers l'épaule droite; les mains posées sur un exemplaire des œuvres d'Hippocrate; perruque; vêtement rouge; fourrures sur les épaules; rabat.

Provient de Mlles Rainssant, arrière-petites-nièces du modèle. — Au musée de Reims.

289. Pierre Le Pesant de Boisguilbert (1646-1714), littérateur, économiste, lieutenant général au bailliage de Rouen. —Toile; haut. 0ᵐ,78, larg. 0ᵐ,62. — Par **Largillière (Nicolas de)** (1656-1746).

En buste; tête nue, légèrement tournée vers l'épaule gauche; grande perruque; habit de velours gris clair; écharpe rouge à revers jaunes brodés d'or.

A M. le marquis Pierre-Charles Le Pesant de Boisguilbert, au château de Saint-Pierre, par Beuzeville (Eure).

290. — Suzanne Le Paige de Pinterville, femme de Le Pesant de Boisguilbert, lieutenant général au bailliage de Rouen. — Toile; haut. 0ᵐ,78, larg. 0ᵐ,62. — Par **Largillière (Nicolas de)** (1656-1746).

A mi-corps; tête nue, de face; robe ouverte; écharpe de velours bleu. Fig. grand. nat.

A M. le marquis Pierre-Charles Le Pesant de Boisguilbert, au château de Saint-Pierre, par Beuzeville (Eure).

291. — Charles Dufresny, sieur de la Rivière (1654?-1724), auteur comique. — Toile, de forme ovale; haut. 0ᵐ,52, larg. 0ᵐ,44. — Par **Nain (Mathieu Le)** (1607-1677).

En buste, tête nue, de trois quarts à droite; costume noir; rabat; perruque. Fig. grand. nat.

A Mgr le duc d'Aumale, à Paris.

292. — Jean-François Regnard (1655-1709), poète comique. — Toile; haut. 1ᵐ,13, larg. 0ᵐ,88. — Par **Largillière (Nicolas de)** (1656-1746).

A mi-jambes, debout; tête nue, à perruque, tournée vers l'épaule gauche; il retient de la main gauche, à la hauteur de la cuisse, une draperie rouge; dans la droite, manuscrits déroulés; costume noir. Fig. grand. nat.

Provient de la succession d'Alfred de Vigny. — A M. C. Lachaud, à Paris.

293. — Louis de Rouvroy, duc de Saint-Simon (1675-1755), historien. — Toile, de forme ovale; haut. 0ᵐ,63, larg. 0ᵐ,53.— **Auteur inconnu** (XVIIᵉ siècle).

En buste; la tête tournée vers l'épaule gauche; visage très jeune; cravate de soie rouge; cuirasse.

Sur la toile est écrit :

SAINT-SIMON, VIDAME DE CHARTRES.

Le titre de « vidame de Chartres » ne fut porté par Saint-Simon que jusqu'au 29 mai 1698, date de la naissance de son fils, qu'il fit titulaire du vidamé, ainsi qu'il nous l'apprend lui-même dans ses *Mémoires* (tome I, p. 380, édition Chéruel, Hachette, 1856, 13 vol. in-12). Le présent portrait serait donc antérieur à cette époque. D'autre part, Saint-Simon n'ayant été admis dans la compagnie des mousquetaires qu'à l'âge de seize ans, le peintre qui l'a représenté en cuirasse a dû exécuter son travail entre 1691 et 1698.

Photographié au charbon, par M. Braun.

Au musée de Chartres.

VI.

ARTISTES.

294. — Jean Boucher (1568-1633), peintre, né à Bourges, maître de Mignard. — Volet de tryptique, bois; haut. 1ᵐ,98, largeur 0ᵐ,68. — Par **Boucher (Jean)** (1568-1633).

En pied; tête nue, inclinée, vue de trois quarts; un genou en terre; la main gauche sur la poitrine; le chapeau dans la main droite; costume noir; collerette et manchettes blanches; aux pieds du personnage, palette et pinceaux. Fond d'architecture et fond de ciel aperçu par une fenêtre ouverte.

Dans la partie inférieure du panneau, au-dessous du personnage, est écrit :

GRAND SAINCT RECOY LE COEVR DE BOVCHER POVR OFFRADE
SOIS LVY PORTEVR DES BIENS D'ONT L'AGNEAU EST AVTEVR
IL EST TON PEINTRE ICY SOIS SON ENTREMETTEVR
EST-IL PLVS BELLE OFFERTE. ET PLVS IVSTE DEMANDE.

Ce volet a fait partie du tryptique peint par Jean Boucher pour décorer la chapelle construite à ses frais dans l'église de Saint-Bonnet, à Bourges, sa paroisse, en l'année 1628. «Ce tryptique, lisons-nous dans les *Recherches sur la vie et les ouvrages de quelques peintres provinciaux de l'ancienne France,* par M. le marquis de Chennevières, représentait saint Jean-Baptiste, patron de Boucher. Le peintre s'était représenté lui-même sur l'un des vantaux, et sur l'autre était le portrait de sa mère. (Paris. Dumoulin, 1847-1862, 4 vol. in-8°, tome II, p. 116.)

Provient de l'église de Saint-Bonnet. — AU MUSÉE DE BOURGES.

295. — Michel Lasne (1596-1667), dessinateur et graveur. — Miniature sur vélin, de forme ovale; haut. 0ᵐ,060, larg. 0ᵐ,045. — Par **Lasne (Michel)** (1596-1667).

En buste, de face, tête nue; grande fraise; habit à crevés.

Dans la partie supérieure de la composition est écrit :

POUR MON PLESIR
LASNE FECIT.

Provient de M. Moreau, ancien maire d'Issoudun. — AU MUSÉE D'ISSOUDUN.

296. — Jacques Stella (1596-1657), peintre, né à Lyon; séjourna en Italie de 1623 à 1634 et fut intimement lié avec Nicolas Poussin. — Toile; haut. 0ᵐ,81, larg. 0ᵐ,67. — Attribué à **Stella (Jacques)** (1596-1657).

A mi-corps, de profil; tête tournée vers l'épaule gauche; longue chevelure; la main gauche gantée est posée sur une table que recouvre un tapis rouge; la main droite tient un rouleau.

Gravé par Claudine Bouzonnet, *dite* Stella, nièce de Jacques Stella.

Provient d'une vente (1856). — AU MUSÉE DE LYON.

297. — Claude Gellée ou **Gillée**, *dit* **le Lorrain** (1600-1682), peintre et graveur. — Toile; haut. 0ᵐ,60, larg. 0ᵐ,47. — Attribué à **Gelée ou Gillée (Claude)** *dit* **le Lorrain** (1600-1682.)

En buste; tête nue, de trois quarts, tournée vers l'épaule gauche; costume noir; grande collerette.

ARTISTES. (Suite.)

Dans la partie supérieure de la toile, à la droite du personnage, est écrit :
C. LORRAIN.
Au musée de Tours.

298. — Nicolas Mignard *dit* **Mignard d'Avignon** (1608-1668), peintre et graveur, né à Troyes; membre de l'Académie royale de peinture et de sculpture (1663). — Toile; haut. 0^m,64, larg. 0^m,50. — Par **Mignard (Nicolas)** *dit* **Mignard d'Avignon** (1608-1668).

En buste; tête nue, tournée vers l'épaule gauche; manteau noir; collerette; mains gantées.

Provient d'un don de la Ville (1836). — Au musée Calvet, à Avignon.

299. — Pierre Mignard (1612-1695), peintre, né à Troyes; membre de l'Académie de peinture et de sculpture (1690). — Toile, de forme ovale; haut. 0^m,65, larg. 0^m,52. — Auteur inconnu (XVIIe siècle).

En buste; tête nue, tournée vers l'épaule gauche; perruque noire; chemise à jabot. — Fig. grand. nat.

A M. Julien Gréau, à Troyes.

300. — Catherine Mignard, comtesse de Feuquières (1657-1742), fille de Pierre Mignard. — Toile, de forme ovale; haut. 0^m,70, larg. 0^m,57. — Auteur inconnu (XVIIe siècle).

A mi-corps, de trois quarts à gauche; tête nue; robe bleu clair à ramages, garnie de perles; corsage ouvert; écharpe de brocatelle, doublée de satin blanc.

A M. Daney de Marcillac, à Aire-sur-la-Lys (Pas-de-Calais).

301. — Jacques Ninet de l'Estaing (?-1662), peintre. — Toile; haut. 0^m,63, larg. 0^m,49. — Par **Ninet de l'Estaing (Jacques)** (?-1662).

En buste; tête nue, de face; costume de velours noir à crevés blancs; riche collerette de dentelle. Fig. grand. nat.

Provient du docteur Carteron, arrière-petit-fils de Ninet de l'Estaing. — A M. Léon Pigeotte, à Troyes.

302. — Eustache Le Sueur (1617-1655), peintre, l'un des douze artistes qui fondèrent l'Académie royale de peinture et de sculpture (1648). — Toile; haut. 0,^{m}72, larg. 0^m,55. — Auteur inconnu (XVIIe siècle).

A mi-corps; assis, tête nue, de trois quarts, tournée vers l'épaule droite; la main gauche posée sur la hanche; dans l'autre main, gantée, un rouleau; costume noir; manches à crevés; collerette.

Provient de la collection du général Despinoy. — A M. Théodule de Baudicour, à Paris.

303. — Pierre Puget (1622-1694), sculpteur, peintre, architecte et ingénieur. — Toile; haut. 0^m,66, larg. 0^m,58. — Par **Puget (Pierre)** (1622-1694).

A mi-corps, de face; regard tourné vers l'épaule droite; cheveux tombant en boucles sur les épaules; cravate nouée négligemment; costume de velours noir; un compas dans la main droite.

ARTISTES. (Suite.)

Gravé par Geille. — Lithographié par Graille. — Voir également *Gazette des Beaux-Arts*, tome X (année 1865), page 100, une reproduction de ce portrait.

Photographié au charbon, par M. Braun.

Au musée de Marseille.

304. — **François Girardon** (1627-1715), sculpteur, né à Troyes; membre de l'Académie royale de peinture et de sculpture (1657). — Toile, de forme ovale; haut. 0m,80, larg. 0m,65. — **Auteur inconnu** (xviie siècle).

En buste, de trois quarts; tête nue, tournée vers l'épaule gauche; drapé dans un manteau.

Photographié au charbon, par M. Braun.

A M. Julien Gréau, à Troyes.

305. — **Antoine Coyzevox** (1640-1720), sculpteur, membre de l'Académie royale de peinture et de sculpture (1676). — Toile; haut. 0m,63, larg. 0m,52. — Par **Rigaud (Hyacinthe)** (1659-1743).

En buste; tête de face; perruque; habit marron; chemise ouverte, laissant voir la poitrine. Fig. grand. nat.

Provient de la collection de M. Marcille père. — A M. Eudoxe Marcille, à Paris.

306. — **Jean Jouvenet** (1644-1717), peintre, membre de l'Académie royale de peinture et de sculpture (1675). — Toile; haut. 0m,78, larg. 1m,37. — Par **Jouvenet (Jean)** (1644-1717).

En buste, assis sur un fauteuil; vêtement gris, à revers bleus; il tient une palette et des pinceaux dans la main gauche; de la droite, il semble indiquer un objet placé au-dessus de lui.

Au musée de Rouen.

307. — **Jules Hardouin-Mansart** (1646-1708), architecte, membre de l'Académie royale d'architecture (1675). — Toile; haut. 0m,65, larg. 0m,52. — Par **Rigaud (Hyacinthe)** (1659-1743).

En buste; de face, grande perruque poudrée; cravate de dentelle; nœud rouge sur l'épaule gauche.

Provient de la collection Lenoir. — A Mgr le duc d'Aumale, à Paris.

308. — **Jules Hardouin-Mansart** (1646-1708), architecte, membre de l'Académie royale d'architecture (1675). — Toile; haut. 0m,78, larg. 0m,65. — Par **Largillière (Nicolas de)** (1656-1746).

En buste; tête nue, à perruque, tournée vers l'épaule droite; veste de velours recouverte d'une écharpe. Fig. grand. nat.

Photographié au charbon, par M. Braun.

A Mgr le duc d'Aumale, à Paris.

309. — **Jules Hardouin-Mansart** (1646-1708), architecte, membre de l'Académie royale d'architecture (1675). — Toile; haut. 0m,98, larg. 0m,78. — **Auteur inconnu** (xviie siècle).

En pied, assis devant une table; perruque blanche; rabat et manchettes de dentelles; il tient à la main un rouleau de papier déplié sur lequel est dessinée la coupe du dôme des Invalides; aux pieds du personnage, un compas et un porte-crayon.

Provient d'une vente (1845). — A M. Louis-Edmond Fournel, à Lyon.

ARTISTES. (Suite.)

310. — Jules Hardouin-Mansart (1646-1708), architecte, membre de l'Académie royale d'architecture (1675). — Miniature à la gouache, de forme ovale; haut. 0^m,13, larg. 0^m,10. — **Auteur inconnu** (xviie siècle).

En buste, de trois quarts; tête tournée vers l'épaule gauche; grande perruque; chemise brodée; manteau brun.

A M. Alexandre Delaherche, à Beauvais.

311. — François Romain dit **le Frère Romain** (1646-1735), dominicain, s'est fait remarquer par ses rares aptitudes pour l'architecture; constructeur du pont Royal, à Paris. — Toile; haut. 0^m,95, larg. 0^m,59. — Par **Jouvenet (François)** (1665?-1749).

A mi-corps, en costume de dominicain; tête nue sans tonsure, tournée vers l'épaule droite; de la main gauche il tient le plan du pont Royal sur lequel il appelle l'attention à l'aide de l'index de la main droite.

Dans la partie inférieure de la toile est écrit :

JOUVENET.

Ce portrait est en tous points semblable à celui du même personnage que possède le musée de Gand.

Provient d'une vente. — Au musée de Caen.

312. — Nicolas de Largillière (1656-1746), peintre de portraits; membre de l'Académie royale de peinture et de sculpture (1686). — Toile; haut. 0^m,79, larg. 0^m,63. — Par **Largillière (Nicolas de)** (1656-1746).

A mi-corps, de face; cheveux poudrés, tête nue, le regard tourné vers l'épaule droite; la chemise ouverte; manteau brun à plis flottants; assis devant un chevalet, il tient à la main droite un porte-crayon.

Photographié au charbon, par M. Braun.

Provient de Collot. — Au musée de Montpellier.

313. — Hyacinthe Rigaud (1659-1743), peintre de portraits; membre de l'Académie royale de peinture et de sculture (1700). — Toile; haut. 0^m,52, larg. 0^m,42. — Par **Rigaud (Hyacinthe)** (1659-1743).

En buste; tête nue, perruque; habit vert; manteau de velours rouge; cravate brodée. Fig. grand. nat.

Provient de la galerie de M. Charles Michel, de Lyon. — A M. François Michel, à Grigny (Rhône).

314. — Hyacinthe Rigaud (1659-1743), peintre de portraits; membre de l'Académie royale de peinture et de sculpture (1700). — Miniature; haut. 0^m,065, larg. 0^m,055. — **Auteur inconnu** (xviie siècle).

A mi-corps, de profil; tête de face; calotte rouge; draperie bleue jetée sur l'épaule droite; palette et pinceaux dans la main droite; derrière le personnage, un voile sur un chevalet.

A M. Alexandre Delaherche, à Beauvais.

315. — Pierre Drevet (1664-1738), graveur; membre de l'Académie royale de peinture et de sculpture (1707); et **Hyacinthe Rigaud** (1659-1743), peintre de portraits; membre de l'Académie royale de peinture et de sculpture (1700). — Toile; haut. 1^m,10, larg. 0^m,83. — Par **Rigaud (Hyacinthe)** (1659-1743).

ARTISTES. (Suite.)

A mi-corps; tête nue, à perruque, de face, Drevet est en costume d'atelier; les mains posées sur une planche gravée, un burin dans la main droite; au second plan, à droite, Rigaud s'est représenté tenant une palette et des pinceaux.

Provient de la galerie de M. Charles Michel, de Lyon (1853). — Au musée de Lyon.

316. — **Jean Thierry** (1669-1739), sculpteur, né à Lyon; membre de l'Académie royale de peinture et de sculpture (1717). — Toile; haut. 0ᵐ,90, larg. 0ᵐ,71. — Par **Largillière (Nicolas de)** (1656-1746).

En buste; tête nue, à perruque; vêtu d'un habit de velours marron et d'un manteau rouge jeté négligemment; la main gauche tient un crayon et s'appuie sur une tête en bronze de grandes proportions. Fig. grand. nat.

Gravé par Thomassin.

Provient d'une vente (1856). — Au musée de Lyon.

317. — **Paul Petitot** (?-?), architecte et sculpteur, père de Jean Petitot, peintre en miniature. — Miniature sur émail, montée sur une boîte en or ciselé, de forme ovale; haut. 0ᵐ,022, larg. 0ᵐ,019. — Par **Petitot (Jean)** (1607-1691).

En buste; tête nue, tournée vers l'épaule droite; cheveux blancs; vêtement noir; rabat.

C'est à l'obligeante communication que M. Henri Bordier, nous a faite de sa brochure *Rectifications à l'Errata par M. Jal* (Paris, Sandoz, 1868, in-8°), que nous devons de connaître la profession de Paul Petitot.

A M. Henri Bordier, à Paris.

VII.

PERSONNAGES DIVERS.

318. — **Pierre-Paul Riquet, baron de Bonrepaux** (1604-1680), créateur du canal du Midi, qu'il fit exécuter à ses frais et qui ne coûta pas moins de 17 millions. — Toile; haut. 0ᵐ,73, larg. 0ᵐ,59. — **Auteur inconnu** (xviiᵉ siècle).

En buste; tête nue, de face; il tient un plan du canal des Deux-Mers demi-déployé; costume gris violet; chemise à jabot.

Provient d'une vente (1849); est demeuré longtemps dans un château des environs de Pau, ayant appartenu à la famille de Riquet. — A M. Mandl, à Paris.

319. — **Samuel Bernard** (1651-1739), financier, prêta, à plusieurs reprises, des sommes considérables à Louis XIV et à Louis XV. — Pastel; haut. 0ᵐ,78, larg. 0ᵐ,63. — Par **Vivien (Joseph)** (1657-1735).

A mi-corps, de profil; tête nue, tournée vers l'épaule gauche; perruque; manteau de velours violet clair; cravate de dentelle. Fig. grand. nat.

Dans la partie inférieure de la composition, à la gauche du personnage, est écrit :

VIVIEN FESITTE 1699 (?).

Photographié au charbon, par M. Braun.

Au musée de Rouen.

320. — **Étienne Agard de Champs** (1613-1701), échevin de Bourges en 1660. — Bois; haut. 0ᵐ,70, larg. 0ᵐ,54. — **Auteur inconnu** (xviiᵉ siècle).

En buste, de trois quarts; tête nue; costume noir; fraise.

Provient de la mairie de Bourges. — Au musée de Bourges.

PERSONNAGES DIVERS. (Suite.)

321. — Rymend, Jean de Boyer, Jean de Perrin, Pierre Rivalz, capitouls de Toulouse au XVII° siècle. — Vélin marouflé; haut. 0ᵐ,31, larg. 0ᵐ,31.
— Par **Chalette (Jean)** (1581-1643), peintre né à Troyes, mort à Toulouse.

En pied, les quatre personnages sont debout, portant leur costume d'apparat; au-dessus de chacun d'eux est une inscription alternant avec un blason.
Ces inscriptions, en partant de la gauche, portent :

NOBLE RYMEND PROCUR EN PARLEMENT.
JEAN DE BOYER ADUOCAT EN PARLEMENT.
NOBLE JEAN DE PERRIN, BOURGEOIS.
NOBLE PIERRE RIVALZ, BOURGEOIS.

Provient des archives municipales de Toulouse. A été extrait d'un manuscrit contenant la vie et les actes des capitouls. — AU MUSÉE DE TROYES.

322. — Edme de Regnier de Guerchy (?-1572), tué à la Saint-Barthélemy.
— Toile; haut. 1ᵐ,97, larg. 1ᵐ,23. — Par **Beaubrun, Baubrun** ou **Bobrun (Loys)** (?-1627), peintre ordinaire d'Anne d'Autriche.

En pied, debout; tête de face; la main droite sur la hanche, la gauche posée sur une table; costume du règne de Henri III; feutre à panache sur la table.
Dans la partie inférieure de la toile, un blason. Près du blason est écrit :

LOYS BOBRUN PINXIT, PARIS 1622.

On remarquera que ce portrait a été exécuté cinquante ans après la mort du modèle ; on est donc autorisé à penser qu'il ne doit être que la reproduction d'un portrait antérieur.
Provient du château de Guerchy (Yonne). — A M. MARC DE HAUT, à Paris.

323. — Messire Georges de Vaudrey (?-?), marquis de Saint-Phal, père de Charles-Louis-Anne de Vaudrey. — Toile; haut. 0ᵐ,58, larg. 0ᵐ,52. — Par **Nain (Louis Le)** (1593-1648).

En buste, de trois quarts; tête nue; regard tourné vers l'épaule droite; pourpoint de brocard d'argent, brodé de dessins; collerette de dentelle.
Dans la partie supérieure de la toile est écrit :

MESSIRE GEORGES DE VAVLDREY
CHEVALIER MARQVIS DE Sᵗ FALLES.

Photographié au charbon, par M. Braun.
Provient de M. Fortin, juge au tribunal civil de Troyes. — AU MUSÉE DE TROYES.

324. — Anne de Lenclos dite **Ninon de Lenclos** (1615-1705), courtisane. (Portrait présumé.) — Toile, de forme ovale; haut. 0ᵐ,72, larg. 0ᵐ,57. — **Auteur inconnu** (XVII° siècle).

En buste; tête nue, tournée de trois quarts à droite; robe gris clair, décolletée; collier de perles.
Photographié au charbon, par M. Braun.
A M. LE BARON J. PICHON, à Paris.

325. — Marie Desmares dite **la Champmeslé** (1644-1698), actrice, née à Rouen. (Portrait présumé). — Toile; haut. 0ᵐ,41, larg. 0ᵐ,32. — École de **Mignard (Pierre)**.

PERSONNAGES DIVERS. (Suite.)

En pied, debout; chaussée de patins et portant un costume de sultane; elle tient un éventail garni de plumes dans la main gauche. Fond de paysage.

Aucun portrait de la Champmeslé n'étant connu, l'authenticité de celui-ci ne repose que sur une présomption. On sait que cette actrice créa le rôle de Roxane dans la tragédie de *Bajazet*, de Racine. Est-ce Roxane que l'artiste a représentée sous ce costume oriental?

Photographié au charbon, par M. Braun.

Provient de la vente de Dumée, ancien conservateur du matériel au théâtre de Rouen.
— A M. Édouard Couvet, à Rouen.

326. — **Françoise Angélique de la Mothe, duchesse d'Aumont** (?-?) (peut-être la femme de Louis-Marie, duc d'Aumont (1632-1704), membre de l'Académie des inscriptions). — Toile; haut. 1^m,25, larg. 1^m,03. — Par **Thielen (Jean-Philippe Van)** (1618-1667), peintre de fleurs, et **Egmont (Juste Van)** (1602-1673), peintre d'histoire et de portraits.

A mi-corps, de trois quarts; le regard tourné vers l'épaule gauche; tête nue; fleurs dans les cheveux; robe à ramages, rayée de bleu; écharpe bleue; chemisette de dentelle, ouverte; le bras gauche posé sur un coussin de velours rouge; la main droite sur la tige d'une fleur. Le portrait est inscrit dans une guirlande de fleurs, de forme ovale.

Dans la partie inférieure de la toile est écrit :

FRANçoise DE LAMOTTE DE DAVM^{ont}.

A Mgr le duc d'Aumale, à Paris.

327. — **Marguerite-Madeleine, femme de Le Coq**, conseiller de la Cour en 1635. — Bois; haut. 0^m,33, larg. 0^m,25. — Par **Ducayer** (?-?)

En buste, de trois quarts; le regard tourné vers l'épaule droite; tête nue; robe blanche décolletée et garnie de guipure; collier de perles.

Dans la partie supérieure du panneau est écrit :

M^e LE COQ.

Derrière le panneau, en écriture du temps :

MARGUERITE MAGDELEINE
FEMME DE MONSIEUR LECOQ
CON^{er} DE LA COURT
FAICT PAR DUCAYER EN L'ANNÉE 1635.

Ducayer est un artiste français dont le nom se trouve mentionné dans *l'Instruction de F. Malherbe à son fils*, dont le manuscrit original appartient à la bibliothèque de Carpentras, et que M. le marquis Ph. de Chennevières a publiée pour la première fois en 1846. (Caen, in-8°). On ne sait rien de la vie de cet artiste, qui a peint en 1633 les portraits de Charlotte-Marguerite de Montmorency, princesse de Condé, et de sa fille, Anne-Geneviève de Bourbon, duchesse de Longueville; dont le musée de Versailles possède des copies (n°^{s} 3381 et 3436). M. Paul Mantz nous apprend que cet artiste est quelquefois appelé *Decayé* par les poètes du XVIIe siècle, et Scudéry lui attribue un portrait de la marquise de Rambouillet qui aurait été peint en 1646. (Voy. *Gazette des Beaux-Arts*, livraison du 1er décembre 1878, *les Portraits historiques au Trocadéro*, p. 872.)

A M. le marquis de Chennevières, à Paris.

PERSONNAGES DIVERS. (Suite.)

328. — La mère du peintre Finsonius. — Toile; haut. 0^m,70, larg. 0^m,50.
— Par **Finsonius (Ludovicus)** (1580?-1632?), né à Bruges, établi à Arles en 1614.

En buste, de trois quarts à gauche; en béguine; robe de couleur sombre; collerette blanche sur laquelle retombe un voile de veuve qui enveloppe, en les serrant, les cheveux gris avec leurs bandelettes.

Dans la partie inférieure de la toile est écrit :
LES TRAITS, LE MÉRITE D'VNE MÈRE, PEVVENT ILS ETRE
MIEVX REPRESENTÉS
ET PAR VNE MAIN PLVS CHERE QVE CELLE D'VN FILS;
AVTANT L'AMOVR DE LA MÈRE RESPIRE EN CE PORTRAIT
AVTANT PAR CE PORTRAIT VIVRA A LA FOIS
ET LE TALENT DE L'ARTISTE ET LA TENDRESSE DV FILS.

Ce tableau a été soigneusement décrit par M. le marquis de Chennevières dans son livre *Recherches sur la vie et les ouvrages de quelques peintres provinciaux de l'ancienne France* (Paris, Dumoulin, 1847-1852, 4 vol. in-8°, tome I, p. 33-34). L'inscription que nous venons de relever serait l'œuvre de Peyresc ou de Borilly.

Photographié au charbon, par M. Braun.

Provient de la collection Clerian père, d'Aix. — A M. LE MARQUIS DE CHENNEVIÈRES, à Paris.

329. — Marie-Anne Rousseau (1687-1755), **femme du sculpteur Jacques Caffieri** (1678-1755), mariée en 1708; elle était la belle-sœur du peintre André Bouis. — Toile; de forme ovale; haut. 0^m,63, larg. 0^m,50. — Par **Bouis ou Boys (André)** (1680-?).

En buste; le regard tourné vers l'épaule gauche; robe ouverte; fleurs dans les cheveux.

Provient de successions. — A M. HECTOR CAFFIERI, à Boulogne-sur-Mer (Pas-de-Calais).

330. — Marie Cadene (?-?), **femme du sculpteur Desjardins (Martin van der Bogaërts** ou **Boomgards** dit **Desjardins** (1632-1694). — Toile; haut. 1^m,36, larg. 0^m,98. — Par **Rigaud (Hyacinthe)** (1659-1743).

A mi-jambes, debout; la tête tournée vers l'épaule droite; en robe décolletée de satin blanc; elle tient de la main droite une tige de tubéreuse.

Peint en 1684, gravé par Pierre Drevet père, en 1689, ce portrait a pour pendant celui de Desjardins, peint par Rigaud, son ami, pour la réception de ce dernier à l'Académie royale de peinture et de sculpture. Le portrait de Desjardins est aujourd'hui au musée de Versailles (n° 3583). Bien qu'il ait été agréé comme morceau de réception du peintre en 1700, il avait été peint du vivant du modèle, en 1692, et gravé par Gérard Edelinck en 1698. (Voy. *Mémoires inédits sur la vie et les ouvrages des membres de l'Académie royale de peinture et de sculpture*, publiés par MM. L. Dussieux, E. Soulié, Ph. de Chennevières, Paul Mantz, A. de Montaiglon, Paris, Dumoulin, 1854, 2 vol. in-8°, tome II, p. 133, 169, 175.)

Provient d'un don de l'État. — AU MUSÉE DE CAEN.

331. — Jean de Brumenc (?-?), receveur des tailles à Lyon, sous Louis XIV, appartenait à une famille noble de l'Argonne. — Toile; haut. 1^m,32, larg. 1 mètre. — Par **Rigaud (Hyacinthe)** (1659-1743).

A mi-jambes, de trois quarts; regard tourné vers l'épaule gauche; la main gauche posée sur la hanche, la droite étendue en avant; écharpe rouge.

Provient de la galerie du Dr Gilibert. — A. M. BOURGEOT, à Lyon.

(Voir APPENDICE, n°^{s} 908 à 933.)

XVIIIᵉ SIÈCLE.

GOUVERNEMENT. — PERSONNAGES POLITIQUES.

332. — **Louis XV jeune** (1710-1774), roi de France. — Toile; haut. 1ᵐ,98, larg. 1ᵐ,37. — Auteur inconnu (xviiiᵉ siècle).

En pied, debout; la tête de trois quarts; cuirasse; écharpe de soie blanche; ordre de Saint-Michel; la main droite, posée sur une console qui supporte des attributs royaux, tient un sceptre. Fond de parc.

Donné, en 1782, par Louis XVI au comte de Raucher. — Provient de la vente du marquis de Ménars. — A M. Eugène Bellenot, à Paris.

333. — **Louis XV** (1710-1774), roi de France. — Pastel; haut. 0ᵐ,31, larg. 0ᵐ,25. — Par Latour (Maurice-Quentin de) (1704-1788).

Tête nue, de trois quarts; cheveux poudrés; nœud noir au cou; indication de cravate. Exécuté en 1745 ou 1748.

Photographié au charbon, par M. Braun.

Au musée Latour, à Saint-Quentin (Aisne).

334. — **Louis XV** (1710-1774), roi de France. — Buste bronze; haut. 0ᵐ,45. — Par Lemoyne (Jean-Baptiste) (1704-1778).

Tête nue, de face; cuirasse; écharpe; ordres de la Toison d'or et du Saint-Esprit.

Derrière le buste est gravé :

LUD. XV REX

Et au-dessus de cette inscription :

PAR J.-B. LEMOYNE, 1750.

A M. Leroux, à Paris.

335. — **Louis XV** (1710-1774), roi de France. — Médaillon terre cuite, de forme ronde; diam. 0ᵐ,16. — Par Nini (Jean-Baptiste) (1717-1786).

Tête laurée, de profil à gauche.

Sous l'épaule gauche est écrit :

J.-B. NINI F. 1770.

En exergue :

LOUIS. XV. PAR. LA. GRÂCE. DE. DIEU. ROY. TRÈS. CHRÉTIEN. MDCCLXX.

A Mᵐᵉ Giudicelli, à Paris.

336. — **Louis XV** (1710-1774), roi de France, et **Catherine-Sophie-Félicité-Marie Leczinska** (1703-1768), reine de France. — Miniatures sur émail, de forme ovale, fixées à une bourse de soie; haut. 0ᵐ,050, larg. 0ᵐ,045. — Auteur inconnu (xviiiᵉ siècle).

LOUIS XV. — En buste; tête de face; cuirasse; manteau fleurdelisé, doublé d'hermine; le bâton de commandement dans la main droite.

GOUVERNEMENT. — PERSONNAGES POLITIQUES. (Suite.)

MARIE LECZINSKA. — En buste; tête de face; manteau fleurdelisé, doublé d'hermine; robe de velours cramoisi; la main gauche levée, la droite posée sur la couronne royale.

Provient de la collection Schmidt. — AU MUSÉE DE TOURS.

337. — **Louis XVI** (1754-1793), roi de France. — Toile; haut. 0^m,80, larg. 0^m,62. — Par **Duplessis (Joseph-Siffrein)** (1725-1802).

En buste, tenant dans la main une petite lance, à l'extrémité de laquelle se trouve un moulin fait avec des cartes à jouer; il est coiffé d'un chapeau de feutre gris, orné de plumes; habit de velours rouge; ceinture bleue; plaque de l'ordre du Saint-Esprit.

Photographié au charbon, par M. Braun.

Provenant de la collection Papin. — A M. EUGÈNE FÉRAL-CUSSAC, à Paris.

338. — **Louis XVI enfant** (1754-1793), roi de France. — Toile; haut. 0^m,54, larg. 0^m,42. — Par **Drouais (François-Hubert)** (1727-1775).

En buste, debout; tête nue, de face; costume rose à revers de satin, richement brodé; la main droite dans le gilet; ordres de la Toison-d'Or et du Saint-Esprit.

Dans la partie inférieure de la toile est écrit :

DROUET.

Photographié au charbon, par M. Braun.

Provenant du château de Mailly. — A M. DU BOIS DE JANCIGNY, à Paris.

339. — **Louis XVI** (1754-1793), roi de France. — Toile; haut. 0^m,79, larg. 0^m,63. — Par **Danloux (Henri-Pierre)** (1753-1809).

En fort de la halle; à mi-jambes; tête nue, le regard tourné vers l'épaule droite; costume blanc; chapeau rejeté sur les épaules; les deux bras accoudés sur une balustrade.

Dans la pierre sur laquelle est accoudé le personnage est gravé A H (en monogramme) et au-dessous le numéro 1820.

Photographié au charbon, par M. Braun.

A M. LE VICOMTE ONÉSIME AGUADO, à Paris.

340. — **Louis XVI** (1754-1793), roi de France. — Dessin au crayon rouge, rehaussé de blanc; haut. 0^m,20, larg. 0^m,19 — Par **Lemonnier (Anicet-Charles-Gabriel)** (1743-1824).

Tête vue de trois quarts, tournée vers l'épaule gauche.

Exécuté d'après nature, en 1786.

AU MUSÉE DE ROUEN.

341. — **Louis XVI** (1754-1793), roi de France. — Dessin à la sanguine; haut. 0^m,18, larg. 0^m,12. — **Cochin (Charles-Nicolas)** (1715-1790).

En pied, debout, Louis XVI, entre l'Abondance et la Justice qui terrasse le Vice, tend la main vers le peuple que lui présente la France assise à terre devant lui. Deux génies soutiennent la couronne de France au-dessus de la tête du roi. Inscrit dans un ovale.

Dans la partie inférieure est écrit :

Restaurateur des Lois, conduit par la Justice,
Il répand l'Abondance en terrassant le Vice.

GOUVERNEMENT. — PERSONNAGES POLITIQUES. (Suite.)

Au-dessous de ces deux vers :

C. N. COCHIN FILIUS DELIN. 1774.

Provient de Trianon. — A M. Marc Fabre, à Paris.

342. — **Catherine-Sophie-Félicité-Marie Leczinska** (1703-1768), reine de France. — Miniature, de forme ovale; haut. 0^m,05, larg. 0^m,07. — Par **Loo (Charles-André** *dit* **Carle Van)** (1705-1765) ou **Louis-Michel** (1707-1771).

En buste, de face, assise sur un canapé de velours bleu fleurdelisé; robe rouge bordée de martre; bonnet de dentelles blanches, recouvert d'une fanchon de dentelles noires; la main gauche tient un livre. Fond de draperie bleue.

Donné par Marie Leczinska à la baronne de Besenval, sa cousine germaine.

Provient de successions. — A M. le comte de Besenval, à Paris.

343. — **Josephe-Jeanne-Marie-Antoinette d'Autriche** (1755-1793), reine de France. — Toile, de forme ovale; haut. 0^m,92, larg. 0^m,79. — Par **Drouais (François-Hubert)** (1727-1775).

En Hébé. A mi-jambes; dans ses mains une coupe et une aiguière; un aigle est à sa droite.

Provient de la collection Lenoir. — A Mgr le duc d'Aumale, à Paris.

344. — **Josephe-Jeanne-Marie-Antoinette d'Autriche** (1755-1793), reine de France. — Toile; haut. 0^m,21, larg. 0^m,15. — **Auteur inconnu** (XVIIIe siècle).

En buste; tête de face; corsage noir; fichu blanc sur la poitrine; bonnet de linge; voile de tulle noir sur la tête.

Photographié au charbon, par M. Braun.

A Mme la marquise de Bourdeille, à Paris.

345. — **Josephe-Jeanne-Marie-Antoinette d'Autriche** (1755-1793), reine de France. — Miniature, de forme ronde, montée sur une boîte ronde en écaille; diam. 0^m,065. — **Auteur inconnu** (XVIIIe siècle).

A mi-corps; tête nue, de face; fichu de gaze autour du cou; robe blanche; ceinture bleue; le bras gauche appuyé sur un guéridon.

Provient de Marie-Thérèse de Savoie, comtesse d'Artois, belle-sœur du modèle, qui l'avait reçu à Turin, où elle s'était réfugiée, en 1791. — A M. Charles Vatel, à Villepreux (Seine-et-Oise).

346. — **Josephe-Jeanne-Marie-Antoinette d'Autriche** (1755-1793), reine de France. — Dessin à la sanguine; haut. 0^m,18, larg. 0^m,11. — Par **Cochin (Charles-Nicolas)** (1715-1790).

En pied, assise, la reine tend les mains à la France prosternée devant elle; Minerve, casquée, tient une couronne de roses au-dessus de la Reine; autour d'elles des femmes tenant des colombes, des roses, etc.; au-dessus de ce groupe, les Grâces portent dans leurs mains la couronne de France et des guirlandes de roses. Inscrit dans un ovale.

Dans la partie inférieure est écrit :

Appuy du malheureux, protectrice des mœurs,
Les vertus de son peuple ont conquis tous les cœurs.

GOUVERNEMENT. — PERSONNAGES POLITIQUES. (Suite.)

Au-dessous de ces deux vers :

C.-N. COCHIN FILIUS DELIN. 1774.

Photographié au charbon, par M. Braun.

Provient de Trianon. — A Mme Berthe Fabre, à Paris.

347. — Louise-Julie de Nesle, comtesse de Mailly (1710-1751), maîtresse de Louis XV. — Toile; haut. 0^m,45, larg. 0^m,39. — Par Tocqué (Louis) (1696-1772).

En buste, de face ; corsage décolleté, bordé de mousseline des Indes; draperie bleue autour de la taille ; cheveux relevés et poudrés, avec une fleur de cactus dans sa coiffure. Cette plante a été importée en France sous Louis XV.

Provient d'une vente. — A Mme Devoize, à Nantes.

348. — Marie-Anne de Mailly, marquise de la Tournelle, duchesse de Châteauroux (1717-1744), maîtresse de Louis XV. — Toile; haut. 0^m,71, larg. 0^m,57. — Par Nattier (Jean-Marc) (1685-1766).

A mi-corps; tête nue, tournée vers l'épaule gauche ; épaules découvertes ; bras nus; elle tient une urne dans la main gauche ; une étoile est au-dessus du front.

Photographié au charbon, par M. Braun.

A M. le baron J. Pichon, à Paris.

349. — Jeanne-Antoinette Poisson, marquise de Pompadour (1721-1764), maîtresse de Louis XV. — Toile, de forme ovale; haut. 0^m,59, larg. 0^m,49. — Par Drouais (François-Hubert) (1727-1775).

En buste ; tête de face, enveloppée d'une dentelle blanche attachée sous le menton avec un ruban violet clair, à raies bleues, rouges et noires ; dentelles au corsage et aux manches; robe blanche, ouverte ; manchon de fourrure blanche ; elle est assise sur un fauteuil doublé de jaune.

Sur le fond, de couleur verdâtre, est écrit :

PEINT PAR DROUAIS LE FILS.
LA TÊTE RETOUCHÉE D'APRÈS NATURE EN JUIN 1763.

Provient de M. Delaborde, ancien inspecteur des douanes (1825). — Au musée d'Orléans.

350. — Jeanne-Antoinette Poisson, marquise de Pompadour (1721-1764) maîtresse de Louis XV. — Toile ; haut. 0^m,80, larg. 0^m,64. — Par Nattier (Jean-Marc) (1685-1766).

En buste; la tête légèrement penchée et appuyée sur la main droite; épaules et bras nus ; chemisette de dentelles ; le bras droit posé sur un vase renversé.

Dans la partie inférieure de la toile est écrit:

NATTIER 1751.

Photographié au charbon, par M. Braun.

Provient de M. Lesterpt, officier du génie. — Au musée de Limoges.

351. — Jeanne-Antoinette Poisson, marquise de Pompadour (1721-1764), maîtresse de Louis XV. — Toile, de forme ovale; haut. 0^m,59, larg. 0^m,49. — Par Boucher (François) (1704-1770).

GOUVERNEMENT. — PERSONNAGES POLITIQUES. (Suite.)

En buste; tête nue; fleurs dans les cheveux; le regard tourné vers l'épaule droite; robe bleue, décolletée, garnie de dentelles et de roses; nœuds de rubans au corsage et au cou; fleurs au côté gauche.

Photographié au charbon, par M. Braun.

Provient de la galerie Smirnoff, de Moscou. — A M. CHARLES EDWARS, à Paris.

352. — **Jeanne-Antoinette Poisson, marquise de Pompadour** (1721-1764), maîtresse de Louis XV. — Toile, de forme ovale; haut. 0^m,75, larg. 0^m,62. — Par BOUCHER (François) (1704-1770).

A mi-corps, assise devant un métier à tapisserie; tête de face; robe claire, ouverte; nœuds de rubans roses au corsage et aux manches; fanchon sur les cheveux.

Photographié au charbon, par M. Braun.

Provient de la collection Lenoir. — A Mgr LE DUC D'AUMALE, à Paris.

353. — **Jeanne-Antoinette Poisson, marquise de Pompadour** (1721-1764), maîtresse de Louis XV. — Pastel; haut. 0^m,32, larg. 0^m,25. — Par LATOUR (Maurice-Quentin de) (1704-1788).

Tête de trois quarts, légèrement tournée vers l'épaule droite; gaze bleue sur les cheveux. Fig. grand. nat.

Photographié au charbon, par M. Braun.

Au MUSÉE LATOUR, à Saint-Quentin (Aisne).

354. — **Jeanne-Antoinette Poisson, marquise de Pompadour** (1721-1764), maîtresse de Louis XV. — Miniature, de forme oblongue; haut. 0^m,06, larg. 0^m,09. — Par POMPADOUR (Jeanne-Antoinette Poisson, marquise de) (1721-1764).

En pied, assise sur un fauteuil doré, recouvert de velours vert; robe rose garnie de dentelles blanches; une rose au corsage; un rang de perles et un plissé de dentelles au cou; la main posée sur le couvercle d'une boîte ouverte. Fond de draperie verte.

Au revers du portrait est écrit :

PEINT ET DONNÉ PAR ELLE-MÊME AU PRINCE DE KAUNITZ-RIETBERG
EN 1754.

A M. LE BARON GUSTAVE DE ROTHSCHILD, à Paris.

355. — **Marie-Jeanne Gomard-Vaubernier, comtesse du Barry** (1744?-1793), maîtresse de Louis XV. — Toile; haut. 2^m,04, larg. 1^m,40. — Par DROUAIS (François-Hubert) (1727-1775).

En pied, assise sur un divan, la main droite appuyée sur une lyre; la main gauche tient une couronne de fleurs; costume de vestale : robe blanche frangée d'or, ceinture bleue, écharpe de soie rouge; à ses pieds, une palette, des manuscrits, des plans d'architecture. Allusion au patronage de la favorite sur les lettres et les arts.

Provient d'une collection particulière de Saint-Pétersbourg. — A M. ALEXIS-JOSEPH FEBVRE, à Paris.

356. — **Philippe, duc d'Anjou, enfant, roi d'Espagne, sous le nom de Philippe V** (1683-1746), second fils de Louis, Dauphin de France, et de Marie-Anne de Bavière; petit-fils de Louis XIV. (Portrait présumé). Toile; haut. 1^m,02; larg. 0^m,68. — Auteur inconnu (XVIIIe siècle). — École espagnole.).

GOUVERNEMENT. — PERSONNAGES POLITIQUES. (Suite.)

En pied, debout; habit de satin blanc, brodé d'or; par-dessus de velours grenat; épée au côté; le chapeau dans la main gauche.

Photographié au charbon, par M. Braun.

Provient de la galerie Aguado. — A Mme Furtado-Heine, à Paris.

357. — **Philippe, duc d'Anjou, roi d'Espagne, sous le nom de Philippe V** (1683-1746), second fils de Louis, dauphin de France, et de Marie-Anne de Bavière; petit-fils de Louis XIV. — Toile; haut. 0^m,72, larg. 0^m,58. — Par **Rigaud (Hyacinthe)** (1659-1743).

A mi-corps, debout; tête nue, tournée vers l'épaule gauche; grande perruque; cuirasse semée de petites fleurs de lis; grande collerette de dentelle; ordre de la Toison-d'Or et ordre du Saint-Esprit.

Ce tableau fut échangé en 1751 par Mlle de Gouy ou de Gony contre la *Prise de Menin* que Pierre Lenfant, membre de l'Académie royale de peinture et de sculpture, avait exécutée peu auparavant pour l'hôtel de la Guerre à Versailles et qui est aujourd'hui au musée de Versailles (n° 182). Devenu la propriété de Pierre Lenfant, le portrait de Philippe V est resté dans sa famille. — A M. Albert Lenfant, à Paris.

358. — **Louis-Jean-Marie de Bourbon, duc de Penthièvre**, (1725-1793), fils unique du comte de Toulouse; grand amiral de France (1734), grand veneur et gouverneur de Bretagne (1737), père de Louise-Marie-Adélaïde de Bourbon, mariée à Philippe-Égalité et mère du roi Louis-Philippe. — Toile; haut. 2^m,44, larg. 1^m,62. — Par **Charpentier (Jean)** (1728?-1806).

En pied, debout, de face; costume militaire; le bâton de commandement dans la main droite; la main gauche posée sur son casque que supporte une table; cordon de l'ordre du Saint-Esprit. Fond de marine. Fig. grand. nat.

Dans la partie inférieure de la toile est écrit :

CHARPENTIER.

Au musée de Rennes.

359. — **Louis-Jean-Marie de Bourbon, duc de Penthièvre** (1725-1793) fils unique du comte de Toulouse; grand amiral de France (1734), grand veneur et gouverneur de Bretagne (1737), père de Louise-Marie-Adélaïde de Bourbon, mariée à Philippe-Égalité et mère du roi Louis-Philippe. — Pastel, de forme ovale; haut. 0^m,58, larg. 0^m,45. — Attribué à **Greuze (Jean-Baptiste)** (1725-1805).

En buste; tête nue, tournée vers l'épaule droite; perruque blanche; habit bleu; chemise à jabot.

A M. Haro, à Paris.

360. — **Louis-Jean-Marie de Bourbon, duc de Penthièvre** (1725-1793), fils unique du comte de Toulouse; grand amiral de France (1734), grand veneur et gouverneur de Bretagne (1737), père de Louise-Marie-Adélaïde de Bourbon, mariée à Philippe-Égalité et mère du roi Louis-Philippe. — Dessin aux crayons noir et blanc; haut. 0^m,28, larg. 0^m,21. — Par **Isabey (Jean-Baptiste)** (1767-1855).

A mi-corps, assis, de trois quarts; tête nue, de face; perruque; costume noir; gilet blanc; à sa gauche, un tricorne.

Dans la partie inférieure de la composition est écrit :

ISABEY.

A M. Alexandre Dumas, à Paris.

GOUVERNEMENT. — PERSONNAGES POLITIQUES. (Suite.)

361. — Marie-Anne de Bourbon, dite Mademoiselle de Clermont
(1697-1741), fille de Louis III de Bourbon, prince de Condé, et de Louise-Françoise de Bourbon, dite Mademoiselle de Nantes, fille légitimée de Louis XIV; elle se maria en secret, dit-on, au duc de Melun. — Toile; haut. 1^m,93, larg. 1^m,60. — Par **Nattier (Jean-Marc)** (1685-1766).

En pied, assise vers la partie gauche de la composition, de trois quarts; tête nue, de face; les jambes croisées; robe blanche ouverte, relevée sur la jambe gauche; manteau de soie bleu; elle est accoudée sur une urne renversée; à sa droite, un Amour tient une rame de la main droite; un serpent est enroulé autour de son bras gauche. Dans la partie droite de la composition, une jeune femme, les épaules nues, emplit une coupe. Fond de paysage et d'architecture.

Photographié au charbon, par M. Braun.

A Mgr LE DUC D'AUMALE, à Paris.

362. — Marie-Louise-Élisabeth d'Orléans, duchesse de Berri,
(1695-1719) fille aînée de Philippe d'Orléans, régent de France, connue sous le nom de *Mademoiselle* avant son mariage avec le duc de Berri (1710). — Toile; haut. 0^m,78, larg. 0^m,64. — Par **Largillière (Nicolas de)** (1656-1746).

A mi-corps, de face; tête nue; corsage de satin blanc brodé; robe décolletée; manteau de velours rouge. Fig. grand. nat.

Photographié au charbon, par M Braun.

Provient d'une vente. — A Mme LA DUCHESSE DE BOJANO, à Paris.

363. — Louis de France (1729-1765), dauphin, fils de Louis XV. — Pastel; haut. 0^m,34, larg. 0^m,27. — Par **Latour (Maurice-Quentin de)** (1704-1788).

Tête nue, de trois quarts, tournée vers l'épaule gauche; sans indication de vêtement.

Provient de la collection Desperet. — A M. CHARLES MOISSON, à Paris.

364. — Marie-Josèphe de Saxe (1731-1767), fille d'Auguste III, électeur de Saxe et roi de Pologne, et de Marie-Josèphe, archiduchesse d'Autriche; épousa Louis de France, dauphin (1747) et fut la mère de Louis XVI, de Louis XVIII et de Charles X. — Toile; haut. 0^m,21, larg. 0^m,15. — Auteur inconnu (XVIIIe siècle).

En buste, assise sur un fauteuil; tête nue, tournée vers l'épaule gauche; cheveux poudrés; dentelles et rubans sur les cheveux; robe rose décolletée, bordée de fourrures; nœud de rubans au cou; fichu de dentelles.

Photographié au charbon, par M. Braun.

A M. ALEXANDRE DELAHERCHE, à Beauvais.

365. — Louis-Joseph-Xavier de France, duc de Bourgogne,
(1751-1761), fils de Louis de France et de Marie-Josèphe de Saxe. — Pastel; haut. 0^m,32, larg. 0^m,24. — Par **Latour (Maurice Quentin de)** (1704-1788).

Tête nue, de face; indication de col.

Étude pour un grand portrait du même personnage.

Photographié au charbon, par M. Braun.

AU MUSÉE LATOUR, à Saint-Quentin (Aisne).

366. — Louise-Marie-Thérèse-Victoire de France (1733-1799), fille de Louis XV et de Marie Leczinska. — Miniature sur ivoire, de forme ronde; diamètre, 0^m,063. — Par **Mastrely** (?-? XVIIIe siècle).

GOUVERNEMENT. — PERSONNAGES POLITIQUES. (Suite.)

En buste, de profil à droite; robe à deux collets; cheveux frisés sur les tempes; coiffure de rubans sur la tête.

Sous l'épaule est écrit :

MASTRELY.

Au prince Borys Galitzin, à Paris.

367. — **Sophie-Philippine-Élisabeth-Justine de France** (1734-1782), fille de Louis XV et de Marie Leczinska. — Toile; haut. 0^m,80, larg. 0^m,63. — Par **Tocqué (Louis)** (1696-1772).

A mi-corps; tête nue, légèrement tournée vers l'épaule gauche; cheveux poudrés; robe jaune, brodée, ouverte; manteau bleu fleurdelisé, doublé d'hermine.

Photographié au charbon, par M. Braun.

A M. Charles Moisson, à Paris.

368. — **Louis-Philippe, duc de Chartres, puis duc d'Orléans** (1725-1785), lieutenant général et gouverneur du Dauphiné; père de Louis-Philippe-Joseph, duc d'Orléans, dit *Égalité*. — Toile; haut. 1^m,15, larg. 0^m,87. — Par **Drouais (François-Hubert)** (1727-1775).

A mi-corps, debout; tête nue, de trois quarts, tournée vers l'épaule gauche; costume rouge; cuirasse; ordres du Saint-Esprit, de Saint-Michel et de la Toison-d'Or.

Photographié au charbon, par M. Braun.

Provient de la maison de Lesdiguières. — A Mme la marquise du Blaisel, à Paris.

369. — **Louise-Henriette de Bourbon-Conti** (1726-1759), femme de Louis-Philippe, duc de Chartres, puis duc d'Orléans.— Toile; haut. 1^m,34, larg. 1^m,04. — Par **Nattier (Jean-Marc)** (1685-1766).

En Hébé. A mi-corps, assise; corsage blanc; draperie bleue sur les genoux; épaules et poitrine nues; guirlande de roses sur l'épaule droite; dans la main droite, une coupe; à gauche, un aigle.

A Mgr le duc d'Aumale, à Paris.

370. — **Louis-Philippe-Joseph, duc d'Orléans**, dit **Égalité** (1747-1793).— Toile; haut. 0^m,65, larg. 0^m,42. — Par **Reynolds (Joshua)** (1723-1792).

En pied; costume d'officier général; jaquette et culotte vertes à brandebourgs d'or; bottes rouges; dolman rouge garni de fourrures, jeté sur l'épaule gauche. Grand cordon en sautoir; à sa droite, un cheval tenu en main par un écuyer. Fond de paysage.

Photographié au charbon, par M. Braun.

A Mgr le duc d'Aumale, à Paris.

371. — **Louise-Marie-Adélaïde de Bourbon-Penthièvre, duchesse d'Orléans** (1753-1821), fille du duc de Penthièvre; elle épousa, en 1769, Louis-Philippe-Joseph, duc d'Orléans, dit *Égalité*, père du roi Louis-Philippe. — Toile; haut. 0^m,96, larg. 1^m,25.— Par **Duplessis (Joseph-Siffrein)** (1725-1802).

En pied, assise; tête nue; robe de satin blanc, ouverte; pieds nus; elle tient un stylet à la main; près d'elle est un livre ouvert. Fond de rochers et de marine.

Le vaisseau qui s'éloigne à l'horizon, à la droite du personnage, est le *Saint-Esprit* que montait son mari, alors duc de Chartres, à la bataille d'Ouessant, le 27 juillet 1778.

GOUVERNEMENT. — PERSONNAGES POLITIQUES. (Suite.)

Dans la partie inférieure de la toile est écrit :
DUPLESSIS 1787.
Photographié au charbon, par M. Braun.
A Mgr LE DUC D'AUMALE, à Paris.

372. — **Louise-Marie-Adélaïde de Bourbon-Penthièvre, duchesse d'Orléans** (1753-1821), fille du duc de Penthièvre; elle épousa, en 1769, Louis-Philippe-Joseph, duc d'Orléans, dit *Égalité*, père du roi Louis-Philippe. — Miniature sur ivoire; haut. 0^m,175, larg. 0^m,115. — Attribué à **Dumont (François)** (1751-?).

En pied, debout, vêtue de blanc; au milieu d'un parc, elle indique du doigt trois petits oiseaux groupés sur une branche d'arbre. Dans un angle une cage ouverte.

Dans la partie opposée de la composition est écrit :
ILS SONT RÉUNIS.
A M. DE BOURGE, à Paris.

373. — **Philippine-Marie-Hélène de France,** *dite* **Madame Élisabeth** (1764-1794), sœur de Louis XVI. — Toile, de forme ovale; haut. 0^m,80, larg. 0^m,64. — Par **Brun (Élisabeth-Louise Vigée Le)** (1755-1842).

A mi-corps, debout, de face; robe blanche décolletée; ceinture bleue; elle tient une couronne de roses dans la main droite.
Photographié au charbon, par M. Braun.
A Mme LA MARQUISE DU BLAISEL, à Paris.

374. — **Marie-Thérèse-Charlotte de France,** *dite* **Madame Royale** (1778-1851), fille de Louis XVI et femme de Louis-Antoine de Bourbon, duc d'Angoulême, fils de Charles X et de Marie-Thérèse de Savoie. — Toile; haut. 0^m,92, larg. 0^m,72. — Par **Brun (Élisabeth-Louise Vigée Le)** (1755-1842).

À mi-corps, de face; en costume de laitière suisse à Trianon; chapeau de paille sur les cheveux; robe blanche ouverte, corsage brun; des fleurs dans les mains.
Photographié au charbon, par M. Braun.
Provient de la collection Jules Duclos. — A M. JEAN-BAPTISTE CHAZAUD, à Paris.

375. — **Louis XVII** (1785-1795), second fils de Louis XVI. — Médaillon ciré coloriée, de forme ronde; diamètre 0^m,052. — Auteur inconnu (XVIIIe siècle).

En buste; de profil à droite; cheveux rejetés en arrière, perruque à queue; collerette godronnée.
A Mme LÉON BLAZY, née PERILLIEUX, à Paris.

376. — **Louis XVII** (1785-1795), second fils de Louis XVI. — Médaillon ciré coloriée, de forme ronde; diam. 0^m,055. — Auteur inconnu (XVIIIe siècle).

En buste; de profil, à droite; cheveux blonds rejetés en arrière; costume noir; collerette brodée.
A Mme LÉON BLAZY, née PERILLIEUX, à Paris.

377. — **Marie-Thérèse-Louise de Savoie-Carignan, princesse de Lamballe** (1748-1792), fille de Louis-Victor de Savoie-Carignan et de Henriette de Hesse-Rheinfels, mariée, en 1767, au fils du duc de Penthièvre, le prince de Lamballe; surintendante de la maison de Marie-Antoinette. — Dessin rehaussé d'aquarelle; haut. 0^m,185, larg. 0^m,130. — Par **Hoin (Claude)** (1750-1817).

GOUVERNEMENT. — PERSONNAGES POLITIQUES. (Suite.)

A mi-corps; la tête tournée vers l'épaule gauche et appuyée sur la main ; le bras gauche accoudé sur un guéridon ; coiffure à laquelle est resté son nom; petit bonnet ; fleurs dans les cheveux ; robe décolletée; guimpe blanche ; un petit médaillon au cou.

A la droite du personnage est écrit :

CLAUDE HOIN 1786, PEINTRE DE MONSIEUR.

Photographié au charbon, par M. Braun.

Provient de la collection Jacquinot-Godard. — A M. Charles Vatel, à Villepreux (Seine-et-Oise).

378. — **André-Hercule de Fleury** (1653-1743), évêque de Fréjus (1698), cardinal, ministre d'État (1726), membre de l'Académie française (1717), de l'Académie des sciences (1721) et de l'Académie des inscriptions et belles-lettres (1725). — Haut relief cire coloriée; haut. 0^m,21, larg. 0^m,16. — **Auteur inconnu** (XVIIIe siècle).

En buste, de face; calotte rouge, robe rouge et manteau d'hermine. Les yeux sont en verre.

Au-dessous du personnage est écrit :

ANDRÉ HERCULE CARDINAL DE FLEURY.

Provient d'une vente. — A M. l'Abbé A. Le Rebours, à Paris.

379. — **Melchior de Polignac** (1661-1741), cardinal, diplomate, membre de l'Académie française (1704), de l'Académie des sciences (1715) et de l'Académie des inscriptions et belles-lettres (1717). Il a formé de riches collections de médailles et de statues antiques. Celles-ci furent achetées, à sa mort, par le roi de Prusse. — Buste, marbre ; haut. 0^m,90. — Par **Bouchardon (Edme)** (1698-1762).

Tête nue, de face, légèrement rejetée en arrière; camail; rabat; croix pectorale.

La croix pectorale est mutilée.

Sur le buste est gravé :

MELCHIOR CARD. DE POLIGNAC AETA LXX. BOUCHARDON ROMÆ MDCCXXXI.

A l'Évêché de Meaux.

380. — **Louis-Antoine de Montespan, marquis, puis duc d'Antin** (1665-1736), lieutenant général (1702), membre du Conseil de régence et ministre d'État (1733). — Toile; haut. 0^m,55, larg. 0^m,45. — Par **Rigaud (Hyacinthe)** (1659-1743).

En buste; tête nue, de face ; grande perruque blonde ; collerette de dentelle ; cuirasse. Fig. grand. nat.

Photographié au charbon, par M. Braun.

Provient de la collection de M. Marcille père. — A M. Eudoxe Marcille, à Paris.

381. — **Joseph Paris** dit **Paris-Duvernay** (1684-1770), financier, homme politique, premier intendant de l'École militaire, dont il avait conseillé l'établissement. — Toile; haut. 0^m,96, larg. 0^m,78. — Par **Loo (Charles-André** dit **Carle Van)** (1705-1765).

A mi-corps, assis devant une table; tête nue, tournée de droite à gauche ; habit bleu, ouvert ; chemise brodée ; écharpe jaune ; la main gauche posée sur un livre. Fond de bibliothèque.

Photographié au charbon, par M. Braun.

A M. le comte d'Haussonville, à Paris.

GOUVERNEMENT. — PERSONNAGES POLITIQUES. (Suite.)

382. — Jean Paris de Montmartel, marquis de Brunoy (1690-1766), fermier général de la cour.— Dessin à la gouache, sur parchemin ; haut. 0^m,70, larg. 0^m,50. — Par Sené du Care (?-? XVIIIe siècle).

En pied; assis sur une chaise, dans un salon ; tête nue, à perruque; costume gris clair; jambes croisées ; derrière lui, un paravent à panneaux.

Dans la partie inférieure du dessin, à la gauche du personnage, est écrit :
SENÉ DU CARE CITOYEN DE GENÈVE.

Provient de la collection Odiot. — A Mme Léon Blazy, née Perillieux, à Paris.

383. — Louis Phelypeaux, comte de Saint-Florentin (1705-1777), homme d'État, membre de l'Académie française et de l'Académie des inscriptions. — Toile ; haut. 1^m,38, larg. 1^m,05. — Par Tocqué (Louis) (1696-1778).

A mi-jambes, de trois quarts à gauche ; tête nue, de face ; assis devant un bureau, sur un fauteuil recouvert d'étoffe verte à ramages ; habit gris violet, passementé d'or ; perruque poudrée ; jabot ; manchettes ; culotte courte ; bas blancs ; il tient une lettre dans la main droite ; au-dessus du bureau, un rideau relevé. Fond gris à panneaux. Fig. grand. nat.

Gravé par Jean-Georges Wille, en 1761.

Provient d'un don du modèle à la ville de Marseille (1761). — Au musée de Marseille.

384. — Jean-Frédéric Phelypeaux, comte de Maurepas (1701-1781), homme d'État, membre honoraire de l'Académie des sciences. — Toile ; haut. 0^m,72, larg. 0^m,59. — Par Loo (Charles-André dit Carle Van) (1705-1765).

En buste ; tête nue, poudrée, de face ; habit et gilet de velours rouge.

A Mme Furtado-Heine, à Paris.

385. — Nicolas-René Berryer (1708?-1762), lieutenant général de police (1747), ministre de la marine (1758), garde des sceaux (1761). — Toile ; haut. 1^m,36, larg. 1^m,05. — Par De Lyen (Jacques-François) (1684-1761).

A mi-corps, debout, revêtu de la simarre, devant un riche bureau de bois doré ; la main gauche posée sur un livre orné de ses armoiries ; de la droite il relève sa robe ; perruque poudrée ; rabat. Fond de bibliothèque. Fig. grand. nat.

Gravé par Jean-Georges Wille.

Au musée de Troyes.

386. — Tarboicher de Beaumont (?-? XVIIIe siècle), frère du premier président de la Cour des monnaies ; on croit qu'il fut capitaine des chasses du Régent. — Toile ; haut. 1^m,45, larg. 1^m,11. — Par Oudry (Jean-Baptiste) (1686-1755).

Debout, de face ; en costume de chasse ; le bras gauche posé sur une balustrade ; la main tient un fusil ; à sa droite, un domestique tient un cheval ; deux chiens. Fond de paysage.

Provient de la famille du modèle. — A M. le baron J. Pichon, à Paris.

387. — Charles Lenormand-Ducoudray (1712-?), conseiller, procureur du roi et du duc d'Orléans. — Pastel ; haut. 0^m,61, larg. 0^m,47. — Par Perronneau (Jean-Baptiste) (1715-1783?).

En buste ; tête nue, tournée vers l'épaule gauche ; vêtement de velours bleu ; foulard ; perruque ; la main droite est posée sur un livre au dos duquel est écrit : *Recueil d'estampes*.

Photographié au charbon, par M. Braun.

A M. Alexandre Dumas, à Paris.

GOUVERNEMENT. — PERSONNAGES POLITIQUES. (Suite.)

388. — Charles Gravier, comte de Vergennes (1717-1787), diplomate et homme d'État. — Toile; haut. 0ᵐ,38, larg. 0ᵐ,28. — Par Callet (Antoine-François) (1741-1823).

A mi-corps, assis, de face; veste et culotte lilas; gilet blanc; cordon de l'ordre du Saint-Esprit.

Photographié au charbon, par M. Braun.

A Mᵍʳ ʟᴇ ᴅᴜᴄ ᴅ'Aumale, à Paris.

389. — Charles Gravier, comte de Vergennes (1717-1787), diplomate et homme d'État. — Toile; haut. 0ᵐ,90, larg. 0ᵐ,72. — **Auteur inconnu** (xviiiᵉ siècle).

A mi-corps, assis; tête nue, tournée de droite à gauche; costume vert et jaune brun; cravate blanche; col rabattu; la main droite passée dans le gilet; la gauche tient une lettre ouverte; devant lui, une table sur laquelle se trouvent deux enveloppes de lettres; la suscription de l'une d'elle est : « *Monseigneur le comte de Vergennes, ministre et secrétaire d'État à la Cour.* »

A M. Pᴀʀɪs, à Saint-Ouen-l'Aumône (Seine-et-Oise).

390. — Pierre d'Aublay de Chançay (1718-1802), secrétaire du Roi, premier secrétaire d'ambassade en Espagne, avec M. de Brancas; plus tard, agent général des États de Provence. — Toile; haut. 1ᵐ,21, larg. 0ᵐ,96. — Par **Voiriot, Woiriot** ou **Voriot (Guillaume)** (1713-1799).

A mi-corps; assis, en costume espagnol : pourpoint noir, chapeau à plumes; il joue de la guitare; devant lui, une partition.

Provient de successions. — A M. Aᴜʙʟᴀʏ, à Paris.

391. — Portraits des membres du Corps diplomatique sous Louis XV. — Dessin à la plume; haut. 0ᵐ,115, larg. 0ᵐ,155. — Par **De Non** ou **Denon (Dominique Vivant, baron)** (1747-1825).

Dix personnages, en costume officiel, sont représentés en pied, debout, dans des attitudes diverses.

Le nom de chaque diplomate est écrit sur le dessin; ce sont :

    1° LE CARDINAL DE BERNIS.
    2° M. DE NON, SEGʳⁱᵒ DI LEGAZⁿᵉ DI FRANCIA.
    3° SIGʳ BONEKI, CONSOLE DI FIRENZE.
    4° MARCHᵉ DI BREM, MINʳᵒ DI TURINO.
    5° Mʳ DE SA, MINʳᵒ DI PORTOGALLO.
    6° VISCONTE DELL HERRERIA, MINʳᵒ DI SPAGNA.
    7° ABᵉ SERVANZI, INTERNONZIO.
    8° CONTE RAZOMOWSKI, MINʳᵒ DI RUSSIA.
    9° CONTE LANBERG.
   10° RESIDENTE DI VENEZIA.

Provient de la collection Sauvageot. — A Mᵐᵉ Béᴀᴛʀɪx Dᴇʟᴏʀᴇ, née Sᴀᴜᴠᴀɢᴇᴏᴛ, à Paris.

392. — Claude-François, comte Regnier de Guerchy (1715-1767), seigneur de Nangis, lieutenant général, ambassadeur du roi Louis XV à Londres (1763), où il eut de vifs démêlés avec le chevalier d'Éon. — Toile, de forme ovale; haut. 0ᵐ,70, larg. 0ᵐ,56. — Par **Loo (Louis-Michel Van)** (1707-1771).

GOUVERNEMENT. — PERSONNAGES POLITIQUES. (Suite.)

En buste, de face; costume d'ambassadeur, en velours rouge; cordon de l'ordre du Saint-Esprit. Fig. grand. nat.

Dans la partie inférieure de la toile est écrit :

L. M. VAN LOO. 1764.

A M. LE COMTE D'HAUSSONVILLE, à Paris.

393. — Charles-Geneviève-Louis-Auguste-André-Thimothée de Beaumont, chevalier d'Éon (1728-1810), agent politique, littérateur, publiciste. Envoyé en Russie par Louis XV, il s'introduisit, sous des vêtements de femme près d'Élisabeth, dont il devint *lectrice;* ministre plénipotentiaire en Russie et en Angleterre. En 1763, Louis XV lui avait ordonné de porter des vêtements de femme, costume qu'il conserva le reste de sa vie. — Miniature à la gouache, sur papier, de forme ovale; haut. 0^m,12, larg. 0^m,10. — **Auteur inconnu** (XVIIIe siècle).

En buste, de profil, tourné à gauche; costume d'officier; habit rouge, à revers blancs; perruque poudrée; épaulettes; croix de l'ordre de Saint-Louis.

Photographié au charbon, par M. Braun.

A Mme LÉON BLAZY, née PERILLIEUX, à Paris.

394. — Charles-Geneviève-Louis-Auguste-André-Thimothée de Beaumont, chevalier d'Éon (1728-1810), agent politique, littérateur, publiciste. Envoyé en Russie par Louis XV, il s'introduisit, sous des vêtements de femme, près d'Élisabeth, dont il devint *lectrice;* ministre plénipotentiaire en Russie et en Angleterre. En 1763, Louis XV lui avait ordonné de porter des vêtements de femme, costume qu'il conserva le reste de sa vie. — Miniature à la gouache, sur papier, de forme ovale; haut. 0^m,12, larg. 0^m,10. — **Auteur inconnu** (XVIIIe siècle).

En buste, de profil à gauche; costume de femme; robe de soie noire; grand bonnet à la paysanne; fichu blanc; croix de l'ordre de Saint-Louis.

Photographié au charbon, par M. Braun.

A Mme LÉON BLAZY, née PERILLIEUX, à Paris.

395. — Antoine-Raymond-Jean-Gualbert-Gabriel de Sartine, comte d'Alby (1729-1801), lieutenant général de police (1759); fondateur d'une école gratuite de dessin pour les ouvriers; ministre de la marine (1774). — Pastel; haut. 0^m,62, larg. 0^m,51. — Par **Boze (Joseph)** (1746-1826).

En buste, tête nue, tournée vers l'épaule gauche; perruque poudrée; habit ouvert, de couleur sombre; chemise à jabot.

A la gauche du personnage est écrit :

BOZE F. 1787.

M. de Sartine ayant émigré au commencement de la Révolution, ce portrait demeura la propriété de Joseph Boze.

Photographié au charbon, par M. Braun.

Provient de la famille de l'artiste. — A M. CHARLES VATEL, à Villepreux (Seine-et-Oise).

396. — Louis-Auguste Le Tonnelier, baron de Breteuil (1733-1807), ministre plénipotentiaire (1758-1771), ambassadeur (1771-1783), conseiller d'État, chargé de la maison du Roi et de Paris. — Toile, de forme ovale; haut. 0^m,72, larg. 0^m,58. — Par **Loo (Louis-Michel Van)** (1707-1771).

6.

GOUVERNEMENT. — PERSONNAGES POLITIQUES. (Suite.)

En buste; tête nue, tournée de droite à gauche; habit de velours rouge; cordon de l'ordre du Saint-Esprit.

Dans la partie inférieure de la toile est écrit:

L.-M. VANLOO 1768.

Dessiné par Michel-Honoré Bounieu. — Gravé par Hubert François dans la *Galerie des hommes illustres vivants.*

Provient de la famille du modèle. — A Mme la baronne James de Rothschild, à Paris.

397. — **Jean-Ignace-Frédérick Van Mirbeck** (1734-1799), secrétaire particulier du roi Louis XVI, ministre plénipotentiaire à Saint-Domingue en 1792. — Toile; haut. 1^m,95, larg. 1^m,57. — Par Loo (Charles-André *dit* Carle Van) (1705-1765).

En pied, assis sur un fauteuil, devant une table chargée de livres; le corps de profil à droite; la tête nue, poudrée, de face; dans la main droite, une plume; dans la main gauche, une lettre commençant par ces mots: « AU ROI, Sire. » Van Mirbeck a les jambes croisées, il porte un habit de couleur sombre; chemise à jabot. Fond d'appartement.

Dans la partie inférieure de la toile est écrit:

VAN LOO 1760.

Provient de successions. — A Mme Galicier de la Turmelière, à Pont-Rousseau, près Nantes.

398. — **Messire Jean-Baptiste Delamichodière** (?-?), chevalier, comte d'Hauteville, conseiller d'État, prévôt des marchands, du 17 mars 1772 au 17 août 1778. Le domaine d'Hauteville fut érigé pour lui en comté, en 1751. — Toile; haut. 0^m,85, larg. 0^m,64. — Par Duplessis (Joseph-Siffrein) (1725-1802).

En buste; tête nue, de face; robe de magistrat; rabat de dentelle.

A la gauche du personnage est écrit:

DUPLESSIS PINX. 1771.

Gravé en 1772.

Provient d'une vente. — A M. Armand Fréret, à Paris.

399. — **Grégoire de Saint-Geniez** (?-?), consul de France en Chypre, puis consul à Marseille; député du commerce à Paris et maître d'hôtel de la Reine. — Bois; haut. 0^m,50, larg. 0^m,38. — Par Tournières (Robert) (1668-1752).

A mi-jambes, debout, devant une table couverte de papiers; perruque grise; cravate blanche; habit brun, à boutons de métal; manchettes; manteau rouge; les mains croisées sur un livre.

A la gauche du personnage est écrit:

TOURNIÈRES.

Provient de M. de Saint-Amand, ancien inspecteur des douanes à Orléans, et petit-fils de Grégoire de Saint-Geniez. — Au musée d'Orléans.

400. — **René Boutin de Diencourt, fermier général, sa femme et ses enfants, exécutant un concert** (?-? XVIIIe siècle). — Toile haut. 2^m,52, larg. 3^m,06. — Par Largillière (Nicolas de) (1656-1746).

GOUVERNEMENT. — PERSONNAGES POLITIQUES. (Suite.)

Neuf personnages assis; au centre est un violoncelliste; les autres personnages, groupés, sont attentifs. L'un d'eux est Anne-Marguerite THOMAS, directeur général des fermes à Besançon, qui épousa, le 3 décembre 1781, Pierrette-Jeanne-Baptiste-Léocadie DUMONT DE VAUX, fille du maire de cette ville.

Provient d'un don de Mme la vicomtesse de Maselières, née de Castillon (1842). — AU MUSÉE DE BESANÇON.

401. — **J.-D. Leray de Chaumont** (?-? XVIIIe siècle), intendant des Invalides. — Médaillon terre cuite; diam. 0^m,16. — Par Nini (Jean-Baptiste) (1717-1786).

En buste, de profil à droite; tête nue; indication de vêtement; chemise à jabot.

Sous l'épaule droite est écrit :

J.-B. NINI F.

En exergue :

J. D. LERAY. DE. CHAUMONT. INTENDANT. DES. INVAL.

A Mme GUSTAVE DREYFUS, à Paris.

402. — **Thérèse-Joques Leray de Chaumont** (?-? XVIIIe siècle). — Médaillon terre cuite; diam. 0^m,16. — Par Nini (Jean-Baptiste) (1717-1786).

En buste, de profil à gauche; robe décolletée.

Au-dessous de l'épaule gauche est gravé le chiffre de Nini et la signature :

NINI F. 1774.

En exergue :

THÉRÈSE. JOQUES. LERAY. DE. CHAUMONT.

A Mme GUSTAVE DREYFUS, à Paris.

403. — **Nicolas Lamoignon, seigneur de Baville** (1648-1724), maître des requêtes, puis intendant de Languedoc (1685-1718). — Toile; haut. 1^m,21, larg. 0^m,97. — Par Ranc (Jean) (1674-1735).

A mi-jambes, assis devant une table que recouvre un tapis rouge; robe noire; manchettes et rabat; grande perruque; il tient des deux mains et lit les *Épîtres d'Horace*. Fig. grand. nat.

Photographié au charbon, par M. Braun.

Provient de Philippe Coustou. — AU MUSÉE DE MONTPELLIER.

404. — **Michel-Ferdinand d'Albert d'Ailly, duc de Chaulnes** (1714-1769), lieutenant général des armées du roi, gouverneur de la Picardie et de l'Artois, membre honoraire de l'Académie des sciences; géomètre et physicien. — Toile; haut. 0^m,77, larg. 0^m,72. — Par Nattier (Jean-Marc) (1685-1766).

En buste; tête nue, de face; cuirasse; grand cordon de l'ordre du Saint-Esprit; perruque.

Dans la partie inférieure de la toile est écrit:

MICHEL FERDINAND D'ALBERT D'AILLY, DUC DE CHAULNES, PAIR DE FRANCE, VIDAME D'AMIENS, BARON DE PICQUIGNY, MARQUIS DE LA MAILLERAYE, ET AUTRES LIEUX, CHEVALIER DES TROIS ORDRES DE SA MAJESTÉ, COMMANDANT LES DEUX CENTS CHEVAUX-LÉGERS DE SA GARDE ORDINAIRE, LIEUTENANT-GÉNÉRAL DE SES ARMÉES, GOUVERNEUR POUR SA MAJESTÉ EN LA PROVINCE DE PICARDIE, ARTOIS ET PAIS RECONQUIS ET GOUVERNEUR PARTICULIER DES VILLES ET CITADELLES D'AMIENS ET DE CORBIE.

Provient d'une ancienne collection particulière, à Amiens. — A M. CHARLES BOCHER, à Paris.

GOUVERNEMENT. — PERSONNAGES POLITIQUES. (Suite.)

405. — Anne-Joséphine Bonnier, duchesse de Chaulnes (?-? xviiiᵉ siècle), femme de Michel-Ferdinand d'Albert d'Ailly, duc de Chaulnes. — Toile; haut. 0ᵐ,79, larg. 0ᵐ,71. — **Auteur inconnu** (xviiiᵉ siècle).

En buste, de face; assise sur une chaise à dossier garni de damas rouge; robe ouverte; corsage bleu; fleurs dans les cheveux. Fig. grand. nat.

Dans la partie inférieure de la toile est écrit:

ANNE-JOSÉPHINE BONNIER, ÉPOUSE DE MICHEL-FERDINAND D'ALBERT D'AILLY, DUC DE CHAULNES, PAIR DE FRANCE, VIDAME D'AMIENS, BARON DE PICQUIGNY, MARQUIS DE LA MAILLERAYE ET AUTRES LIEUX, CHEVALIER DES TROIS ORDRES DE SA MAJESTÉ, COMMANDANT LES DEUX CENTS CHEVAUX-LÉGERS DE SA GARDE ORDINAIRE, LIEUTENANT-GÉNÉRAL DE SES ARMÉES, GOUVERNEUR POUR SA MAJESTÉ EN LA PROVINCE DE PICARDIE, ARTOIS ET PAIS RECONQUIS ET GOUVERNEUR PARTICULIER DES VILLES ET CITADELLES D'AMIENS ET DE CORBIE.

Provient d'une ancienne collection particulière, à Amiens.— A M. Charles Bocher, à Paris.

406. — Joseph-Marie, duc de Boufflers (1706-1747), gouverneur et lieutenant général de Flandre. — Toile; haut. 0ᵐ,80, larg. 0ᵐ,63. — Par **Nattier (Jean-Marc)** (1685-1766).

A mi-corps; tête nue, de face; en cuirasse; cordon de l'ordre du Saint-Esprit en sautoir.

Dans la partie supérieure de la toile, à la gauche du personnage, est écrit:

JOSEPH-MARIE DUC DE BOUFFLERS, PAIR DE FRANCE, GOUVERNEUR ET LIEUTENANT-GÉNÉRAL POUR LE ROI DES PROVINCES DE FLANDRE ET DU HAINAUT, GOUVERNEUR PARTICULIER DES VILLE ET CITADELLE DE LILLE, SOUVERAIN BAILLI DES VILLE ET CHATELLENIE DUDIT LILLE, GOUVERNEUR CAPITAINE ET GRAND BAILLI HÉRÉDITAIRE DE BEAUVAIS ET LIEUTENANT POUR LE ROI DE BEAUVAISIS, BRIGADIER DES ARMÉES DU ROI, COLONEL DU RÉGIMENT DE BOURBONNAIS.

Photographié au charbon, par M. Braun.

Au musée de Valenciennes.

407. — Louis de la Tour-d'Auvergne, comte d'Évreux (?-1750?), lieutenant général des armées du roi, colonel-général de la cavalerie française et étrangère, gouverneur de l'Ile-de-France (1739). — Toile; haut. 1ᵐ,20, larg. 0ᵐ,94. — Par **Rigaud (Hyacinthe)** (1659-1743).

A mi-jambes, debout; tête nue, perruque; le regard tourné vers l'épaule droite; cuirasse; écharpe de soie blanche; la main droite sur un bâton de commandement posé sur une table; à sa gauche, un casque. Fond de bataille.

Exécuté en 1705. Gravé par Georges-Frédéric Schmidt, en 1739.

Nous lisons dans le *Catalogue de l'œuvre gravé du sieur Hyacinthe Rigaud*: «Schmidt entreprit cet ouvrage pour son propre compte, piqué par l'excellente beauté du tableau. Il était fort aise d'ailleurs de faire quelques morceaux de marque sous la conduite de Rigaud, qui avait un talent tout particulier à donner aux graveurs l'intelligence et le vrai goût de leur art. Note de Hulst.» Le même document nous apprend que le «combat du lointain» qui décore ce tableau est l'œuvre de «Joseph Parrocel». (*Mémoires inédits sur la vie et les ouvrages des membres de l'Académie royale de peinture et de sculpture*, publiés d'après les manuscrits conservés à l'École impériale des Beaux-Arts par MM. L. Dussieux, E. Soulié, Ph. de Chennevières, Paul Mantz, A. de Montaiglon. Paris, Dumoulin, 1854, 2 vol. in-8°, tome II, p. 169.)

Photographié au charbon, par M. Braun.

Provient de la collection Tarade. — Au musée de Tours.

GOUVERNEMENT. — PERSONNAGES POLITIQUES. (Suite.)

408. — Jean-Marc-Antoine d'Aubigny, comte de Morell (1701-1777), lieutenant général, gouverneur de la ville et du château de Falaise, grand-croix de l'ordre de Saint-Louis. — Pastel; haut. 0m,65, larg. 0m,54. — Auteur inconnu (XVIIIe siècle).

En buste; tête nue, tournée vers l'épaule gauche; cuirasse; manteau jeté sur l'épaule gauche; perruque. Fig. grand. nat.

Provient de successions. — A M. Léon de Clock, à Falaise.

409. — Michel-Étienne Turgot, marquis de Sousmont (1690-1761), prévôt des marchands à Paris (1729), conseiller d'État (1737), membre honoraire de l'Académie des inscriptions et belles-lettres (1743). — Buste marbre; haut. 0m,94. — Par Coustou (Guillaume) (1677-1746).

Tête nue, de face; longue perruque; indication de costume officiel : simarre; rabat.

Sur le piédouche est gravé :

Mr MICHEL ESTIENNE TURGOT
CHEVALIER SEIGNEUR
DE SOUSMONS, BONN, &.
PRÉVÔT DES MARCHANS.
DONNÉ PAR LA VILLE 1735.

Derrière le buste, sous la perruque :

G. COUSTOU. F. 1735.

Provient de successions. — A Mme la marquise Turgot, à Paris.

410. — Anne-Robert-Jacques Turgot, baron de l'Aulne (1727-1781), économiste et homme d'État; intendant de Limoges (1761), ministre de la marine, contrôleur général des finances (1774), membre honoraire de l'Académie des inscriptions et belles-lettres (1776). — Buste marbre, avec piédouche en cuivre et plinthe de marbre; haut. 0m,85. — Par Houdon (Jean-Antoine) (1741-1828).

Tête nue, légèrement tournée vers l'épaule droite; habit ouvert; gilet; chemise à jabot.

A la section du bras droit est écrit :

PAR HOUDON 1770.

Provient de successions. — A Mme la marquise Turgot, à Paris.

411. — Anne-Robert-Jacques Turgot, baron de l'Aulne (1727-1781), économiste et homme d'État; intendant de Limoges (1761), ministre de la marine, contrôleur général des finances (1774), membre de l'Académie des inscriptions et belles-lettres (1776). — Pastel, de forme ovale; haut. 0m,68, larg. 0m,55. — Par Ducreux (Joseph) (1737-1802).

En buste; tête nue, tournée vers l'épaule gauche; habit de velours noir; jabot de dentelles; perruque.

Photographié au charbon, par M. Braun.

Provient de successions. — A Mme la marquise Turgot, à Paris.

412. — Étienne-François Turgot (1721-1789), gouverneur général de la Guyane française, associé libre de l'Académie des sciences. — Toile; haut. 0m,70, larg. 0m,56. — Par Drouais (François-Hubert) (1727-1775).

En buste, assis; tête nue, tournée vers l'épaule gauche; habit de velours noir; manchettes et jabot de dentelles; perruque.

GOUVERNEMENT. — PERSONNAGES POLITIQUES. (Suite.)

A la droite du personnage est écrit:

DROUAIS LE FILS 1758.

Gravé par Cathelin, en 1764.
Photographié au charbon, par M. Braun.
Provient de successions. — A Mme LA MARQUISE TURGOT, à Paris.

413. — **Marc-Pierre, comte d'Argenson** (1696-1764), lieutenant général de police (1720), intendant à Tours (1721), conseiller d'État (1724), ministre de la guerre (1742). — Pastel; haut. 0^m,64, larg. 0^m,52. — Par **Latour (Maurice-Quentin de)** (1704-1788).

En buste; tête nue, tournée vers l'épaule gauche; cuirasse; cravate noire. Fig. grand. nat.

AU MUSÉE LATOUR, à Saint-Quentin (Aisne).

414. — **Anne-Pierre, quatrième duc d'Harcourt** (1701-1783), gouverneur de Normandie (1764), maréchal de France (1775). — Toile; haut. 1^m,41, larg. 1^m,10. — Par **Descarsin** (?-? XVIIIe siècle).

A mi-corps; tête nue; regard tourné de droite à gauche; perruque blanche; costume de maréchal de France; il tient un bâton de commandement dans la main droite.

Dans la partie inférieure de la toile est écrit :

DESCARSIN F^T
1783

Nous avons inutilement cherché le nom de cet artiste dans les *Archives de l'art français*, dans la collection des *Livrets des anciennes expositions*, ainsi que dans les dictionnaires de Fontenai, Gabet, Jal et Adolphe Siret.

Provient de successions. — A M. LE DUC D'HARCOURT, à Paris.

415. — **François-Henri, comte de Lillebonne, cinquième duc d'Harcourt** (1726-1802), lieutenant général (1762), gouverneur de Normandie (1784), gouverneur de Louis-Joseph-Xavier-François, dauphin, fils de Louis XVI (1786), membre de l'Académie française. — Toile; haut. 1^m,40, larg. 1^m,12. — Par **Descarsin** (?-? XVIIIe siècle).

A mi-jambes, de face, en costume officiel; il tient à la main le plan des digues de Cherbourg, du Havre, etc. Fig. grand. nat.

Dans la partie inférieure de la toile est écrit :

DESCARSIN F^t
A PARIS 1784.

Provient de successions. — A M. LE DUC D'HARCOURT, à Paris.

416. — **François-Henri, comte de Lillebonne, cinquième duc d'Harcourt** (1726-1802), lieutenant général (1762), gouverneur de Normandie (1784), gouverneur de Louis-Joseph-Xavier-François, dauphin de France (1786), membre de l'Académie française. — Dessin aux deux crayons; haut. 0^m,28, larg. 0^m,25. — Par **Lemonnier (Anicet-Charles-Gabriel)** (1743-1824).

Tête nue; de trois quarts.

AU MUSÉE DE ROUEN.

GOUVERNEMENT. — PERSONNAGES POLITIQUES. (Suite.)

417. — Marie-François, duc d'Harcourt, enfant (1755-1839), pair de France. — Toile; haut. 0ᵐ,55, larg. 0ᵐ,44. — Par Drouais (François-Hubert) (1727-1775).

En buste, tête nue, cheveux poudrés; le regard tourné de droite à gauche; habit bleu à brandebourgs d'argent; la main droite dans le gilet.

Dans la partie inférieure de la toile est écrit :

DROUAIS FILS 1759.

Photographié au charbon par M. Braun.

Provient de successions. — A M. LE DUC D'HARCOURT, à Paris.

418. — Abel-François-Poisson, marquis de Vandières, puis de Marigny (1727-1781), directeur des bâtiments du Roi, charge qu'il garda depuis la mort de M. de Tournehem (1751) jusqu'en 1773; il se retira alors au château de Ménars et prit le titre de marquis de Ménars. — Toile, de forme ovale; haut. 0ᵐ,62, larg. 0ᵐ,49. — Par Greuze (Jean-Baptiste) (1725-1805).

En buste; tête nue, perruque poudrée; le regard tourné vers l'épaule gauche; il est assis et porte un costume de velours rouge grenat; une main passée dans l'habit.

A M. PIERRE-AMABLE-JOSEPH OPIGEZ, à Paris.

419. — Benjamin Franklin (1706-1790), physicien et homme d'État, ministre plénipotentiaire des États-Unis à Paris (1778-1783). — Médaillon terre cuite, de forme ronde; diam. 0ᵐ,11. — Par Nini (Jean-Baptiste) (1717-1786).

En buste; tourné à gauche, coiffé d'un bonnet bordé de fourrure.

En exergue est écrit :

B. FRANKLIN, AMÉRICAIN, 1777.

Sous la coupure de l'épaule :

NINI F., 1777.

A côté de la signature et du millésime : un écusson avec une couronne et deux palmes; sur l'écusson une main tenant une tige métallique qui soutire, d'un petit nuage, de l'électricité figurée par un trait ondé.

Au revers du médaillon, une fleur de lis poinçonnée.

Provient d'un tonneau d'épreuves de ce même portrait qui devait être envoyé en Amérique et a été retrouvé à Nantes il y a quelques années. — A M. ANATOLE DE MONTAIGLON, à Paris.

420. — Benjamin Franklin (1706-1790), physicien et homme d'État, ministre plénipotentiaire des États-Unis à Paris (1778-1783). — Buste terre cuite; haut. 0ᵐ,52. — Par Houdon (Jean-Antoine) (1741-1828).

Tête nue, de face; longue chevelure; indication de vêtement.

A M. HIPPOLYTE WALFERDIN, à Paris.

421. — Honoré-Gabriel Riquetti, comte de Mirabeau (1749-1791), député du tiers-état à l'Assemblée nationale. — Toile; haut. 1ᵐ,38, larg. 1ᵐ,09. — Par Lonsing (?-?); a pris part au Salon de 1798 et est mentionné: «Lonsing, né à Bruxelles.»

GOUVERNEMENT. — PERSONNAGES POLITIQUES. (Suite.)

A mi-corps, debout, tête nue; costume rouge, dont les boutons sont décorés d'un bonnet phrygien; chemise à jabot; près de lui, à sa gauche, une canne et un chapeau avec une cocarde tricolore; de la main droite il indique un ecclésiastique, un seigneur et un membre du tiers-état représentés en buste, au second plan, et personnifiant les trois ordres. Ces personnages seraient autant de portraits, et rappelleraient l'image de l'abbé Maury (Jean-Siffrein) (1746-1817), de Lanjuinais (Jean-Denis, comte) (1753-1827), de Sieyès (Emmanuel-Joseph, comte) (1748-1836).
Dans la partie inférieure de la toile est écrit :

LONCING.

A M. Camus, à Paris.

422. — **Honoré-Gabriel Riquetti, comte de Mirabeau** (1749-1791), député du tiers-état à l'Assemblée nationale. — Pastel, de forme ronde; diam. 0^m,34. — Par **Bounieu (Michel-Honoré)** (1740-1814).

Tête de profil, tournée vers l'épaule gauche; cheveux poudrés; indication de costume noir.

Exécuté en 1789.

Photographié au charbon, par M. Braun.

Provient d'Antoine-Remy Raveau, mari d'Émilie Bounieu, née en 1785, fille de Michel-Honoré, et peintre elle-même. — A M. Charles Vatel, à Villepreux (Seine-et-Oise).

423. — **Honoré-Gabriel Riquetti, comte de Mirabeau** (1749-1791), député du tiers-état à l'Assemblée nationale. — Gouache sur ivoire; haut. 0,^{m}27, larg. 0^m,24. — Par **Laurent (Jean-Antoine)** (1763-1833).

En pied, assis sur un fauteuil; tête de face; il écrit sur une table de marbre, au milieu d'un cabinet meublé à l'antique; cheveux poudrés; robe de chambre bleue.

Provient de successions. — A M. le comte Ferdinand de Lasteyrie, à Paris.

424. — **Honoré-Gabriel Riquetti, comte de Mirabeau** (1749-1791), député du tiers-état à l'Assemblée nationale. — Buste bronze, monté sur une colonnette de marbre de couleur; hauteur, avec le piédestal, 0^m,36. — Par **Canette (F.-E.-S.-E.)** (XVIIIe siècle).

Tête nue; habit; col rabattu; cravate à gros nœuds.

Sous l'épaule droite est écrit :

CANETTE F. E. S. E.

Sur la colonne en marbre de couleur est une plaque de cuivre avec cette inscription gravée en quatre lignes, qui ont peut-être l'intention d'être deux vers :

MIRABAUX VENGEUR DE LA
PATRIE ET DES LOYS
DE SES DERNIERS JOURS
ETERNISSE LES EXPLOIS.

A M. Benjamin Fillon, à Saint-Cyr-en-Talmondais (Vendée).

425. — **Le comte de Lablache** (?-?), maréchal de camp, député du Dauphiné à la Constituante, membre de l'Assemblée nationale, chevalier de Saint-Louis. — Toile, de forme ovale; haut. 0^m,78, larg. 0^m,62. — Par **Brun (Élisabeth-Louise-Vigée Le)** (1755-1842).

GOUVERNEMENT. — PERSONNAGES POLITIQUES. (Suite.)

En buste, tête tournée de gauche à droite; costume de chasse; habit de velours vert.

A M. LE COMTE D'HAUSSONVILLE, à Paris.

426. — Gui-Jean-Baptiste Target (1733-1806), avocat, membre de l'Académie française (1785), homme politique; a collaboré, sous le Consulat et l'Empire, à la rédaction du Code civil et du Code criminel. — Toile, de forme ovale; haut. 0^m,60, larg. 0^m,49. — Par BOZE (Joseph) (1744-1826).

En buste, de trois quarts; tête nue, de face; perruque; costume noir; chemise à jabot. Fig. grand. nat.

A la gauche du personnage est écrit:

BOZE F^t 1790.

Provient de successions. — A M. PAUL-LOUIS TARGET, à Paris.

427. — Bernard-René Jourdan dit **de Launey** (1740-1789), maître de camp, gouverneur de la Bastille. — Toile; haut. 0^m,79, larg. 0^m,64. — Par TOCQUÉ (LOUIS) (1696-1772).

A mi-corps, tête de face; perruque; cravate noire; cuirassé; écharpe jetée sur l'épaule gauche.

Provient de la collection Boitelle. — A M. LE COMTE DE BRIEY, au château de Thierceville (Eure).

428. — Jean-Sylvain Bailly (1736-1793), savant et homme politique; membre de l'Académie des sciences (1763), de l'Académie française (1784), de l'Académie des inscriptions (1785), maire de Paris (16 juillet 1789). — Toile, de forme ovale; haut. 0^m,68, larg. 0^m,45. — Par DUPLESSIS (Joseph-Siffrein) (1725-1802).

En buste, de face; cheveux poudrés, relevés sur les côtés et enfermés, derrière la tête, dans une bourse de soie noire; cravate blanche; chemise à jabot; gilet à ramages; habit de soie grise.

Provient de la collection de M. Marcille père. — A M. EUDOXE MARCILLE, à Paris.

429. — Jean-Paul Marat (1744-1793), révolutionnaire. — Buste biscuit de Sèvres; hauteur, avec le piédestal de bois noir, 0^m,35. — Auteur inconnu (peut-être BEAUVALLET (Pierre-Nicolas) (1749-1828).

Tête nue, regard tourné vers l'épaule gauche; chemise ouverte sur la poitrine; houppelande avec col et revers garnis de fourrure.

Ce qui nous autorise à penser que ce portrait peut être l'œuvre de Beauvallet, c'est l'hommage d'un buste de Marat à la Convention en sa séance de nuit du jeudi 25 juillet 1793, mentionné en ces termes au *Moniteur universel* du samedi 27 juillet: « Le citoyen Bonvalet (lisez Beauvallet, dont le nom se trouve restitué à la table de la *Réimprsssion de l'ancien Moniteur*) fait hommage à la Convention du buste de Marat. La Convention accepte l'hommage et décrète que les bustes de Marat, Michel Le Pelletier, Dampierre et Brutus seront placés dans le lieu de ses séances. » (*Réimpression de l'ancien Moniteur*. Paris, Plon frères, 1854, 32 vol. pet. in-4°, tome XVII, p. 234.)

A M. BENJAMIN FILLON, à Saint-Cyr-en-Talmondais (Vendée).

430. — Anne-Josèphe Terwagne dite **Théroigne de Méricourt** ou **de Marcourt** (1762-1817), révolutionnaire. — Toile; haut. 0^m,67, larg. 0^m,49. — Par GREUZE (Jean-Baptiste) (1725-1805).

GOUVERNEMENT. — PERSONNAGES POLITIQUES. (Suite.)

En buste, la tête tournée vers l'épaule gauche; robe bleue, ouverte; fichu croisé; ceinture blanche; grand bonnet sur les cheveux. Fig. grand. nat.

Photographié au charbon, par M. Braun.

A Mme Furtado-Heine, à Paris.

431. — Maximilien-Marie-Isidore de Robespierre (1758-1794), conventionnel. — Toile; haut. 0^m,99, larg. 0^m,74. — Par Guiard (Adélaïde Labille, dame) (1749-1803).

A mi-jambes, debout; tête nue, de face; cheveux poudrés; costume noir; chemise à jabot; manchettes; deux chaînes de montre; la main droite tient le tricorne passé sous le bras droit; la main gauche est sur la poignée de l'épée.

Exécuté en 1786.

Photographié au charbon, par M. Braun.

Provient de la collection de M. Marcille père. — A M. Eudoxe Marcille, à Paris.

432. — Maximilien-Marie-Isidore de Robespierre (1758-1794), conventionnel. — Buste terre cuite; haut. 0^m,40. — Auteur inconnu (XVIIIe siècle).

Tête nue, levée; cheveux en arrière; chemise ouverte, jabot plissé; habit frac.

Ainsi que dans le portrait peint qui appartient à M. Eudoxe Marcille, on remarque une légère déviation dans les yeux, et la joue droite porte une cicatrice.

A M. Benjamin Fillon, à Saint-Cyr-en-Talmondais (Vendée).

433. — Maximilien-Marie-Isidore de Robespierre (1758-1794), conventionnel. — Buste terre cuite; haut. 0^m,41. — Par Pajou (Augustin) (1730-1809).

Tête nue, légèrement tournée vers l'épaule droite; habit ouvert; cravate dénouée.

A M. Haro, à Paris.

434. — Louis-Antoine de Saint-Just (1767-1794), conventionnel. — Bois; haut. 0^m,48, larg. 0^m,32. — Par Prud'hon (Pierre) (1758-1823).

En buste, tête nue, de face; habit noir; cravate blanche. Fig. grand. nat.

Derrière le personnage, dans la partie inférieure du panneau, est écrit:

A SAINT-JUST P.-P. PRUD'HON.

Provient d'une vente. — A M. Émilien Cabuchet, à Paris.

435. — Georges-Jacques Danton (1759-1794), conventionnel. — Toile; haut. 0^m,70, larg. 0^m,58. — Attribué à Greuze (Jean-Baptiste) (1725-1805).

En buste, tête nue, tournée vers l'épaule droite; chemise ouverte; habit vert brodé d'or; cheveux poudrés.

Photographié au charbon, par M. Braun.

A M. Tulpain, à Nancy.

436. — Anne-Lucile-Philippe Laridon Duplessis (1770-1794), femme de Camille Desmoulins. — Miniature, de forme ovale; haut. 0^m,047, larg. 0^m,037. — Auteur inconnu (XVIIIe siècle).

En buste, tête de face; longs cheveux retenus par un ruban jaune; robe bleu clair décolletée; fichu de mousseline. Inscrit dans une baie simulée, en pierre.

A M. Witelocke, à Amboise.

GOUVERNEMENT. — PERSONNAGES POLITIQUES. (Suite.)

437. — François-Nicolas-Léonard Buzot (1760-1794), conventionnel. — Miniature à l'huile, de forme ronde; diamètre, 0ᵐ,07. — **Auteur inconnu** (xviiiᵉ siècle).

En buste, tête nue, de face; habit de couleur brune; gilet à revers rouges; chemise brodée.

Derrière ce portrait se trouvaient deux rondelles de papier sur lesquelles Mme Roland avait tracé la biographie de Buzot qui se lit dans ses Mémoires. Madame Rolland portait sur elle, dans sa prison, cette miniature qu'elle désigne sous les mots *dear picture* «peinture chérie». (Voy. IIIᵉ lettre de madame Roland à Buzot, du 6 juillet 1793. *Étude sur madame Roland et son temps*, par C.-A. Dauban, Paris, H. Plon, in-8º, page 35, et *Charlotte de Corday et les Girondins*, par M. Charles Vatel, Paris, H. Plon, 3 vol. gr. in-8º, tome III, page 585.)

A M. Charles Vatel, à Villepreux (Seine-et-Oise).

438. — Marie-Jean Hérault de Séchelles, enfant (1760-1794), conventionnel. — Toile, de forme ovale; haut. 0ᵐ,67, larg. 0ᵐ,57. — Par **Drouais (François-Hubert)** (1727-1775).

A mi-corps; tête de face; coiffé en arrière; nœud de rubans sur le chapeau; veston blanc; il a les mains dans les poches.

Photographié au charbon, par M. Braun.

A M. le baron Gérard, à Paris.

439. — Édouard-Louis-Alexis Dubois de Crancé (1747-1814), conventionnel. — Dessin sur papier, à l'encre de Chine, de forme ronde; diamètre, 0ᵐ,18. — Par **David (Jacques-Louis)** (1748-1825).

De profil à droite; cheveux roulés sur les côtés; habit à revers et à collet; jabot.

Dans la partie inférieure du dessin, à droite, est écrit :

L. DAVID.

Photographié au charbon, par M. Braun.

A M. Benjamin Fillon, à Saint-Cyr-en-Talmondais (Vendée).

440. — Pierre-Pomponne-Amédée Pocholle (1764-1832), député suppléant à l'Assemblée législative; conventionnel. — Buste terre cuite; haut. 0ᵐ,48. — Par **Chinard (Joseph)** (1765-1813).

Tête nue, de face, cheveux frisés; les bras enveloppés dans un manteau qui laisse voir la main droite tenant un rouleau.

Au musée de Neufchâtel-en-Bray (Seine-Inférieure).

441. — Pierre Guérin (?-?) **et sa famille.** — Guérin fut député du Loiret à la Convention, membre du Conseil des Cinq-Cents (1795) et du Corps législatif (1799). — Toile; haut. 0ᵐ,38, larg. 0ᵐ,50. — **Auteur inconnu** (xviiiᵉ siècle).

En pied, assis devant une table, au centre de la composition, Guérin tient la main de sa femme qui lui présente son jeune enfant, Jean-Baptiste Guérin; à la gauche du conventionnel, sa belle-mère.

Provient de successions. — A Mme Ve Baillet, née Élisabeth Guérin, à Bayeux (Calvados).

GOUVERNEMENT. — PERSONNAGES POLITIQUES. (Suite.)

442. — Emmanuel-Joseph, comte Sieyès (1748-1836), chanoine et chancelier de l'église de Chartres (1787), député aux états généraux (1789), conventionnel, consul, sénateur (1799), pair de France (1815). — Toile; haut. 0ᵐ,63, larg. 0ᵐ,70. — Par **David (Jacques-Louis)** (1748-1825).

En buste, tête nue, tournée vers l'épaule gauche; habit marron.

A M. Hippolyte Walferdin, à Paris.

443. — Louis-Marie de la Revellière-Lepeaux (1753-1824), avocat au parlement de Paris (1775), professeur de botanique à Angers (1787), conventionnel, membre du Directoire (1795-1799), contribua à la fondation du musée d'Angers. — Toile; haut. 1ᵐ,52, larg. 1ᵐ,10. — Par **Gérard (François)** (1770-1837) et **Spaendonck (Corneille Van)** (1756-1840).

En pied, assis sur une pierre près d'une fontaine, dans la forêt de Montmorency, La Revellière porte le costume du Directoire et tient des fleurs dans la main droite; de la main gauche il tient un livre. Fig. grand. nat.

Dans la partie inférieure de la toile est écrit :

Fʳ GÉRARD.

Les fleurs que tient La Revellière sont dues au pinceau de Van Spaendonck, qui, lié avec lui aussi intimement que l'était Gérard, voulut s'associer à ce dernier dans une œuvre consacrée à leur ami.

Provient d'un don d'Ossian La Revellière, fils du modèle (1843). — Au musée d'Angers.

444. — Pierre-Nicolas de Fontenay (1743-1806), manufacturier, membre de l'Assemblée constituante (1789), maire de Rouen, sénateur (1804). — Toile; haut. 0ᵐ,43, larg. 0ᵐ,58. — Par **Boilly (Louis-Léopold)** (1761-1845).

De Fontenay, en pied, sort de la maison communale, ceint de l'écharpe tricolore; il est entouré par des émeutiers traînant un canon.

Provient des héritiers de M. de Fontenay (1874). — Au musée de Rouen.

445. — Perché (?-?), suppléant au tribunal de Gray (Haute-Saône), en 1795. — Pastel, de forme ovale; haut. 0ᵐ,38, larg. 0ᵐ,30. — Par **Prud'hon (Pierre)** (1758-1823).

En buste, tête nue, tournée vers l'épaule gauche; vêtement bleu à grand collet; cravate blanche.

Provient de la collection Mercier. — A M. Henri Lallemand, à Paris.

446. — Marie-Joseph Châlier (1747-1793), chef du parti montagnard à Lyon. — Buste biscuit de Sèvres; hauteur, avec le piédestal de bois noir, 0ᵐ,35. — **Auteur inconnu**, peut-être **Beauvallet (Pierre-Nicolas)** (1749-1828).

Tête nue, tournée vers l'épaule gauche; chemise ouverte; houppelande avec col et revers garnis de fourrure.

On lit dans le compte rendu de la séance du conseil général de la Commune de Paris du 27 brumaire an II: « Le citoyen Dorfeuille, président du tribunal de justice populaire à Commune-affranchie (ci-devant Lyon) envoie au conseil général l'image de Challier... Le conseil arrête que cette gravure sera placée dans le lieu de ses séances et charge Bonvallet, l'un de ses membres, de faire le buste de Challier, d'après cette gravure... » (*Moniteur universel* du jeudi 21 novembre 1793). — Le 15 nivôse an II (*Moniteur universel* du 6 janvier 1794), Beauvallet faisait hommage à la Convention du buste de Challier. (*Réimpression de l'ancien Moniteur*, Paris, Plon frères, 1854, 32 vol. petit in-4°, t. XVIII, p. 466, et XIX, p. 138.)

A M. Benjamin Fillon, à Saint-Cyr-en-Talmondais (Vendée).

II.

ARMÉE.

447. — Louis-Nicolas-Victor de Félix, comte du Muy (1711-1775), maréchal de France. — Buste marbre; haut. 0^m,72. — Auteur inconnu (XVIIIe siècle).
Tête nue, de face; perruque à queue; costume officiel; grand cordon; décorations.
Provient de successions. — A Mme LA BARONNE DE LA FRESNAYE, née DE FÉLIX DU MUY, à Falaise. (Calvados.)

448. — Pierre-André Suffren de Saint-Tropez, *dit* **le bailli de Suffren** (1726-1788), chef d'escadre (1779), envoyé dans l'Inde (1781), combattit victorieusement les Anglais à Madras, à Trinquemale et à Gondelour; vice-amiral (1784). — Toile; haut. 1^m,08; larg. 0^m,90. — Attribué à **Battoni (Pompeo)** (1708-1787).
A mi-corps, assis; le coude droit sur l'appui du siège; la main gauche étendue; tête nue, de trois quarts tournée vers l'épaule droite; uniforme de vice-amiral; cordon de l'ordre du Saint-Esprit; croix de l'ordre de Saint-Louis. Fond de marine; dans le lointain, le fort de Trinquemale.
Photographié au charbon, par M. Braun.
A M. LE COMTE LOUIS DE VILLEPERDRIX, au Pont-Saint-Esprit (Gard).

449. — César-Alexandre de Baudéan, comte de Parabère (1681-1716), brigadier des armées du Roi, maistre de camp de cavalerie, chevalier de l'ordre de Saint-Louis. — Toile; haut. 1^m,35, larg. 1^m,05. — Par **Rigaud (Hyacinthe)** (1659-1743).
A mi-jambes, debout; corps de profil, tête nue, de face, le regard tourné vers l'épaule droite; cuirasse; écharpe; manteau de velours violet; les mains posées sur son casque. Fond de ciel et de draperie.
Exécuté en 1713.
Provient de successions. — A Mme DE SANCY DE PARABÈRE, née LEFEBVRE DES NOËTTES, au château de Boran (Oise).

450. — Marie-Madeleine de la Vieuville, comtesse de Parabère (1693-1755), mariée, en 1711, à César-Alexandre de Baudéan, comte de Parabère, et veuve en 1716. — Toile; haut. 1^m,42, larg. 1^m,08. — Par **Rigaud (Hyacinthe)** (1659-1743).
A mi-jambes, debout; tête nue, légèrement tournée vers l'épaule droite; fleurs et rubans dans les cheveux; robe décolletée de satin rose; elle tient un œillet dans la main droite; un négrillon placé à sa gauche et vu à mi-corps lui présente une corbeille de fleurs; fond de paysage. Fig. grand. nat.
Exécuté en 1713.
Provient de successions. — A Mme DE SANCY DE PARABÈRE née LEFEBVRE, DES NOËTTES, au château de Boran (Oise).

451. — Marie-Madeleine de la Vieuville, comtesse de Parabère (1693-1775), mariée, en 1711, à César-Alexandre de Baudéan, comte de Parabère, et veuve en 1716. — Toile; haut 1^m,60; larg. 1^m,29. — Par **Coypel (Antoine)** (1661-1722) et **Fontenay (Jean-Baptiste)** (1654-1715).

ARMÉE. (Suite.)

A mi-corps, de profil; tête de face; robe bleue; un négrillon lui présente une corbeille remplie de fleurs. Inscrit dans une guirlande de fleurs.

Dans la partie inférieure de la toile, à droite, est écrit :

FONTENAY.

Le portrait est de Coypel; les fleurs ont été peintes par Fontenay.

Provient de l'ancien hôtel de Franqueville, à Caen. — Au musée de Caen.

452. — François de Chevert (1695-1769), maréchal de camp (1744), lieutenant général (1748), grand-croix de l'ordre de Saint-Louis (1758). — Toile; haut. 2ᵐ,28, larg. 1ᵐ,49. — Par Hischbein (?-?) xviiiᵉ siècle).

En pied, debout, la tête tournée vers l'épaule gauche; costume de lieutenant général; cordons de l'ordre de Saint-Louis et de l'ordre de l'Aigle-Blanc de Pologne; il est représenté au moment où, le bras levé, il donne l'ordre de mettre le feu aux batteries dressées contre les îles Sainte-Marguerite qu'on aperçoit dans le lointain et dont il s'empara sous les yeux d'une flotte anglaise (1747). À ses pieds sont déposés son chapeau et sa cuirasse. Fond de marine. Fig. grand. nat.

A la gauche du personnage est écrit :

HISCHBEIN PINX. — CASSEL 1762.

M. Eudore Soulié se borne à dire de ce peintre : « Hischbein vivait en 1761. » Il signait en effet cette année-là le portrait du comte de Waldner de Freundstein « *Hischbein pinx. 1761.* » (Musée de Versailles, n° 4471). Le portrait de Chevert prolonge d'une année la vie du peintre, mais nous ne savons rien de plus à son sujet.

Provient d'un legs de Chevert à sa ville natale. — Au musée de Verdun.

453. Jean-Florent de Vallière (1667-1759), lieutenant général, directeur général de l'artillerie et du génie, membre de l'Académie des sciences. — Buste terre cuite, sur piédouche en marbre; haut. 0ᵐ,73. — **Auteur inconnu** (xviiiᵉ siècle).

Tête nue, de face; grande perruque; cuirasse; grand-cordon et plaque de l'ordre de Saint-Louis.

Sur le socle est gravé le quatrain suivant :

DE RARES TALENTS POUR LA GUERRE,
EN LUY FURENT UNIS AU CŒUR LE PLUS HUMAIN;
JUPITER LE CHARGEA DE LANCER LE TONNERRE,
MINERVE CONDUISIT SA MAIN.

Au musée de Tours.

454. — Pierre-François, marquis de Rougé (1702-1761), maréchal de camp (1748), lieutenant général des armées du Roi (1759). — Toile; haut 0ᵐ,79, larg. 0ᵐ,63. — Par **Loo (Charles-André** *dit* **Carle Van)** (1705-1765).

A mi-corps, tête nue; le regard tourné vers l'épaule gauche; en cuirasse; une peau de tigre sur les épaules. Fig. grand. nat.

Photographié au charbon, par M. Braun.

A M. Gaston Lebreton, à Rouen.

455. — Georges-Martin Guérin (1710-1791), chirurgien-major des camps et armées du Roi et des mousquetaires noirs, chevalier de l'ordre de Saint-Michel. — Aquarelle; haut. 0ᵐ,25, larg. 0ᵐ,16. — Par **Carmontelle (Louis Carrogis** *dit***)** (1717-1806).

ARMÉE. (Suite.)

En pied, debout, de profil, à gauche; tête nue; perruque; costume gris; il porte le cordon de l'ordre de Saint-Michel. Fond de paysage.

Provient de successions. — A M. le comte Guérin, à Paris.

456. — **Georges-Martin Guérin** (1710-1791), chirurgien-major des camps et armées du Roi et des mousquetaires noirs, chevalier de l'ordre de Saint-Michel. — Dessin, de forme ronde; diam. 0^m,11. — Par Cochin (Charles Nicolas) (1715-1790).

En buste, tête nue, de profil à gauche; perruque; indication de costume.

Dans la partie inférieure du dessin est écrit :

C. N. COCHIN FILIUS DELIN. 1767.

Provient de successions. — A M. le comte Guérin, à Paris.

457. — **Georges-Martin Guérin** (1710-1791), chirurgien-major des camps et armées du Roi et des mousquetaires noirs; chevalier de l'ordre de Saint-Mich. l. — Buste bronze; haut. 0^m,75. — Par Pigalle (Jean-Baptiste) (1714-1785).

Tête de face, légèrement rejetée en arrière; il porte le cordon de l'ordre de Saint-Michel; sur le socle, les armoiries de la famille Guérin.

Provient de successions. — A M. le comte Guérin, à Paris.

458. — **François Constance, comte Guérin, enfant** (1773-1845), cadet au régiment de Royal-Cravate, lieutenant aux gardes de la porte du Roi, fils de Georges-Martin Guérin. — Toile, de forme ovale; haut. 0^m,54, larg. 0^m,43. — Par Lépicié (Nicolas-Bernard) (1735-1784).

En buste, de trois quarts, tête presque de face; il tient un violon sous le bras droit; devant lui, sur une table, une feuille de musique.

Photographié au charbon, par M. Braun.

Provient de successions. — A M. le comte Guérin, à Paris.

459. — **François-Constance, comte Guérin** (1773-1845), cadet au régiment de Royal-Cravate, lieutenant aux gardes de la porte du Roi, fils de Georges-Martin Guérin. — Aquarelle; haut. 0^m,34, larg. 0^m,25. — Par Vernet (Antoine-Charles-Horace, dit Carle) (1758-1835).

En pied, debout, de face; en uniforme des gardes de la porte en 1814, la main posée sur le canon de son fusil.

Exécuté en 1814 ou 1816.

Provient de successions. — A M. le comte Guérin, à Paris.

460. — **Edmond-François-Antoine de Sadonvilliers de Billaud** (1705-1780), capitaine-lieutenant de la compagnie colonelle du régiment d'Hallwyl, ancien régiment de Karrer; a servi à la Louisianne et à la Nouvelle-Orléans; beau-frère de Georges-Martin Guérin. — Toile, de forme ovale; haut. 0^m,63, larg. 0^m,52. — Par Natoire (Charles-Joseph) (1700-1777).

En buste, tête nue, tournée vers l'épaule gauche; perruque à queue; uniforme rouge du régiment d'Hallwyl; une main sur le canon de son fusil. Fond de marine.

Provient de successions. — A M. le comte Guérin, à Paris.

Portraits nationaux.

ARMÉE. (Suite.)

461. — Louis-François-Ignace, chevalier de Billaud (1735-1790), lieutenant au régiment suisse d'Hallwyl; a servi à la Louisianne, à la Nouvelle-Orléans et au Canada de 1742 à 1763; beau-frère de Georges-Martin Guérin. — Toile; haut. 0^m,54, larg. 0^m,44. — Par Fragonard (Jean-Honoré) (1732-1806).

En buste, assis; tête nue, tournée vers l'épaule gauche; le bras gauche passé sur le dossier du fauteuil; vêtu d'une robe de chambre à reflets orange. Fig. grand. nat.

Provient de successions. — A M. LE COMTE GUÉRIN, à Paris.

462. — Claude-Marie Micolon du Bourgnon (1735-1819), maréchal de camp, gouverneur des pages de la petite écurie sous Louis XVI; chevalier de l'ordre de Saint-Louis (1777). — Toile; haut. 0^m,63, larg. 0^m,52. — Par Frédou (Jean-Martial) (1711?-1795).

En buste, de trois quarts; tête nue, le regard tourné vers l'épaule droite; cheveux poudrés; habit de soie; jabot de dentelle retenu par un ruban de satin noir; chapeau sous le bras gauche. Fig. grand. nat.

Dans la partie inférieure de la toile est écrit:

FREDOU 1756.

A la gauche du personnage, un blason, sans supports, avec la croix de Saint-Louis.

La rencontre de ce portrait ne permettrait plus à l'auteur des *Portraits inédits* d'écrire aujourd'hui: « Le crayon de Portail, daté de 1757, est l'œuvre la plus ancienne, au moins comme date certaine, que nous connaissions de Frédou. » (*Portraits inédits d'artistes français*. Texte par Ph. de Chennevières, lithographies et gravures par Frédéric Legrip; Paris, Vignères, Dumoulin, Rapilly, in-fol. 1853-1869.— 1re livraison, août 1853, p. 21.) Le portrait de Micolon du Bourgnon est antérieur d'une année à celui de Jacques-André Portail.

Provient de successions. — A M. CLAUDE-JACQUES DE PRUINES, à Clermont-Ferrand.

463. — Jean-Victor, baron de Besenval du Saint-Empire (1672-1736), colonel du régiment des gardes suisses au service de la France; fut envoyé par Louis XIV, en 1707, auprès du roi de Suède, Charles XII. — Toile; haut. 1^m,06, larg. 0^m,78. — Par Netscher (Constantin) (1670-1722).

A mi-corps; tête nue, de trois quarts, le regard tourné vers l'épaule droite; cuirasse; manteau de velours rouge.

Photographié au charbon, par M. Braun.

Provient de successions. — A M. LE COMTE DE BESENVAL, à Paris.

464. — Jean-Victor, baron de Besenval du Saint-Empire (1672-1736), colonel du régiment des gardes suisses au service de la France; fut envoyé par Louis XIV, en 1707, auprès du roi de Suède, Charles XII. — Buste bronze, monté sur piédouche; haut. 0^m,80. — Par Caffieri (Jacques) (1678-1755), fondeur-ciseleur.

Tête nue, fortement tournée vers l'épaule gauche; cuirasse ornée d'un lion accroupi en relief très méplat; draperie sur l'épaule droite.

Sous l'épaule gauche est gravé:

FAIT PAR CAFFIERI A PARIS, 1735.

ARMÉE. (Suite.)

Derrière le buste, sur une plaque de bronze, est gravé :

JOHANNES VICTOR BESENVAL LIBER BARO IN BRUSTATT,
REGIUS GALLÆ NUNCIUS AD CAROLUM XII SUECLÆ REGEM,
IN INTERREGNO JOSEPHI IMPERATORIS MORTEM CONSE-
CUTO AD SEPTENTRIONIS ET INFERIORIS GERMANIÆ
PRINCIPES CUM SUMMA POTESTATE ET AD AUGUS-
TUM II POLONIÆ REGEM, ATQUE REMPUBLICAM
MISSUS, GALLICORUM EXERCITUM DUX LE-
GATUS, HELVETICÆ LEGIONIS REGI
GALLICORUM A CUSTODIA TRIBUNUS, NEC
NON SUBSTITUTIONIS VALDEC AMPLI-
FICATOR BENEFICUS. OBIIT PARISIIS
DIE XI MARTIS AN : MDCCXXXVI
NATUS ANNOS LXIV, MENSES
VIII ET XV DIES ET JACET IN
OEDIBUS B. SULPITIO SACRIS.

Ce buste est signalé en ces termes par l'abbé de Fontenai : « On a de Jacques Caffiéri plusieurs bustes en bronze, parmi lesquels on remarque celui de M. le baron de Besenval, colonel du régiment des gardes suisses, que M. son fils conserve très précieusement dans son cabinet, et qui mérite en effet cette distinction par la beauté de l'exécution. » (*Dictionnaire des artistes*, Paris, Vincent, 1776, 2 vol. in-12; tome Ier, p. 291.)

M. Jules Guiffrey, complétant le texte de l'abbé de Fontenai, fait observer que le fils du modèle, qui conserva le buste dont nous parlons, n'est autre que le baron de Besenval (Pierre-Victor), auteur des *Mémoires*. (*Les Caffieri*. — Paris, Morgand, 1877, in-8°, p. 92.)

Provient de successions. — A M. LE COMTE DE BESENVAL, à Paris.

465. — **Pierre-Victor, baron de Besenval du Saint-Empire** (1722-1794), fils de Jean-Victor, général suisse au service de la France, fit sa première campagne à treize ans, en 1735, dans le régiment des gardes suisses, où son père était colonel; lieutenant général, grand-croix de l'ordre de Saint-Louis, inspecteur général des Suisses et Grisons. Il légua, en mourant, au second fils du maréchal de Ségur, des *Mémoires* manuscrits publiés dans la *Collection des mémoires relatifs à la Révolution française*. — Toile; haut. 1^m,48, larg. 1^m,14. — **Auteur inconnu** (XVIIIe siècle).

En pied, debout; âgé de treize ans environ; en costume de garde suisse; tête de face; main droite étendue. Fond de paysage. Fig. grand nat.

Provient de successions. — A M. LE COMTE DE BESENVAL, à Paris.

466. — **Pierre-Victor, baron de Besenval du Saint-Empire** (1722-1794), fils de Jean-Victor, général suisse au service de la France, fit sa première campagne à treize ans, en 1735, dans le régiment des gardes suisses, où son père était colonel; lieutenant général, grand-croix de l'ordre de Saint-Louis, inspecteur général des Suisses et Grisons. Il légua en mourant, au second fils du maréchal de Ségur, des *Mémoires* manuscrits publiés dans la *Collection des mémoires relatifs à la Révolution française*. — Toile; haut. 0^m,80, larg. 0^m,63. — Par **Nattier (Jean-Marc)** (1685-1766).

ARMÉE. (Suite.)

A mi-corps, tête nue, tournée vers l'épaule droite; perruque à queue; cuirasse damasquinée d'or; manteau de fourrure mouchetée; grand-cordon de l'ordre de Saint-Louis. A droite, fond de bataille.

A la gauche du personnage est écrit :

NATTIER PINXIT 1744.

Photographié au charbon, par M. Braun.

Provient de successions. — A M. LE COMTE DE BESENVAL, à Paris.

467. — **La comtesse Bielinska et sa fille**, plus tard baronne de Besenval. — Toile; haut. 1^m,58, larg. 1^m,25. — Par Rigaud (**Hyacinthe**) (1659-1743).

A mi-corps, assise; tête nue, de face; robe rose ouverte; manteau bleu; le coude gauche posé sur une table; des fleurs dans la main droite. A sa droite, debout, en robe bleu clair, est sa fille, épaule gauche découverte, et portant des fleurs dans son écharpe.

A la gauche du principal personnage est écrit :

COMTESSE DE MORSTEIN.
Ctesse BIELINSKA.

Photographié au charbon, par M. Braun.

A M. LE COMTE DE BESENVAL, à Paris.

468. — **La baronne de Besenval du Saint-Empire, née comtesse Bielinska** (?-?), cousine-germaine de la reine Marie Leczinska. — Toile; haut. 0^m,79, larg. 0^m,63. — Par Largillière (**Nicolas de**) (1656-1746).

A mi-corps, de face; robe blanche décolletée; manteau de velours bleu à revers jaunes; voile de gaze sur les cheveux.

Photographié au charbon, par M. Braun.

Provient de successions. — A M. LE COMTE DE BESENVAL, à Paris.

469. — **Théodore-Élisabeth-Catherine, baronne de Besenval** (?-?), mariée, en 1733, à Charles-Louis-Guillaume, marquis de Broglie. — Toile; haut. 1^m,06, larg. 0^m,78. — Par Nattier (**Jean-Marc**) (1685-1766).

A mi-corps, de face; robe ouverte; manteau bordé de fourrures. Fig. grand. nat.

A la gauche du personnage est écrit :

MARQUISE DE BROGLIE, NÉE BARONNE DE BESENVAL.

Photographié au charbon, par M. Braun.

Provient de successions. — A M. LE COMTE DE BESENVAL, à Paris.

470. — **Charles-Louis-Guillaume, marquis de Broglie** (?-?), marié, en 1733, à Théodore-Élisabeth-Catherine, baronne de Besenval. — Toile; haut. 0^m,79, larg. 0^m,63. — Par Nattier (**Jean-Marc**) (1685-1766).

A mi-corps; tête nue, légèrement tournée vers l'épaule droite; cuirasse. Fig. grand nat.

A la droite du personnage est écrit :

NATTIER, PINXIT 1734.

Provient de successions. — A M. LE COMTE DE BESENVAL, à Paris.

ARMÉE. (Suite.)

471. — **Pascal Paoli** (1726-1807), chef corse, général pendant la lutte de sa patrie contre les Génois; se réfugia en Angleterre après la cession de l'île à la France (1768). — Toile; haut. 0m,74, larg. 0m,61. — Par **Cosway (Richard)** (1740-1821).

En buste, de trois quarts, tête nue; riche costume de fantaisie; cuirasse; à la droite du personnage, un casque surmonté d'une plume rouge.

Copie du portrait de Paoli par Peloggi, au palais Pitti, à Florence.

A M. Mattei, à Paris.

472. — **Thuret** dit **le Doyen des vétérans** (1699-1807), mort à Tours à l'âge de cent huit ans, après en avoir passé quatre-vingt-douze sous les drapeaux; blessé au siège de Kehl en 1733 et à la bataille de Minden (1759); honoré d'une pension du Roi (1787); décoré de la Légion d'honneur dès la création de l'ordre (1802). — Toile; haut. 1m,21, larg. 0m,88. — Par **Vestier (Antoine)** (1740-1810).

A mi-jambes, debout; tête nue, de face; costume militaire; le chapeau dans la main droite; une pipe dans la main gauche; trois médailles et une croix sur la poitrine.

Dans la partie inférieure de la toile est écrit:

VESTIER

Exécuté en 1782.

Photographié au charbon, par M. Braun.

Provient de M. Vestier, architecte, petit-fils du peintre. — Au musée de Tours.

473. — **Marie-Jean-Paul-Roch-Yves-Gilbert Motier, marquis de la Fayette** (1757-1834), major général de l'armée américaine (1777), commandant de la garde nationale à Paris (1789), député sous la Restauration. — Miniature, de forme ovale; haut. 0m,040, larg. 0m,033. — Par **Hall (Pierre-Adolphe)** (1739-1794).

En buste, de face; habit militaire en drap bleu à revers rouges; perruque poudrée.

A M. Hippolyte Walferdin, à Paris.

474. — **Charles-François Dumouriez** (1739-1823), général; remporta la victoire de Jemmapes (6 novembre 1792). — Toile; haut. 0m,43, larg. 0m,34. — Par **Greuze (Jean-Baptiste)** (1725-1805).

En buste, tête nue, de face; habit à revers dont les parements affectent une forme toute spéciale qu'on ne retrouve guère que dans les portraits gravés de ce général.

Le présent tableau n'est qu'un fragment d'un grand portrait en pied, qu'on a dû découper pour conserver la seule partie intacte. « Il portait, nous écrit le possesseur actuel, sur son vieux châssis, évidemment du temps, l'inscription « Dumouriez, » et malgré le mauvais état du bas de la toile, on voyait très distinctement la signature de Greuze en pleine pâte et en toutes lettres. » Le grand portrait primitif représentait Dumouriez assis sur un fauteuil, la main droite appuyée sur le bras droit du fauteuil; costume de la fin du règne de Louis XVI.

A. M. Pradelle, à Paris.

475. — **Charles-François Dumouriez** (1739-1823), général; remporta la victoire de Jemmapes (6 novembre 1792). — Buste terre cuite sur piédouche; haut. 0m,60. — Par **Houdon (Jean-Antoine)** (1741-1828).

Tête nue, tournée vers l'épaule droite; costume de général.

Provient d'un don de David d'Angers (1836). — Au musée David, à Angers.

ARMÉE. (Suite.)

476. — Jean-Baptiste Kléber (1753-1800), général; se distingua à la bataille de Fleurus (1794), à Héliopolis (1800) et reprit le Caire insurgé (1800). — Dessin à la mine de plomb; haut. 0^m,38, larg. 0^m,26. — Par **Guérin (Christophe)** (1758-1830), graveur.

En pied, debout, de face; la main gauche sur la poignée du sabre; son chapeau à plumes dans la main droite.

Dans la partie inférieure du dessin est écrit :

GUÉRIN C. — D'APRÈS NATURE.

Provient de Jean Guérin, peintre, frère de Christophe Guérin. — A M. Philippe Yves, à Chartres.

477. — Louis-Charles-Antoine Desaix de Veygoux (1768-1800), général de division, tué à Marengo. — Toile; haut. 0^m,98, larg. 0^m,72. — Par **Appiani (le chevalier André)** (1761-1817).

A mi-corps, debout, de profil, à droite; costume vert foncé; il lit une lettre portant la signature de Bonaparte. Deux personnages, la tête ceinte d'un turban, apparaissent au second plan.

Dans la partie inférieure de la toile est écrit :

APPIANI

A M. le baron Gourgaud, à Paris.

478. — Louis-Charles-Antoine Desaix de Veygoux (1768-1800), général de division, tué à Marengo. — Miniature sur ivoire, de forme ovale; haut. 0^m,065, larg. 0^m,050. — Par **Guérin (Jean)** (1760-1836).

En buste, de face; cheveux plats; uniforme bleu à revers; collet droit; cravate noire; boutons d'or.

A la gauche du personnage est écrit :

J. GUÉRIN

Provient de successions. — M. Aignan-Desaix, à Paris.

479. — Louis-Charles-Antoine Desaix de Veygoux (1768-1800), général de division, tué à Marengo. — Médaillon terre cuite, de forme ovale, haut. 0^m,24, larg. 0^m,19. — Auteur inconnu (XVIIIe siècle).

De profil, joue droite; indication de vêtement à col rabattu.

A M. G. Alix, à Paris.

480. — « **Le marquis de la Bretesche,** ancien chef vendéen de la division Montfaucon. » — « **Ragueneau,** de Chanzeaux. » — Dessin, haut. 0^m,20, larg. 0^m,27. — Par **David d'Angers (Pierre-Jean)** (1788-1856).

Les deux têtes sont représentées de profil à droite.

Exécuté le 12 juillet 1825, à Saint-Florent-le-Vieil (Maine-et-Loire).

Provient d'un don de l'auteur. — Au musée David, à Angers.

481 — « **Jean Paquier,** né à Chaudron, âgé de 58 ans; armée vendéenne. » — « **François Boré,** de Saint-Florent, âgé de 60 ans; armée vendéenne. » — Dessin; haut. 0^m,20, larg. 0^m,27. — Par **David d'Angers (Pierre-Jean)** (1788-1856).

Les deux têtes sont représentées de profil à droite.

Exécuté le 12 juillet 1825, à Saint-Florent-le-Vieil (Maine-et-Loire).

Provient d'un don de l'auteur. — Au musée David, à Angers.

ARMÉE. (Suite.)

482. — « **M. l'abbé Martin,** curé de Montrevault, ancien intendant de l'armée de Bonchamps, âgé de 61 ans. » — « **M. Tristan Martin,** ancien adjudant général de l'armée de Bonchamps, maintenant colonel et chevalier de Saint-Louis, âgé de 60 ans. » — « **René Arial,** âgé de 74 ans, armée de d'Elbée, de la Chapelle-du-Genêt. » — Dessin ; haut. 0^m,20, larg. 0^m,27. — Par **David d'Angers (Pierre-Jean)** (1788-1856).
Les trois têtes sont représentées de profil à droite.
Exécuté le 12 juillet 1825, à Saint-Florent-le-Vieil (Maine-et-Loire).
Provient d'un don de l'auteur. — Au musée David, à Angers.

483. — « **Étienne-Mathurin Pennau,** dit *la Ruine*, âgé de 64 ans, natif de Cholet ; armée vendéenne, tambour-major. » — Dessin ; haut. 0^m,20, larg. 0^m,27. — Par **David d'Angers (Pierre-Jean)** (1788-1856).
La tête du même personnage est représentée de face, puis de profil à gauche.
Exécuté le 12 juillet 1825, à Saint-Florent-le-Vieil (Maine-et-Loire).
Provient d'un don de l'auteur. — Au musée David, à Angers.

484. — « **François Cognard,** de Saint-Florent, âgé de 59 ans ; armée vendéenne. » — « **Jean Brugevin de Saint-Florent,** âgé de 58 ans ; armée vendéenne. » — Dessin ; haut. 0^m,20, larg. 0^m,27. — Par **David d'Angers (Pierre-Jean)** (1788-1856).
Les deux têtes sont représentées de profil à droite.
Exécuté le 12 juillet 1825, à Saint-Florent-le-Vieil (Maine-et-Loire).
Provient d'un don de l'auteur. — Au musée David, à Angers.

485. — « **Pierre Lebrun,** natif de la c^{ne} de Saint-Florent, âgé de 44 ans ; armée vendéenne. » — « **Jean Albert,** du Marilais, âgé de 51 ans ; armée vendéenne. » — Dessin ; haut. 0^m,20, larg. 0^m,27. — Par **David d'Angers (Pierre-Jean)** (1788-1856).
Les deux têtes sont représentées de profil à droite.
Exécuté le 12 juillet 1825, à Saint-Florent-le-Vieil (Maine-et-Loire).
Provient d'un don de l'auteur. — Au musée David, à Angers.

486. — « **René Guinabut,** de la commune de Drain, porte-drapeau, âgé de 49 ans. » — « **François Pitton,** commune du Ménil, âgé de 48 ans ; armée de M. de Bonchamps. » — Dessin ; haut. 0^m,20, larg. 0^m,27. — Par **David d'Angers (Pierre-Jean)** (1788-1856).
Les deux têtes sont représentées de profil à droite.
Exécuté le 12 juillet 1825, à Saint-Florent-le-Vieil (Maine-et-Loire).
Provient d'un don de l'auteur. — Au musée David, à Angers.

487. — « **Foyer,** colonel et chevalier de Saint-Louis, ancien commandant de la division de Cholet. » — **L'abbé Joseph Gourdon** (1790-1846), né à Beaupréau, curé de la Chapelle-du-Genêt (1821), après avoir été vicaire général du diocèse de Nantes (1819), prononça, le 11 juillet 1825, l'oraison funèbre du marquis de Bonchamps, dans l'église de Saint-Florent-le-Vieil, en la fête d'inauguration du monument élevé au général vendéen. » — Dessin ; haut. 0^m,20, larg. 0^m,27. — Par **David d'Angers (Pierre-Jean)** (1788-1856).
Les deux têtes sont représentées de profil à droite.

ARMÉE. (Suite.)

Au dessous de la tête du colonel Foyer est écrit :

DAVID D'ANGERS 1824.

La date 1824 est erronée et ne peut s'expliquer que par le fait très probable d'un séjour prolongé de ce dessin dans les cartons de l'artiste, qui n'a dû y apposer sa signature et le millésime qu'au moment de s'en séparer pour l'envoyer au musée David, c'est-à-dire entre 1850 et 1856. Ce dessin, ainsi que ceux qui le précèdent (depuis le n° 480) et ceux qui le suivent (jusqu'au n° 504), a été exécuté le 12 juillet 1825, à Saint-Florent-le-Vieil (Maine-et-Loire).

Aucune note manuscrite de l'artiste n'accompagne la tête de l'abbé Joseph Gourdon.

Provient d'un don de l'auteur. — AU MUSÉE DAVID, à Angers.

488. — «**Jean Réthoré**, de Saint-Florent, âgé de 52 ans.» — «**René Michel**, de Saint-Florent, âgé de 47 ans; armée vendéenne.» — «**Jacques Quoicos**, du Marilais, âgé de 71 ans; armée de Bonchamps». — «**Charles Quoicos**, de Saint-Florent, âgé de 66 ans; armée de Bonchamps.» — «**Julien René Dalaine**, de Saint-Florent, capitaine dans les armées vendéennes.» — «**Jacques Bouyer**, du Marilais, âgé de 48 ans, capitaine dans les armées vendéennes.» — «**Pierre Deniau**, du Marilais, âgé de 43 ans, lieutenant dans les Cent-Jours.» — Dessin; haut. 0ᵐ,20, larg. 0ᵐ,27. — Par **David d'Angers (Pierre-Jean)** (1788-1856).

Les sept têtes sont représentées de profil à droite.

Exécuté le 12 juillet 1825, à Saint-Florent-le-Vieil (Maine-et-Loire).

Provient d'un don de l'auteur. — AU MUSÉE DAVID, à Angers.

489. — «**Bricot (Sébastien)** dit *la Grenade*, âgé de 55 ans; des compagnies bretonnes de l'armée de Bonchamps, habitant de la commune de Varades.» — «**L'abbé Courgeon**, curé de la Chapelle-Saint-Florent, âgé de 71 ans, a administré le général Bonchamps à ses derniers moments, au village de la Maillerie, en Bretagne, le 18 octobre 1793.» — Dessin; haut. 0ᵐ,20, larg. 0ᵐ,27. — Par **David d'Angers (Pierre-Jean)** (1788-1856).

Les deux têtes sont représentées de profil à droite.

Sous la première est écrit au crayon :

S. BRICAUT.

Sous la seconde, à l'encre :

S. COURGEON.

Exécuté le 12 juillet 1825, à Saint-Florent-le-Vieil (Maine-et-Loire).

Provient d'un don de l'auteur. — AU MUSÉE DAVID, à Angers.

490. — «**Mathurin Cosnou** dit *Trompe-la-Mort*, natif de Varades, âgé de 68 ans. Le surnom de *Trompe-la-Mort* lui vient de ce qu'il a échappé à une infinité de périls.» — Dessin; haut. 0ᵐ,20, larg. 0ᵐ,27. — Par **David d'Angers (Pierre-Jean)** (1788-1856).

La tête du même personnage est représentée de trois quarts à droite, puis de profil à droite.

Exécuté le 12 juillet 1825, à Saint-Florent-le-Vieil (Maine-et-Loire).

Provient d'un don de l'auteur. — AU MUSÉE DAVID, à Angers.

ARMÉE. (Suite.)

491. — « **René Bélions**, de Varades, âgé de 58 ans ; des compagnies bretonnes ; il a fait passer la Loire au général Bonchamps, blessé à mort, et l'a porté lui-même au tombeau. » — Dessin ; haut. 0ᵐ,20, larg. 0ᵐ,27. — Par **David d'Angers (Pierre-Jean)** (1788-1856).

La tête du même personnage est représentée de trois quarts à droite, puis de profil à droite.

Exécuté le 12 juillet 1825, à Saint-Florent-le-Vieil (Maine-et-Loire).

Provient d'un don de l'auteur. — Au musée David, à Angers.

492. — « **Jean Bélions**, âgé de 55 ans, natif de Varades ; des compagnies bretonnes ; c'est chez lui qu'est mort le général Bonchamps, et il l'a porté au cimetière. » — « **René Perraud**, âgé de 56 ans, natif de Varades, habitant la Mailleraie ; canonnier des compagnies bretonnes de l'armée de Bonchamps. » — Dessin ; haut. 0ᵐ,20, larg. 0ᵐ,27. — Par **David d'Angers (Pierre-Jean)** (1788-1856).

Les deux têtes sont représentées de profil à gauche.

Exécuté le 12 juillet 1825, à Saint-Florent-le-Vieil (Maine-et-Loire).

Provient d'un don de l'auteur. — Au musée David, à Angers.

493. — « **Laurent Brau**, âgé de 52 ans, natif de la Chapelle-Saint-Florent ; sergent de la première compagnie de l'armée de Bonchamps ; il a un brevet et un fusil d'honneur. » — « **Michel Boré**, âgé de 56 ans, de Saint-Florent ; armée de Bonchamps. » — Dessin ; haut. 0ᵐ,20, larg. 0ᵐ,27. — Par **David d'Angers (Pierre-Jean)** (1788-1856).

La première de ces deux têtes est représentée de profil à droite ; la seconde, de profil à gauche.

Exécuté le 12 juillet 1825, à Saint-Florent-le-Vieil (Maine-et-Loire).

Provient d'un don de l'auteur. — Au musée David, à Angers.

494. — « **Louis Grimaud**, de la Pommeraye, ancien capitaine vendéen, âgé de 57 ans ; armée de Bonchamps. » — « **Louis Chataignier**, de l'armée de Bonchamps. Lors de la déroute du Mans, il fut pris ainsi que son frère, et tous les deux furent passés par les armes ; son frère tomba raide mort, et lui, la joue traversée d'une balle, feignit d'être mort, resta plusieurs heures sans bouger, et à la nuit, se sauva à travers les bruyères. » — Dessin ; haut. 0ᵐ,20, larg. 0ᵐ,27. — Par **David d'Angers (Pierre-Jean)** (1788-1856).

La première de ces deux têtes est représentée de profil à gauche ; la seconde, de profil à droite.

Exécuté le 12 juillet 1825, à Saint-Florent-le-Vieil (Maine-et-Loire).

Provient d'un don de l'auteur. — Au musée David, à Angers.

495. — « **Pierre Loeux**, natif de Saint-Florent ; armée de Bonchamps. » — « **François-René Brau**, porte-drapeau de la commune de Saint-Remi, âgé de 54 ans ; de l'armée de Bonchamps. » — Dessin ; haut. 0ᵐ,20, larg. 0ᵐ,27. — Par **David d'Angers (Pierre-Jean)** (1788-1856).

La première de ces deux têtes est représentée de face ; la seconde, de profil à droite.

Exécuté le 12 juillet 1825, à Saint-Florent-le-Vieil (Maine-et-Loire).

Provient d'un don de l'auteur. — Au musée David, à Angers.

ARMÉE. (Suite.)

496. — « **Marie-Anne Cathelineau, veuve Mousseau**, née au bourg du Pin-en-Mauges, âgée de 65 ans, sœur de Cathelineau, généralissime des Vendéens, et habitant à Montrevault. » — Dessin; haut. 0ᵐ,20, larg. 0ᵐ,27. — Par **David d'Angers (Pierre-Jean)** (1788-1856).

La tête du même personnage est représentée de trois quarts à droite, puis de profil à droite.

Exécuté le 12 juillet 1825, à Saint-Florent-le-Vieil (Maine-et-Loire).

Provient d'un don de l'auteur. — Au musée David, à Angers.

497. — « **Louis Rabjeau**, de Saint-Florent, âgé de 67 ans; sergent dans les chasseurs de la division de Beaupréau; dans les Cent-Jours, il se présenta avec ses quatre fils. » — « **Joseph Lapin**, de Saint-Florent, chasseur de la division de Beaupréau, âgé de 59 ans. » — Dessin; haut. 0ᵐ,20, larg. 0ᵐ,27. — Par **David d'Angers (Pierre-Jean)** (1788-1856).

Ces deux têtes sont représentées de profil à droite.

Exécuté le 12 juillet 1825, à Saint-Florent-le-Vieil (Maine-et-Loire).

Provient d'un don de l'auteur. — Au musée David, à Angers.

498. — « **René-Guillaume Michel**, de Saint-Florent, âgé de 55 ans, lieutenant dans l'armée de Bonchamps, est un de ceux qui ont été chercher le général pour le conduire au combat. » — « **René-Jean Gallard**, de Saint-Florent, âgé de 53 ans; sergent dans les armées vendéennes. » — Dessin; haut. 0ᵐ,20, larg. 0ᵐ,27. — Par **David d'Angers (Pierre-Jean)** (1788-1856).

Ces deux têtes sont représentées de profil à droite.

Exécuté le 12 juillet 1825, à Saint-Florent-le-Vieil (Maine-et-Loire).

Provient d'un don de l'auteur. — Au musée David, à Angers.

499. — « **Julien Suzeneau**, âgé de 61 ans, natif de Saint-Herblon; il est un de ceux qui ont été chercher M. de Bonchamps et l'ont forcé de se mettre à leur tête. » — « **Louis Roger**, âgé de 59 ans, natif du Petit-Montrevault; de l'armée vendéenne de Bonchamps. » — Dessin; haut. 0ᵐ,20, larg. 0ᵐ,27. — Par **David d'Angers (Pierre-Jean)** (1788-1856).

Ces deux têtes sont représentées de profil à droite.

Exécuté le 12 juillet 1825, à Saint-Florent-le-Vieil (Maine-et-Loire).

Provient d'un don de l'auteur. — Au musée David, à Angers.

500. — « **Toussaint-Simon Ragueneau**, de Villedieu, âgé de 51 ans; capitaine dans l'armée vendéenne; armée de Charette. » — « **Michel Chataignier**, né à Saint-Florent, âgé de 68 ans; il a assisté aux derniers moments du général; c'est dans ses bras qu'il a rendu le dernier soupir. » — Dessin; haut. 0ᵐ,20, larg. 0ᵐ,27. Par **David d'Angers (Pierre-Jean)** (1788-1856).

Ces deux têtes sont représentées de profil à droite.

Exécuté le 12 juillet 1825, à Saint-Florent-le-Vieil (Maine-et-Loire).

Provient d'un don de l'auteur. — Au musée David, à Angers.

501. — « **Paul-Jacques Tarrau**, de Saint-Quentin-en-Mauges, sergent de M. de Bonchamps, âgé de 75 ans; il fut un des premiers à aller chercher M. de Bonchamps. » — « **Louis Poitevin**, de Saint-Florent, chasseur de l'armée vendéenne; un des premiers insurgés; âgé de 70 ans. » — Dessin; haut. 0ᵐ,20, larg. 0ᵐ,27. — Par **David d'Angers (Pierre-Jean)** (1788-1856).

ARMÉE. (Suite.)

Ces deux têtes sont représentées de profil à droite.

Exécuté le 12 juillet 1825, à Saint-Florent-le-Vieil (Maine-et-Loire).

Provient d'un don de l'auteur. — Au musée David, à Angers.

502. — «**Pierre Herrau**, natif de Candé, âgé de 67 ans; armée vendéenne.» — «**Pierre Poupart**, natif de Fuilet, âgé de 52 ans; armée vendéenne et de la galerne et des chouans.» — Dessin; haut. 0^m,20, larg. 0^m,27. — Par **David d'Angers** (Pierre-Jean) (1788-1856).

Ces deux têtes sont représentées de profil à droite.

Exécuté le 12 juillet 1825, à Saint-Florent-le-Vieil (Maine-et-Loire).

Provient d'un don de l'auteur. — Au musée David, à Angers.

503. — «**M. Oger de l'Isle**, chef de division, chevalier de Saint-Louis.» — «**René Grasset**, ancien canonnier de l'armée de Bonchamps, et puis lieutenant d'artillerie.» — Dessin; haut. 0^m,20, larg. 0^m,27. — Par **David d'Angers** (Pierre-Jean) (1788-1856).

Ces deux têtes sont représentées de profil à droite.

Exécuté le 12 juillet 1825, à Saint-Florent-le-Vieil (Maine-et-Loire).

Provient d'un don de l'auteur. — Au musée David, à Angers.

504. — «**Jean Saudejean**, natif de Saint-Florent, âgé de 49 ans; armée vendéenne.» — «**François Quoicos**, natif de Saint-Laurent, âgé de 62 ans; armée de Bonchamps.» — «**Julien Chapron**, né à la Chapelle-Saint-Florent, âgé de 51 ans; ancien capitaine vendéen dans l'armée de Bonchamps.» — «**François Brevet**, de Beaupréau, âgé de 56 ans; armée de M. d'Elbée.» — Dessin; haut. 0^m,20, larg. 0^m,27. — Par **David d'Angers** (Pierre-Jean) (1788-1856).

Ces quatres têtes sont représentées de profil à droite.

Exécuté le 12 juillet 1825, à Saint-Florent-le-Vieil (Maine-et-Loire).

On lit dans la Vie de David d'Angers, à la suite du récit de l'inauguration du monument de Bonchamps (11 juillet 1825), que le lendemain, dès l'aube, les survivants de l'armée vendéenne frappaient à la porte du statuaire, et ces soldats paysans ne pouvaient taire leurs faits d'armes, devant l'homme qui venait d'immortaliser Bonchamps. «Le sculpteur recueillait du même crayon leurs récits et leurs traits.» (Voir notre ouvrage, *David d'Angers, sa vie, son œuvre, ses écrits et ses contemporains*. Paris, E. Plon et Cie, 1878, 2 vol. gr. in-8°, tome I, p. 152.

On s'aperçoit aisément au style coupé, incorrect, des notices qui précèdent, tracées de la main du statuaire au-dessous de chaque profil, qu'elles ne furent point écrites après coup, mais bien en face du modèle et dictées par lui. C'est pourquoi nous en avons respecté le texte, et nous le reproduisons dans ce livre entre guillemets.

Provient d'un don de l'auteur. — Au musée David, à Angers.

505. — **Lazare Hoche** (1768-1797), général en chef de l'armée de Sambre-et-Meuse. — Miniature, de forme ronde; diam. 0^m,075. — Par **Chateaubourg** (?-? XVIIIe siècle).

A mi-corps; cheveux plats, collier de barbe; en tunique bleu de roi, à boutons de métal; épaulettes; il tient un rouleau dans la main droite.

A la droite du personnage est écrit :

CHATEAUBOURG, PEINTRE A NANTES.

Exécuté en 1795.

A Mme Girard-Goupillon, à Montaigu (Vendée).

ARMÉE. (Suite.)

506. — **Lazare Hoche** (1768-1797) général en chef de l'armée de Sambre-et-Meuse. — Dessin; haut. 0^m,40, larg. 0^m,32. — Par **Boze** (Ursule-Claudine-Marie) (1775-1850), fille de Joseph Boze.

A mi-corps, de face; tête nue, tournée vers l'épaule droite; cheveux poudrés; cicatrice au visage; tunique fermée; haute cravate. Inscrit dans un médaillon ovale.

Dans la partie inférieure du cadre est écrit :

DESSINÉ PAR URSULE BOZE.

Exécuté en thermidor an VI (juillet-août 1797).

Ce dessin a été l'objet d'une lettre du général Hoche demeurée inédite entre les mains de M. Charles Vatel. Nous la transcrivons ici :

D^e D^{on} (dernière distribution)
Arm. Sambre-et-Meuse.

Au Citoyen
Boze, artiste, pavillon des Archives.
Au Louvre.
A Paris.

Wetzlar, le 25 termidor, 5e année.

Tant de gens parlent de moi sans me connaître que je veux absolument, monsieur Boze, que mon excellent dessin soit gravé.

Je vous prie de le donner à l'artiste sur-le-champ; mandez-moi combien je dois vous faire remettre pour le tout. Un de mes amis vous portera la somme.

Le général commandant en chef l'armée de Sambre-et-Meuse.

L. HOCHE.

Le cachet est conservé intact, il est en cire rouge. Il représente un cœur enflammé sur le milieu duquel on distingue un H. — A droite et à gauche des drapeaux. — Au milieu : un bonnet phrygien, sur une pique; au-dessus sont gravés ces mots : PRO PATRIA; au-dessous : République française.

La gravure ayant été faite, sous la surveillance de Joseph Boze, par Coqueret (Pierre-Charles), la planche demeura sa propriété. Le général mourait, comme on sait, le le 7 vendémiaire an VI (28 septembre 1797); Boze informa sans doute, peu après cette date, la veuve de Hoche de l'existence du portrait gravé de son mari, car elle lui répondait le 30 frimaire de la même année (20 décembre 1797), dans les termes suivants :

Au Citoyen
Boze, peintre de portrait, palais national du Louvre,
pavillon des archives.
A Paris.

Metz, le 30 frimaire, an VI.

J'ai reçu, Citoyen, la lettre que vous m'avez écrite pour m'annoncer que vous étiez le possesseur de la planche sur laquelle est gravée le portrait de mon époux : le général Debelle, qui vous remettra cette lettre, vous dira le nombre des épreuves que je désire. Vous voudrez bien les lui remettre et je vous serez obligée.

A.-D. HOCHE.

On lit sur le revers :

Dechaux, chez Sponville, rue Neuve-des-Petits-Champs, n° 9, au coin de la rue Dantin. Envoyé 6 épreuves.

Le citoyen Lelong, rue Saint-Roch-Poissonnière, n° 9.

ARMÉE. (Suite.)

Ce que, malgré nos recherches, nous n'avons pu résoudre, c'est la question de savoir si le dessin d'Ursule Boze a été fait d'après un portrait dessiné ou peint par son père Joseph Boze. La haute personnalité du général Hoche nous autorise à penser que Joseph Boze n'eût pas laissé à sa fille le soin de dessiner les traits du commandant en chef de l'armée de Sambre-et-Meuse, si quelque ouvrage sorti de ses mains n'avait précédé ce travail et n'en était resté le type.

Photographié au charbon, par M. Braun.

A M. Charles Vatel, à Villepreux (Seine-et-Oise).

507. — Lazare Hoche (1768-1797), général en chef de l'armée de Sambre-et-Meuse. — Buste biscuit; haut., avec le piédestal en biscuit teinté, 0ᵐ,32. — Par **Nast** (?-? xviiiᵉ siècle).

Tête nue, cheveux plats, à queue; cravate montante; costume de général.

Sur le devant du piédestal est écrit :

HOCHE.

Sur la partie postérieure de la plinthe du piédestal :

MANUFACTURE DE PORCELAINE DU Cᵉⁿ NAST, RUE DES AMANDIERS,
Dᵒⁿ POPINCOURT.

Pendant du buste de Bonaparte. (Voir xixᵉ siècle, n° 757.)

A M. Benjamin Fillon, à Saint-Cyr en-Talmondais (Vendée).

508. — Alexandre-Davy de la Pailleterie Dumas (1762-1807), général de division, commandant en chef de l'armée des Pyrénées-Orientales et de l'armée de l'Ouest. — Toile; haut. 0ᵐ,75, larg. 0ᵐ,60. — **Auteur inconnu** (xviiiᵉ siècle).

En pied, de face; costume de chasse; il tient un fusil dans la main droite et caresse un chien de la main gauche. Fond de paysage.

Photographié au charbon, par M. Braun.

A M. Alexandre Dumas, à Paris.

III.

MAGISTRATS, JURISCONSULTES.

509. Henri-François d'Aguesseau (1668-1751), procureur général (1700), chancelier de France (1717). — Toile; haut. 1ᵐ,30, larg. 0ᵐ,98. — **Auteur inconnu** (xviiiᵉ siècle).

A mi-jambes, assis sur un fauteuil; tête nue, de face; costume de chancelier; perruque; dans la main droite est une feuille manuscrite.

Dans la partie supérieure de la toile est écrit :

HENRI-FRAÇOIS D'AGUESSEAU,
PROCUREUR GÉNÉRAL
(1668-1751).

Provient du château de Dreux. — A M. Léon Bourdier, à Versailles.

MAGISTRATS, JURISCONSULTES. (Suite.)

510. — Guillaume de Lamoignon, seigneur de Blancmesnil et de Malesherbes (1683-1772), président au parlement de Paris, premier président de la Cour des aides (1746), chancelier de France (1750). — Toile; haut. 1^m,35, larg. 1^m,05. — Par **Largillière (Nicolas de)** (1656-1746).

A mi-jambes, debout; costume de magistrat; grande perruque; la main gauche gantée; le bras droit appuyé sur le dossier d'un fauteuil garni de velours rouge. Fond d'architecture et de draperie.

A M. LE MARQUIS DE SAINT-PAUL, à Paris.

511. — Guillaume-Michel Chabrol (1714-1792), jurisconsulte, conseiller d'État, né à Riom, anobli en 1767. — Toile; haut. 0^m,90, larg. 0^m,70. — **Auteur inconnu** (XVIIIe siècle).

En buste, le regard tourné vers l'épaule droite; costume officiel de conseiller d'État; la main gauche, tendue, fait un geste explicatif. Fig. grand. nat..

A LA BIBLIOTHÈQUE DES AVOCATS, à Clermont-Ferrand.

512. — Pierre de Bérulle (1640-1723), premier président au parlement de Grenoble. — Dessin d'après Rigaud (Hyacinthe) (1659-1743); haut. 0^m,38, larg. 0^m,29. — **Auteur inconnu** (XVIIIe siècle).

A mi-jambes, assis sur un fauteuil; tête nue, tournée vers l'épaule gauche; costume officiel, recouvert du manteau bordé d'hermine.

Ce portrait ne figure pas dans l'«État général des portraits et autres tableaux sortis du pinceau de l'illustre M. Rigaud pendant les soixante-deux années qu'il a exercé son art à Paris» inséré dans les *Mémoires inédits sur la vie et les ouvrages des membres de l'ancienne Académie royale de peinture et de sculpture*, publiés par MM. Dussieux, E. Soulié, Ph. de Chennevières, Paul Mantz, A. de Montaiglon (Paris, Dumoulin, 1854, 2 vol. in-8°, tome II, p. 142).

A M. ALEXANDRE DELAHERCHE, à Beauvais.

513. — Jean-Louis, marquis de Maleteste de Villey (1709-1785), conseiller au parlement de Dijon. — Buste marbre; haut. 0^m,65. — **Auteur inconnu** (XVIIIe siècle).

Tête nue, de face; drapé d'un manteau qui laisse la poitrine découverte.

Sculpture italienne.

Provient du fils du modèle. — AU MUSÉE DE DIJON.

514. — Robert-Marie Le Roux d'Esneval (1746-1791), vidame de Normandie, président à Mortier au parlement de Rouen. — Toile; haut. 0^m,69, larg. 0^m,54. — Par **Heinsius (Johann-Ernst)** (?-1787?).

En buste; tête de trois quarts, tournée de gauche à droite; robe rouge, garnie d'hermine.

Dans la partie inférieure de la toile est écrit:

HEINSIUS PINXIT 1778.

Provient de successions. — A M. ROBERT BEZUEL D'ESNEVAL, à Rouen.

515. — Robert-Joseph Pothier (1699-1772), jurisconsulte, né à Orléans, conseiller au présidial et professeur de droit français en l'université d'Orléans. — Toile; haut. 0^m,80, larg. 0^m,64. — Par **Noir (Simon-Bernard Le)** (?-? a pris part aux expositions de 1779 à 1795).

MAGISTRATS, JURISCONSULTES. (Suite.)

A mi-corps, la tête légèrement penchée; le regard tourné vers l'épaule droite; perruque poudrée; rabat noir bordé de blanc; robe noire; manchette relevée entourant le poignet gauche; main gauche posée sur un livre relié, au dos duquel est écrit: *Nouvelles coutumes d'Orléans*. A sa gauche est une table couverte d'un drap vert et sur laquelle sont deux volumes; au dos de l'un d'eux, relié en parchemin, est écrit: *Pandectæ Justinianeæ in novum ordinem digestæ*; sur la couverture de l'autre volume broché est écrit: *Divers traités du droit français*.

A divers points de vue, ce n'est pas *Justinianes* qu'eût dû écrire le peintre, mais *Justinianeæ*, s'il voulait rappeler l'un des ouvrages de Pothier souvent réimprimé : « *Pandectæ Justinianeæ* » (1743, 3 vol. in-fol.). La date de publication des *Pandectæ* nous oblige à chercher l'époque d'exécution de ce portrait en deçà de 1743.

Gravé par Vangelisty.

Provient de la collection Vandebergue. Acquisition de M. Marcille (François-Martial). Don de M. Marcille (Eudoxe). — AU MUSÉE D'ORLÉANS.

516. — **Daniel Jousse** (1704-1781), jurisconsulte, né à Orléans; conseiller au présidial. — Toile; haut. 0ᵐ,80, larg. 0ᵐ,64. — Par **Noir (Simon-Bernard Le)** (?-? a pris part aux expositions de 1779 à 1795).

En buste, de face; perruque poudrée; rabat blanc; robe noire; manchettes; la main droite, ouverte, est posée sur la poitrine; derrière la tête un rideau; à la gauche du personnage, une bibliothèque et une sphère terrestre.

Provient de Mˡˡᵉ Regnard, petite-nièce de Jousse (1860). — AU MUSÉE D'ORLÉANS.

517 — **Pierre-Robert le Cornier de Cideville** (1693-1776), magistrat, né à Rouen. — Toile; haut. 0ᵐ,69, larg. 0ᵐ,56. — Par **Voiriot, Woiriot, ou Voriot (Guillaume)** (1713-1799).

En buste, tête nue, de face; perruque poudrée; robe rouge, garnie d'hermine. Fig. grand. nat.

A la gauche du personnage est écrit :

VOIRIOT S. 1770.

Voiriot porta sans doute un double prénom, puisque lui-même fait suivre son nom de l'initiale S, tandis que les biographes lui donnent le seul prénom de Guillaume.

Photographié au charbon, par M. Braun.

AU MUSÉE DE ROUEN.

IV.

CLERGÉ.

518. — **Esprit Fléchier** (1632-1710), orateur, écrivain, évêque de Nîmes (1687), membre de l'Académie française (1675). — Toile, de forme ovale; haut. 0ᵐ,72, larg. 0ᵐ,57. — Auteur inconnu (XVIIIᵉ siècle).

En buste, de trois quarts à droite; tête nue; il est devant une table et il écrit; camail violet, doublé de rouge; rabat; pas de croix pectorale.

Photographié au charbon, par M. Braun.

Provient des religieuses Ursulines de Sommières. — A L'ÉVÊCHÉ DE NÎMES.

CLERGÉ. (Suite.)

519. — Dominique-Barnabé Turgot de Saint-Clair, évêque de Séez de 1710 à 1727. — Toile; haut. 1ᵐ,45, larg. 1ᵐ,13. — Attribué à **Largillière (Nicolas de)** (1656-1746).

A mi-jambes, assis sur un fauteuil de velours rouge; tête nue, de face; camail bleu à revers rouges; le bras droit posé sur une table; la main tient un livre.

Provient de successions. — A Mᵐᵉ LA MARQUISE TURGOT, à Paris.

520. — Jean Siffrein Maury (1746-1817), orateur, homme politique, cardinal (1794), archevêque de Paris (1810), membre de l'Académie française (1784). — Toile; haut. 0ᵐ,39, larg. 0ᵐ,31. — Par **Bernard d'Agescy ou Dagescy (Augustin?)** (1756-1829), né à Niort.

A mi-corps; tête nue, de face; le regard tourné vers l'épaule gauche; il est assis sur un fauteuil, devant une table couverte d'un tapis rouge, et tient un livre dans la main droite.

Provient de la famille Bernard-Dagescy. — A LA SOCIÉTÉ DE STATISTIQUE DE NIORT (Deux-Sèvres).

521. — L'abbé Jean Lebeuf (1687-1760), érudit et archéologue, chanoine et sous-chantre de l'église cathédrale d'Auxerre, membre de l'Académie des inscriptions et belles-lettres, auteur de l'*Histoire de la ville et du diocèse de Paris*. — Toile; haut. 0ᵐ,79, larg. 0ᵐ,64. — **Auteur inconnu** (XVIIIᵉ siècle).

A mi-corps, tête nue, regard tourné vers l'épaule droite; manches de soutane à revers rouges; la main droite posée sur un livre au dos duquel est écrit : *Histoire d'Auxerre t. I, 1743.*

L'abbé Lebeuf n'a rien écrit sous le titre : *Histoire d'Auxerre*, mais il est l'auteur de *Mémoires contenant l'histoire ecclésiastique et civile d'Auxerre*, publiés de 1754 à 1757, en 15 vol. in-12. La date portée sur cette toile indiquerait que le premier volume des *Mémoires* date de 1743.

Ce portrait, on le présume, doit être celui offert au chapitre de l'église Saint-Étienne d'Auxerre, par MM. Lebeuf et Potel, en 1777.

AU MUSÉE D'AUXERRE.

522. — Charles-Michel de l'Épée (1712-1789), prêtre, instituteur des sourds-muets, auxquels il consacra sa vie et sa fortune. — Buste plâtre; haut. 0ᵐ,74. — Par **Deseine (Louis-Pierre)** (1750-1827).

Tête nue, de face; costume ecclésiastique.

Sur le piédouche est gravé :

CHARLES-MICHEL DE L'ÉPÉE, INSTITUTEUR GRATUIT DES SOURDS-MUETS,
MORT EN 1789.
FAIT PAR DESEINE, SOURD-MUET 1786.

Nous n'avons pu découvrir chez aucun biographe la preuve que Louis-Pierre Deseine fut sourd-muet, comme l'indique l'inscription ci-dessus. On remarquera d'ailleurs que cette inscription, renfermant la date de décès du modèle, n'est point l'œuvre du statuaire et n'a nullement le caractère d'une signature.

A L'INSTITUTION NATIONALE DES SOURDS-MUETS, à Paris.

523. — Antoine-Alexis Boudet (1708-1791), provincial des Cordeliers, secrétaire général de l'ordre de Saint-François, vicaire général du diocèse de Clermont, secrétaire d'ambassade de la cour de France à Rome. — Toile; haut 0ᵐ,90, larg. 0ᵐ,72. — **Auteur inconnu** (XVIIIᵉ siècle, école romaine).

CLERGÉ. (Suite.)

A mi-corps, en costume de cordelier; tête nue, de face; un bonnet carré dans la main droite.

Gravé par Dennel.

Provient de successions. — A M. Boudet de Bardon, au château de Crouzol, par Volvic, près Riom (Puy-de-Dôme).

524. — Dom Louis Baudouin (?-?), chartreux de Gaillon. — Toile; haut. 0m,80, larg. 0m,63. — Par **Restout (Jean)** (1692-1768).

A mi-corps; tête nue, de trois quarts, tournée vers l'épaule gauche; il tient un livre dans la main droite.

Photographié au charbon, par M. Braun.

Provient d'un legs de M. l'abbé Mac-Cartan, curé de Saint-Ouen (1851). — Au musée de Rouen.

525. — Armand-Louis, duc de Béthune-Charost (1711-?) **et Basile de Béthune-Charost** (1714-?), **son frère,** petits-fils d'Armand, duc de Béthune-Charost (1663-1747), gouverneur de Louis XV en 1722. Le plus jeune devint abbé de Notre-Dame de Jouy. — Toile; haut. 1m,53, larg. 1m,28. — Par **Largillière (Nicolas de)** (1656-1746).

En pied, debout; l'aîné, âgé de treize ans, en costume de cour, a la main gauche posée sur une armure; le plus jeune, âgé de dix ans, en costume d'abbé, indique un livre ouvert posé sur une table que surmonte un crucifix.

Ce portrait date de 1724.

Provient de successions. — A M. le comte de Béthune, à Paris.

526. — L'abbé Barbier (?-?), prêtre du diocèse de Besançon. — Toile, de forme ovale; haut. 0m,57, larg. 0m,46. — Par **Prud'hon (Pierre)** (1758-1823).

En buste, tête nue, de face; cheveux poudrés; soutane; petit manteau; rabat.

Provient des héritiers du modèle (1825) et de Mme Ve Tainturier (1875). — Au musée d'Orléans.

527. — Anne de Clermont-Gessans (1697-?), demoiselle de Saint-Cyr en mars 1705, religieuse de l'abbaye de Chelles, abbesse de Beaurepaire, dans l'archidiocèse de Vienne (Isère), est morte abbesse de Chelles. — Toile; haut. 1m,46, larg. 1m,12. — Par **Drouais (Hubert)** (1699-1767).

A mi-jambes, en costume d'abbesse; assise sur un fauteuil; le regard tourné vers l'épaule droite; de la main gauche elle tient un livre d'*Heures* posé sur ses genoux; à sa droite est un livre ouvert près de sa crosse abbatiale.

Provient de successions. — A M. Louis-Félicien-Joseph Caignart de Saulcy, à Paris.

528. — Pasquier Quesnel (1634-1719), théologien janséniste. — Miniature sur cuivre, de forme ovale; haut. 0m,13, larg. 0m,06. — Attribuée à **Koets (Rodolphe ou Roelof)** (1655-1725).

En buste, de face; costume ecclésiastique; col blanc, rabattu; calotte noire.

A la droite du personnage est écrit ;

R. K. (en monogramme) 1707.

ÆTATIS 73.

Provient de la collection Achille Ricourt. — A M. Paul Beurdeley, à Paris.

Portraits nationaux. 8

V.

PHILOSOPHES, POÈTES, ÉCRIVAINS, SAVANTS.

529. — François-Marie Arouet de Voltaire, jeune (1694-1778), philosophe, poète, membre de l'Académie française (1746). — Toile; haut. 0^m,72, larg. 0^m,57. — **Auteur inconnu** (XVIIIe siècle).

En buste, tête nue, tournée vers l'épaule gauche; costume rouge, brodé d'or; cravate de dentelles; chapeau sous le bras gauche.

A M. Charles Read, à Paris.

530. — François-Marie Arouet de Voltaire (1694-1778), philosophe, poète, membre de l'Académie française (1746). — Dessin aux deux crayons; haut 0^m,125, larg. 0^m,095. — Par **Latour (Maurice-Quentin de)** (1704-1788).

En buste, tête nue, légèrement tournée vers l'épaule droite; perruque; cravate; jabot.

Dans la partie inférieure du dessin est écrit :

CROQUIS D'APRÈS VOLTAIRE, A L'AGE DE 40 ANS ENVIRON,
PAR MAURICE-QUENTIN LATOUR.

Photographié au charbon, par M. Braun.

Provient de la collection de M. Gault de Saint-Germain. — A M. Charles Moisson, à Paris.

531. — François-Marie Arouet de Voltaire (1694-1778), philosophe, poète, membre de l'Académie française (1746). — Toile; haut. 0^m,60, larg. 0^m,48. — Par **Tournières (Robert)** (1668-1752).

En buste, tête nue, le regard tourné de gauche à droite; costume de velours marron; jabot; perruque poudrée.

Photographié au charbon, par M. Braun.

Au musée de Rouen.

532. — François-Marie Arouet de Voltaire (1694-1778), philosophe, poète, membre de l'Académie française (1746). — Toile; haut. 0^m,60, larg. 0^m,50. — **Auteur inconnu** (XVIIIe siècle).

A mi-corps, de trois quarts à gauche; un livre à la main; habit gris, galonné d'or; grande perruque grise.

Photographié au charbon, par M. Braun.

Provient de successions. — A M. le marquis de Bizemont, à Paris.

533. — François-Marie Arouet de Voltaire (1694-1778), philosophe, poète, membre de l'Académie française (1746). — Bois; haut. 0^m,39, larg. 0^m,33. — Par **Huber (Jean-Daniel)** (1722-?).

Assis près d'une table, Voltaire est représenté fort âgé, vêtu d'une robe de chambre de couleur fauve; un bonnet blanc sur les cheveux, serré par un large ruban bleu.

Ce portrait fut exécuté d'après nature, à Ferney, peu d'années avant la mort de Voltaire. Le peintre genevois Huber qui n'a pris part à aucune exposition, et dont Siret a dit : « Il ne pratiqua les arts que pour son amusement, » était, nous écrit M. le comte d'Haussonville, « un commensal habituel de Ferney. Il passait son temps à faire des portraits de Voltaire qui tenaient un peu de la caricature, et impatientaient fort son illustre modèle. »

Trouvé en 1877, dans un grenier, au château de Coppet, et probablement offert par Voltaire à Mme Necker. — A M. le comte d'Haussonville, à Paris.

PHILOSOPHES, POÈTES, ÉCRIVAINS, SAVANTS. (Suite.)

534. — François-Marie Arouet de Voltaire (1694-1778), philosophe, poète, membre de l'Académie française (1746). — Buste cire; haut. 0^m,45. — Par **Menars** (?-?) (xviiie siècle).

Tête nue, légèrement tournée vers l'épaule gauche; habit rouge; jabot de dentelles; perruque.

Nous n'avons trouvé le nom de Menars chez aucun biographe du dernier siècle; il ne figure pas dans la collection des *Livrets des anciennes expositions*.

Ce buste aurait été exécuté d'après nature en 1778.

A M. Alfred Firmin-Didot, à Paris.

535. — Jean-Jacques Rousseau (1712-1778), philosophe. — Esquisse de groupe terre cuite; haut. 0^m,31, larg. 0^m,19. — Par **Houdon (Jean-Antoine)** (1741-1828).

En pied, assis, vêtu à l'antique, Rousseau regarde vers sa gauche; la main droite est posée sur un manuscrit; un enfant nu, personnification de l'*Émile*, est debout à sa gauche et s'appuie sur son genou.

Projet de groupe pour le rond-point des Champs-Élysées.

Provient d'un don de la sœur de Houdon à François Grille, ancien directeur des Beaux-Arts (1812-1820-1828-1830).

A M. Edmond Hédouin, à Paris.

536. — Denis Diderot (1713-1784), littérateur, critique, l'un des auteurs de l'*Encyclopédie*. — Buste terre cuite; haut. 0^m,52. — Par **Houdon (Jean-Antoine)** (1741-1828).

Tête nue, légèrement tournée vers l'épaule droite; sans indication de vêtement.

A. M. Hippolyte Walferdin, à Paris.

537. — Denis Diderot (1713-1784), littérateur, critique, l'un des auteurs de l'*Encyclopédie*. — Toile; haut. 0^m,80, larg. 0^m,63. — Par **Fragonard (Jean-Honoré)** (1732-1806).

A mi-corps, assis devant une table; costume du matin, rouge grenat; large col de chemise; il feuillette un livre de la main droite; la main gauche est relevée à la hauteur de l'épaule.

A M. Hippolyte Walferdin, à Paris.

538. — Denis Diderot (1713-1784), littérateur, critique, l'un des auteurs de l'*Encyclopédie*. — Toile, haut. 0^m,71, larg. 0^m,58. — Par **Chardin (Jean-Baptiste-Siméon)** (1699-1779).

A mi-corps, assis, de trois quarts; tête nue, le regard tourné vers l'épaule gauche; le bras gauche sur le dossier du fauteuil; la main droite, dont les doigts sont passés entre les feuillets d'un livre, posée sur le bras gauche.

Sur la bordure est écrit :

DIDEROT

Photographié au charbon, par M. Braun.

Provient de la collection Lenoir. — A Mgr le duc d'Aumale, à Paris.

539. — Claude-Adrien Helvétius (1715-1771), philosophe. — Miniature sur ivoire, de forme ovale; haut. 0^m,055, larg. 0^m,065. — Par **Marolle** (?-? xviiie siècle).

8.

PHILOSOPHES, POÈTES, ÉCRIVAINS, SAVANTS. (Suite.)

En buste, de face; cheveux poudrés; habit de velours bleu, brodé d'or. Fond de paysage. A droite est écrit :

MAROLLES 1750.

A Mᵐᵉ Léon Blazy, née Perillieux, à Paris.

540. — **Charlotte Helvétius, enfant** (?-?), fille de Claude-Adrien Helvétius (1715-1771), mariée au comte de Mun. — Toile, de forme ovale; haut. 0ᵐ,70, larg. 0ᵐ,58. — Par **Loo (Charles-André** *dit* **Carles Van)** (1705-1765).

A mi-corps; l'épaule gauche découverte; un chapeau de paille sur la tête; elle tient des raisins dans ses mains.

En exergue, dans la partie supérieure du cadre, est écrit :

A DILECTA MATERTERA, HÆC OPTIMÆ MATRIS RELICTA EFFIGIES LUGENTI FILIO.

Provient de successions. — A M. le marquis de Mun, à Paris.

541. — **Jean Le Rond d'Alembert** (1717-1773), littérateur, philosophe, géomètre, membre de l'Académie des sciences (1741) et de l'Académie française (1754). — Toile, de forme ovale; haut. 0ᵐ,62, larg. 0ᵐ,52. — Par **Chardin (Jean-Baptiste-Siméon)** (1699-1779).

En buste, de trois quarts; tête nue, tournée vers l'épaule gauche; costume gris, bordé d'une broderie d'or.

Provient de la collection Lenoir. — A Mᵍʳ le duc d'Aumale, à Paris.

542. — **Jean Le Rond d'Alembert** (1717-1773), littérateur, philosophe, géomètre, membre de l'Académie des sciences (1741) et de l'Académie française (1754). — Pastel; haut. 0ᵐ,27, larg. 0ᵐ,23. — Par **Latour (Maurice-Quentin de)** (1704-1788).

Tête nue, de trois quarts, tournée de droite à gauche.

A M. Hippolyte Walferdin, à Paris.

543. — **Paul-Henri Thiry, baron d'Holbach** (1723-1789), philosophe. — Dessin aux deux crayons, de forme ronde; diam. 0ᵐ,09. — Par **Carmontelle (Louis Carrogis** *dit*) (1717-1806).

En buste, de profil, tourné à droite; perruque poudrée; habit marron, ouvert; chemise à jabot.

A M. Hippolyte Walferdin, à Paris.

544. — **Charlotte-Suzanne Daine, baronne d'Holbach** (1733-1814), femme du philosophe. — Dessin au crayon de couleur, de forme ovale; haut. 0ᵐ,115, larg. 0ᵐ,095. — Par **Carmontelle (Louis Carrogis,** *dit*) (1717-1806).

En buste, de profil, tournée à gauche; coiffure pyramidale, surmontée d'un pouf orné de rubans bleus; robe de soie bleue, ouverte; chemisette brodée.

A M. Hippolyte Walferdin, à Paris.

545. — **Charles de Secondat, baron de la Brède et de Montesquieu** (1689-1755), littérateur. — Buste marbre; haut. 0ᵐ,84. — Par **Lemoyne (Jean-Baptiste)** (1704-1778).

PHILOSOPHES, POÈTES, ÉCRIVAINS, SAVANTS. (Suite.)

Tête nue, légèrement tournée vers l'épaule gauche; manteau drapé, laissant voir la chemise.

Derrière le buste est gravé :

PAR J.-B. LEMOYNE 1761.

Sur la scotie du piédouche :

BARO DE MONTESQVIEV CAROL. DE SECONDAT.

Ce buste, d'après une note de M. Vallet, conservateur du musée de Bordeaux, aurait été commandé à l'artiste par le prince de Beauvau, gouverneur de la Guienne, et payé 6,000 livres.

A LA BIBLIOTHÈQUE DE BORDEAUX.

546. — **Bernard Le Bouyer** ou **Le Bovier de Fontenelle** (1657-1757), écrivain, mathématicien, philosophe, secrétaire perpétuel de l'Académie des sciences. — Toile : haut. $0^m,79$, larg, $0^m,63$. — Par **Rigaud (Hyacinthe)** (1659-1743).

En buste, de face, coiffé d'un bonnet de velours noir, penché sur l'oreille, par-dessus une calotte de soie jaune; la chemise, ouverte, est attachée par un ruban flottant de soie bleue; manteau de velours grenat, à larges plis, laissant voir un gilet jaune; yeux noirs, un peu bridés; lèvres souriantes; teint coloré; front traversé par une balafre verticale au-dessus de l'œil gauche. Inscrit dans un œil-de-bœuf simulé en pierre.

Gravé par B. Picart en 1727 et placé en tête des œuvres de Fontenelle, in-4° (La Haye, 1728).

Photographié au charbon, par M. Braun.

Provient de Collot. — AU MUSÉE DE MONTPELLIER.

547. — **Bernard Le Bouyer** ou **Le Bovier de Fontenelle** (1657-1757), écrivain, mathématicien, philosophe, secrétaire perpétuel de l'Académie des sciences.— Toile; haut. $0^m,79$, larg. $0^m,64$. — Par **Voiriot, Woiriot** ou **Voriot (Guillaume)** (1713-1799).

A mi-corps, assis; tête légèrement tournée vers l'épaule droite; toque sur les cheveux; vêtement rouge, bordé de fourrures; le bras droit posé sur un livre au dos duquel est écrit: *Mondes de Fontené*; dans la main droite, un mouchoir à carreaux roses et blancs; au fond, une bibliothèque; en avant, une sphère céleste.

Provient de Mme de Miromesnil (1819). — A M. ALPHONSE DURAND, à Mantes (Seine-et-Oise).

548. — **Bernard Le Bouyer** ou **Le Bovier de Fontenelle** (1657-1757), écrivain, mathématicien, philosophe, secrétaire perpétuel de l'Académie des sciences. — Toile; haut. $0^m,79$, larg. $0^m,64$. — Par **Grimou, Grimoux** ou **Grimoud (Jean-Alexis)** (1680?-1740?).

A mi-corps; coiffé d'une toque; le regard tourné vers l'épaule gauche; robe de chambre rouge à brandebourgs jaunes; chemise brodée; la main droite sur la poitrine. Fig. grand. nat.

A M. POUYER-QUERTIER, à Rouen.

549. — **Jean-Antoine-Nicolas de Caritat, marquis de Condorcet** (1743-1794), géomètre, philosophe, publiciste, homme politique; membre de l'Académie des sciences (1769) et de l'Académie française (1782). — Dessin, de forme ronde; diam. $0^m,15$. — Par **Lemort** ou **Lunort** (?-?) (XVIIIe siècle).

PHILOSOPHES, POÈTES, ÉCRIVAINS, SAVANTS. (Suite.)

Tête nue, de profil, à gauche, légèrement rejetée en arrière. Inscrit dans un médaillon de forme circulaire.

Dans la partie gauche de la composition est écrit :

LEMORT F. 1786 (ou LUNORT).

Aucun de ces deux noms ne nous est tombé sous les yeux, quelques biographies ou catalogues relatifs au XVIII° siècle que nous ayons consultés.

A M. Hippolyte Walferdin, à Paris.

550. — **Nicolas de Malezieu** (1650-1729), littérateur, géomètre, membre de l'Académie française et membre honoraire de l'Académie des sciences; chancelier de la principauté de Dombes; précepteur du duc du Maine. — Toile; haut. $0^m,39$, larg. $0^m,32$. — Par **Troy (François de)** (1645-1730).

En buste, de trois quarts à gauche; tête nue, de face; grande perruque; robe bleue; manteau de soie noir, à revers rouges; rabat.

Derrière la toile est écrit en caractères du temps :

NICOLAS DE MALEZIEU, CHEV' CHANCELIER DE DOMBES, AGÉ DE 71 ANS
DE TROY PINXIT.

D'après cette inscription, le portrait aurait été exécuté en 1721.

Provient d'une vente. — A M. Ernest Loup, à Paris.

551. — **Jacques-Antoine-Hippolyte, comte de Guibert** (1743-1790), tacticien, littérateur, membre de l'Académie française (1786). — Miniature en camaïeu, sur ivoire, de forme ronde; diam. $0^m,062$. — Par **Sauvage (Joseph-Grégoire)** (1733?-?).

Tête de profil à gauche; cheveux roulés sur les tempes, et flottants par derrière.

Au-dessous de la tête est écrit :

SAUVAGE.

Au prince Borys Galitzin, à Paris.

552. — **Alexandrine-Louise Boutmon de Courcelles, comtesse de Guibert** (1765?-1826), femme de Jacques-Antoine-Hippolyte comte de Guibert. Elle a publié divers romans, donné une édition des œuvres militaires de son mari et de la correspondance qu'il avait eue avec Mlle de l'Espinasse. — Miniature en camaïeu, sur ivoire, de forme ronde; diam. $0^m,062$. — Par **Sauvage (Joseph-Grégoire)** (1733?-?).

Tête de profil à gauche; tresses de cheveux tombants; nœuds de rubans.

Au Prince Borys Galitzin, à Paris.

553. — **Étienne Bezout** (1730-1783), géomètre. — Pastel sur carton, de forme ovale; haut. $0^m,64$, larg. $0^m,55$. — **Auteur inconnu** (XVIII° siècle).

A mi-corps; tête nue, regard tourné vers l'épaule droite; habit de velours bleu; la main gauche dans le gilet.

Provient de successions. — A M. Auguste Berthoud, à Argenteuil (Seine-et-Oise).

554. — **Jacques-Alexandre-César Charles** (1746-1823), physicien, aéronaute, membre de l'Académie des sciences, fit avec Robert la première ascension, le 1er décembre 1783. — Pastel, de forme ovale; haut. $0^m,63$, larg. $0^m,52$. — Par **Boze (Joseph)** (1744-1826).

PHILOSOPHES, POÈTES, ÉCRIVAINS, SAVANTS. (Suite.)

En buste, tête nue, tournée vers l'épaule gauche; cheveux poudrés; habit de ratine noir; jabot de dentelle.

A la droite du personnage est écrit:

BOZE. F.

Photographié au charbon, par M. Braun.

Provient de la famille de l'auteur. — A M. Charles Vatel, à Villepreux (Seine-et-Oise).

555. — Camille Falconet (1671-1762), médecin consultant du roi, membre de l'Académie des inscriptions et belles-lettres. — Buste marbre sur piédouche; haut. 0ᵐ,55. — Par **Falconet (Étienne Maurice)** (1716-1791).

Tête nue, de face, presque chauve; lèvres légèrement ouvertes; indication de vêtement d'intérieur.

Derrière le buste, à la hauteur des épaules, est gravé:

FALCONET 1760.

Au-dessous de cette signature, sur le corps du piédouche

ΩΜΟΝΥΜΟΙΝ
ΕΤΕΡΟΣ
ΕΤΕΡΟΝ
ΕΠΛΑΤΤΕ
ΝΕΟΣ
ΠΡΕΣΒΥΤΗΝ

(Des deux homonymes, l'un a reproduit l'autre par la plastique; le jeune a représenté le vieux.)

Nous avons respecté l'orthographe vicieuse de cette inscription, dont le mot ΩΜΟΝΥΜΟΙΝ, au génitif du duel, devrait être écrit : ΟΜΩΝΥΜΟΙΝ.

Étienne-Maurice Falconet a exécuté ce buste quatre ans après son entrée à l'Académie royale de peinture et de sculpture, et depuis 1716 Camille Falconet, plus âgé que lui de quarante-cinq ans, faisait partie de l'Académie des inscriptions. Il était passé en usage, dans le monde lettré que fréquentaient les deux académiciens homonymes, de les désigner par les mots : *le jeune* et *le vieux*. De là l'inscription, composée sans doute par le statuaire, qui se piquait d'érudition. P.-C. Lévêque, auteur de la *Vie d'Étienne Falconet* insérée en tête des œuvres écrites du statuaire, donne le texte de l'inscription grecque que le médecin du roi fit graver sur le buste original qui lui avait été offert par l'artiste; elle diffère légèrement, dans les termes, de celle relevée plus haut, mais le sens en est le même. (Voir *Œuvres complètes d'Étienne Falconet*, Paris, Dentu, 1808, 3 vol. in-8°, tome I, p. 11.) « Ce portrait, écrit Lévêque, fut admiré du public dans une des expositions au Louvre. » C'est peut-être le buste de Camille Falconet que le sculpteur exposa au salon de 1761 (n° 117) sous la rubrique « Une tête, portrait en marbre de grandeur naturelle ». Mais s'il en est ainsi, le marbre original reste à retrouver, car une terre-cuite de ce buste (coiffé d'une ample perruque), existe à la Faculté de médecine de Paris. Un premier plâtre, conforme à la terre-cuite, existe à la bibliothèque de Lyon, ville natale du modèle, à laquelle il a été donné par M. Camille-Hilaire Durand, petit-neveu du médecin. Une deuxième épreuve, en plâtre, conforme à la première, appartient aux enfants de M. Camille-Hilaire Durand, à Chartres. Or, le portrait qui nous occupe ici, bien que d'une authenticité incontestable, ne porte pas la perruque; les cheveux sont courts, les oreilles très visibles et assez sommairement travaillées. Ce ne dut pas être ce marbre que Falconet offrit au modèle.

PHILOSOPHES, POÈTES, ÉCRIVAINS, SAVANTS. (Suite.)

Le buste avec perruque a été gravé par Pierre-Étienne Moitte, et la gravure, exposée au salon de 1763 (n° 202), est suivie de la mention: « Dessiné par M. Cochin » (Charles-Nicolas, le fils).

Provient d'un envoi du Gouvernement (1819). — Au musée d'Angers.

556. — **Théodore Tronchin** (1709-1781), médecin du duc d'Orléans et de Voltaire. — Toile; haut. 0^m,64, larg. 0^m,52. — Par **Roslin (Alexandre)** (1718-1793).

En buste, la tête tournée de gauche à droite; costume noir; perruque poudrée.

Provient du château de Chamarande, propriété du marquis de Talaru. — A M. Gabriel Davioud, à Paris.

557. — **François-Jacques Hoin** (1748-1806), professeur en chirurgie. — Toile haut. 0^m,56, larg. 0^m,47. — Par **Hoin (Claude)** (1750-1817).

En buste, de trois quarts à gauche; tête nue; vêtement de couleur foncée.

Provient d'un don de l'auteur. — Au musée de Dijon.

558. — **Antoine Petit** (1718-?), docteur en médecine, né à Orléans, où il a fondé les consultations gratuites. — Toile; haut. 1^m,02, larg. 0^m,83. — **Auteur inconnu** (XVIIIe siècle).

A mi-jambes; assis sur un fauteuil, devant un bureau, une plume à la main, il écrit; manteau de fourrure blanche, garnie d'une étoffe rouge; sur le bureau sont posés plusieurs livres.

Au-dessous de la composition sont écrits ces vers :

J'AI CHERCHÉ LE BONHEUR, ET J'AY SCEU LE SAISIR.
O VOUS QUI DÉSIRÉS PAREILLES JOUISSANCES,
FAITES CE QUE JE FAIS. CONNAISÉS LE PLAISIR
DE SOULAGER LES MAUX QUE CAUSE L'INDIGENCE.

Au musée d'Orléans.

559. — **Ferdinand Berthoud** (1727-1807), horloger-mécanicien, membre de l'Institut. — Pastel sur toile; haut. 0^m,60, larg. 0^m,49. — Par **Vialy (Louis-René de)** (?-? XVIIIe siècle).

A mi-corps, assis, la tête nue, tournée vers l'épaule droite; il tient dans la main droite un cahier sur lequel sont tracées des figures de géométrie; habit bleu à jabot.

Dans la partie supérieure de la toile, à droite, est écrit :

R. VIALI (OU VIAL) PINXIT 1752.

Ce n'est pas sans hésitation que nous attribuons ce tableau à Louis-René de Vialy, cité par Siret comme peintre de portraits, élève de Rigaud, et florissant en 1716. La signature assez peu nette, peinte sur la toile, permet de lire Vial tout aussi bien que Viali, mais non Vialy. Toutefois aucun peintre du nom de Vial ne figurant dans les dictionnaires de l'abbé de Fontenai, de Siret ou de Jal, pas plus que dans les *Archives de l'art français* ou la collection des *Livrets des anciennes expositions*, nous avons cru pouvoir inscrire, sous toutes réserves, le nom de René de Vialy en face du portrait de Berthoud.

Provient de successions. — A M. Auguste-Louis Berthoud, à Argenteuil (Seine-et-Oise).

560. — **Alexandre-Balthasar-Laurent Grimod de la Reynière** (1758-1838), écrivain et gastronome. — Pastel; haut. 0^m,79, larg. 0^m,63. — Par **Latour (Maurice-Quentin de)** (1704-1788).

PHILOSOPHES, POÈTES, ÉCRIVAINS, SAVANTS. (Suite.)

A mi-corps, assis, de trois-quarts; tête de face; habit de velours épinglé rose, galonné d'or; perruque poudrée.

A Mme Denain, à Paris.

561. — **Mme Grimod de la Reynière** (?-?), actrice du théâtre de Lyon avant son mariage. — Pastel; haut. 0^m,80, larg. 0^m,63. — Par Latour (Maurice-Quentin de) (1704-1788).

A mi-corps, assise, de trois quarts; le regard tourné vers l'épaule gauche; robe bleue, ouverte; rubans noirs autour du cou; cheveux poudrés; éventail dans la main droite; dans l'autre main, un réticule.

A Mme Denain, à Paris.

562. — **Jean Nadault** (1701-1779), avocat général au parlement de Dijon, naturaliste, membre de l'Académie des sciences; il initia Buffon à la science de l'histoire naturelle. — Toile; haut. 0^m,80, larg. 0^m,63. — Par Rigaud (Hyacinthe) (1659-1743).

En buste, de face; perruque; manteau bleu; une main tendue en avant fait un geste explicatif.

Photographié au charbon, par M. Braun.

Provient de la famille de Buffon. — A M. Henri Nadault de Buffon, à Paris.

563. — **Jean-Louis Leclerc, comte de Buffon** (1707-1788), naturaliste, écrivain, directeur du Muséum d'histoire naturelle et du Jardin du Roi, membre de l'Académie française et de l'Académie des sciences. — Toile; haut. 1 mètre, largeur 0^m,65. — Par Drouais (François-Hubert) (1727-1775).

A mi-corps; tête nue, de face; riche costume de velours rouge avec broderie d'or; l'épée au côté; le chapeau sous le bras; une main dans la poche, l'autre dans le gilet.

A la gauche du personnage est écrit :

DROUAIS FILS 1761.

Ce portrait a appartenu à Buffon; il a été placé, à l'époque de la Révolution, dans la salle des séances de l'Assemblée nationale, puis a été rendu par l'État à la famille. — A M. Henri Nadault de Buffon, à Paris.

564. — **Marie-Françoise de Saint-Belin-Mâlain, comtesse de Buffon** (1732-1769). — Toile; haut. 0^m,94, larg. 0^m,61. — Par Drouais (François-Hubert) (1727-1775).

A mi-jambes, debout; tête de face; cheveux poudrés; costume garni de fourrures, présent de Catherine II à Buffon; les mains dans un manchon; collier de perles; aigrette.

A figuré au Salon de 1761 (n° 84).

Photographié au charbon, par M. Braun.

Provient de Buffon. — A M. Henri Nadault de Buffon, à Paris.

565. — **Louis-Jean-Marie Daubenton** (1716-1799), naturaliste et anatomiste, membre de l'Académie des sciences (1744), professeur d'histoire naturelle au Collège de France (1778), sénateur (1799). — Toile; haut. 0^m,80, larg. 0^m,65. — Par Roslin (Alexandre) (1718-1793).

A mi-corps, assis devant une table; tête nue, de face; cheveux longs et poudrés; costume rouge foncé; il tient de la laine dans sa main gauche; une loupe est posée sur la table. Fig. grand. nat.

PHILOSOPHES, POÈTES, ÉCRIVAINS, SAVANTS. (Suite.)

Allusion aux récents ouvrages du naturaliste : *Instruction pour les bergers*, 1782, in-8°, et *Mémoire sur le premier drap de laine superfine du cru de France*, 1784, in-8°.

A la droite du personnage est écrit :

P^t P. LE CHEV. ROSLIN 1791.

Provient de successions. — A M. Ferdinand-Charles-Nicolas Vaussin, à Paris.

566. — **Mme Dacier, née Anne Lefèvre** (1654-1720), érudite et philologue. — **Buste marbre**; haut. 0^m,58. — **Auteur inconnu** (xviiie siècle).

Tête nue, laurée, légèrement penchée vers l'épaule droite.

Au musée archéologique, à Angers.

567. — **Françoise d'Issembourg d'Happoncourt, dame de Graffigny** (1695-1758), écrivain. — Toile; haut. 0^m,79, larg. 0^m,67. — **Auteur inconnu** (xviiie siècle).

A mi-corps; tête tournée vers l'épaule gauche; bonnet de dentelles; assise sur un fauteuil; peignoir bleu, ouvert; nœuds de rubans au corsage; manchettes brodées; les mains croisées; elle tient un éventail dans la main gauche.

Photographié au charbon, par M. Braun.

A M. Edmond Taigny, à Paris.

568. — **Françoise d'Issembourg d'Happoncourt, dame de Graffigny** (1695-1758), écrivain. — Pastel; haut. 0^m,40, larg. 0^m,32. — **Auteur inconnu** (xviiie siècle).

A mi-corps; gaze blanche sur les cheveux; robe à ramages; mante noire, à capuchon; manchon bleu, bordé de fourrure de couleur fauve.

Photographié au charbon, par M. Braun.

Trouvé dans un grenier du château de Coppet et vraisemblablement offert à Mme Necker. — A M. le comte d'Haussonville, à Paris.

569. — **Françoise d'Issembourg d'Happoncourt, dame de Graffigny** (1695-1758), écrivain. — Miniature, de forme ovale; haut. 0^m,040, larg. 0^m,032. — Par **Dufourny** (?-? xviiie siècle).

En buste, de face; robe gris clair; nœud de rubans verts sur la poitrine; bonnet de dentelle à rubans verts.

A M. Henri Bordier, à Paris.

570. — **Claudine-Alexandrine Guérin, marquise de Tencin** (1681-1749), mère de d'Alembert. — Toile; haut. 0^m,92, larg. 0^m,71. — Par **Aved (Jacques-André-Joseph)** (1702-1766).

A mi-corps, assise sur un fauteuil garni de velours vert; tête de face; coiffe de dentelle, recouverte d'une frileuse de tulle noir, nouée sous le menton; robe de velours rouge, fourrée de martre; mantille brodée; les mains croisées sur les genoux; la main gauche gantée, un éventail dans la droite.

Provient de la collection du général Despinoy. — Au musée de Valenciennes (Nord).

571. — **Marie de Vichy-Chamron, marquise du Deffand** (1697-1780), tint l'un des salons les plus fréquentés du xviiie siècle. — Toile; haut. 0^m,98, larg. 0^m,80. — **Auteur inconnu** (xviiie siècle).

PHILOSOPHES, POÈTES, ÉCRIVAINS, SAVANTS. (Suite.)

A mi-corps, assise sur un fauteuil; tête de face; les mains croisées; robe ouverte, de soie jaune foncé.

Photographié au charbon, par M. Braun.

A M. Whitelocke, à Amboise.

572. — **Marie-Thérèse Rodet, dame Geoffrin** (1699-1777), tint l'un des salons les plus brillants du XVIII° siècle. — Toile; haut. 1^m,37, larg. 1 mètre. — Par **Chardin (Jean-Baptiste-Siméon)** (1699-1779).

A mi-jambes, de face; assise sur une grande chaise à dossier rouge, devant un métier à tapisser; elle appuie sa main gauche sur la tapisserie, et de la main droite tient des besicles d'or; riche bonnet de dentelle; jupe de soie blanche et robe de chambre de même étoffe, bordée d'une large broderie d'or; cravate de dentelle à laquelle est suspendu un médaillon de pierreries; à gauche, sur une cheminée, devant une glace, un pot japonais, et une buire, au-dessous d'une applique à deux bras de feu; à droite, sur un tabouret rouge, un panier plein de laines, sur lequel tombe un pan de draperie verte où est posé un livre ouvert.

M. Georges Lafenestre, après avoir décrit ce tableau dans sa monographie du musée de Montpellier, écrite pour la publication de l'*Inventaire*, ajoute : « Ce très-beau portrait est donné à Chardin dans les anciens catalogues, sous le titre plus que douteux de *Portrait de madame Geoffrin*; on l'attribue, avec plus de vraisemblance, à l'un des Van Loo. (*Inventaire général des richesses d'art de la France*. Paris, E. Plon et Cie, gr. in-8°, en cours de publication; 1878, Province, tome Ier, p. 236.)

Photographié au charbon, par M. Braun.

Provient de la collection du marquis de Montcalm (1839). — Au musée de Montpellier.

573. — **Hilaire-Bernard de Requeleyne, baron de Longepierre** (1659-1721), poète tragique, traducteur de Sapho, d'Anacréon, de Moschus et de Théocrite. — Toile; haut. 1^m,25, larg. 0^m,95. — Par **Troy (Jean-François de)** (1679-1752).

A mi-jambes, de trois quarts; le regard tourné vers l'épaule gauche; costume de velours cramoisi; chemise brodée; il tient un livre dans une main; l'autre est posée sur le dossier d'un fauteuil de velours vert. Fond de bibliothèque.

A M. le baron Seillière, à Paris.

574. — **Prosper Jolyot de Crébillon** (1674-1762), poète tragique, membre de l'Académie française (1731). — Toile; haut. 0^m,44, larg. 0^m,34. — Par **Doyen (Gabriel-François)** (1726-1806).

En buste, tête nue, tournée de droite à gauche. Fig. grand. nat.

Provient de la collection Lemonnier. — Au musée de Rouen.

575. — **Michel-Jean Sedaine** (1719-1797), fils d'un architecte, fut d'abord maçon; poète, auteur dramatique; membre de l'Académie française (1786), secrétaire perpétuel de l'Académie royale d'architecture. — Toile; haut. 0^m,46, larg. 0^m,36. — Par **Chardin (Jean-Baptiste-Siméon)** (1699-1779).

En buste, tête de trois quarts, tournée vers l'épaule gauche; large feutre noir sur les yeux; un marteau dans la main droite; costume d'ouvrier.

Photographié au charbon, par M. Braun.

A M. Alexandre Dumas, à Paris.

PHILOSOPHES, POÈTES, ÉCRIVAINS, SAVANTS. (Suite.)

576. — **Michel-Paul Gui de Chabanon** (1730-1792), poète dramatique, littérateur, membre de l'Académie des inscriptions (1759) et de l'Académie française (1780). — Toile; haut. 0^m,81, larg. 0^m,65. — Par **Duplessis (Joseph-Siffrein)** (1725-1802).

En buste, assis; tête nue, de face; costume gris à double collet; la main droite dans le gilet; près de lui, une table sur laquelle sont posés des livres, un violon et une partition.

Photographié au charbon, par M. Braun.

Provient de M. Auvray-Fédou (1825). — AU MUSÉE D'ORLÉANS.

577. — **Charles-Pierre Colardeau** (1732-1776), poète, membre de l'Académie française (1776). — Toile; haut. 0^m,72, larg. 0^m,58. — Par **Voiriot, Woiriot** ou **Voriot (Guillaume)** (1713-1799).

En buste, assis devant une table; tête nue, tournée vers l'épaule droite; habit de velours rouge; dans la main droite, une plume; dans l'autre main, sa *Lettre d'Héloïse à Abailard*.

On sait que la *Lettre d'Héloïse à Abailard*, imitée de Pope, eut un succès prodigieux et constitue le principal titre de gloire de Colardeau. Cette composition date de 1758. Le portrait du poète est donc d'une époque postérieure à cette date.

Photographié au charbon, par M. Braun.

Légué par Colardeau à sa sœur, non mariée, sous la clause qu'il devrait passer aux mains du plus proche parent de celle-ci du côté maternel, le portrait peint par Voiriot est devenu, à la mort de la légataire, la propriété de madame Lefèvre, mère du possesseur actuel. — A M. ERNEST LEFÈVRE, à Paris.

578. — **Jean-François Rameau** (1716-?), neveu du compositeur Jean-Philippe Rameau, est l'auteur du poème en cinq chants intitulé *la Raméide* (Paris 1766, in-8°), dont la vie et les travaux de son oncle sont le sujet. — Dessin sur papier gris; haut. 0^m,20, larg. 0^m,14. — Par **Wille (Jean-Georges)** (1717-1808).

A mi-corps; tête nue, tournée vers l'épaule droite; cheveux relevés sur le front et en masse épaisse par derrière; les bras croisés sur la poitrine; indication de vêtement.

A la gauche du personnage est écrit :

RAMEAU, MON ÉLÈVE, EN 1746, IL ÉTÉ DE PARIS. J. G. WILE.

Wille commet une erreur : le neveu de Rameau, comme son oncle, est né à Dijon.

Provient d'une vente. — A M. MAHÉRAULT, à Paris.

579. — **François-Benoît Hoffmann** (1760-1828), poète, auteur dramatique, critique littéraire du *Journal de l'Empire,* devenu plus tard le *Journal des Débats.* — Peinture sur papier marouflé; haut. 0^m,17, larg. 0^m,09. — Par **Boilly (Louis-Léopold)** (1761-1845).

A mi-corps, tête nue, de trois quarts, tournée vers l'épaule gauche; redingote marron; il à l'index gauche levé et semble parler.

Fait partie de la collection de vingt-huit portraits exécutés d'après nature pour un tableau peint en 1800, représentant l'*Intérieur de l'atelier d'Isabey.*

Gravé par A. Clément.

AU MUSÉE DE LILLE.

PHILOSOPHES, POÈTES, ÉCRIVAINS, SAVANTS. (Suite.)

580. — **Charles Collé** (1709-1783), chansonnier et auteur dramatique, **et Pétronille-Nicole Bazire**, sa femme. — Toile; haut. 0^m,60, larg. 0,47. — Par Peters (J. A. de), (?-? XVIIIe siècle).

En pied; tête nue; perruque; assis, à gauche, devant une table, Collé a la plume à la main; il porte un habit gris bleu, une culotte courte et des souliers à boucles; à droite, debout, est sa femme tendant la main droite vers le manuscrit du poète, ouvert sur la table; elle porte une robe blanche, un fichu noir et un bonnet. La table devant laquelle est le poète est enrichie d'incrustations de cuivre; à la droite de Collé est une étagère remplie de cartons; derrière lui, une bibliothèque à demi cachée par un rideau; dans un angle, une horloge; sur une cheminée, un vase de fleurs et un candélabre.

Dans la partie inférieure de la composition, à gauche, est écrit :

J. A. DE PETERS 1775.

Sur deux cartouches fixés derrière le tableau est imprimé :

« CE TABLEAU

« Peint par le sieur PETERS, allemand sur l'idée que lui en a fournie Celui qui s'est fait
« peindre et qui en a donné le sujet,

« REPRÉSENTE UN POÈTE dramatique, corrigeant un endroit de ses comédies, sur
« une critique judicieuse que lui fait sa Femme. L'Auteur en paraît frappé, et sa
« Femme lui propose ses doutes, avec une modestie pleine de douceur.

« La première figure est celle du sieur CHARLES COLLÉ, secrétaire ordinaire et lecteur
« de S. A. R. Mgr le DUC D'ORLÉANS.

« La seconde, celle de Dame PÉTRONILLE-NICOLE BAZIRE, son épouse chérie.

« Le sieur COLLÉ a donné au Théâtre, *Dupuis et des Ronais*, *la Partie de chasse*; et à
« l'impression, un *Théâtre de Société*.

« Il a fait lui-même imprimer la présente Note comme un monument de sa reconnais-
« sance, de son estime et de son amour pour sa Femme, qui l'a rendu heureux à tous
« égards.

« Les FIGURES *sont ressemblantes.* »

Provient de successions. — A M. Haville, à Duclair (Seine-Inférieure).

581. — **Pierre-Augustin Caron de Beaumarchais** (1732-1799), littérateur, auteur dramatique. — Toile; haut. 0^m,78, larg. 0^m,63. — Par Nattier (Jean-Marc) (1685-1766).

En buste, assis; la tête tournée vers l'épaule droite; costume rouge; il tient une partition dans la main droite.

Dans la partie inférieure de la toile est écrit :

NATTIER

Exécuté en 1755.

Provient de successions. — A M. Alfred-Henri Delarue de Beaumarchais, à Paris.

582. — **Pierre-Augustin Caron de Beaumarchais** (1732-1799), littérateur, auteur dramatique. — Pastel; haut. 0^m,63, larg. 0^m,52. — Par Perronneau (Jean-Baptiste) (1715?-1783).

En buste, tête nue, tournée vers l'épaule droite; perruque à queue; habit de velours noir; jabot de dentelles; les deux mains posées sur un livre.

A Mme Félix Faure, à Paris.

PHILOSOPHES, POÈTES, ÉCRIVAINS, SAVANTS. (Suite.)

583 — Jean-François Ducis (1733-1816), poète dramatique, membre de l'Académie française (1778). — Toile; haut. 0m,65, larg. 0m,52. — Par **Gérard (François, baron).** (1770-1837).

En buste, tête nue, tournée vers l'épaule gauche; drapé dans un large manteau de fourrures. Fig. grand. nat.

Exécuté en 1805.

Photographié au charbon, par M. Braun.

Provient de successions. — A M. LE BARON GÉRARD, à Paris.

584. — Jean-François Ducis (1733-1816), poète dramatique, membre de l'Académie française (1778). — Toile; haut. 0m,65, larg. 0m,52. — Par **Gérard (François, baron)** (1770-1837).

En buste, presque de face, tête nue; le corps enveloppé dans un large manteau bordé de fourrures.

A M. HENRY ROXARD DE LA SALLE, à Nancy.

585. — André-Marie de Chénier (1762-1794), poète. — Toile; haut. 0m,62, larg. 0m,48. — Par **Suvée (Joseph-Benoît)** (1743-1807).

En buste, tête nue, de face; le bras gauche passé sur le dossier de sa chaise; il porte une veste grise; chemise ouverte à large col; foulard à rayures, passé dans le vêtement. Fig. grand. nat.

A la gauche du personnage est écrit :

PEINT À SAINT-LAZARE, LE 29 MESSIDOR L'AN II, PAR J. B. SUVÉE.

Dessiné par H. Dupont. — Gravé par Cyprien Jacquemin. — Publié en tête des *Poésies d'André Chénier,* Paris, Charpentier, 1855, in-12.

Provient de la collection de Cailleux. — A M. LE MARQUIS DE PANGE, à Paris.

586. — Antoine-Léonard Thomas (1732-1785), littérateur, membre de l'Académie française (1766). — Toile, de forme ovale; haut. 0m,70, larg. 0m,57. — **Auteur inconnu** (XVIIIe siècle).

En buste, tête nue, tournée vers l'épaule droite; vêtement de velours de couleur foncée; perruque à queue; jabot de dentelles. Fig. grand. nat.

Donné par Thomas à son ami Ducis.

Provient d'un don de Mme Verdier, petite-nièce de Ducis. — A LA BIBLIOTHÈQUE DE CLERMONT-FERRAND.

587. — Jean-Baptiste de la Curne de Sainte-Palaye et son frère (1697-1781). Ces dates se rapportent à Jean-Baptiste, seul connu; polygraphe, membre de l'Académie des inscriptions et belles-lettres (1724) et de l'Académie française (1758). — Toile; haut. 0m,60, larg. 0m,96. — **Auteur inconnu.** (XVIIIe siècle).

Les deux frères sont en buste, tête nue; perruque; celui de gauche, de face, porte un costume noir sur lequel passe une draperie rouge; celui de droite, vu de trois quarts, a la tête tournée vers l'épaule gauche; il porte un habit gris violet sur lequel passe également une draperie rouge.

Provient d'un don de M. Sauvalle, ancien secrétaire de la préfecture de l'Yonne (1829). — AU MUSÉE D'AUXERRE.

PHILOSOPHES, POÈTES, ÉCRIVAINS, SAVANTS. (Suite.)

588. — Jean-François Marmontel (1723-1799), littérateur, historiographe de France, membre de l'Académie française (1763). — Toile; haut. 0^m,98, larg. 0^m,73. — **Auteur inconnu** (XVIIIe siècle).

A mi-corps, de trois quarts; tête de face; il est assis devant une table et tient une plume; habit de velours rouge; chemise à jabot. Fig. grand. nat.

A M. Alfred Firmin-Didot, à Paris.

589. — Antoine comte de Rivarol (1753-1801), écrivain, polémiste. — Toile; haut. 0^m,35, larg. 0^m,30. — Par **Wyrsch (Jean-Melchior)** (1732-1798).

En buste, tête nue, de trois quarts, tournée vers l'épaule gauche; costume de velours cramoisi.

Provient de successions. — A M. A. Tollin, à Paris.

590. — Laurent d'Houry (1694-1777), imprimeur et auteur de l'*Almanach royal*. Toile; haut. 1^m,30, larg. 0^m,95. — Par **Chardin (Jean-Baptiste-Siméon)** (1699-1779).

A mi-jambes, assis sur un fauteuil, près d'une table; tête de trois quarts, tournée vers l'épaule droite; toque noire à galons d'or; robe de chambre bleu clair à ramages. Une plume dans la main droite et un livre ouvert sur lequel est écrit :

ALMANACH
ROYAL POUR L'ANNÉE
MDCCXXIIII
CALCULÉ AU MÉRID
DE PARIS.

Sur le bord de la table est un manuscrit déroulé. Fond de bibliothèque et de draperie.
Photographié au charbon, par M. Braun.
A M. Jean-Baptiste Chazaud, à Paris.

VI.

ARTISTES.

591. — Pensionnaires de l'Académie de France à Rome. — Dessin à la sanguine; haut. 0^m,22, larg. 0^m,30. (Portraits présumés). — **Auteur inconnu** (XVIIIe siècle).

Douze personnages, assis sur des tabourets et groupés sur deux rangs, sont occupés à dessiner un modèle qu'on ne voit pas, mais vers lequel sont dirigés leurs regards; costumes du commencement du XVIIIe siècle.

Acheté à Rome, en 1853, chez un marchand d'antiquités du Corso. — A M. Michel, à Nancy.

592. — Jean Forest (1635?-1712?), peintre de paysages, membre de l'Académie royale de peinture et de sculpture (1674), beau-père de Largillière. — Toile; haut. 1^m,25, larg. 0^m,93. — Par **Largillière (Nicolas de)** (1656-1746).

A mi-corps, assis sur un fauteuil; tête légèrement tournée vers l'épaule gauche; robe de chambre hongreline, doublée de fourrures; bonnet noir sur la tête; palette et pinceaux dans la main gauche; à sa droite un chevalet.

Largillière fit graver ce portrait à ses frais par Pierre Drevet
Photographié au charbon, par M. Braun.
Provient de M. Jules Brame. — Au musée de Lille.

ARTISTES. (Suite.)

593. — **Bon Boulogne** ou **de Boullongne** (1649-1717), peintre, graveur, membre de l'Académie royale de peinture et de sculpture (1681). — **André Campra** (1660-1744), compositeur, maître de chapelle du Roi (1722). — **Antoine Danchet** (1671-1748), poète, auteur dramatique, membre de l'Académie des inscriptions et de l'Académie française (1712). — Toile; haut. 0^m,83, larg. 1^m,15.
— Par Boulogne (Bon) ou de Boullongne dit l'Aîné. (1649-1717).

Boulogne est en pied, assis dans son atelier; culotte jaunâtre; bonnet noir à plumes; il est devant un chevalet, occupé à peindre son ami Campra, sur lequel il jette un coup d'œil. Celui-ci, vêtu d'une robe de chambre de satin vert, à revers violet, est coiffé d'une grande perruque blonde à petites boucles; il se tient assis en face du peintre et pose nonchalamment; il a le bras gauche appuyé sur des livres placés sur une table de marbre et laisse retomber sur ses genoux un rouleau de musique qu'il tenait de la main droite. Danchet, en robe de chambre de satin violet, le bras droit appuyé sur le dossier du siège de l'artiste, sourit en désignant le modèle de l'index de la main droite.

La collaboration de Danchet et de Campra, qui cessa en 1735, avec l'opéra *Achille et Déidamie*, ayant été surtout très féconde à dater de l'opéra *Hésione* (1700) jusqu'à *Camille* (1717), et le peintre étant mort le 16 mai 1717, ce tableau a dû être peint pendant les premières années du xviiie siècle.

Antoine-Joseph Dezallier d'Argenville décrit ce tableau et lui consacre quelques vers habilement frappés, dans son *Abrégé de la vie des plus fameux peintres avec leurs portraits gravés* (Paris 1745-1752, 3 vol.). Lithographié dans les *Portraits inédits d'artistes français*, texte par Ph. de Chennevières, lithographies et gravures par Frédéric Legrip. (Paris, Vignères, Dumoulin, Rapilly, in-fol. 1853-1869, 5e livraison, novembre 1869.)
Photographié au charbon, par M. Braun.

Provient de la vente du général Despinoy (1850). — A M. LE MARQUIS DE CHENNEVIÈRES, à Paris.

594. — **Nicolas de Largillière** (1656-1746), peintre de portraits, membre de l'Académie royale de peinture et de sculpture (1686). — Toile; haut. 0^m,78, larg. 0^m,65.
Par Largillière (Nicolas de) (1656-1746).

A mi-corps, tête nue, de face; assis devant un chevalet; un crayon dans la main droite; costume d'intérieur; perruque à queue.

Provient de la galerie Smirnoff, de Moscou. — A M. ALFRED EDWARDS, à Paris.

595. — **Nicolas de Largillière** (1656-1746), peintre de portraits, membre de l'Académie royale de peinture et de sculpture (1686). — Toile; haut. 0^m,52, larg. 0^m,44.
— Par Largillière (Nicolas de) (1656-1746).

En buste, tête nue, de face; perruque grise; chemise entr'ouverte; manteau de velours rouge. Fond de couleur verdâtre. Fig. grand. nat.

Provient de M. Blain. — Au MUSÉE D'ORLÉANS.

596. — **Robert Tournières** (1668-1752), peintre de portraits, membre de l'Académie royale de peinture et de sculpture (1702). — **Pierre de la Roche** (?-?). mousquetaire du Roi. — Bois; haut. 0^m,51, larg. 0^m,32. — Par Tournières (Robert) (1668-1752).

Tournières est à mi-corps, tête nue, de trois quarts et assis; sa palette et ses pinceaux dans la main gauche, il montre du doigt le mousquetaire Pierre de la Roche, debout, de face, derrière une balustrade sur laquelle sont posées les pièces de son armure; Tournières porte un habit gris perle; Pierre de la Roche, en casaque brune, ouverte, sur laquelle se rabat un col brodé, est coiffé d'un béret orné de plumes; grandes perruques.

ARTISTES. (Suite.)

Dans la partie inférieure du panneau est écrit :

TOURNIÈRES.

Gravé par Sarrabat, à l'aqua-tinta.

Provient d'une vente (1805). — A M. Louis-Félicien-Joseph Caignart de Saulcy, à Paris.

597. — **Jean-Alexis Grimou, Grimoux** ou **Grimoud** (1678-1733), peintre de portraits, agréé à l'Académie royale de peinture et de sculpture (1705). — Toile; haut. 1^m,15, larg. 0^m,89. — Par Grimou, Grimoux ou Grimoud (Jean-Alexis) (1678-1733).

En buste, assis devant une table; tête nue, légèrement tournée vers l'épaule droite; vêtement noir; un flacon de vin dans la main droite; la main gauche levée, tenant un verre.

A M. Liouville, à Paris.

598. — **Jean-Baptiste-Gille Colson** (1686?-1762), peintre en miniature et au pastel, épousa une des filles de Duchange, graveur du Roi, et fut le père de Jean-François-Gille Colson. — Toile; haut. 0^m,98, larg. 0^m,70. — Par Colson (Jean-François-Gille) (1733-1803).

A mi-corps, assis; la tête enveloppée d'un foulard, légèrement tournée vers l'épaule droite; la main gauche est appuyée sur le bras du fauteuil; la droite tient un carton.

Provient d'un don de Mlle Colson, sœur du peintre Jean-François-Gille Colson. — Au musée de Dijon.

599. — **Charles Parrocel** (1688-1752), peintre d'histoire, membre de l'Académie royale de peinture et de sculpture (1721). — Pastel; haut. 0^m,55, larg. 0^m,44. — Par Latour (Maurice-Quentin de) (1704-1788).

En buste, tête nue, tournée vers l'épaule gauche; habit de couleur sombre; perruque; jabot.

Exécuté en 1743.

Photographié au charbon, par M. Braun.

Au musée Latour, à Saint-Quentin (Aisne).

600. — **Nicolas Lancret** (1690-1743), peintre de fêtes galantes, membre de l'Académie royale de peinture et de sculpture (1719). — Toile; haut. 0^m,89, larg. 0^m,72. — Par Lancret (Nicolas) (1690-1743).

A mi-corps, debout; tête nue, le regard tourné vers l'épaule gauche; costume d'atelier; perruque; il tient une palette et des pinceaux dans la main gauche.

A été gravé.

Photographié au charbon, par M. Braun.

Provient de la collection Jules Duclos. — A M. Jean-Baptiste Chazaud, à Paris.

601. — **Jean Restout** (1692-1768), peintre d'histoire, membre de l'Académie royale de peinture et de sculpture (1720). — Pastel; haut. 0^m,39, larg. 0^m,30. — Par Latour (Maurice-Quentin de) (1704-1788).

En buste, tête nue, tournée vers l'épaule droite; vêtement de couleur claire; perruque.

Photographié au charbon, par M. Braun.

Au musée Latour, à Saint-Quentin (Aisne).

ARTISTES. (Suite.)

602. — Jean-Baptiste Pater (1696-1736), peintre de genre, membre de l'Académie royale de peinture et de sculpture (1728). — Toile; haut. 0^m,64, larg. 0^m,54. — Par **Pater (Jean-Baptiste)** (1696-1736).

A mi-corps, debout; une toque sur la tête; le regard tourné vers l'épaule gauche; robe de chambre jaune; les deux mains posées sur un carton, un crayon dans la main droite. Fig. grand. nat.

A Mme Jules Claude, à Paris.

603. — Jean-Baptiste-Siméon Chardin (1699-1779), peintre, membre de l'Académie royale de peinture et de sculpture (1728). — Dessin à l'encre; haut. 0^m,22, larg. 0^m,17. — Par **Lépicié (Nicolas-Bernard)** (1735-1784).

Tête de profil à droite, inclinée et coiffée d'un bonnet; indication de vêtement.

Dans la partie supérieure du dessin, est écrit en caractères du temps :

PORTRAIT DE M. CHARDIN, PEINTRE.

Dans la partie inférieure, en caractères du même genre :

LÉPICIER, INV.

Photographié au charbon, par M. Braun.

A M. Alexandre Dumas, à Paris.

604. — Charles-Joseph Natoire (1700-1777), peintre, graveur, membre de l'Académie royale de peinture et de sculpture (1734). — Miniature, de forme ovale; haut. 0^m,085, larg. 0^m,065. — Par **Massé (Jean-Baptiste)** (1687-1767).

A mi-corps, debout; tête tournée vers l'épaule droite; perruque poudrée; habit de velours cramoisi, garni de fourrures; la main droite sur la hanche, il indique, de la main gauche, un châssis posé sur un chevalet; derrière lui, un buste.

A M. Edmond Taigny, à Paris.

605. — Jean-Étienne Liotard *dit* **le Peintre turc** (1702?-1788?), peintre en miniature, né à Genève. — Miniature, de forme ovale; haut. 0^m,050; larg. 0^m,045. — Par **Liotard (Jean-Étienne)** (1702?-1788?).

En buste, tête de trois quarts, le regard tourné vers l'épaule droite; toque rouge à liséré noir; longue chevelure blanche; habit bleu; collerette.

A M. Henri Bordier, à Paris.

606. — Maurice-Quentin de Latour (1704-1788), peintre de portraits au pastel, né à Saint-Quentin; membre de l'Académie royale de peinture et de sculpture (1744), fondateur du musée Latour, dans sa ville natale (1783). — Pastel; haut. 0^m,38; larg. 0^m,30. — Par **Latour (Maurice-Quentin de)** (1704-1788).

En buste; tête tournée vers l'épaule gauche; béret noir; indication de vêtement.

Photographié au charbon, par M. Braun.

Au musée Latour, à Saint-Quentin (Aisne).

607. — Maurice-Quentin de Latour (1704-1788), peintre de portraits au pastel, né à Saint-Quentin; membre de l'Académie royale de peinture et de sculpture (1744); fondateur du musée Latour, dans sa ville natale. — Pastel, de forme ovale; haut. 0^m,52, larg. 0^m,43. — Par **Latour (Maurice-Quentin de)** (1704-1788).

A mi-corps; la tête couverte d'un béret, tournée vers l'épaule droite; costume d'atelier; de la main droite il fait un signe indicateur.

A M. Jules Carré, à Paris.

ARTISTES. (Suite.)

608. — **Maurice-Quentin de Latour** (1704-1788), peintre de portraits au pastel, né à Saint-Quentin; membre de l'Académie royale de peinture et de sculpture (1744), fondateur du musée Latour, dans sa ville natale. — Miniature, de forme ovale; haut. 0^m,045, larg. 0^m,040. — **Auteur inconnu** (XVIIIe siècle).

En buste, de trois quarts, la tête tournée vers l'épaule droite; cheveux poudrés; habit de velours bleu; cravate et jabot de dentelles.

A M. Alexandre Delaherche, à Beauvais.

609. — **Donat Nonnotte** (1707-1785), peintre du Roi, né à Besançon, membre de l'Académie royale de peinture et de sculpture (1741). — Toile; haut. 0^m,91, larg. 0^m,72. — Par **Nonnotte (Donat)** (1707-1785).

A mi-jambes, debout, de face; tête nue; costume d'intérieur; il tient dans les mains une palette et des pinceaux et s'appuie sur le dossier d'un fauteuil; derrière lui, un chevalet.

Dans la partie inférieure de la toile, est écrit :

NONNOTTE PEINT PAR LUI-MÊME EN 1758.

Provient d'un don de M. le baron Daclin. — Au musée de Besançon.

610. — **La femme du peintre Nonnotte** (?-?). — Toile; haut. 0^m,90. larg. 0^m,72. — Par **Nonnotte (Donat)** (1707-1785).

A mi-jambes, assise; peignoir bleu; camisole blanche garnie de dentelles; serre-tête à rubans bleus; le bras droit posé sur une table; elle tient de la main gauche un livre ouvert, de la droite, un éventail.

Dans la partie inférieure de la toile est écrit :

MADAME NONNOTTE, PEINTE PAR SON MARI EN 1758.

Photographié au charbon, par M. Braun.

Provient d'un don de M. le baron Daclin. — Au musée de Besançon.

611. — **Charles-André** dit **Carle Van Loo** (1705-1765), peintre, graveur, membre de l'Académie royale de peinture et de sculpture (1735). — Dessin aux trois crayons; haut. 0^m,45, larg. 0^m,35. — Par **Loo (Charles-André,** dit **Carle Van)** (1705-1765).

En buste, tête de face, coiffée d'un mouchoir. Fig. grand. nat.

A M. Gustave Ollendorff, à Paris.

612. — **Charles-André** dit **Carle Van Loo** (1705-1765) **et sa famille**, peintre, graveur, membre de l'Académie royale de peinture et de sculpture (1735). — Toile; haut. 2 mètres, larg. 1^m,56. — Par **Loo (Louis-Michel Van)** (1707-1771).

A droite est Carle Van Loo, assis, dessinant le portrait de sa fille; derrière lui, un de ses fils portant un carton sous son bras; à gauche, la fille de Van Loo, assise sur un fauteuil, la tête appuyée sur le bras droit; près d'elle, sa mère, Christine Sommis, cantatrice, que Van Loo avait épousée en 1734; elle est debout et tient un papier de musique; derrière elle, deux jeunes fils de Carle Van Loo.

Exposé ou salon de 1757.

A l'École nationale des arts décoratifs, à Paris.

613. — **Louis Van Loo enfant** (?-?), neveu de Charles André dit Carle Van Loo. — Toile, de forme ovale; haut. 0^m,62, larg. 0^m,51. — Par **Loo (Charles-André** dit **Carle Van)** (1705-1765).

ARTISTES. (Suite.)

En buste, de trois quarts, tête nue, le regard tourné vers l'épaule droite; veste grise, à petit collet; un carton d'écolier sous le bras droit.

A M. Émile Jarrault, à Paris.

614. — **Louis-Michel Van Loo** (1707-1771), peintre, membre de l'Académie royale de peinture et de sculpture (1733), premier peintre du roi d'Espagne Philippe V. — Toile, de forme ovale; haut. 0^m,63, larg. 0^m,50. — Par Loo (Louis-Michel Van) (1707-1771).

En buste, de profil, tête nue, de face; costume d'intérieur. Fig. grand. nat.

A la droite du personnage est écrit :

M. VAN LOO 1761.

A M. Félix Faure, à Paris.

615. — **La femme de Louis-Michel Van Loo** (?-?). — Toile, de forme ovale; haut. 0^m,63, larg. 0^m,52. — Par Loo (Louis-Michel Van) (1707-1771).

En buste, tête nue, de trois quarts, le regard tourné vers l'épaule gauche; robe ouverte; perles dans les cheveux.

A la droite du personnage est écrit :

L. M. VAN LOO, 1738.

Provient de successions. — A Mme Félix Faure, à Paris.

616. — **François Van Loo, enfant** (1708?-1730), peintre, fils et élève de Jean-Baptiste Van Loo. — Toile, de forme ovale; haut. 0^m,53, larg. 0^m,45. — Par Loo (Charles-André *dit* Carle Van) (1705-1765).

En buste, de trois quarts, tête nue, tournée vers l'épaule gauche; veste grise.

A M. Constant Mayou, à Paris.

617. — **Charles-Amédée-Philippe Van Loo** (1715?-?), peintre, membre de l'Académie royale de peinture et de sculpture (1747). — Toile, de forme ovale; haut. 0^m,64, larg. 0^m,52. — Par Loo (Charles-Amédée-Philippe Van) (1715?-?).

En buste, tête nue, à perruque; regard tourné vers l'épaule droite; assis; le bras droit passé sur le dossier de son siège; habit vert, galonné d'or.

Provient de successions. — A M. René de Lamare, à Paris.

618. — **Madame Combemale** (?-?), fille de Charles-Amédée-Philippe Van Loo. — Toile, de forme ovale; haut. 0^m,63, larg. 0^m,52. — Par Loo (Louis-Michel Van) (1707-1771).

En buste, tête nue, tournée vers l'épaule droite; robe de satin blanc, bordée de perles, ouverte sur la poitrine; draperie bleue sur les épaules.

A la droite du personnage est écrit :

L. M. VAN LOO 1758.

Provient de successions. — A M. René de Lamare, à Paris.

619. — **Jean-Baptiste Descamps** (1711-1791), peintre, élève de Louis Coypel et de Largillière, créateur et directeur de l'École gratuite de dessin, peinture, sculpture, gravure, etc. de Rouen. — Toile; haut. 0^m,62, larg. 0^m,52. — Par Descamps (Jean-Baptiste) (1711-1791).

ARTISTES. (Suite.)

En buste, corps de profil; tête nue, tournée de gauche à droite; habit de velours noir; gilet orange; jabot de dentelle; perruque à queue.

Provient du fils du modèle, ancien conservateur du musée de Rouen. — AU MUSÉE DE ROUEN.

620. — **Guillaume Voiriot, Woiriot** ou **Voriot** (1713-1799), peintre de portraits, membre de l'Académie royale de peinture et de sculpture (1759). — Miniature, de forme ronde; diam. 0^m,055. — Par **Voiriot, Woiriot** ou **Voriot (Guillaume)** (1713-1799).

En buste, de face; perruque poudrée; habit brun rouge, à large collet; jabot.

Provient de successions. — A M. AUBLAY, à Paris.

621. — **Joseph-Marie, comte Vien** (1716-1809), peintre d'histoire, né à Montpellier; membre de l'Académie royale de peinture et de sculpture (1754), directeur de l'Académie de France à Rome (1775-1781), maître de Louis David, membre de l'Institut, sénateur. — Toile; haut. 0^m,61, larg. 0^m,47. — Par **Vien (Joseph-Marie, comte)** (1716-1809).

En buste, la tête tournée vers l'épaule droite; costume d'atelier; un mouchoir jeté sur les cheveux; un carton passé sous le bras droit.

Dans la partie inférieure de la toile est écrit :

VIEN. P. ARIVE À ROME LE 21 DÉCEMBRE 1744.
PEINT PAR LUY MÊME EN 1745.

Vien avait remporté le grand prix de Rome en 1743.

A M. HARO, à Paris.

622. — **Joseph-Marie, comte Vien** (1716-1809), peintre d'histoire, né à Montpellier; membre de l'Académie royale de peinture et de sculpture (1754), membre de l'Institut, sénateur. — Toile; haut. 1^m,15, larg. 0^m,88. — Par **Vien (Joseph-Marie, comte)** (1762-1848).

A mi-corps, debout; le regard tourné vers l'épaule gauche; il porte le costume de sénateur; tricorne sous le bras gauche; un papier dans la main; le bras droit étendu.

A la droite du personnage est écrit :

VIEN FILS AN XII (1801).

Provient de M. COUBARD (1863). — AU MUSÉE DE MONTPELLIER.

623. — **Alexandre Roslin** (1718-1793), peintre, membre de l'Académie royale de peinture et de sculpture (1753). — Toile; haut. 1 mètre, larg. 0^m,80. — Par **Roslin (Alexandre)** (1718-1793).

A mi-jambes, assis sur un fauteuil; tête nue, le regard tourné vers l'épaule droite; perruque à queue; habit de soie orange; il tient une palette et des pinceaux dans la main gauche; devant lui, le portrait de Gustave III, roi de Suède.

A M. ALFRED OUDOT, à Paris.

624. — **Marie-Suzanne Giroust, femme du peintre Roslin** (1735-1772), peintre au pastel, membre de l'Académie royale de peinture et de sculpture (1770). — Toile; haut. 0^m,91, larg. 0^m,71. — Par **Roslin (Alexandre)** (1718-1793).

ARTISTES. (Suite.)

A mi-corps, assise devant une table de toilette; costume de bal, de soie rose et de dentelles; elle tient dans ses mains un papier de musique; le bras gauche est posé sur un guéridon.

A M. ALFRED OUDOT, à Paris.

625. — Charles-Michel-Ange Challe (1718-1778), peintre, membre de l'Académie royale de peinture et de sculpture (1753), professeur de perspective, dessinateur du cabinet du Roi. — Toile, de forme ovale; haut. 0m,55, larg. 0m,47. — Par **Challe (Charles-Michel-Ange)** (1718-1778).

En buste, presque de face; perruque poudrée; cravate blanche; habit de velours rouge, à brandebourgs d'or.

Provient de M. Alexandre Colin, peintre, parent de Challe. — A Mme JULES GUIFFREY, à Paris.

626. — Jean-Baptiste Greuze (1725-1805), peintre, membre de l'Académie royale de peinture et de sculpture (1769). — Toile, de forme ovale; haut. 0m,80, larg. 0m,60. — Par **Greuze (Jean-Baptiste)** (1725-1805).

En buste; tête de trois quarts, le regard tourné vers l'épaule gauche; abondante chevelure blanche; habit de velours vert; cravate blanche, à grand nœud tombant sur la poitrine; gilet à revers, boutonné, laissant apercevoir un second gilet de couleur rouge. Fig. grand. nat.

A Mme LA MARQUISE DU BLAISEL, à Paris.

627. — Jeanne-Élisabeth-Claudine Voch (1705?-?), mère de Jean-Baptiste Greuze. — Toile; haut. 0m,60, larg. 0m,48. — Par **Greuze (Jean-Baptiste)** (1725-1805).

En buste, tête de face; mante noire; fichu blanc; bonnet de dentelle à rubans bleus. Fig. grand. nat.

A. M. THÉOPHILE BASCLE, à Paris.

628. — Madame Camerera (?-?), femme d'un officier général et belle-sœur du peintre Greuze. — Toile, de forme ovale; haut. 0m,62, larg. 0m,50. — Par **Greuze (Jean-Baptiste)** (1725-1805).

En buste, de face; cheveux crêpés et bouclés, légèrement poudrés; robe blanche ouverte; fichu de mousseline. Fig. grand. nat.

Photographié au charbon, par M. Braun.

Provient des héritiers du modèle. — A Mme PAUL LACROIX, à Paris.

629. — Jean-Dominique Deshays (1700-?), peintre. — Toile; haut. 0m,80, larg. 0m,63. — Par **Drouais (Hubert)** (1699-1767).

A mi-corps, debout; tête nue, de face; costume d'atelier, en soie brochée; collet rabattu, doublé de satin bleu; chemise brodée, à jabot; perruque; il tient sa palette et ses pinceaux de la main gauche; la main droite est dans la poche.

Au-dessous de la palette est écrit :

PEINT PAR DROUAIS 1732.

Photographié au charbon, par M. Braun.

ARTISTES. (Suite.)

Jean-Dominique Deshays, est le père de Jean-Baptiste-Henri Deshays (1729-1763), membre de l'Académie royale de peinture et de sculpture (1758). Diderot dira de lui, dans sa critique du salon de 1765. « Son père, mauvais peintre à Rouen, sa patrie lui mit le crayon à la main. » Nous sommes en présence du portrait de ce « mauvais peintre », selon le mot peu flatteur du critique, et l'histoire de l'art gagne à cette rencontre quelques indications qui ne sont pas sans valeur, car derrière la toile se trouve une notice, écrite de la main de Jean-Baptiste-Henri Deshays, sur son père. Nous la transcrivons fidèlement ici :

« VÉRITABLE PORTRAIT DE MON PÈRE, NÉ LE 25 AVRIL DE L'ANNÉE 1700, DANS LA VILLE DE « ZELLE EN ALLEMAGNE, BAPTISÉ SOUS LE NOM D'HENRI DESHAYS, SON PÈRE, ET SA MÈRE, « MARIE-JEANNE LEFÈVRE, NOBLES DESTRACTION, SUIVANT LEURS CONTRACTS. LEQUEL FILS « FUT BAPTISÉ DANS LA CHAPELLE DU CHÂTEAU DE ZELLE PAR DISCRÈTE PERSONNE M. BINDRE, « PRÊTRE AUMONIER DE LA COUR ET NOMMÉ PAR LE Sr LAGARENNE ET PAR DEMOISELE DA- « TRUYON JEAN-DOMINIQUE DESHAYS : SUIVANT LES CERTIFICATS ENVOYÉS PAR M. DU BOCAGE « QUI ESTOIT LE GOUVERNEUR ET GÉNÉRAL MAJOR DE LA DITTE VILLE DE ZELLE OU HABI- « TAIT LE ROY GEORGES, ELECTEUR D'ANNOVE, ROY D'ANGLETERA. FAIT PAR DROUAIS, « PEINTRE DU ROY, CÉLÈBRE ARTISTE, SON AMI. »

Provient de successions. — A M. LE BRET, à Rennes.

630. — **Jean-Baptiste Le Prince** (1733-1781), peintre, graveur, membre de l'Académie royale de peinture et de sculpture (1765), inventeur du procédé de la gravure au pinceau et à l'aqua-tinta. — Toile, de forme ovale; haut. 0m,63, larg. 0m,51. — Par Prince (Jean-Baptiste Le) (1733-1781).

En buste, de trois quarts, la tête légèrement tournée vers l'épaule droite; pelisse fourrée en velours bleu; bonnet de peau de renard sur les cheveux.

Provient de successions. — A M. ALFRED DARCEL, à Paris.

631. — **Claude-Liévain-Dumaige** (1733-1758), peintre, né à Abbeville, fils de Marianne Barrangue, dame de Ribaucourt; mort dans la même ville, à vingt-cinq ans. — Toile; haut. 0m,54, larg. 0m,45. — Par Dumaige (Claude-Liévain) (1733-1758).

En buste, tête nue, tournée à droite; il tient son tricorne sous le bras gauche; la main droite dans le jabot de la chemise; habit marron rouge.

Exécuté en 1751.

Provient du géologue Pierre-Louis-Antoine Cordier, membre de l'Institut, de la famille de Ribaucourt et neveu de Dumaige. — A Mme CHARLES READ, fille de M. Cordier, à Paris.

632. — **Nicolas-Bernard Lépicié** (1735-1784), peintre et graveur. — Toile; haut. 0m,44; larg. 0m,36. — Par Lépicié (Nicolas-Bernard) (1735-1784).

En buste, de face; la tête légèrement inclinée à gauche; les cheveux enveloppés dans une bourse de soie noire; col blanc; gilet et habit bleus à boutons de métal.

Quelques biographes donnent à cet artiste les prénoms de Nicolas-Bertrand.

Provient de MM. Vidal et Féral-Cussac. — A M. EUDOXE MARCILLE, à Paris.

633. — **Jean-Pierre-Louis Houël** (1735-1813), peintre, graveur, né à Rouen. — Toile, de forme ovale; haut. 0m,58, larg. 0m,48. — Par Vincent (François-André) (1746-1816).

En buste; tête nue, de face; habit rouge.

Dans la partie inférieure de la toile est écrit :

VINCENT 1772.

Provient d'un don du modèle (1808). — AU MUSÉE DE ROUEN.

ARTISTES. (Suite.)

634. — Jean-Henri Riesener (1735-1806), ébéniste du roi Louis XVI. — Toile; haut. 0ᵐ,94, larg. 0ᵐ,75. — Par **Vestier (Antoine)** (1740-1810?).

En buste, tête nue, tournée de droite à gauche; cheveux poudrés; habit vert; gilet à ramages; chemise à jabot; le coude droit posé sur une table, un crayon dans la main droite. Fig. grand. nat..

Dans la partie inférieure de la toile est écrit :

VESTIER PICTOR REGIS 1786.

Provient de successions. — A M. Louis-Antoine-Léon Riesener, à Paris.

635. — Françoise-Marguerite Vandercruz (1732-1787), **première femme de Jean-Henri Riesener**, veuve de Jean-François Œben, ébéniste du Roi; elle se remaria, en 1767, avec Jean-Henri Riesener, également ébéniste du Roi. Elle est la grand'mère du peintre Eugène Delacroix. — Miniature sur ivoire, de forme ronde; diam. 0ᵐ,07. — Par **Vestier (Antoine)** (1740-1810?).

A mi-corps, de face; assise sur un fauteuil; cheveux poudrés; fichu de gaze; corsage de soie violet; bras nus; elle tient sur ses genoux le second enfant qu'elle eut de son second mariage; l'enfant a une jupe rose, un tablier transparent, une ceinture verte; de la main droite il s'attache au fichu de sa mère.

Derrière le fauteuil est écrit :

VESTIER PICTOR REGIS 1786.

Provient de successions. — A M. Louis-Antoine-Léon Riesener, à Paris.

636. — Marie-Anne-Charlotte Grizel (1765-1815), **deuxième femme de Jean-Henri Riesener**; elle épousa Riesener peu après 1787. — Miniature sur ivoire, de forme ronde; diam. 0ᵐ,07. — Par **Riesener (Henri-François)** (1768-1828).

En buste, de trois quarts; bonnet de dentelle, renoué d'un ruban rose; cheveux tombants et frisés; robe noire, ouverte.

Exécuté en 1795.

Provient de successions. — A. M. Louis-Antoine-Léon Riesener, à Paris.

637. — Jean-Jacques de Boissieu (1736-1810), peintre, dessinateur, graveur à l'eau-forte. — Dessin à la sanguine; haut. 0ᵐ,18, larg. 0ᵐ,13. — Par **Boissieu (Jean-Jacques de)** (1736-1810).

En buste, de profil, à gauche; tête nue; indication de vêtement.

Dans la partie inférieure du dessin est écrit :

J.-J. D B 1773.

Le D et le B sont entrelacés.

Provient de successions. — A M. J. de Boissieu, à Paris.

638. — Antoine Vestier (1740-1810?), peintre de portraits, membre de l'Académie royale de peinture et de sculpture (1786). — Toile; haut. 0ᵐ,80, larg. 0ᵐ,65. — Par **Vestier (Antoine)** (1740-1810?).

En buste, tête nue; vêtu de velours rouge; Vestier donne une leçon de dessin à son fils, placé à sa gauche; le bras droit de l'enfant est passé sur le dossier de sa chaise.

Dans la partie inférieure de la toile est écrit :

VESTIER.

Exécuté en 1777.

A M. Daney de Marcillac, à Aire-sur-la-Lys (Pas-de-Calais).

ARTISTES. (Suite.)

639. — **Antoine Vestier** (1740-1810?), peintre de portraits, membre de l'Académie royale de peinture et de sculpture (1786). — Toile, de forme ovale; haut. 0^m,68, larg. 0^m,54. — Par Vincent (François-André) (1746-1816).

En buste, tête nue, de face; costume vert; une corbeille de fleurs dans la main. Fig. grand. nat.

Dans la partie inférieure de la toile est écrit :
VINCENT PINX. 1770 (ou 1776).

Provient de la galerie Oppenheim. — A M. Eugène Féral-Cussac, à Paris.

640. — **Jacques-Louis David** (1748-1825), peintre, membre de l'Académie royale de peinture et de sculpture (1783), membre de l'Institut (1795). — Toile; haut. 0^m,87, larg. 0^m,72. — Par Langlois (Jérôme-Martin) (1779-1838).

A mi-corps, tête nue, tournée vers l'épaule droite; un crayon dans une main; dans l'autre, un album sur lequel est esquissé un croquis.

Photographié au charbon, par M. Braun.

Provient de successions. — A M. Amédée-Jérôme Langlois, à Paris.

641. — **Claude Hoin** (1750-1817), peintre, élève de François Devosge et de Jean-Baptiste Greuze; conservateur du musée de Dijon de 1811 à 1817. — Pastel; haut. 0^m,54, larg. 0^m,46. — Par Hoin (Claude) (1750-1817).

En buste; tête nue, de trois quarts, tournée vers l'épaule gauche; habit noir.

Provient d'un don de l'auteur. — Au musée de Dijon.

642. — **Martin Drolling** (1752-1817), peintre de genre, né à Oberbergheim, près Colmar, mort à Paris; s'est formé sans maître; a pris part aux Salons depuis 1793 jusqu'à sa mort. — Toile; haut. 0^m,63, larg. 0^m,52. — Par Drolling (Martin) (1752-1817).

En buste, tête nue, de face; perruque poudrée; habit gris, à revers; gilet blanc; cravate blanche.

Dans la partie inférieure de la toile est écrit :
DROLLING.

A M. Lizé, à Rouen.

643. — **Martin Drolling** (1752-1817), peintre de genre, né à Oberbergheim, près Colmar, mort à Paris; s'est formé sans maître; a pris part aux Salons depuis 1793 jusqu'à sa mort. — Peinture sur papier marouflé; haut. 0^m,19, larg. 0^m,16. — Par Boilly (Louis-Léopold) (1761-1845).

En buste; tête nue, presque de face; habit gris foncé; gilet rouge.

Fait partie de la collection de vingt-huit portraits exécutés, d'après nature, pour un tableau peint en 1800, représentant l'*Intérieur de l'atelier d'Isabey*.

Gravé par A. Clément.

Au musée de Lille.

644. — **Jean Bonvoisin** (1752-1837), peintre. — Toile; haut. 0^m,80, larg. 0^m,63. — Par Bonvoisin (Jean) (1752-1837).

A mi-corps, tête nue, de trois quarts; assis devant un chevalet, un pinceau et une palette dans les mains; habit marron. Fig. grand. nat.

Provient de la famille Bonvoisin. — Au musée du Havre.

ARTISTES. (Suite.)

645. — **Jean-Baptiste, baron Regnault** (1754-1829), peintre d'histoire, membre de l'Académie royale de peinture et de sculpture (1783). — Toile; haut. 0^m,68, larg. 0^m,55. — Par Regnault (Jean-Baptiste, baron) (1754-1829).

A mi-corps, tête nue, de face; habit noir; large ruban rouge à la boutonnière. Fig. grand. nat.

A M. Jules Carré, à Paris.

646. — **Jean-Baptiste, baron Regnault** (1754-1829), peintre d'histoire, membre de l'Académie royale de peinture et de sculpture (1783). — Toile; haut. 0^m,75, larg. 0^m,62. — Par David (Jacques-Louis) (1748-1825).

En buste, le regard tourné vers l'épaule gauche; habit noir à large collet; cravate blanche; ruban de la Légion d'honneur.

A M. Henri Evette, à Paris.

647. — **Jean-Louis Demarnette de Marne** (1754-1829), peintre, graveur, agréé à l'Académie royale de peinture et de sculpture (1783). — Peinture sur papier marouflé; haut. 0^m,17, larg. 0^m,16. — Par Boilly (Louis-Léopold) (1761-1845).

En buste, tête nue, de face; chevelure longue et tombante; habit vert foncé.

Fait partie de la collection de vingt-huit portraits exécutés, d'après nature, pour un tableau peint en 1800, représentant l'*Intérieur de l'atelier d'Isabey*.

Gravé par A. Clément.

Au musée de Lille.

648. — **Jean-Thomas Thibault** (1757-1825) peintre et architecte, membre de l'Institut (1818). — Peinture sur papier marouflé; haut. 0^m,17, larg. 0^m,14. — Par Boilly (Louis-Léopold) (1761-1845).

En buste, tête nue, de face, légèrement inclinée vers l'épaule gauche; cheveux blancs; habit marron; cravate blanche.

Fait partie de la collection de vingt-huit portraits exécutés, d'après nature, pour un tableau peint en 1800, représentant l'*Intérieur de l'atelier d'Isabey*.

Gravé par A. Clément.

Au musée de Lille.

649. — **Antoine-Charles-Horace** dit **Carle Vernet** (1758-1835), peintre, caricaturiste, lithographe, agréé à l'Académie royale de peinture et de sculpture (1789), membre de l'Institut (1809). — Toile; haut. 0^m,60, larg. 0^m,52. — Par Fèvre ou Febvre (Robert Le) (1756-1831).

En buste, tête nue, tournée vers l'épaule droite; habit de velours vert; chemise à jabot.

Provient d'une vente. — A M. Charles Read, à Paris.

650. — **Jean-Joseph-Xavier Bidault** (1758-1846), peintre de paysages, membre de l'Institut (1823). — Peinture sur papier marouflé; haut. 0^m,22, larg. 0^m,17. — Par Boilly (Louis-Léopold) (1761-1845).

A mi-corps; tête nue, de profil à droite; habit marron à grand collet; cravate montante.

Fait partie de la collection de vingt-huit portraits exécutés, d'après nature, pour un tableau peint en 1800, représentant l'*Intérieur de l'atelier d'Isabey*.

Gravé par A. Clément.

Au musée de Lille.

ARTISTES. (Suite.)

651. — **Pierre-Joseph Redouté** (1759-1840), peintre de fleurs. — Peinture sur papier marouflé; haut. 0ᵐ,21, larg. 0ᵐ,16. — Par Boilly (Louis-Léopold) (1761-1845).

En buste, assis, de profil à gauche; tête nue; le coude posé sur une table, l'index relevé à la hauteur de la joue.

Fait partie de la collection de vingt-huit portraits exécutés, d'après nature, pour un tableau peint en 1800, représentant l'*Intérieur de l'atelier d'Isabey*.

Gravé par A. Clément.

AU MUSÉE DE LILLE.

652. — **Guillaume-Guillon Lethière** (1760-1832), peintre d'histoire, membre de l'Institut (1825). — **Antoine-Charles-Horace** dit **Carle Vernet** (1758-1835), peintre, caricaturiste, lithographe, agréé de l'Académie royale de peinture et de sculpture (1789), membre de l'Institut (1809). — Peinture sur papier marouflé; haut. 0ᵐ,44, larg. 0ᵐ,31. — Par Boilly (Louis-Léopold) (1761-1845).

Vernet, en pied, debout, au premier plan, de profil à gauche; tête nue; habit gris; culotte jaune; une canne à la main; il écoute parler son camarade.

Lethière, en pied, debout, de trois quarts à gauche; tête nue, de face; habit noir; grand manteau rouge; il s'entretient avec Vernet.

Font partie de la collection de vingt-huit portraits exécutés, d'après nature, pour un tableau peint en 1800, représentant l'*Intérieur de l'atelier d'Isabey*.

Gravé par A. Clément.

AU MUSÉE DE LILLE.

653. — **Louis-Léopold Boilly** (1761-1845), peintre, lithographe. — **Simon Chenard** (1758-1831), acteur, chanteur et violoncelliste, sociétaire-directeur de l'Opéra-Comique. — Peinture sur papier marouflé; haut. 0ᵐ,22, larg. 0ᵐ,17. — Par Boilly (Louis-Léopold) (1761-1845).

Chenard, à mi-corps, au premier plan, de profil à gauche; un chapeau sur la tête; les bras croisés.

Au fond, la tête seule de Boilly, vue de face; une main est posée sur l'épaule gauche de Chenard.

Font partie de la collection de vingt-huit portraits exécutés, d'après nature, pour un tableau peint en 1800, représentant l'*Intérieur de l'atelier d'Isabey*.

Gravé par A. Clément.

AU MUSÉE DE LILLE.

654. — **Louis-Léopold Boilly** (1761-1845), peintre, lithographe. — Peinture sur papier marouflé; haut. 0ᵐ,25, larg. 0ᵐ,20. — Par Boilly (Louis-Léopold) (1761-1845).

En buste; tête nue, de face; le regard tourné vers l'épaule droite; vêtement gris à grand collet; gilet jaune; cravate blanche.

Fait partie de la collection de vingt-huit portraits exécutés, d'après nature, pour un tableau peint en 1800, représentant l'*Intérieur de l'atelier d'Isabey*.

Gravé par A. Clément.

AU MUSÉE DE LILLE.

ARTISTES. (Suite.)

655. — **Louis-Léopold Boilly** (1761-1845), peintre, lithographe. — Toile; haut. 1ᵐ,28, larg. 0ᵐ,96. — Par Boilly (Julien-Léopold) (1796-1874).

A mi-jambes, debout; tête de face; habit vert sombre; gilet blanc; un porte-crayon dans la main gauche; près de lui, une boîte à couleurs.

Provient d'un don de l'auteur (1862). — Au musée de Lille.

656. — **Jean-François Van Daël** (1764-1840), peintre de fleurs, né à Anvers, établi à Paris, travailla au Louvre (1793), et y obtint un logement. — Peinture sur papier marouflé; haut. 0ᵐ,39, larg. 0ᵐ,28. — Par Boilly (Louis-Léopold) (1761-1845).

En pied, debout; redingote verte; il s'incline dans l'attitude d'un homme qui salue profondément.

Fait partie de la collection de vingt-huit portraits exécutés, d'après nature, pour un tableau peint en 1800, représentant l'*Intérieur de l'atelier d'Isabey*.

Gravé par A. Clément.

Au musée de Lille.

657. — **Anne-Louis Girodet de Roucy Trioson** (1767-1824), peintre d'histoire et de portraits, membre de l'Institut (1816). — Peinture sur papier marouflé; haut. 0ᵐ,36, larg. 0ᵐ,30. — Par Boilly (Louis-Léopold) (1761-1845).

En pied, assis, de trois quarts; tête nue, de face; le bras droit sur le dossier de sa chaise; habit marron; gilet rouge; culotte grise; bas blancs.

Fait partie de la collection de vingt-huit portraits exécutés, d'après nature, pour un tableau peint en 1800, représentant l'*Intérieur de l'atelier d'Isabey*.

Gravé par A. Clément.

Au musée de Lille.

658. — **Florent-Fidèle-Constant Bourgeois** (1767-1836?), peintre de paysages, dessinateur, lithographe. — Peinture sur papier marouflé; haut. 0ᵐ,21, larg. 0ᵐ,19. — Par Boilly (Louis-Léopold) (1761-1845).

A mi-corps, de face; tête nue, légèrement inclinée vers l'épaule gauche; veste grise à larges revers doublés de rouge.

Fait partie de la collection de vingt-huit portraits exécutés, d'après nature, pour un tableau peint en 1800, représentant l'*Intérieur de l'atelier d'Isabey*.

Gravé par A. Clément.

Au musée de Lille.

659. — **Jean-Baptiste Isabey** (1767-1855), peintre en miniature. — **Nicolas-Antoine Taunay** (1755-1830), peintre d'histoire, agréé de l'Académie royale de peinture et de sculpture (1784), membre de l'Institut (1795). — Peinture sur papier marouflé; haut. 0ᵐ,30, larg. 0ᵐ,27. — Par Boilly (Louis-Léopold) (1761-1845).

Isabey est en buste; tête nue; il s'appuie sur le coude droit et se penche en avant; redingote rouge; cravate blanche.

Derrière lui est Taunay, à mi-corps, debout; il domine Isabey de la tête; cheveux blancs; habit marron; cravate blanche.

Font partie de la collection de vingt-huit portraits exécutés, d'après nature, pour un tableau peint en 1800, représentant l'*Intérieur de l'atelier d'Isabey*.

Gravé par A. Clément.

Au musée de Lille.

ARTISTES. (Suite.)

660. — Charles Meynier (1768-1832), peintre, membre de l'Institut (1816). — Peinture sur papier marouflé; haut. 0m,19, larg. 0m,17. — Par Boilly (Louis-Léopold) (1761-1845).

En buste, tête nue, de face; cheveux longs; costume de l'époque du Directoire; accoudé sur le bras gauche, la main supporte la tête; des papiers dans la main droite; le personnage regarde vers sa droite et paraît réfléchir.

Fait partie de la collection de vingt-huit portraits exécutés, d'après nature, pour un tableau peint en 1800, représentant l'*Intérieur de l'atelier d'Isabey*.

Gravé par A. Clément.

AU MUSÉE DE LILLE.

661. — Jacques-François-Joseph Swebach dit **Fontaine** (1769-1823), peintre, graveur. — Peinture sur papier marouflé; haut. 0m,21, larg. 0m,17. — Par Boilly (Louis-Léopold) (1761-1845).

En buste, de face; un large chapeau sur la tête; habit marron.

Fait partie de la collection de vingt-huit portraits exécutés, d'après nature, pour un tableau peint en 1800, représentant l'*Intérieur de l'atelier d'Isabey*.

Lithographié par Julien-Léopold Boilly.

Gravé par A. Clément.

AU MUSÉE DE LILLE.

662. — François, baron Gérard, à vingt ans (1770-1837), peintre d'histoire et de portraits, membre de l'Institut (1812). — Toile; haut. 0m,34, larg. 0m,44. — Par Gros (Antoine-Jean, baron) (1771-1835).

En buste, tête nue, cheveux tombants; costume de l'époque du Directoire.

Provient de successions. — A M. LE BARON GÉRARD, à Paris.

663. — François, baron Gérard (1770-1837), peintre d'histoire et de portraits, membre de l'Institut (1812). — Peinture sur papier marouflé; haut. 0m,41. larg. 0m,34. — Par Boilly (Louis-Léopold) (1761-1845).

En pied, assis, de profil à gauche; tête nue; vêtement noir; culotte courte.

Fait partie de la collection de vingt-huit portraits exécutés, d'après nature, pour un tableau peint en 1800, représentant l'*Intérieur de l'atelier d'Isabey*.

Gravé par A. Clément.

AU MUSÉE DE LILLE.

664. — François, baron Gérard (1770-1837), peintre d'histoire et de portraits, membre de l'Institut (1812). — Dessin au crayon noir; haut. 0m,19, larg. 0m,16. — Par Isabey (Jean-Baptiste) (1767-1855).

En buste, tête nue, de trois quarts; cheveux tombants; vêtement noir; gilet ouvert.

Dans la partie inférieure du dessin, à la droite du personnage, est écrit :

ISABEY 1790

A M. LE BARON GÉRARD, à Paris.

665. — La mère du peintre Gérard (?-?) — Toile; haut. 0m,55, larg. 0m,46. — Par Gérard (François, baron) (1770-1837).

ARTISTES. (Suite.)

En buste, tête nue, tournée de droite à gauche ; un fichu de gaze blanc sur les épaules ; gorge découverte.

Exécuté en 1792.

Provient de succession. — A M. LE BARON GÉRARD, à Paris.

666. — **Gioacchino Giuseppe Serangeli** (1778-1852), peintre d'histoire, né à Milan ; a séjourné en France de 1793 à 1834. — Peinture sur papier marouflé ; haut. 0^m,27, larg. 0^m,19. — Par Boilly (Louis-Léopold) (1761-1845).

A mi-jambes ; tête nue, tournée vers l'épaule gauche ; redingote marron, boutonnée.

Fait partie de la collection de vingt-huit portraits exécutés, d'après nature, pour un tableau peint en 1800, représentant l'*Intérieur de l'atelier d'Isabey*.

Gravé par A. Clément.

AU MUSÉE DE LILLE.

667. — **Marie-Catherine Fredon** (1712-1773), peintre, femme du graveur Jean-Charles François. — Toile ; haut. 0^m,62, larg. 0^m,53. — Par Loo (Charles-André *dit* Carle)Van) (1705-1765).

En buste, assise sur un fauteuil de bois doré, dont le fond est garni d'étoffe jaune brochée ; tête de face, coiffée d'une cornette et d'un fichu de dentelle blanche, recouverte d'une sorte de bavolet de dentelle noire, nouée sous le menton ; robe de satin blanc, à rubans de même couleur ; mantelet bleu, à points, garni de martre.

A la gauche du personnage est écrit :

VAN LOO. 1762.

Photographié au charbon, par M. Braun.

A M. BENJAMIN FILLON, à Saint-Cyr-en-Talmondais (Vendée).

668. — **Marguerite Gérard** (1761-?), peintre de genre, élève de Jean-Honoré Fragonard. — Toile, de forme ovale ; haut. 0^m,63, larg. 0^m,45. — Par **Fragonard (Jean-Honoré)** (1732-1806).

En buste, de trois quarts ; tête nue, tournée vers l'épaule droite ; cheveux frisés ; robe noire, garnie de fourrures.

A M. HIPPOLYTE WALFERDIN, à Paris.

669. — **Marguerite-Julie-Antoinette Houdon** (1771-1795), peintre, cousine germaine du sculpteur Jean-Antoine Houdon ; mariée, en 1790, à Dominique Lenoir. — Toile ; haut. 0^m,71, larg. 0^m,55. — Par **Houdon (Marguerite-Julie-Antoinette)** (1771-1795).

En buste, assise ; le regard tourné de droite à gauche ; robe ouverte ; fichu de gaze sur la poitrine ; ruban vert dans les cheveux ; une palette et des pinceaux dans les mains.

Dans la partie inférieure de la toile est écrit :

J. HOUDON 1789.

Provient d'une vente (1843). — A Mme PAUL LACROIX, à Paris.

670. — **Élisabeth Terroux** (?-? XVIIIe siècle), peintre en miniature, née à Genève. — Miniature, de forme ovale ; haut. 0^m,07, larg. 0^m,06. — Par **Terroux (Élisabeth)**. (?-? XVIIIe siècle.)

En buste, de face ; corsage violet ; fichu de gaze blanc ; large chapeau de paille sur les cheveux ; roses et bluets sur le chapeau.

A M. HENRI BORDIER, à Paris.

ARTISTES. (Suite).

671. — Philippe Caffieri (1634-1716), sculpteur et ciseleur. — Miniature à l'huile, sur cuivre; haut. 0^m,120, larg. 0^m,092. — Par **Haflen (Van)** (?-? XVIIIe siècle) ou peut-être **Halen (Arnolf Van)** (?-1732).

En buste; de face, longue perruque grise; cravate blanche; habit noir; manteau rouge.

Dans la partie supérieure du cadre, sur un cartel de métal, est gravé :

PHILIPPE CAFFIERI SCULPTEUR DU ROY NÉ À ROME LE 17 DÉCEMBRE
1634 MORT À PARIS LE 17 SEPTEMBRE 1716
PEINT PAR VAN HAFLEN EN 1707
DONNÉ A L'ACADÉMIE ROYALE PAR J.-J. CAFFIERI SCULPTEUR
DU ROY SON PETIT FILS EN 1777.

Au revers de la plaque de cuivre est gravé :

PHILIPPE CAFFIERI SCULPTEUR
NÉ A ROME LE 17 DÉCEMBRE 1634
LE CARDINAL DE MAZARIN
LE DEMANDA AU NOM DE LOUIS XIV
AU PAPE ALEXANDRE VII EN QUALITÉ
D'INGÉNIEUR DESSINATEUR DE LA MARINE
IL ARRIVA A PARIS EN 1660
LE 20 JUILLET IL ÉPOUSA
FRANÇOISE RENAULT DE BEAUVALLON
COUSINE GERMAINE DE CHARLES LEBRUN
ÉCUYER ET PREMIER PEINTRE DU ROY
MORTE LE 27 NOVEMBRE 1714
Mr COLBERT FIT NOMMER PAR LE ROY
PHILIPPE CAFFIERI INGÉNIEUR ET SCULPTEUR
DE SES VAISSEAUX À DUNKERQUE
IL EST MORT À PARIS LE
17 SEPTEMBRE 1716 AGÉ DE 82 ANS
ET REPOSE AVEC SA FEMME
DANS LE CAVEAU DE LA FAMILLE
QUI EST DANS L'ÉGLISE PAROISSIALE
DE SAINT-NICOLAS-DU-CHARDONNET

Nous n'avons découvert aucun peintre du nom de Van Haflen, c'est ce qui nous a porté à présumer que le graveur des inscriptions qui précèdent avait peut-être altéré le nom de l'auteur de ce portrait. D'autre part, Arnolf Van Halen, bien connu par ses trois cent cinquante miniatures représentant les poètes néerlandais, dont la collection compose le *Pan poeticon Batavum*, ayant été le contemporain de Philippe Caffieri, nous ne serions pas loin de penser que cette peinture sur cuivre pût lui être attribuée.

Offert à l'Académie de peinture, en 1777, par le petit-fils du modèle, ce portrait a fait retour à la famille Caffieri en 1793. — A M. VILLENEUVE, à Paris.

672. — Jacques Caffieri (1678-1755), sculpteur et fondeur-ciseleur, fils de Philippe Caffieri. — Toile, de forme ovale; haut. 0^m,65, larg. 0^m,50. — Par **Bouis ou Bouys (André)** (1657-1740).

En buste, tête nue, à perruque; il regarde vers sa droite; riche costume.

Jacques Caffieri et André Bouys avaient épousé les deux sœurs. (Voir *les Caffieri*, par par M. Jules Guiffrey, Paris, p. 67 et 226.)

Provient de successions. — A M. HECTOR CAFFIERI, à Boulogne-sur-Mer. (Pas-de-Calais.)

ARTISTES. (Suite.)

673. — **Marie-Anne Rousseau** (?-?), femme du sculpteur, fondeur-ciseleur Jacques Caffieri. — Toile, de forme ovale; haut. 0^m,65, larg. 0^m,50. — Par **Bouis ou Bouys (André)** (1657-1740).

En buste, tête nue, poudrée, avec des fleurs dans les cheveux; le regard tourné vers l'épaule droite; corsage de satin blanc, brodé; manteau rouge, orné de broderies.

Marie-Anne Rousseau épousa Jacques Caffieri en 1708. (*Les Caffieri*, par M. Jules Guiffrey, p. 385.)

Le portrait que nous avons sous les yeux, de même forme et de même caractère que le précédent, doit être d'une date postérieure au mariage du modèle.

Provient de successions. — A M. HECTOR CAFFIERI, à Boulogne-sur-Mer. (Pas-de-Calais.)

674. — **Jean-Jacques Caffieri** (1725-1792), sculpteur, membre de l'Académie royale de peinture et de sculpture (1759). — Toile; haut. 0^m,595, larg. 0^m,480. — Par **Lagrenée (Louis-Jean-François)**, *dit* l'**Aîné** (1725-1805).

A mi-corps; tête nue, légèrement tournée vers l'épaule droite; perruque poudrée; cravate blanche; gilet rouge; habit vert; la main gauche dans le gilet; tricorne sous le bras gauche.

Provient d'un don de Lagrenée à Caffieri, son ami, quand ils étaient ensemble pensionnaires de l'Académie de France à Rome. — A M. VILLENEUVE, à Paris.

675. — **Simon Challe** (1719-1765), sculpteur, membre de l'Académie royale de peinture et de sculpture (1756). — Toile, de forme ovale; haut. 0^m,55, larg. 0^m,47. — **Auteur inconnu** (XVIIIe siècle).

En buste, presque de face; cheveux longs, bouclés; chemise entr'ouverte, à col droit et à jabot; habit de velours vert, à boutons de même étoffe.

Provient de M. Alexandre Colin, peintre, parent de Challe. — A Mme JULES GUIFFREY, à Paris.

676. — **Claude-François Attiret** (1728-1804), sculpteur, élève de Pigalle, Toile; haut. 1 mètre, larg. 0^m,80. — Par **Lenoir (Simon-Bernard)** (?-? - A pris part aux expositions de 1779 à 1795.)

A mi-corps, assis; tête nue; costume gris; il tient une masse de sculpteur dans la main droite.

Provient de Mme Ve Carion (1837). — AU MUSÉE DE DIJON.

677. — **Augustin Pajou** (1730-1809), sculpteur, membre de l'Académie royale de peinture et de sculpture (1760). — Buste terre cuite; haut. 0^m,55. — Par **Houdon (Jean-Antoine)** (1741-1828).

Tête nue, légèrement tournée vers l'épaule droite; chemise ouverte, à col rabattu.

A Mme TOULMOUCHE, à Paris.

678. — **Jean-Antoine Houdon** (1741-1828), sculpteur, membre de l'Académie royale de peinture et de sculpture (1777) et de l'Institut (1796). — Toile; haut. 0^m,44, larg. 0^m,31. — Par **Boilly (Louis-Léopold)** (1761-1845).

En pied, debout; tête nue; vêtu d'une longue redingote blanche; il modèle un buste posé sur une selle.

Fait partie de la collection de vingt-huit portraits exécutés, d'après nature, pour un tableau peint en 1800, représentant l'*Intérieur de l'atelier d'Isabey*.

Gravé par A. Clément.

AU MUSÉE DE LILLE.

PORTRAITS NATIONAUX DU XVIIIe SIÈCLE.   145

ARTISTES. (Suite.)

679. — Jean-Antoine Houdon (1741-1828), sculpteur, membre de l'Académie royale de peinture et de sculpture (1777) et de l'Institut (1796). — Buste terre cuite; haut. 0^m,22. — Par Houdon (Jean-Antoine) (1741-1828).

Tête nue; expression de vive colère sur les traits; les bras croisés; ses outils de sculpteur dans ses mains crispées; costume de travail.

Houdon, s'étant regardé par hasard dans une glace, au moment où il allait sortir de son atelier, irrité par un incident quelconque, fut tellement frappé de l'expression de sa physionomie, qu'il modela de suite son image, sans rien atténuer du caractère que lui imprimait son irritation.

Provient de Houdon. — A Mme Ve Raoul-Rochette, née Houdon, à Paris.

680. — Charles-Louis Corbet (1758?-1808?), sculpteur. — Peinture sur papier marouflé; haut. 0^m,19, larg. 0^m,17. — Par Boilly (Louis-Léopold) (1761-1845).

A mi-corps; tête nue, de trois quarts à gauche; habit gris; gilet blanc; il s'appuie sur une table, dans une attitude méditative.

Fait partie de la collection de vingt-huit portraits exécutés, d'après nature, pour un tableau peint en 1800, représentant l'*Intérieur de l'atelier d'Isabey*.

Gravé par A. Clément.

Au musée de Lille.

681. — Antoine-Denis Chaudet (1763-1810), sculpteur et peintre, agréé de l'Académie royale de peinture et de sculpture (1789), membre de l'Institut (1805). — Peinture sur papier marouflé; haut. 0^m,37, larg. 0^m,29. — Par Boilly (Louis-Léopold) (1761-1845).

En pied, assis; vêtu de noir; accoudé sur le bras droit.

Fait partie de la collection de vingt-huit portraits exécutés, d'après nature, pour un tableau peint en 1800, représentant l'*Intérieur de l'atelier d'Isabey*.

Gravé par A. Clément.

Au musée de Lille.

682. — François-Frédéric, baron Lemot (1773-1827), sculpteur, membre de l'Institut (1809). — Peinture sur papier marouflé; haut. 0^m,21; larg. 0^m,17. — Par Boilly (Louis-Léopold) (1761-1845).

A mi-corps, de profil à gauche; il parle, et la main droite fait un geste explicatif.

Fait partie de la collection de vingt-huit portraits exécutés, d'après nature, pour un tableau peint en 1800, représentant l'*Intérieur de l'atelier d'Isabey*.

Gravé par A. Clément.

Au musée de Lille.

683. — Pierre Lucas (?-? XVIIIe siècle), sculpteur, né à Toulouse. — Toile; haut. 0^m,89, larg. 0^m,68. — Par Subleyras (Pierre) (1699-1749).

En buste, tête coiffée d'un mouchoir, tournée vers l'épaule gauche; costume de travail; manches relevées jusqu'au coude; veste marron, ouverte sur la poitrine; un ébauchoir dans la main droite, posée sur une tête antique qui se trouve près d'un livre et d'un linge blanc, sur une table couverte d'un tapis vert; au fond, un paysage et une palette.

Photographié au charbon, par M. Braun.

Provient de M. François Lucas fils, (1736-1813) sculpteur, premier conservateur du musée de Toulouse. — Au musée de Toulouse.

Portraits nationaux.   10

ARTISTES. (Suite.)

684. — Germain Boffrand (1667-1754), architecte du duc Léopold, premier ingénieur et inspecteur général des ponts et chaussées; membre de l'Académie royale d'architecture (1719). (Portrait présumé.) — Toile; haut. 1ᵐ,38, larg. 1ᵐ,04. — Par **Restout (Jean)** (1692-1768).

A mi-jambes; tête nue, tournée vers l'épaule gauche; assis devant une table sur laquelle sont déployés des plans; un compas dans la main droite; costume de soie violet; perruque poudrée. Fond d'architecture.

Dans la partie inférieure de la toile est écrit :

RESTOUT 1734.

Provient de la collection Butte. — Au musée de Nancy.

685. — Jacques-Germain Soufflot (1713-1780), architecte, membre de l'Académie royale d'architecture (1759), intendant général des bâtiments (1776); a construit le Panthéon et l'École de droit, à Paris. — Toile; haut. 0ᵐ,80, larg. 0ᵐ,64. — Auteur inconnu (xviiiᵉ siècle).

Assis devant une table sur laquelle est déroulé le plan du Panthéon; tête nue, de face, appuyée sur la main gauche; cheveux poudrés; habit de velours rouge; chemise à jabot; manchettes de dentelles; un porte-crayon dans la main droite; sur le devant de la table, une règle et un compas.

Provient d'un don de la famille Soufflot. — Au musée d'Auxerre.

686. — Pierre-François-Léonard Fontaine (1762-1853), architecte, membre de l'Institut (1811). — Peinture sur papier marouflé; haut. 0ᵐ,17, larg. 0ᵐ,14. — Par **Boilly (Louis-Léopold)** (1761-1845).

En buste, tête nue, de face, légèrement inclinée vers la droite; les yeux baissés; attitude méditative.

Fait partie de la collection de vingt-huit portraits exécutés, d'après nature, pour un tableau peint en 1800, représentant l'*Intérieur de l'atelier d'Isabey*.

Gravé par A. Clément.

Au musée de Lille.

687. — Charles Percier (1764-1838), architecte, membre de l'Institut (1811). — Peinture sur papier marouflé; haut. 0ᵐ,28, larg. 0ᵐ,20. — Par **Boilly (Louis-Léopold)** (1761-1845).

A mi-corps, de profil à gauche; un chapeau sur la tête et une cocarde au chapeau; tunique fermée; il tient une maquette dans les mains et l'examine.

Fait partie de la collection de vingt-huit portraits exécutés, d'après nature, pour un tableau peint en 1800, représentant l'*Intérieur de l'atelier d'Isabey*.

Gravé par A. Clément.

Au musée de Lille.

688. — Jean Mariette (1660-1742), graveur et imprimeur-libraire. Il est le père de Pierre-Jean Mariette, le célèbre amateur, et écrivain. — Toile; haut. 1ᵐ,20, larg. 0ᵐ,91. — Par **Pesne (Antoine)** (1683-1757).

A mi-jambes, assis; tête nue, de face; perruque; vêtu de velours noir; la main droite tenant un crayon, la gauche appuyée sur un carton que supporte une console où se trouvent une gravure et un livre.

Exécuté en 1723.

Gravé par J. Daullé.

Provient d'une vente. — A M. Louis-Ernest Girard, à Paris.

PORTRAITS NATIONAUX DU XVIIIᵉ SIÈCLE.

ARTISTES. (Suite.)

689. — **Pierre Drevet** (1664-1738), graveur, membre de l'Académie royale de peinture et de sculpture (1707). — Toile; haut. 0ᵐ,55, larg. 0ᵐ,46. — Par **Rigaud (Hyacinthe)** (1659-1743).

En buste, de face, tête tournée vers l'épaule gauche; perruque; vêtement à ramages, laissant voir la chemise; ruban bleu autour du cou.

Provient de la collection de M. Charles Michel. — A M. Jules-Augustin Poulot, à Lyon.

690. — **Jean Moyreau** (1690-1762), graveur, né à Orléans, membre de l'Académie royale de peinture et de sculpture (1736). — Toile; haut. 0ᵐ,90, larg. 0ᵐ,72. — Par **Nonnotte (Donat)** (1707-1785).

A mi-corps; tête nue, tournée vers l'épaule gauche; cheveux poudrés, retenus par derrière dans une bourse en soie noire; habit et culotte en velours vert grisâtre; assis sur un fauteuil de canne; l'artiste tient des deux mains une planche de cuivre; un burin est dans la main droite, à droite sur une table, une estampe déployée; à gauche, rideau rouge foncé.

Dans la partie supérieure de la toile, à la gauche du personnage, est écrit :

NONNOTTE PINX, 1742.

Salon de 1743 (n° 85).

Gravé par Moyreau, ce portrait figure en tête de l'œuvre de Wouverman, également gravé par Moyreau.

Photographié au charbon, par M. Braun.

Provient de la vente de M. Geffrier-Desisles, parent de Moyreau, dont on garde au musée d'Orléans le brevet d'académicien, daté du 27 décembre 1736 et portant les signatures de Coustou, Largillière, J. Christophe, Boucher, et la contre-signature de Lépicié avec le sceau de l'Académie. — Au musée d'Orléans.

691. — **Charles-Nicolas Cochin** (1715-1790), graveur, dessinateur, écrivain, secrétaire perpétuel de l'Académie royale de peinture et de sculpture (1755), garde des dessins du Roi. — Toile; haut. 0ᵐ,71, larg. 0ᵐ,58. — Par **Loo (Louis-Michel Van)** (1707-1771).

A mi-corps, assis, le bras droit posé sur le dossier de sa chaise; un crayon dans la main; perruque à queue. Fig. grand. nat.

Exposé au salon de 1767 (n° 10).

Photographié au charbon, par M. Braun.

Provient de Jean-Charles Tardieu, peintre d'histoire, neveu de Charles-Nicolas Cochin. — A Mᵐᵉ Frère, née Tardieu, au Mont-aux-Malades, près Rouen.

692. — **Duplessis Bertaux** (1747-1813), dessinateur et graveur. — Peinture sur papier marouflé; haut. 0ᵐ,17, larg. 0ᵐ,09. — Par **Boilly (Louis-Léopold)** (1761-1845).

En buste, assis, de face, les deux coudes posés sur une table.

Fait partie de la collection de vingt-huit portraits exécutés, d'après nature, pour un tableau peint en 1800, représentant l'*Intérieur de l'atelier d'Isabey*.

Gravé par A. Clément.

Si nous en croyons Renouvier, ce portrait ne serait point celui de Duplessis Bertaux, mais bien celui de Pierre-Gabriel Berthault, qui grava les tableaux de Prieur et qui produisit, en 1786 et 1787, des *Vues intérieures de Paris* d'après Lespinasse. (*Histoire de l'art pendant la Révolution, considéré principalement dans les estampes*, ouvrage posthume de Jules Renouvier, avec une notice biographique et une table par M. Anatole de Montaiglon. Paris, J. Renouard, 1863, 2 vol. in-8°, tome I, page 60.)

Au musée de Lille.

ARTISTES. (Suite.)

693. — **Maurice Blot** (1753-1818), graveur. — Peinture sur papier marouflé; haut. 0ᵐ,17, larg. 0ᵐ,14. — Par Boilly (Louis-Léopold) (1761-1845).

En buste, de trois quarts, tête nue, tournée de droite à gauche; habit gris à grand collet; cravate blanche montante.

Fait partie de la collection de vingt-huit portraits exécutés, d'après nature, pour un tableau peint en 1800, représentant l'*Intérieur de l'atelier d'Isabey*.

Gravé par A. Clément.

Au MUSÉE DE LILLE.

694. — **Christophe Gluck** (1714-1787), compositeur, nommé par la reine Marie-Antoinette maître de musique des enfants de France (1776). — Toile; haut. 0ᵐ,85, larg. 0ᵐ,68. — Attribué à Duplessis (Joseph-Siffrein) (1725-1802).

A mi-corps, assis sur un fauteuil, les coudes posés sur une table chargée de partitions; robe de chambre de drap vert broché de rouge; perruque poudrée.

A M. ALEXANDRE DUMAS, à Paris.

695. — **Christophe Gluck** (1714-1787), compositeur, nommé par la reine Marie-Antoinette maître de musique des enfants de France (1776). — Toile; haut. 0ᵐ,67, larg. 0ᵐ,57. — Par Duplessis (Joseph-Siffrein) (1725-1802).

En buste, de trois quarts; tête de face; veste et gilet de velours vert; perruque. Fig. grand. nat.

Gravé par Miger.

Photographié au charbon, par M. Braun.

Provient de la galerie de Sébastien Érard. — A Mᵐᵉ Vᵛᵉ ÉRARD, à Paris.

696. — **Pierre-Alexandre de Monsigny** (1729-1817), compositeur, membre de l'Institut (1813). — Toile; haut. 0ᵐ,71, larg. 0ᵐ,58. — Par Fèvre, ou Febvre (Robert Le) (1756-1831).

En buste, tête nue, de face; assis; habit vert bordé de fourrure; croix de la Légion d'honneur.

Provient d'un legs de M. P.-A. Lair, de Caen. — Au MUSÉE DE CAEN.

697. — **André-Ernest-Modeste Grétry** (1741-1813), compositeur, membre de l'Institut (1796). — Dessin à la sépia et à l'encre de Chine; haut. 0ᵐ,21, larg. 0ᵐ,17. — Par Isabey (Jean-Baptiste) (1767-1855).

En pied; tête nue, de face; assis devant un clavecin, écrivant d'une main les motifs qu'il cherche de l'autre sur le clavier; longue redingote boutonnée; manteau rejeté sur le dossier du siège; à ses pieds, nombreux cartons.

Dans la partie inférieure de la composition, à la gauche du personnage, est écrit :
J. ISABEY PERE.

Gravé par Geille.

Photographié au charbon, par M. Braun.

Provient du cabinet de Jean-Baptiste Isabey, oncle du propriétaire actuel. — A M. EDMOND TAIGNY, à Paris.

698. — **Étienne-Nicolas Méhul** (1763-1817), compositeur, membre de l'Institut (1795). — Pastel, de forme ovale; haut. 0ᵐ,70, larg. 0ᵐ,57. — Par Ducreux (Joseph) (1737-1802).

En buste, de trois quarts, tête tournée vers l'épaule gauche; habit gris à grand collet; gilet rayé; cravate blanche.

Provient de successions. — A M. A. DAUSSOIGNE-MÉHUL, à Bruxelles.

ARTISTES. (Suite.)

699. — Jean de Jullienne (1686-1766), entrepreneur, après son oncle François de Jullienne, de la Manufacture royale des draps d'écarlate et des teintures des Gobelins; anobli, décoré de l'ordre de Saint-Michel (1737), conseiller honoraire amateur de l'Académie royale de peinture et de sculpture (1740), célèbre par son cabinet et par l'amitié d'Antoine Watteau, dont il a fait graver l'œuvre, publié par ses soins en quatre vol. in-fol. — Toile; haut. 1^m,28, larg. 0^m,98. — Par **Watteau (Antoine)** (1684-1721).

A mi-jambes, debout; tête nue; cheveux longs tombant sur les épaules; chapeau sous le bras gauche; la main gauche légèrement posée sur la hanche, la droite appuyée sur la rampe d'une terrasse; habit et gilet brodés en brocart d'argent. Fond de paysage.

Voy. sur ce portrait *Antoine Watteau*, par M. Chazaud. Paris, A. Quantin, 1877, in-8° de 32 pages, avec une gravure à l'eau-forte par Boulard fils.

Photographié au charbon, par M. Braun.

Provient de la collection Jules Duclos. — A M. Jean-Baptiste Chazaud, à Paris.

700. — Jean de Jullienne (1686-1766), entrepreneur, après son oncle François de Jullienne, de la Manufacture royale des draps d'écarlate et des teintures des Gobelins; anobli, décoré de l'ordre de Saint-Michel (1737), conseiller honoraire amateur de l'Académie royale de peinture et de sculpture (1740), célèbre par son cabinet et l'amitié d'Antoine Watteau, dont il a fait graver l'œuvre, publié par ses soins en quatre vol. in-fol. — Pastel; haut. 0^m,31, larg. 0^m,24. — Par **Latour (Maurice-Quentin de)** (1704-1788).

Tête de trois quarts, tournée vers l'épaule droite; perruque poudrée; indication de col.

Tête d'étude pour un grand portrait du même personnage.

Gravé en 1752.

Au musée Latour, à Saint-Quentin (Aisne).

701. — Ange-Laurent Lalive de Jully (1725-1775), peintre en miniature, graveur à l'eau-forte, amateur, membre honoraire de l'Académie royale de peinture et de sculpture (1769). — Toile; haut. 1^m,15, larg. 0^m,87. — Par **Greuze (Jean-Baptiste)** (1725-1805).

A mi-jambes; assis sur un fauteuil de bois noir, décoré d'incrustations de cuivre; il joue de la harpe; costume d'intérieur en soie blanche; culotte de velours rose.

Photographié au charbon, par M. Braun.

Provient de la comtesse de Fézensac. — A Mme la comtesse de Goyon, à Paris.

702. — Jeanne-Baptiste d'Albert de Luynes, comtesse de Verrue (1670-1736), vécut dans l'intimité du duc de Savoie, Victor-Amédée II; elle avait réuni, entre autres collections, une riche bibliothèque dont le catalogue a été publié en 1737. — Miniature sur ivoire, de forme ovale; haut. 0^m,07, larg. 0^m,054. — Attribué à **Massé (Jean-Baptiste)** (1687-1767).

En buste, tête nue, de face; robe bleue, ouverte sur la poitrine; écharpe sur l'épaule droite.

Provient de la collection Boucher, à Laigle (Orne). — A M. le baron J. Pichon, à Paris.

703. — Disnematin (?-? xviiie siècle), amateur. — Médaillon cire, de forme ronde; diam. 0^m,074. — Par **Ravral (A.)** (?-? xviiie siècle).

En buste, de profil à gauche; habit à collet, ouvert; jabot de dentelles; perruque à queue.

ARTISTES. (Suite.)

A la section du bras est écrit :

A. RAVRAI F‘.

Le nom de cet artiste étant introuvable sur les *Livrets des anciennes expositions*, ainsi que dans les *Archives de l'art français*, et dans les dictionnaires de Siret, de Fontenai, de Gabet et de Jal, nous nous sommes demandé si la dernière lettre de la signature microscopique n'avait pas été déformée, et si ce médaillon ne serait pas l'œuvre du ciseleur Ravrio (Antoine-André) (1759-1814)?

A M. Alexandre Delaherche, à Beauvais.

704. — **Hamoche, — Francisque, — Mlle Delisle, — Desjardins, — Paghette,** dans les rôles de *Pierrot, Arlequin, Colombine, Crispin* et *Cassandre*, du théâtre de la foire Saint-Laurent de l'Opéra-Comique, en 1716. — Toile ; haut. 0^m,92, larg. 1^m,50. — Par **Watteau (Antoine)** (1684-1721).

Pierrot, Arlequin, Colombine, Crispin, debout, en pied, dans leurs costumes traditionnels ; derrière eux, Cassandre soulève un rideau.

Photographié au charbon, par M. Braun.

Provient de la collection Aubert. — A M. Pierre-Amable-Joseph Opigez, à Paris.

705. — **Marie-Anne de Chateauneuf,** dite **Mlle Duclos** (1670-1748), actrice de la Comédie-Française. (Portrait présumé.) — Toile, de forme ovale ; haut. 0^m,44, larg. 0^m,34. — Par **Nattier (Jean-Marc)** (1685-1766).

En buste, tête nue, de face ; ruban rose et plume noire dans les cheveux ; indication de robe blanche décolletée, bordée de liséré rose.

Photographié au charbon, par M. Braun.

A M. Alexandre Dumas, à Paris.

706. — **Claire-Josèphe-Hippolyte Legris de Latude,** dite **Mlle Clairon** (1723-1803), actrice de la Comédie-Française, où elle joua de 1743 à 1763. — Tapisserie, de forme ovale ; haut. 0^m,62, larg. 0^m,53. — **Auteur inconnu** (xviiie siècle).

A mi-corps, debout ; la tête tournée vers l'épaule droite ; costume blanc et rose ; robe ouverte ; un collier de perles autour du cou.

A MM. Vail et Cie, à Paris.

707. — **Françoise-Rose Gourgaud, femme d'Angiolo Vestris** (1743-1824), actrice de la Comédie-Française. — Miniature à la gouache, sur ivoire ; haut. 0^m,068, larg. 0^m,054. — Par **Caze** (??xviiie siècle).

A mi-jambes, assise, en riche costume oriental ; aigrette dans les cheveux ; jupe ouverte laissant voir un pantalon bouffant ; manteau de velours rouge, doublé d'hermine. Fond de draperie.

Dans la partie inférieure est écrit :

CAZE F. 1772.

Cet artiste, dont les dates de naissance et de décès ainsi que le prénom nous demeurent inconnus, est sans doute un des fils de Pierre-Jacques Cazes, l'abbé de Fontenai ayant pris le soin de nous apprendre que celui-ci eut deux fils qui furent ses élèves. (*Dictionnaire des artistes*, Paris, Vincent, 1776, 2 vol. in-12, tome Ier, p. 344.) Les livrets des expositions de « Messieurs de l'Académie de Saint-Luc », pour les années 1751 et 1753, renferment la mention d'un certain nombre d'œuvres exposées par un membre de cette Académie appelé Cazes fils.

A Mme Jules Guiffrey, à Paris.

ARTISTES. (Suite.)

708. — **Françoise-Marie-Antoinette-Joseph Saucerotte-Raucourt** (1756-1815), actrice de la Comédie-Française et directrice des théâtres d'Italie, sous l'Empire. — Pastel, de forme ovale; haut. 0,m62, larg. 0m,50. — **Auteur inconnu.** (XVIIIe siècle).

En buste, tête tournée vers l'épaule gauche; robe blanche découverte, retenue à l'épaule par un ruban; fichu de mousseline; coiffure de rubans.

Exécuté vers 1775.

Provient de M. Éloi-François-Madeleine Saucerotte-Raucourt. — A Mme Christian, née Saucerotte-Raucourt, nièce du modèle, à Versailles.

709. — **Jeanne-Adélaïde-Gérardine Olivier** (1764-1787), actrice de la Comédie-Française. — Toile; haut. 0m,55, larg. 0m,46. — Par **Greuze (Jean-Baptiste)** (1725-1805).

En buste, assise, le coude gauche posé sur une table, la tête appuyée sur la main; robe claire, ouverte, à manches courtes; coiffée d'un petit toquet à plumes; cheveux blonds bouclés; elle est représentée dans le rôle de Chérubin travesti en fille, rôle créé par elle. Fig. grand. nat.

A Mme Denain, à Paris.

710. — **Philippe Poisson** (1682-1743), acteur et poète. — Toile; haut. 1m,30, larg. 0m,95. — Par **Grimou, Grimoux** ou **Grimoud (Jean-Alexis)** (1680-1740?).

Il est représenté debout, tourné de trois quarts à droite; en costume de Crispin; toque noire; justaucorps noir avec manches à crevés, recouvert d'un manteau de même couleur.

Dans la partie inférieure de la toile est écrit :

GRIMOU 1732.

A M. Henry Roxard de la Salle, à Nancy.

711. — **Henri-Louis Caïn** dit **Lekain** (1728-1778), acteur tragique, fut reçu à la Comédie-Française en 1752 et il y joua jusqu'à sa mort. — Toile, de forme ovale; haut. 0m,70, larg. 0m,57. — **Auteur inconnu** (XVIIIe siècle).

Représenté dans le rôle de Bajazet. A mi-corps, tête de face, coiffé d'un turban enrichi de pierres précieuses; perles aux oreilles; pelisse de velours rouge garnie de fourrures, jetée sur une tunique de velours vert ornée de pierreries; la main gauche tient une canne sur la pomme d'or de laquelle repose la main droite.

Photographié au charbon, par M. Braun.

Provient de Mme Robert, grand'mère du propriétaire actuel, laquelle avait hérité de ce portrait dans la succession de son père, M. Bazin, contrôleur de la bouche de la reine Marie-Antoinette. — A M. Charles-François Rossigneux, à Paris.

712. — **Henri-Louis Caïn** dit **Lekain** (1728-1778), acteur tragique, fut reçu à la Comédie-Française en 1752 et il y joua jusqu'à sa mort. — Aquarelle; haut. 0m,33, larg. 0m,21. — Par **Carmontelle (Louis Carrogis** dit**)** (1717-1806).

En pied, debout; corps presque de face; tête de profil fortement tournée vers l'épaule droite. Dans le rôle de Néron de la tragédie de Racine, *Britannicus*. Couronne de laurier, tunique blanche à rayures jaunes; manteau rouge doublé de blanc; écharpe et ceinture cramoisies; la main gauche sur la hanche; le bras droit tendu faisant un geste oratoire.

Provient d'une vente. — A. M. Mahérault, à Paris.

ARTISTES. (Suite.)

713. — **Henri-Louis Caïn** *dit* **Lekain** (1728-1778), acteur tragique, fut reçu à la Comédie-Française en 1752, où il joua jusqu'à sa mort. — Tapisserie, de forme ovale; haut. 0^m,63, larg. 0^m,51. — **Auteur inconnu** (XVIIIe siècle).

A mi-corps, debout; tête tournée vers l'épaule gauche; costume oriental; la main gauche posée sur la hanche.

A MM. VAIL et Cie, à Paris.

714. — **François-Joseph Talma** (1763-1826), acteur tragique, sociétaire de la Comédie-Française. — Peinture sur papier marouflé; haut. 0^m,19, larg. 0^m,16. — Par **Boilly** (**Louis-Léopold**) (1761-1845).

En buste, de trois quarts à gauche; tête nue; attitude de la méditation; le bras gauche esquissé.

Fait partie de la collection de vingt-huit portraits exécutés, d'après nature, pour un tableau peint en 1800, représentant l'*Intérieur de l'atelier d'Isabey*.

Gravé par A. Clément.

AU MUSÉE DE LILLE.

715. — **Joseph Caillot** (1732-1816), acteur de l'Opéra-Comique. — Toile, de forme ovale; haut. 0^m,68, larg. 0^m,58. — Par **Danloux** (**Henri-Pierre**) (1753-1809).

En buste, tête de face; coiffé d'un tricorne.

« Les rôles les plus brillants de Caillot, écrit Fétis, étaient ceux du *Sorcier*, de *Mathurin* dans *Rose et Colas*, du *Déserteur*, du *Huron*, de *Sylvain*, de *Blaise* dans *Lucile* et de *Richard* dans *le Roi et le Fermier*. » Il ne nous a pas été possible de reconnaître avec certitude dans lequel de ces rôles Danloux a représenté son modèle. Quant à supposer, comme on a tenté de l'établir, que ce portrait nous montre Caillot dans le rôle de *César* des *Rendez-vous bourgeois*, de Nicolo, nous n'y avons pas songé. En effet, les *Rendez-vous bourgeois* furent joués pour la première fois le 9 mai 1807, et Fétis nous apprend « qu'un enrouement fréquent, et qui se déclarait d'une manière subite, vint contrarier Caillot, au moment où son talent d'acteur atteignait sa plus grande perfection; il craignait que cet accident ne lui fît perdre la faveur du public, et il se retira en 1772, ayant à peine atteint l'âge de quarante ans. Il quitta le théâtre au mois de septembre avec une pension de mille francs, et ne parut plus qu'aux spectacles de la cour jusqu'en 1776, époque où il cessa tout à fait de jouer la comédie ». (*Biographie universelle des musiciens et bibliographie générale de la musique*, par F. J. FÉTIS, 2e édition; Paris, Firmin-Didot, 1866; 8 vol. in-8°, tome II, p. 148.) Il est donc permis de supposer que ce portrait est antérieur à l'année 1772.

A M. STRAUSS, à Paris.

716. — **Françoise Prévost** (1681?-1741), danseuse de l'Opéra, qu'elle ne quitta qu'en 1730, après un séjour de près de vingt-cinq ans. Elle fut remplacée par la Camargo et Mlle Sallé, qu'elle avait formées. — Toile; haut. 2^m,07, larg. 1^m,60. — Par **Raoux** (**Jean**) (1677-1734).

En pied, debout, en bacchante; une grappe de raisin dans la main droite, un thyrse dans la main gauche; robe de gaze; tunique jaune; les bras et les jambes nus; derrière elle, deux faunes couronnés de pampres jouent de la flûte; au fond, des nymphes et des satyres dansent devant un temple antique.

Exécuté en 1723.

Photographié au charbon, par M. Braun.

Provient de Mme veuve Haussemann. — AU MUSÉE DE TOURS.

717. — **Marie Sallé** (1710?-?), danseuse de l'Opéra (1727-1730 et 1735-1740) élève de Mlle Prévost, qu'elle remplaça avec la Camargo. — Pastel; haut. 0^m,78, larg 0^m,63. — Par **Latour** (**Maurice-Quentin de**) (1704-1788).

ARTISTES. (Suite.)

A mi-corps, assise; tête légèrement tournée vers l'épaule gauche; robe rose à grandes manchettes de dentelles; mains croisées; dentelle sur les cheveux. Fig. grand. nat.

A figuré au salon de 1742 (n° 128) sous la rubrique : « Mademoiselle Salé, habillée comme elle est chez elle. »

A passé à la vente Véron.

A Mme Denain, à Paris.

718. — **Marie-Anne Cuppi** dite **la Camargo** (1710-1770), danseuse de l'Opéra. — Pastel; haut. 0^m,30, larg. 0^m,25. — Par **Latour (Maurice-Quentin de)** (1704-1788).

Tête nue, de face; cheveux tombants; sans indication de costume.

A M. Alfred Saucède, à Paris.

719. — **Marie-Thérèse-Théodore Romboncoli-Riggieri** dite **Colombe** (1757-1837), danseuse, puis actrice de l'ancienne Comédie italienne, est demeurée au théâtre de 1764 à 1788. — Miniature sur ivoire, de forme ronde; diam. 0^m,06. — Par **Soiron (François)** (1755-1813).

A mi-corps; tête nue, cheveux tombants; les yeux levés vers le ciel; robe gris clair décolletée, garnie de nœuds de rubans. Fond de paysage.

A M. Leroux, à Paris.

720. — **Marie-Madeleine Romboncoli-Riggieri** dite **Adeline** (1760-1841), danseuse, puis actrice à l'ancienne Comédie italienne; sœur de Colombe, débuta comme actrice le 17 avril 1776. — Miniature sur ivoire, de forme ovale; haut. 0^m,068, larg. 0^m,057. — Auteur inconnu (XVIIIe siècle).

A mi-corps; tête de face, légèrement rejetée en arrière; cheveux poudrés; fleurs dans la coiffure; robe bleu clair, décolletée; ceinture rose; les bras nus, appuyés sur un meuble; une colombe dans la main droite; derrière le personnage, un Amour.

A M. Leroux, à Paris.

721. — **Gaëtano-Apollino-Baldassare Vestri** dit **Vestris** (1729-1808), danseur. — Toile; haut. 0^m,93, larg. 0^m,73. — Par **Mme Romany (Adèle, née de Romance)** (?-?, a pris part aux expositions de 1793 à 1824).

A mi-corps, debout, le regard tourné vers l'épaule gauche; une canne sous le bras; costume noir; cravate blanche; un chapeau sur la tête.

Photographié au charbon, par M. Braun.

A M. Alexandre Dumas, à Paris.

VII.

PERSONNAGES DIVERS.

722. — **Marc-Antoine Quatremère et sa famille.** Marc-Antoine Quatremère (1752-1794), « natif de Paris, y demeurant rue Saint-Denis, section des marchés; marchand drapier convaincu d'être le complice de fournisseurs infidèles », dit l'arrêt du tribunal criminel du 2 pluviôse an II, qui le condamnait à la peine de mort. (Voyez le *Moniteur universel* du 5 pluviôse an II, 24 janvier 1794.) Marc-Antoine Quatremère, notable commerçant en draperie, avait été le fournisseur du Roi. Il est le père d'Étienne-Marc Quatremère, l'orientaliste. — Toile, de forme ovale; haut. 0^m,51, larg. 0^m,61. — Par **Lépicié (Nicolas-Bernard)** (1735-1784).

PERSONNAGES DIVERS. (Suite.)

Madame Quatremère occupe le milieu du tableau; elle tient un enfant sur ses genoux; son mari pose une main sur son épaule et soutient un autre de ses enfants, debout, à droite, jouant avec une poupée; un thé est servi sur une table voisine.

Dans la partie inférieure de la composition est écrit :

AMICUS AMICOS PINXIT LÉPICIÉ 1781.

On ne doit pas chercher sous les traits de l'un des enfants l'image de l'orientaliste Quatremère, puisque celui-ci est né le 12 juillet 1782 et que cette toile porte la date de 1781.

Provient de successions. — A M. L'ABBÉ EMMANUEL MARBEAU, à Paris.

723. — **Charles-Nicolas-Victor Ducloz-Dufresnoy** (1733-1794), ancien notaire à Paris; économiste. — Toile; haut. 0^m,69, larg. 0^m,58. — Par **Greuze (Jean-Baptiste)** (1725-1805).

En buste, accoudé sur une table; tête nue, tournée vers l'épaule droite; la main gauche effleure la joue; une plume dans la main droite; robe de chambre de couleur foncée.

Greuze était le client et l'ami du modèle.

Ce tableau est resté aux successeurs de Ducloz-Dufresnoy. — A M. DUFOUR, notaire, à Paris.

724. — **Jean-Joseph, marquis de Laborde et sa famille.** Jean-Joseph de Laborde (1724-1794), financier, banquier du Roi. — Toile; haut. 0^m,87, larg. 1^m,28. — Par **Greuze (Jean-Baptiste)** (1725-1805).

A droite, la marquise, assise, est entourée de ses six enfants; à sa droite est sa mère; vers la gauche, le marquis de Laborde, en costume de chasseur, fait un geste de joyeuse surprise en contemplant le groupe que forment sa femme et ses enfants; derrière lui, une servante. Fond d'appartement.

Dans la partie inférieure de la composition, à droite, est écrit :

J. B. G.

Ce tableau est connu sous le nom de *la Mère bien-aimée*.

Photographié au charbon, par M. Braun.

Provient de successions. — A M. LE MARQUIS DE LABORDE, à Paris.

725. — **Pauline de Laborde, baronne des Cars** (1767-1792). — Toile, de forme ovale; haut. 0^m,58, larg. 0^m,48. — Par **Greuze (Jean-Baptiste)** (1725-1805).

En buste, tête nue, de face, légèrement inclinée sur l'épaule droite; robe blanche. Fig. grand. nat.

Provient de successions. — A Mme LA MARQUISE DE LABORDE, à Paris.

726. — **François Asselin, chevalier, sire de Frenelles** (?-? XVIIIe siècle). — Toile, de forme ovale; haut. 0^m,79, larg. 0^m,63. — Par **Rigaud (Hyacinthe)** (1659-1743).

En buste, tête nue, à perruque; regard tourné vers l'épaule gauche; cuirasse sur laquelle passe une draperie violette. Fig. grand. nat.

Photographié au charbon, par M. Braun.

A M. POUYER-QUERTIER, à Rouen.

PERSONNAGES DIVERS. (Suite.)

727. — Charles-René Péan, seigneur de Mosnac (xviiie siècle), a été propriétaire du château d'Onzain, près de Blois. — Médaillon terre cuite; diamètre 0m,16. — Par **Nini (Jean-Baptiste)** (1717-1786).

En buste, de profil à gauche; manteau à collet de fourrure.

Sous l'épaule gauche est gravé le chiffre de Nini et la signature :

J. NINI F. 1768.

En exergue :

CHARLES. RENÉ. PÉAN. SEIGNEUR. DE. MOSNAC.

A Mme Gustave Dreyfus, à Paris.

728. — Le duc de Choiseul, enfant (xviiie sciècle). Tapisserie; haut. 0m,60, larg. 0m,50. — Par **Cozette (Charles)** (1713-?), tapissier de haute-lisse et peintre, a pris part aux expositions de 1753 à 1798). — D'après **Drouais (François-Hubert)** (1727-1775).

A mi-corps, vêtu de rose; carton sous le bras; feutre sur la tête.

A la gauche du personnage est écrit :

DROUAIS FILS 1760.
COZETTE EXCit 1762.

Au musée de Tours.

729. — Le marquis d'Artaguiette (?-? xviiie siècle), seigneur de la Mothe-Sainte-Héraye. — Toile; haut. 1m,27, larg. 0m,96. — Par **Grimou, Grimoux ou Grimoud (Jean-Alexis)** (1678-1733).

A mi-jambes, assis devant une table sur laquelle est un morceau de jambon; de la main droite il tient levé un flacon de vin rouge; habit marron; jabot.

Dans la partie inférieure de la toile est écrit :

GRIMOU 1720.

Provient du château de la Mothe-Sainte-Héraye (Deux-Sèvres). — A la Société de statistique de Niort.

730. — M. C. J. Orien Marais et Marie-Catherine Jacquet (?-? xviiie siècle). — Médaillon terre-cuite; diamètre 0m,08. — Par **Nini (Jean-Baptiste)** (1717-1786).

En buste, accolés; de profil à droite.

Sous l'épaule droite de Catherine Jacquet est écrit :

NINI F. 1774.

En exergue :

M. C. I. O. M.

A Mme Gustave Dreyfus, à Paris.

731. — Mme Thomas Mahi, marquise de Favras (?-?), femme du marquis de Favras (1745-1790), agent politique, mort à la suite d'un complot, le 19 février 1790. Louis XVIII, monté sur le trône, accorda une pension à la marquise de Favras; elle avait été dame d'honneur de Marie-Antoinette. — Toile; haut. 0m,54, larg. 0m,44. — Par **Nattier (Jean-Marc)** (1685-1766).

En buste, tête nue, de face; fleurs dans les cheveux; robe bleue, ouverte.

A M. Viel, à Tours.

PERSONNAGES DIVERS. (Suite.)

732. — Madame Poitrine (?-?), nourrice de Louis-Joseph-Xavier-François, 1ᵉʳ dauphin, fils de Louis XVI (1781-1789). — Aquarelle; haut. 0ᵐ,31, larg. 0ᵐ,29. — Par **Peters** (J.-A. de) (XVIIIᵉ siècle).

A mi-corps, assise, tournée vers la droite; robe ouverte, présentant le sein au Dauphin, qu'elle tient dans ses bras.

D'après le dire de notre collègue M. Paul Mantz (*Gazette des beaux-arts*, 1ᵉʳ décembre 1878, p. 880), ce portrait aurait figuré à l'exposition de 1776, au Colisée, sous le titre : « *Une jeune dame allaitant son enfant* » (n° 48). Il faudrait donc renoncer tout au moins à retrouver, sous la figure de l'enfant, les traits du Dauphin, puisque celui-ci est né seulement en 1781.

Gravé par Chevillet.

Photographié au charbon, par M. Braun.

Provient de la collection Sauvageot. — A Mᵐᵉ Béatrix Delore, née Sauvageot, à Paris.

733. — Anne-Félicité, dame de Longrois (1763-1826), femme de M. de Longrois, concierge-intendant du château de Fontainebleau. — Pastel, sur papier marouflé; haut. 0ᵐ,71, larg. 0ᵐ,59. — Par **Capet** (Marie-Gabrielle) (?-1827).

En buste, tête de face; une gaze sur la tête; cheveux poudrés; corsage de satin bleu; fleurs au corsage.

Photographié au charbon, par M. Braun.

Provient de successions. — A M. Louis-Antoine-Léon Riésener, à Paris.

734. — Florie Régimond, femme de Michel-Jacques-Gaspard Serre, premier peintre des galeries du Roi, à Marseille, membre de l'Académie royale de peinture et de sculpture (1704), **et ses quatre enfants.** — Toile; haut. 1ᵐ,30, larg. 1ᵐ,04. — Par **Serre** (Michel-Jacques-Gaspard) (1658-1733).

Elle est représentée à mi-jambes, assise au milieu de ses quatre enfants; corsage bleu; jupe rouge. Fig. grand. nat.

Provient d'une vente (1844). — Au musée de Marseille.

735. — La femme du peintre Trinquesse (?-? XVIIIᵉ siècle). — Toile; haut. 1ᵐ,20, larg. 0ᵐ,90. — Par **Trinquesse** ou **Trinquese** (J.) (?-?; a pris part aux expositions de 1791 à 1799).

A mi-corps, assise sur un fauteuil de velours rouge; costume bleu clair; robe décolletée; bras nus; la main droite sur la poitrine.

Photographié au charbon, par M. Braun.

A. M. Alexandre Dumas, à Paris.

736. — La femme du peintre Henri-Pierre Danloux, née Antoinette de Saint-Redan (1765-1844). — Toile; haut. 0ᵐ,39, larg. 0ᵐ,31. — Par **Danloux** (Henri-Pierre) (1753-1809).

En pied, debout; elle s'appuie sur le marbre d'une cheminée et regarde dans une glace qui reflète son image; elle est en cheveux, vêtue d'une jupe de dessous de couleur bleue, sur laquelle est une jupe marron, ouverte par devant; fichu de linon blanc sur les épaules et la poitrine.

Derrière le cadre est écrit :

MADAME DANLOUX, NÉE ANTOINETTE DE SAINT-REDAN.
CE PORTRAIT A ÉTÉ PEINT PAR M. HENRI-PIERRE DANLOUX, PEINTRE,
SON MARI, AU CHÂTEAU DE PASSY,
PRÈS VILLENEUVE-LE-ROY (YONNE), EN 1790.

Provient de successions. — A Mᵐᵉ veuve Danloux, à Saint-Germain-en-Laye (Seine-et-Oise).

PERSONNAGES DIVERS. (Suite.)

737. — Le frère du peintre Joseph Ducreux. — Toile, de forme ovale; haut. 0^m,59, larg. 0^m,48. — Par Ducreux (Joseph) (1737-1802).

En buste, tête nue, de trois quarts, tournée vers l'épaule droite; perruque blanche; habit de velours vert foncé; gilet jaune; chemise à jabot.

Dans la partie inférieure de la composition, à droite, est écrit :

DUCREUX.

Photographié au charbon, par M. Braun.

Provient de M. Kiewert (1862). — A M. EUDOXE MARCILLE, à Paris.

738. — Pauline-Antoinette Chastelain de Chancey (1738-1783), fille de Charles Chastelain de Chancey, financier, possesseur de l'hôtel de Nevers, dont il fit abandon pour l'installation de la Bibliothèque Nationale, et d'Anne de Villars de Grécourt, nièce de l'abbé de Grécourt. — Toile; haut. 1^m,22, larg. 1 mètre. — Par Voiriot, Woiriot ou Voriot (Guillaume) (1713-1799).

A mi-corps, assise; robe rose; elle brode au tambour.

Provient de successions. — A M. AUBLAY, à Paris.

739. — Madame de Sombreval et son fils (?-? XVIIIe siècle). — Toile; haut. 1^m,36, larg. 1^m,04. — Par Nattier (Jean-Marc) (1685-1766).

A mi-jambes, assise sur un tertre, adossée à un tronc d'arbre, Mme de Sombreval, représentée sous la figure d'Erato, porte une robe blanche décolletée sur laquelle est jetée une draperie bleue; le bras gauche est posé sur une lyre; la main droite tient un papier déroulé; sur ses genoux s'appuie son jeune fils, en Amour, un carquois sur le dos; le bras droit de la mère passe sur l'épaule de l'enfant; celui-ci tient un crayon.

Dans la partie inférieure de la toile, à la gauche du personnage, est écrit :

NATTIER PINXIT 1746.

Sur le papier déroulé que tient Mme de Sombreval est écrit :

LA DIVINE ERATO FRAPPE ET CHARME LES YEUX;
ON CROIT ENTENDRE ICY LES DOUX SONS DE SA LYRE.
J'AY CONDUIT LE PINCEAU DU PEINTRE QUE J'INSPIRE
POUR EXPRIMER LE VRAY, LE BEAU, LE GRACIEUX.

Photographié au charbon, par M. Braun.

Provient de la collection Henri Didier. — A Mme DENAIN, à Paris.

740. — Jeanne-Sophie-Élisabeth-Louise Septimanie de Vignerot du Plessis-Richelieu, comtesse d'Egmont-Pignatelli (1740-1769), fille de Louis-François-Armand de Vignerot du Plessis, duc de Richelieu, maréchal de France, mariée, le 10 février 1756, au comte d'Egmont-Pignatelli, frère de la duchesse de Chevreuse. — Toile; haut. 1^m,35, larg. 1^m,02. — Par Roslin (Alexandre) (1718-1793).

En pied, assise sur un canapé recouvert en satin jaune; le regard tourné vers l'épaule droite; robe de satin blanc, garnie de perles et de dentelles; elle tient un livre de la main droite; à ses pieds est un petit chien; près d'elle, sur le canapé, une guitare et un cahier de musique; près du canapé, une console dorée supportant un vase de fleurs; au fond, un pavillon à l'italienne, avec peintures sur les pilastres.

PERSONNAGES DIVERS. (Suite.)

A la droite du personnage est écrit :

ROSLIN SUED 1763.

Photographié au charbon, par M. Braun.

Ce portrait a figuré au salon de 1763 (n° 94).

Provient de successions. — A Mme LA DUCHESSE DE LUYNES, au château de Dampierre (Seine-et-Oise).

741. — **La duchesse de Grammont** (?-? XVIIIe siècle). — Toile; haut. 1 mètre, larg. 0^m,79. — Par Drouais (François-Hubert) (1727-1775).

A mi-corps, debout; tête nue, de face; robe verte, décolletée; elle tient dans ses mains son chapeau rempli de fleurs.

Provient du château de Chanteloup, galerie de Choiseul. — A M. WHITELOCKE, à Amboise (Indre-et-Loire).

742. — **La duchesse de Grammont, enfant** (?-? XVIIIe siècle). — Tapisserie; haut. 0^m,60, larg. 0^m,50. — Par Cozette (Charles) (1713-?, tapissier de haute-lisse et peintre, a pris part aux expositions de 1753 à 1798); d'après Drouais (François-Hubert) (1727-1775).

A mi-corps, assise; le coude droit posé sur une table; elle tient un chat dans ses mains; robe de satin blanc; chapeau de soie rose.

A la droite du personnage est écrit :

DROUAIS LE FILS PINXIT 1763
COZETTE EX^{it}.

AU MUSÉE DE TOURS.

743. — **Louise-Blandine de la Rivière, de Mur, comtesse de Lusignan** (1720-?), fille du marquis de Rivière, lieutenant général des armées du Roi, épousa, en 1747, Philippe-Hugues Lezay, marquis de Lizignen, comte de Luzignan. — Toile; haut. 0^m,98, larg. 0^m,70. — Par Loo (Charles-André, dit Carle Van) (1705-1765).

A mi-corps, de trois quarts à gauche; robe de soie vert clair, ouverte; elle est assise près d'une table couverte d'outils de joaillier et d'un réchaud; elle tient de la main gauche un vase ciselé à l'ornementation duquel elle travaille.

Dans la partie supérieure de la toile est écrit :

LOUISE-BLANDINE DE LA RIVIÈRE, COMTESSE DE LUZIGNEM, 1750.

Photographié au charbon, par M. Braun.

Provient de la collection Tribert. — AU MUSÉE DE NIORT (Deux-Sèvres).

744. — **Élisabeth-Françoise-Sophie de la Live de Bellegarde, comtesse d'Houdetot** (1730?-1813), mariée, en 1748, à Claude-Constance-César, comte de Houdetot, lieutenant général des armées du Roi (1724-1806). — Toile; haut. 0^m,30, larg. 0^m,20. — Par Fragonard (Jean-Honoré) (1732-1806).

En pied, dans les jardins de Sannois, regardant un Amour, armé du trident et monté sur un dauphin dominant une vasque; robe blanche; mantille noire; éventail dans la main droite; chapeau de paille sur les cheveux.

PERSONNAGES DIVERS. (Suite.)

Sur le socle de cette statue de l'Amour était écrit le distique de Voltaire :

> Qui que tu sois, voici ton maître,
> Il l'est, le fut ou le doit être.

Provient de Mme la marquise de Blocqueville. — A M. LE COMTE D'HOUDETOT, à Foix.

745. — **La duchesse de Phalaris, née d'Haraucourt** (?-1782), vécut dans l'intimité du Régent. — Toile, de forme ronde; diam. 0^m,88. — Par Troy (**François de**) (1645-1730).

A mi-corps, assise, de face; robe blanche décolletée; écharpe de soie jaune; la main gauche posée sur une urne renversée.

Photographié au charbon, par M. Braun.

A M. LE BARON SEILLIÈRE, à Paris.

746. — **Madame Armand-Thomas Hue de Miromesnil, née Alphand** (?-? XVIIIe siècle). — Toile, de forme ovale; haut. 0^m,58, larg. 0^m,48. — Auteur inconnu (XVIIIe siècle).

En buste, tête nue, de face; toilette de bal; robe décolletée; plumes et roses dans les cheveux.

Provient de successions. — A M. LOUIS-FÉLICIEN-JOSEPH GAIGNART DE SAULCY, à Paris.

747. — **Michelle-Françoise-Julie Bouchard d'Esparbez de Lussan d'Aubeterre,** dite **Mademoiselle de Jonzac** (1715-?), première fille du comte de Jonzac, lieutenant général en Saintonge. — Buste bronze; haut. 0^m,32.— Par Coustou (**Guillaume**) (1678-1746).

Tête nue, tournée vers l'épaule droite.

A M. THÉOPHILE BASCLE, à Paris.

748. — **Marie-Françoise d'Esparbez de Lussan d'Aubeterre,** dite **Mademoiselle de Bonnes** (1720-?), deuxième fille du comte de Jonzac. lieutenant général en Saintonge. — Buste bronze; haut. 0^m,26.— Par Coustou (**Guillaume**) (1678-1746).

Tête nue, légèrement tournée vers l'épaule gauche; cheveux nattés.

A M. THÉOPHILE BASCLE, à Paris.

749. — **Anne-Marie de Beuzelin de Bosmelet** (?-? XVIIIe siècle), fille de Jean, seigneur de Bosmelet, président à mortier au parlement de Rouen; mariée, en 1698, à Henry-Jacques de Beaumont, qui prit, en 1699, à la mort de son père, le nom de duc de la Force. (Portrait présumé.) — Toile; haut. 1^m,43, larg. 1^m,10. — Par Troy (**Jean-François de**) (1679-1752).

A mi-jambes; tête nue, de face; corsage de soie blanc ouvert; écharpe jaune; de la main droite, elle prend une pêche sur un plateau que lui présente un jeune page en costume oriental.

AU MUSÉE DE ROUEN.

750. — **Françoise Charpentier, dame de Laleu** (1720-?). — Pastel; haut. 0^m,62, larg. 0^m,51. — Par Latour (**Maurice-Quentin de**) (1704-1788).

PERSONNAGES DIVERS. (Suite.)

En buste; tête tournée vers l'épaule gauche; une fanchon en dentelle sur les cheveux; elle est accoudée à une balustrade en pierre; robe de velours bleu garnie de fourrures; manches courtes bordées de dentelles. Fig. grand. nat.

Provient des familles de Laleu et Lochet Duchainet. — A M. Danloux du Mesnil, à Paris.

751. — **Albertine, née baronne de Nivenheim** (?-? XVIII° siècle). — Médaillon terre cuite; diam. 0^m,16. — Par **Nini (Jean-Baptiste)** (1717-1786).

En buste, de profil à droite; robe de brocart, décolletée; collier de perles.

Sous l'épaule droite est écrit :

I. NINI 1768.

En exergue :

ALBERTINE. NÉE. BARONNE. DE. NIVENHEIM. 1768.

A Mme Gustave Dreyfus, à Paris.

752. — **Madame de Porçin** (?-? XVIII° siècle). — Toile, de forme ovale; haut. 0^m,70, larg. 0^m,50. — Par **Greuze (Jean-Baptiste)** (1725-1805).

A mi-corps, de face; fleurs dans les cheveux; robe blanche ouverte; elle passe une couronne de fleurs au cou d'un petit chien qu'elle tient sur ses genoux.

Ce portrait provient de la galerie de Livois, à Angers. Il est compris dans le relevé des 337 tableaux qui furent déposés au « *Musée national du département* » et placés sous séquestre le 5 thermidor an VII (23 juillet 1799), M. de Livois étant mort sans enfants, et ses héritiers du côté maternel, absents, étant suspects d'émigration. C'est sous le n° 242 de l'état dressé par les commissaires du Gouvernement que figure cette toile, estimée cent francs, et désignée par les mots: « Portrait de femme. — Greuze. » Mais, antérieurement à cette date, et quelques mois seulement après la mort du marquis de Livois, dont il avait été l'ami, Pierre Sentout, marchand de tableaux et peintre lui-même, avait dressé le *Catalogue raisonné de la galerie de Livois* (Angers, Mame, 1791, in-8° de 108 p.), et dans ce livret le tableau de Greuze a pour titre: « *Portrait de Madame de Porçin* ».

Photographié au charbon, par M. Braun.

Au musée d'Angers.

753. — **Madame de Nauzières** (1750-1810?). — Toile; haut. 0^m,88, larg. 0^m,69. — Par **Danloux (Henri-Pierre)** (1753-1809).

En pied, debout; vêtue d'une robe blanche à traîne; écharpe en soie rouge, nouée à la ceinture; chevelure blonde, bouclée, tombant sur les épaules; coiffée d'un turban avec plume blanche; la main gauche sur la hanche; la droite gantée, appuyée sur une balustrade de pierre; elle descend l'escalier d'un parc. Fond de jardin.

Exécuté à Londres, en 1793.

A M. Eugène Féral-Cussac, à Paris.

754. — **Rosalie Gérard** dite **Mademoiselle Duthé** (1750?-1831), courtisane. — Haut. 2^m,12, larg. 1^m,35. — Par **Périn (Lié-Louis)** (1753-1817).

En pied, debout; tête nue, de face; robe fond blanc, décolletée; le bras gauche posé sur une console; une couronne de roses dans la main droite; à sa gauche, un trépied sur lequel brûlent des parfums.

PERSONNAGES DIVERS. (Suite.)

Dans la partie inférieure de la composition, à la droite du personnage, est écrit :
PERIN PINXIT PARISIIS 1776.
Photographié au charbon, par M. Braun.
A M. LE BARON SEILLIÈRE, à Paris.

755. — **Zamore** (?-?), nègre de la comtesse du Barry. — Dessin à la sanguine; haut. 0^m,17, larg. 0^m,12. — Par Drouais (François-Hubert) (1727-1775).
En buste, tête nue, de face, légèrement inclinée sur l'épaule droite.
A M. HENRI GIUDICELLI, à Paris.

(Voir APPENDICE, n°s 934 à 938.)

XIX⁰ SIÈCLE.

I.

GOUVERNEMENT. — PERSONNAGES POLITIQUES.

756. — Napoléon Bonaparte (1769-1821), général en chef de l'armée d'Italie.
— Dessin à la plume ; haut. 0m,115, larg. 0m,095. — Par **Gros (Antoine-Jean, baron)** (1771-1835).

En buste, de profil à gauche ; cheveux plats ramenés sur le front ; indication de costume.

Photographié au charbon, par M. Braun.

Provient de la vente de Gros. — A M. G. Delestre, à Paris.

757. — Napoléon Bonaparte (1769-1821), général en chef de l'armée d'Italie.
— Buste biscuit ; haut. avec le piédestal en biscuit teinté, 0m,32. — Par **Nast (?-?)** (xviiie siècle).

Tête nue ; cheveux plats à queue ; col de chemise rabattu ; cravate haut montée ; habit brodé

Sur le devant du piédestal est écrit :

BUONAPART.

Sur la base :

MANUF. DE PORCELAINE DU Cn NAST, RUE DES AMANDIERS, Don POPINCOURT.

A M. Benjamin Fillon, à Saint-Cyr-en-Talmondais (Vendée).

758. — Napoléon Bonaparte, premier consul, visite la manufacture des frères Sevène, à Rouen (1801). — Dessin au lavis ; haut. 0m,61, larg. 0m,95. — Par **Isabey (Jean-Baptiste)** (1767-1855).

Au centre de la composition, Bonaparte, premier consul, en pied , entouré de son état-major et des autorités civiles, accorde une pension à un ouvrier qui, depuis cinquante-trois ans, travaillait dans la manufacture ; il le présente aux personnages de sa suite. Vers la gauche, un métier à tisser ; vers la droite, Mme Bonaparte, accompagnée de son escorte, examine des étoffes qu'on lui présente.

Dans la partie inférieure du dessin est écrit :

J. ISABEY 1801.

Nous nous expliquons difficilement la présence du millésime « 1801 » sur ce dessin, la scène qu'il retrace ne s'étant passée qu'en novembre 1802. Une sépia du même artiste, représentant le même sujet, existe au musée de Versailles (n° 2574) et a figuré au Salon de 1804 sous le n° 244, avec la mention : « Ce dessin réunit vingt-quatre portraits des personnes qui ont été témoins de cette scène de bienfaisance. »

Provient d'une vente (1856). — Au musée de Rouen.

GOUVERNEMENT. — PERSONNAGES POLITIQUES. (Suite.)

759. — **Napoléon Ier** (1769-1821), empereur des Français. — Dessin au crayon noir, rehaussé de blanc; haut. 0^m,40, larg. 0^m,30. — Par Girodet de Roucy-Trioson (Anne-Louis) (1767-1824).

À mi-corps, tête nue, presque de face, légèrement tournée vers l'épaule droite; assis sur un fauteuil.

Dans la partie inférieure de la composition est écrit :

SAINT-CLOUD 1812

Derrière le dessin est écrit, de la main de M. Amédée-Fourcy-William Thayer :

Portrait dessiné, d'après nature, par Girodet, et acheté par moi à la vente de ses œuvres, faite après sa mort.

W. THAYER,
Sénateur.
Ce 23 juillet 1864.

Provient de M. Amédée-Fourcy-William Thayer. — AU MUSÉE DE CHÂTEAUROUX.

760. — **Napoléon Ier** (1769-1821), empereur des Français. — Buste marbre; haut. 0^m,58. — Par Chaudet (Antoine-Denis) (1763-1810).

Tête nue, de face; couronne de lauriers, renouée de bandelettes à bouts tombants sur les épaules.

Sous l'épaule gauche est gravé :

CHAUDET F.

À Mme VAUSSARD, à Montigny, près Rouen.

761. — **Louis-Stanislas-Xavier de Bourbon, comte de Provence, enfant** (1755-1824), depuis Louis XVIII, roi de France. — Toile; haut. 0^m,80, larg. 0^m,64. — Par Drouais (François-Hubert) (1727-1775).

En pied, posé sur un coussin de velours rouge; vêtu d'une chemise brodée sur laquelle est passé le grand cordon de l'ordre du Saint-Esprit; l'épaule gauche et les jambes nues; le jeune prince appuie la main droite sur une cage. Fond de paysage.

Photographié au charbon, par M. Braun.

À M. LE COMTE CARVALHIDO, à Paris.

762. — **Louis-Stanislas-Xavier de Bourbon, comte de Provence** (1755-1824), depuis Louis XVIII, roi de France. — Toile; haut. 2^m,30, larg. 1^m,60. — Par Frédou (Jean-Martial) (1711-1795).

En pied, debout; corps de profil à droite; tête de face; la main gauche sur la poignée de l'épée; le bras droit tendu et le chapeau dans la main ; uniforme de colonel-général du régiment de Provence, qui devint le régiment de Monsieur ; habit blanc à parements rouges; il porte le grand cordon de l'ordre du Saint-Esprit et est représenté passant la revue du régiment dans la plaine du Havre. Le personnage à cheval, placé en avant des troupes, au second plan, est le vicomte de Virieu, colonel du régiment de Provence et premier gentilhomme de Monsieur. Fond de paysage.

Dans la partie inférieure de la toile, à la droite du personnage, est écrit :

FREDOU 1793.

GOUVERNEMENT. — PERSONNAGES POLITIQUES. (Suite.)

Le comte de Provence ne se rendit point au Havre pour y passer en revue son régiment, mais il envoya le présent portrait dans cette ville où tenait garnison le régiment de Provence, et ce fut le colonel vicomte de Virieu qui resta le possesseur du tableau. On lit dans les *Mémoires de Louis XVIII* recueillis et mis en ordre par M. le duc de D*** (Paris, Mame-Delaunay, 1832, 12 vol. in-8°, t. 1er, p. 161), le récit de la fête organisée par les soins du régiment de Provence pour la réception de ce portrait.

Photographié au charbon, par M. Braun.

Provient de successions. — A M. LE MARQUIS DE VIRIEU, au château de Lantilly, commune de Lantilly (Côte-d'Or).

763. — **Louis-Stanislas-Xavier de Bourbon, comte de Provence** (1755-1824), depuis Louis XVIII, roi de France. — Dessin; haut. 0m,18, larg. 0m,15. — Par **Danloux (Henri-Pierre)** (1753-1809).

Tête nue, tournée vers l'épaule gauche; vêtement à grand collet. Inscrit dans un médaillon de forme ovale.

Dans la partie inférieure du dessin est écrit :

DANLOUX 1789.

Provient de successions. — A M. DANLOUX DU MESNIL, à Paris.

764. — **Louis XVIII** (1755-1824), roi de France. — Miniature, de forme ovale haut. 0m,05, larg. 0m,04. — Par **Millet (Frédéric)** (1786-1859).

En buste, tête nue, de face; cheveux blancs; habit bleu; cravate blanche; épaulettes d'or; ordres de Saint-Louis, du Saint-Esprit et de la Légion d'honneur.

Exécuté en 1814.

A M. AIMÉ MILLET, à Paris.

765. — **Marie-Joséphine-Rose Tascher de la Pagerie**, *dite* **Joséphine** (1763-1814), mariée, en 1779, à Alexandre de Beauharnais et, en 1796, au général Bonaparte; impératrice des Français. — Toile; haut. 0m,58, larg. 0m,47. — Par **Gérard (François, baron)** (1770-1837).

En buste, de trois quarts, le regard tourné vers l'épaule droite; diadème sur le front; collier de perles; robe blanche, décolletée.

Photographié au charbon, par M. Braun.

A M. LE COMTE CARVALHIDO, à Paris.

766. — **Marie-Joséphine-Rose Tascher de la Pagerie**, *dite* **Joséphine** (1763-1814), mariée, en 1779, à Alexandre de Beauharnais et, en 1796, au général Bonaparte; impératrice des Français. — Aquarelle, de forme ovale; haut. 0m,13, larg. 0m,09. — Par **Gérard (François, baron)**.

En buste, tête tournée vers l'épaule gauche; robe blanche, ouverte; voile de gaze sur les cheveux.

Photographié au charbon, par M. Braun.

Provient de M. le baron Gérard. — A M. LE COMTE FOY, à Paris.

767. — **Marie-Joséphine-Rose Tascher de la Pagerie**, *dite* **Joséphine** (1763-1814), mariée, en 1779, à Alexandre de Beauharnais et, en 1796, au général Bonaparte; impératrice des Français. — Dessin à la mine de plomb, rehaussé d'aquarelle, haut. 0m,16, larg. 0m,12. — Par **Isabey (Jean-Baptiste)** (1767-1855).

GOUVERNEMENT. — PERSONNAGES POLITIQUES. (Suite.)

En buste, tête nue, de profil à droite.
Dans la partie inférieure du dessin, à gauche, est écrit :
ISABEY 1798.
Photographié au charbon, par M. Braun.
Provient du cabinet de Jean-Baptiste Isabey. — A M. Edmond Taigny, à Paris.

768. — **Louise-Marie-Joséphine de Savoie**, comtesse de Provence (1757-1810), fille de Victor-Amédée III, roi de Sardaigne, mariée, le 14 mai 1771, à Louis-Stanislas-Xavier de Bourbon, comte de Provence, depuis Louis XVIII. — Miniature, de forme ronde; diam. 0^m,055. — Par **Sicardi** père (?-?) ou **Sicardi (Louis)** (?-?), élève de son père. (Les deux Sicardi ont pris part aux expositions de 1791 à 1800.)

En buste, de face, tête nue, cheveux relevés autour de la tête et poudrés; robe blanche avec guimpe godronnée, laissant le cou très découvert; ceinture bleue.
À la droite du personnage est écrit :
SICARDI 1786.
A M. Charles Vatel, à Villepreux (Seine-et-Oise).

769. — **Marie-Amélie de Bourbon** (1782-1866), reine des Français, fille de Ferdinand IV, roi des Deux-Siciles, et de Marie-Caroline, archiduchesse d'Autriche, épousa, en 1809, le duc d'Orléans, depuis Louis-Philippe Ier. — Miniature sur ivoire, de forme ovale; haut. 0^m,050, larg. 0^m,045. — **Auteur inconnu** (XIXe siècle).

En buste, de face; robe bleue à petits collets; un fichu sur les cheveux.
Provient de la collection Périllieux. — A Mme Léon Blazy, née Périllieux, à Paris.

770. — **Louise de Bourbon** (1819-1864), duchesse de Parme et Plaisance, fille de Charles-Ferdinand de Bourbon, duc de Berri. — Dessin aux deux crayons; haut. 0^m,27, larg. 0^m,25. — Par **Hersent (Louis)** (1777-1860).

Tête nue, de trois quarts tournée vers l'épaule droite.
Esquisse d'après nature pour le tableau *Le duc de Bordeaux et sa sœur*.
A Madame Juliette de Bource, à Paris.

771. — **La comtesse de Dillon** (?-?), dame d'honneur de l'impératrice Marie-Louise. — Toile; haut. 2^m,15, larg. 1^m,59. — Par **David (Jacques-Louis)** (1748-1825).

En pied, debout sur une terrasse; costume de cour, robe de velours vert, décolletée, bordée au bas de la jupe d'une large broderie d'or; une écharpe de soie rose enveloppe l'épaule droite et une partie du bras, la main droite, posée près de la ceinture, tient un bijou; autour du bras gauche s'enroule l'extrémité de l'écharpe; dans la main, une fleur. Fond de paysage. Fig. grand. nat.
Dans la partie inférieure de la composition est écrit :
L. DAVID P^t.
Provient d'un don de M. Hippolyte du Roselle. — Au musée d'Amiens.

772. — **Zoé, comtesse Du Cayla** (1784-1850), fille de l'avocat Talon, qu'elle sauva, par ses prières, des poursuites dont il fut l'objet comme agent politique sous Napoléon; entra dans l'intimité de Louis XVIII et prit sur lui un grand ascendant. — Toile; haut. 0^m,63, larg. 0^m,52. — Par **Gérard (François, baron)** (1770-1837).

GOUVERNEMENT. — PERSONNAGES POLITIQUES. (Suite.)

En buste, tête nue, de face, légèrement inclinée sur l'épaule droite; robe de soirée en mousseline blanche.

Exécuté en 1824.

Photographié au charbon, par M. Braun.

Provient de successions. — A M. LE BARON GÉRARD, à Paris.

773. — **Joachim Murat** (1771-1815), roi de Naples. — Dessin au crayon noir, de forme ovale; haut. 0ᵐ,17, larg. 0ᵐ,14. — Par **Gérard (François, baron)** (1770-1837).

En buste, de trois quarts, cheveux frisés, retombant sur le cou; habit d'officier général à brandebourgs; grand col; cravate montante; décorations.

Derrière le cadre est écrit à la plume :

> PORTRAIT DU ROI DE NAPLES JOACHIM-NAPOLÉON MURAT.
> DESSINÉ D'APRÈS NATURE, PAR GÉRARD.
> APPARTENANT AU GÉNÉRAL BRUNET.

Photographié au charbon, par M. Braun.

Provient de la famille Brunet-Denon. — Au MUSÉE DE CHALON-SUR-SAÔNE.

774. — **Charles-Maurice de Talleyrand-Périgord, prince de Benevent** (1754-1838), diplomate, homme d'État. — Toile; haut. 2ᵐ,14, larg. 1ᵐ,44. — Par **Prud'hon (Pierre)** (1758-1823).

En pied; tête nue, de face; tenue de ville; le coude droit posé sur un piédestal supportant un buste antique; le chapeau dans la main gauche; des gants dans la main droite.

Provient de successions. — A M. LE DUC DE TALLEYRAND ET DE VALENÇAY, au château de Valençay (Indre).

775. — **Charles-Maurice de Talleyrand-Périgord, prince de Benevent** (1754-1838), diplomate, homme d'État. — Toile; haut. 0ᵐ,30, larg. 0ᵐ,19. — Par **Prud'hon (Pierre)** (1758-1823).

En buste, tête nue, tournée vers l'épaule droite; cheveux poudrés; cravate blanche; gilet blanc; habit vert à large collet, boutonné jusqu'à la cravate; cordon et plaque de l'ordre de la Légion d'honneur.

Derrière la toile est écrit de la main de M. Marcille :

Acheté, le 16 février 1860, 650 francs. A fait partie de la collection du comte d'Houdetot.

Photographié au charbon, par M. Braun.

Provient du comte d'Houdetot. — A M. EUDOXE MARCILLE, à Paris.

776. — **Charles-Maurice de Talleyrand-Périgord, prince de Benevent** (1754-1838), diplomate, homme d'État. — Toile; haut. 1ᵐ,14, larg. 0ᵐ,90. — Par **Scheffer (Ary)** (1795-1858).

A mi-jambes, debout; tête nue, le regard tourné vers l'épaule droite; habit noir; cravate blanche; la main droite appuyée sur le bras d'un fauteuil.

A la droite du personnage est écrit :

> A. SCHEFFER, 1828.

Photographié au charbon, par M. Braun.

Provient d'un legs de lord Holland. — A Mᵍʳ LE DUC D'AUMALE, à Paris.

GOUVERNEMENT. — **PERSONNAGES POLITIQUES.** (Suite.)

777. — Pierre-Alexandre-Laurent Forfait (1752-1807), ingénieur, député de la Seine-Inférieure à l'Assemblée législative (1791), ministre de la marine de 1799 à 1801. — Toile; haut. 2^m,16, larg. 1^m,55. — Par **Lemoine (E.-F.)** (1740-1803).

En pied, debout; tête nue, de face; costume officiel; la main gauche tient une épée; dans la main droite, une lettre ouverte. Fond d'appartement.

Au musée de Rouen.

778. — Camille Jordan (1771-1821), homme politique, publiciste, membre du Conseil des Cinq-Cents (1797), député sous la Restauration. — Toile; haut. 0^m,80, larg. 0^m,64. — Par **Godefroy (Mlle Marie-Éléonore)** (?-?); a pris part aux expositions de 1800 à 1830.

En buste, assis; tête nue, de face; le coude droit posé sur une table; la main relevée à la hauteur de l'oreille; habit noir; sur la table, un manuscrit et des livres.

Gravé par Muller.

Photographié au charbon, par M. Braun.

Provient de successions. — A Mme Gabrielle de Gravillon, à Paris.

779. — Maximilien-Sébastien Foy (1775-1825), général de division, orateur politique; député de l'Aisne depuis 1819 jusqu'à sa mort. — Toile; haut. 2^m,25, larg. 1^m,40. — Par **Gérard (François, baron)** (1770-1837).

En pied, debout; grand uniforme de général; drapé dans un manteau. Fond de paysage montagneux.

Exécuté en 1826.

Photographié au charbon, par M. Braun.

Provient de successions. — A M. le comte Foy, à Paris.

780. — Mathieu-Louis, comte Molé (1781-1855), pair de France (1815), ministre sous la Restauration et sous le gouvernement de Juillet, membre de l'Académie française (1840). — Toile; haut. 1^m,45, larg. 1^m,12. — Par **Ingres (Jean Dominique-Auguste)** (1781-1867).

A mi-jambes; debout; tête nue, le coude gauche posé sur un meuble; tenue de ville, un lorgnon dans la main droite.

A la gauche du personnage est écrit :

MATHIEU-LOUIS, COMTE MOLÉ.

Exécuté en 1834.

Gravé par Louis Calamatta.

Photographié au charbon, par M. Braun.

Provient de successions. — A M. le duc d'Ayen, à Paris.

II.

ARMÉE.

781. — Géraud-Christophe-Michel Duroc, duc de Frioul (1772-1813), général, grand maréchal du palais (1808), sénateur (1813). — Toile; haut. 2 mètres, larg. 1^m,33. — Par **Gros (Antoine-Jean, baron)** (1771-1835).

ARMÉE. (Suite.)

En pied, debout, de face; la tête légèrement tournée vers l'épaule gauche; il porte le costume de grand maréchal du palais; il est représenté sur une terrasse des Tuileries. Fig. grand. nat.

Dans la partie inférieure de la toile est écrit :

GROS.

Ce portrait diffère peu de celui du même personnage, peint également par Gros, et placé au musée de Versailles (n° 4719).

Provient d'un don de Mme la baronne Fabvier. — Au musée de Nancy.

782. — **Jean-Andoche Junot, duc d'Abrantès** (1771-1813), général de division; colonel-général des hussards, se rendit maître de Lisbonne (1807). — Toile; haut. 0^m,40, larg. 0^m,32. — Par David (Jacques-Louis) (1748-1825).

En buste, de trois quarts, tête nue, légèrement tournée vers l'épaule gauche; dolman rouge, brodé; cravate noire.

Étude pour le *Serment de l'armée fait à l'Empereur après la distribution des aigles au Champ de Mars* (musée de Versailles, n° 2278).

Photographié au charbon, par M. Braun.

Provient de la collection de M. Marcille père. — A M. Eudoxe Marcille, à Paris.

783. — **Antoine, comte Drouot** (1774-1847), général d'artillerie, né à Nancy, commandant de la garde impériale après Waterloo.—Toile; haut. 0^m,64, larg. 0^m,53. — Par Vernet (Émile-Jean-Horace) (1789-1863).

En buste, tête nue, légèrement tournée vers l'épaule droite; costume de général de division.

La tête seule a été peinte par Vernet; le costume est de la main de Rauch (Charles) (1791-1853), élève de Vernet.

Exécuté d'après nature en 1816, « dans l'espace de quarante-cinq minutes », s'il faut en croire le livret du musée de Nancy (in-12, Nancy, veuve Nicolas, 1866, p. 114).

Provient d'un don de Vernet et de Rauch. — Au musée de Nancy.

784. — **Henri-Amédée-Mercure de Turenne-d'Aynac** (1776-1852), marquis, comte du Saint-Empire, général de brigade, pair de France, grand-officier de la Légion d'honneur. — Toile; haut. 0^m,70, larg. 0^m,53. — Par David (Jacques-Louis) (1748-1825).

En buste, tête nue, de face; uniforme bleu, à revers, liséré de rouge; épaulettes de colonel; poignée de sabre turc seule visible; quatre décorations.

Dans la partie inférieure de la toile, à la droite du personnage, est écrit :

L. DAVID 1816.

Provient de succession. — A M. le comte Sosthènes-Paul de Turenne-d'Aynac, à Paris.

785. — **Charles, baron Delacroix** (1780?-1845), général, aide de camp du prince Eugène; frère du peintre Eugène Delacroix. — Bois; haut. 0^m,36, larg. 0^m,27. — Par Delacroix (Ferdinand-Victor-Eugène) (1798-1863).

En pied; tête nue; demi-couché sur l'herbe, appuyé sur son coude; une jambe, cassée par un biscaïen, est raide; veste blanche; pantalon de Nankin. Fond de fabrique.

Exécuté en 1823, au Louroux, arrondissement de Loches (Indre-et-Loire), où le général Delacroix avait une propriété.

ARMÉE. (Suite.)

Nous lisons dans le testament d'Eugène Delacroix :

« Je lègue à M. Léon Riésener, mon cousin..., le portrait de mon cousin Henri Hugues, le portrait de son père à la mine de plomb... plus une grisaille que j'ai peinte d'après lui, plus le petit portrait de mon frère couché. » (*Lettres d'Eugène Delacroix*, 1815-1863, recueillies et publiées par M. Philippe Burty. — Paris, A. Quantin, 1878, in-8°, p. III.)

A M. Louis-Antoine-Léon Riésener, à Paris.

786. — **Charles, baron Delacroix** (1780?-1845), général, aide de camp du prince Eugène; frère du peintre Eugène Delacroix. — Dessin à la mine de plomb; haut. 0ᵐ,26, larg. 0ᵐ,20. — Par **Delacroix** (**Ferdinand-Victor-Eugène**) (1798-1863).

En buste, tête nue, de trois quarts, légèrement tournée vers l'épaule gauche; indication de costume.

Dans la partie inférieure de la composition est écrit :

   E. D.   A MON BON FRÈRE.

Exécuté vers 1842.

Photographié au charbon, par M. Braun.

Au revers du dessin est écrit, de la main de Delacroix :

   DONNÉ A JEANNE-MARIE LE GUILLOU.
   EUGÈNE DELACROIX.

On lit dans le testament d'Eugène Delacroix :

« Je lègue à Jeanne-Marie Le Guillou une somme de cinquante mille francs (50,000 fr.), plus ce qui sera à sa convenance dans mon mobilier, en un mot ce qu'il lui plaira de choisir pour se composer le mobilier d'un petit appartement convenable.

« Plus, plusieurs croquis ou peintures que j'ai désignés pour lui appartenir en l'écrivant au dos de ces objets.

« Plus l'un de mes deux portraits en buste, peints par moi (celui ayant un gilet vert écossais), plus deux médaillons en terre cuite, cadres dorés, de mon père et de ma mère, ainsi que les miniatures de mon père et de mes deux frères. »

M. Philippe Burty, dans sa récente publication : *Lettres d'Eugène Delacroix*, a cru devoir compléter ce passage du testament de l'artiste par la note suivante :

« Jenny ou Jeanne Le Guillou, dont le rôle auprès de Delacroix pourrait être dénaturé injustement, n'était pas une nature vulgaire. C'était une paysanne des environs de Brest, douée d'instincts délicats. Quelquefois, dans l'atelier, elle disait spontanément en face d'un croquis ou d'une peinture : « Monsieur, je trouve cela très-bien. — Cette Jenny s'y connaît, s'écriait Delacroix ravi. Eh bien, Jenny, je vous le donne. » Et il écrivait son nom au revers. De là à accepter qu'il la consultait pour ses tableaux, et à renouveler l'anecdote de la servante de Molière, la distance est grande. Malheureusement, vers la fin, malade, soupçonneuse, elle fit le vide autour de son maître, qui ne pouvait se passer de ses soins. En mourant, elle légua au Louvre le portrait de Delacroix « en gilet vert écossais ». (*Lettres d'Eugène Delacroix*, 1815-1863, recueillies et publiées par M. Philippe Burty. — Paris, A. Quantin, 1878, in-8°, p. IV.)

Provient de Jeanne-Marie Le Guillou. — A M. Louis-Antoine-Léon Riésener, à Paris.

787. — **Dominique-Louis-Olivier, baron Bro de Comérès, enfant** (1813-1870), décoré pour action d'éclat au col de la Mouzaïa (12 mai 1840), colonel. — Toile; haut. 0ᵐ,60, larg. 0ᵐ,50. — Par **Géricault** (**Jean-Louis-André-Théodore**) (1791-1824).

170   EXPOSITION UNIVERSELLE DE 1878.

ARMÉE. (Suite.)

A mi-jambes; tête nue, tournée vers l'épaule gauche; vêtu de gris; à cheval sur un gros chien; un sabre recourbé sur l'épaule.

Exécuté en 1818.

A M°° la baronne Bro de Comérès, à Paris.

III.

MAGISTRATS, JURISCONSULTES.

788. — **Jean-Étienne-Marie Portalis** (1745-1807), membre du Conseil des Anciens (1795), conseiller d'État, prit une part active au Concordat, aux articles organiques, à la rédaction du Code civil; membre de l'Institut (1803), ministre des cultes et de l'intérieur (1804). — Toile; haut. 2^m,19, larg. 1^m,40. — Par **Gautherot (Claude)** (1769?-1825).

En pied, debout, de face; costume officiel de ministre secrétaire d'État; une plume dans la main droite; sur une table, placée à la droite du personnage, est un manuscrit déroulé sur lequel est écrit : *Concordat.*

Dans la partie inférieure de la toile est écrit :

GAUTHEROT.

Exécuté en 1806.

Provient de successions. — A M. le comte Charles-Guillaume-Étienne Portalis, à Paris.

789. — **Philippe-Antoine, comte Merlin**, *dit* **Merlin de Douai** (1754-1838), jurisconsulte et homme politique; conventionnel, procureur général à la Cour de cassation (1801), ministre d'État pendant les Cent-Jours. — Buste marbre; haut. 0^m,67. — Par **David d'Angers (Pierre-Jean)** (1788-1856).

Tête nue, de face; sans indication de costume.

Sur le socle est écrit :

A MERLIN DE DOUAI.
P.-J. DAVID D'ANGERS.

Exécuté en 1834.

Offert au modèle par David; légué par Merlin à la ville de Douai, et transmis par son fils (1839) au musée de Douai (Nord).

IV.

CLERGÉ.

790. — **Jacques-André Émery** (1732-1811), théologien, supérieur de la congrégation de Saint-Sulpice. — Toile; haut. 0^m,72, larg. 0^m,59. — Auteur inconnu (xviiie siècle).

En buste, assis devant une table; tête de face; la soutane recouverte du surplis; une plume dans la main droite. Fig. grand. nat.

CLERGÉ. (Suite.)

« M. Émery, est-il dit dans sa Vie, ne consentit à se laisser peindre qu'à la condition qu'on ne montrerait son portrait à personne avant sa mort. Le peintre voulait le représenter assis dans un fauteuil, mais il voulut que ce fût sur une chaise, n'ayant jamais usé de fauteuils. Il voulut aussi qu'on lui mît une plume à la main comme l'instrument qui lui avait le plus servi pendant sa vie. » (*Vie de M. Émery, septième supérieur du séminaire et de la compagnie de Saint-Sulpice, précédée d'un précis de l'histoire de ce séminaire et de cette compagnie depuis la mort de M. Olier*, par M. Gosselin supérieur de philosophie à *Issy*.—Paris, Jouby, 1861, 2 vol. in-8; tome Ier, p. 427.)

A M. LE SUPÉRIEUR DES PRÊTRES DU SÉMINAIRE DE SAINT-SULPICE, à Paris.

791. — **Jean-Baptiste-Marie-Anne-Antoine, duc de Latil** (1761-1839), premier aumônier de Charles X, archevêque de Reims (1824), pair de France, ministre d'État et cardinal (1826). — Dessin à la mine de plomb; haut. 0^m,28, larg. 0^m,20. — Par Ingres (Jean-Dominique-Auguste) (1781-1867).

En pied, debout, presque de face; revêtu des ornements épiscopaux; mitre en tête; la crosse dans la main gauche; la main droite sur la poitrine.

Dessiné pour l'ouvrage *Le Sacre de Charles X*. — Gravé par M. Louis-Pierre Henriquel-Dupont.

Provient de la collection Ingres. — AU MUSÉE DE MONTAUBAN.

792. — **Denis-Luc Frayssinous** (1765-1841), controversiste, premier aumônier de Louis XVIII, évêque d'Hermopolis *in partibus* (1823), pair de France, ministre des affaires ecclésiastiques et de l'instruction publique (1824). — Toile; haut. 0^m,39, larg. 0^m,31. — Par Orsel (André-Jacques-Victor) (1795-1850).

En buste, assis; tête nue, de trois quarts tournée vers l'épaule gauche; soutane noire; collet romain; manteau de cérémonie; croix de commandeur de l'ordre de Saint-Louis.

Provient de la galerie de M. Charles Michel, ami du peintre et oncle du propriétaire actuel. — A M. JULES-AUGUSTIN POULOT, à Lyon.

793. — **Jean-Baptiste-Henri-Dominique Lacordaire** (1802-1861), frère prêcheur, fondateur des conférences de Notre-Dame, rétablit l'ordre des Dominicains en France (1840), membre de l'Académie française (1860). — Toile; haut. 1^m, larg. 0^m,81. — Par M. Janmot (Anne-François-Louis) (1814-   ).

A mi-jambes, assis, presque de profil; tête nue, le regard tourné vers l'épaule droite; les bras croisés; robe et scapulaire blancs, sans la chape. Fond de paysage.

Dans la partie supérieure de la toile est écrit :

L. JANMOT.

Exécuté en août 1846, à Chalais, près Voreppe (Isère), où fut relevé par le père Lacordaire un couvent dominicain.

Le paysage est peint d'après nature, des hauteurs qui dominent Chalais.

Photographié au charbon, par M. Braun.

Offert par l'artiste au modèle. — Provient d'un legs du père Lacordaire. — A Mme LA COMTESSE DE MESNARD, au château de Montbéton, près Montauban.

V.

PHILOSOPHES, POÈTES, ÉCRIVAINS, SAVANTS.

794. — **Jacques Delille** (1738-1813), poète descriptif, membre de l'Académie française (1772). — Toile; haut. 0^m,60, larg. 0^m,49. — Par **Danloux (Henri-Pierre)** (1753-1809).

PHILOSOPHES, POÈTES, ÉCRIVAINS, SAVANTS. (Suite.)

En buste, tête nue, de trois quarts, tournée vers l'épaule droite.

Esquisse, d'après nature, pour le portrait de Delille récitant ses vers à sa femme, gravé par Laugier (Jean-Nicolas). L'artiste n'a peint que la tête, le cou et le haut de la poitrine ; cette esquisse, de même que celle du portrait de la femme de Delille, également conservée au musée de Chalon-sur-Saône, ne comporte ni indication de vêtement ni fond.

Photographié au charbon, par M. Braun.

Provient de la vente Jules Danloux (1869), fils de Henri-Pierre Danloux, et ensuite d'un don de M. Hyppolyte Destailleur. — Au musée de Chalon-sur-Saône.

795. — **Jacques Delille** (1738-1813), poète descriptif, membre de l'Académie française (1772). — Buste marbre ; haut. 0ᵐ,72. — Par **Flatters (J.-J.)** (1784-1846?).

Tête nue, fortement tournée vers l'épaule gauche ; sans indication de vêtement.

Sur le marbre est gravé :

J. DELILLE.
FLATTERS, 1819.

Provient d'un don de l'État. — A la bibliothèque de Clermont-Ferrand.

796. — **Alphonse-Marie-Louis Prat de Lamartine** (1790-1869), poète, orateur, homme politique, membre de l'Académie française (1829). — Toile ; haut. 1ᵐ,15, larg. 0ᵐ,88. — Par **Gérard (François, baron)** (1770-1837).

A mi-jambes, assis ; tête nue, de trois quarts tournée vers l'épaule gauche ; redingote marron ; les genoux enveloppés dans un manteau ; il tient un gant dans sa main droite.

Photographié au charbon, par M. Braun.

A M. Alfred Firmin-Didot, à Paris.

797. — **Alphonse-Marie-Louis Prat de Lamartine** (1790-1869), poète, orateur, homme politique, membre de l'Académie française (1829). — Dessin au crayon ; haut. 0ᵐ,18, larg. 0ᵐ,15. — Par **David d'Angers (Pierre-Jean)** (1788-1856).

Tête nue, de profil à droite, rejetée en arrière ; légère indication de vêtement.

Au-dessous du portrait est écrit, au crayon, de la main de l'artiste :

LAMARTINE
DESSINÉ UN SOIR CHEZ HUGO.

On peut lire dans notre ouvrage : *David d'Angers, sa vie, son œuvre, ses écrits et ses contemporains* (tome Iᵉʳ, p. 199), le récit des entrevues de David d'Angers et de Lamartine chez Victor Hugo, au cours de l'automne de 1828. C'est à cette date qu'il convient de faire remonter le dessin que nous venons de décrire.

Gravé par M. A. Durand pour l'ouvrage : *David d'Angers* (tome Iᵉʳ, p. 304).

Photographié au charbon, par M. Braun.

Provient de la famille de l'artiste. — A M. Henry Jouin, à Paris.

798. — **Louis-Charles-Alfred de Musset** (1810-1857), poète, auteur dramatique, membre de l'Académie française (1852). — Dessin ; haut. 0ᵐ,22, larg. 0ᵐ,15. — Par **M. Lami** ou **Lamy (Louis-Eugène)** (1800-).

En pied, de profil à droite ; tête nue ; en habit ; le chapeau dans la main droite, à la hauteur de la hanche.

PHILOSOPHES, POÈTES, ÉCRIVAINS, SAVANTS. (Suite.)

Dans la partie inférieure de la composition est écrit :

A. DE MUSSET.

Exécuté en 1841.

Photographié au charbon, par M. Braun.

A M. ALEXANDRE DUMAS, à Paris.

799. — **François-Auguste, vicomte de Chateaubriand** (1768-1848), écrivain, homme politique, orateur, membre de l'Académie française (1811). — Toile; haut. 1^m,15, larg. 0^m,90. — Par Girodet de Roucy-Trioson (Anne-Louis) (1767-1824).

A mi-jambes; tête nue, tournée vers l'épaule droite; le coude gauche appuyé sur un talus; la main droite dans le gilet. Fond de paysage romain; ruines du Colisée. Fig. grand. nat.

Exposé au Salon de 1810 (n° 373) sous le titre : *Portrait d'homme méditant sur les ruines de Rome.*

Photographié au charbon, par M. Braun.

Provient d'un don de Mme Récamier. — AU MUSÉE DE SAINT-MALO (Ille-et-Vilaine).

800. — **François-Auguste, vicomte de Chateaubriand** (1768-1848), écrivain, homme politique, orateur, membre de l'Académie française (1811). — Buste marbre; haut. 0^m,81. — Par David d'Angers (Pierre-Jean) (1788-1856).

Tête nue, de face, légèrement rejetée en arrière; sans indication de vêtement.

A la gauche du personnage est écrit :

A
F.-A. DECHATEAUBRIAND
P.-J. DAVID
D'ANGERS 1829.

Gravé par M. A. Durand, d'après un dessin de M. E. Marc, pour notre ouvrage : *David d'Angers, sa vie, son œuvre, ses écrits et ses contemporains* (tome II, p. 232). On peut lire dans le même ouvrage le récit de l'inauguration du buste chez Chateaubriand (tome Ier, p. 215 et 216).

A été exposé au Musée Colbert, en janvier 1830.

Offert au modèle; provient de successions. — A M. LE COMTE DE CHATEAUBRIAND, à Paris.

801. — **Marie-Françoise-Sophie Nichault de Lavalette, dame Gay** (1776-1852), femme de lettres, mère de Delphine Gay. — Toile; haut. 1^m,28, larg. 0^m,95. — Par Hersent (Louis) (1777-1860).

A mi-jambes, debout, presque de face; robe blanche, décolletée, avec ornements de cachemire; mantille noire sur l'épaule droite; turban de cachemire jaune et rouge sur la tête; le bras gauche, nu, pend le long de la jupe; deux bracelets.

Dans un angle, on aperçoit sous forme d'accessoire le portrait ébauché de Delphine Gay, depuis Mme Émile de Girardin.

Dans la partie inférieure de la toile est écrit :

HERSENT.

Portrait inachevé.

Photographié au charbon, par M. Braun.

Acquis par M. Émile de Girardin après la mort d'Hersent. — A Mme LÉONCE DÉTROYAT, à Paris.

PHILOSOPHES, POÈTES, ÉCRIVAINS, SAVANTS. (Suite.)

802. — Louis-François Bertin de Vaux dit **Bertin l'Aîné** (1766-1841), publiciste, fondateur du *Journal des Débats*. — Toile ; haut. 1^m,15, larg. 0^m,90. — Par Ingres (Jean-Dominique-Auguste) (1781-1867).

A mi-jambes, assis sur un fauteuil ; les deux mains posées sur les genoux ; le corps légèrement penché en avant ; tête nue, de face ; cheveux en désordre ; col de chemise montant ; gilet noir ; redingote ouverte. Fig. grand. nat.

Dans la partie supérieure de la toile, à la droite du personnage, est écrit :

L. F. BERTIN.

A la gauche du personnage :

J. INGRES PINXIT.
1832.

Gravé par M. Louis-Pierre Henriquel-Dupont.

A figuré au Salon de 1833 (n° 1279).

Photographié au charbon, par M. Braun.

A M. Jules-Auguste Bapst, à Paris.

803. — Alexandre Dumas père (1803-1870), auteur dramatique et romancier. — Toile ; haut. 1^m,30, larg. 0^m,95. — Par Boulanger (Louis) (1806-1867).

A mi-jambes, assis ; la tête tournée vers l'épaule droite ; costume de circassien ; les cheveux cachés par la coiffure du Caucase ; les mains posées sur les genoux.

Photographié au charbon, par M. Braun.

Provient de succession. — A M. Alexandre Dumas, à Paris.

804. — Honoré de Balzac (1799-1850), romancier. — Toile ; haut. 0^m,60, larg. 0^m,50. — Par Boulanger (Louis) (1806-1867).

A mi-corps, debout ; tête nue, de face ; robe de chambre blanche en forme de robe de moine ; cordelière autour des reins.

Photographié au charbon, par M. Braun.

A M. Alexandre Dumas, à Paris.

805. — Marie-Henri Beyle dit **de Stendhal** (1783-1842), littérateur, critique, romancier, né à Grenoble. — Toile ; haut. 0^m,54, larg. 0^m,45. — Auteur inconnu (XIXe siècle).

En buste, tête nue, presque de face, légèrement tournée vers l'épaule droite ; habit noir, fermé. Fig. grand. nat.

Provient de l'un des exécuteurs testamentaires du modèle. — A la bibliothèque de Grenoble.

806. — Le docteur Trioson (??), médecin de Mesdames, tantes du Roi (1792), plus tard médecin des armées, tuteur et père adoptif du peintre Girodet de Roucy, qui prit en 1812 le nom de Girodet de Roucy-Trioson. — Miniature sur émail, de forme ovale ; haut. 0^m,085, larg. 0^m,070. — Par Counis (Salomon-Guillaume) (1785-?), né à Genève, élève de Girodet.

En buste, assis sur un fauteuil garni en damas ; tête nue, de face ; redingote gris clair ; gilet orange ; chemise ouverte.

A M. Henri Bordier, à Paris.

PHILOSOPHES, POËTES, ÉCRIVAINS, SAVANTS. (Suite.)

807. — **Alphonse-Louis Leroy** (1741-1816), médecin, professeur d'accouchement à la Faculté de Paris. — Toile; haut. 0ᵐ,72, larg. 0ᵐ,91. — Par **David (Jacques-Louis)** (1748-1825).

A mi-corps, presque de face; la tête coiffée d'un bonnet à ornements tricolores; robe de chambre de soie rose; assis sur une chaise à dossier renversé, devant une table couverte d'un tapis oriental; le coude gauche posé sur un livre fermé; de la main droite il tient une plume et s'apprête à écrire; à gauche, sur la table, une lampe. Fig. grand. nat.

Au musée de Montpellier.

808. — **Antoine, baron Portal** (1742-1832), médecin, membre de l'Académie des sciences (1769), membre de l'Institut; premier médecin consultant de Louis XVIII, puis de Charles X; l'un des fondateurs de l'Académie de médecine. — Toile; haut. 2ᵐ,20, larg. 1ᵐ,46. — Par **M. Callande de Champmartin (Charles-Émile)** (1797-).

En pied, debout; tête nue; vêtu de noir; le chapeau dans la main gauche; la main droite appuyée sur une longue canne; perruque blanche; cravate blanche; cordon de commandeur de la Légion d'honneur; derrière lui, à droite, un grand fauteuil en bois sculpté, foncé d'étoffes à ramages; à gauche, un bureau de Boule, couvert de livres; à terre, au premier plan, des livres. Fig. grand. nat.

Dans la partie inférieure de la toile est écrit :

E. CHAMPMARTIN.

A figuré au Salon de 1833 (n° 376).

Nous ignorons si ce portrait, mis au jour un an après la mort de Portal, a été exécuté devant le modèle ou à l'aide de documents.

Provient d'un envoi du Gouvernement (1834). — Au musée de Montpellier.

809. — **François Magendie** (1783-1855), physiologiste, membre de l'Académie des sciences (1821), professeur au collège de France (1830); médecin de la Salpêtrière, puis de l'Hôtel-Dieu. — Toile; haut. 0ᵐ,63, larg. 0ᵐ,53. — Par **Guérin (Jean-Baptiste-Paulin)** (1783-1855).

En buste, tête nue, de face; il est assis; habit bleu; large cravate blanche. Fig. grand. nat.

Provient de successions. — A Mˡˡᵉ de Saint-Maurice, à Paris.

810. — **Jean-Antoine Chaptal, comte de Chanteloup** (1756-1832), chimiste, administrateur, sénateur, pair de France, membre de l'Institut (1816). Buste marbre; haut. 0ᵐ,54. — Par **Chaudet (Antoine-Denis)** (1763-1810).

Tête nue, de face; indication de costume.

Sous l'épaule droite est écrit :

CHAUDET 1810.

Au musée de Tours.

811. — **Louis-Joseph Proust** (1755-1826), chimiste, né à Angers; membre de l'Académie des sciences (1816). — Dessin; haut. 0ᵐ,25, larg. 0ᵐ,19. — Par **David d'Angers (Pierre-Jean)** (1788-1856).

La tête du même personnage est représentée de trois quarts à gauche, puis de profil à gauche.

PHILOSOPHES, POÈTES, ÉCRIVAINS, SAVANTS. (Suite.)

Dans la partie inférieure du dessin est écrit :

LOUIS PROUST, CHIMISTE
MEMBRE DE L'INSTITUT DE FRANCE.
NÉ A ANGERS
DESSINÉ PAR SON COMPATRIOTE P. J. DAVID.

Exécuté à Angers, peu avant la mort de Proust, qui s'était retiré, vers la fin de sa vie, dans sa ville natale. Le buste du chimiste fut modelé à l'aide de ce dessin. (Voir l'ouvrage cité : *David d'Angers, sa vie, son œuvre, etc.* tome II, p. 429.)

Provient d'un don de l'artiste. — AU MUSÉE DAVID, à Angers.

812. — **Louis-Joseph Proust** (1755-1826), chimiste, né à Angers; membre de l'Académie des sciences (1816). — Buste bronze; haut. 0^m,56. — Par **David d'Angers (Pierre-Jean)** (1788-1856).

Tête nue, de face; sans indication de vêtement.

Sur le socle est écrit :

A LOUIS PROUST, SON COMPATRIOTE P. J. DAVID, 1831.

Provient d'un don de l'artiste. — AU MUSÉE DAVID, à Angers.

813. — **Jean-Baptiste-Joseph, baron Fourier** (1768-1830), physicien et mathématicien, préfet de Grenoble (1815), membre de l'Académie des sciences (1816) et de l'Académie française (1827). — Toile; haut. 1^m,25, larg. 0^m,90. — Par **Gautherot (Claude)** (1769?-1825).

A mi-jambes, debout, de face; costume de ville, redingote noire, cravate blanche; la main droite pendante; le coude gauche appuyé sur le dossier d'une chaise; son pardessus est jeté sur la chaise; dans la main gauche, des gants.

A la droite du personnage est écrit :

GAUTHEROT AN XI.

AU MUSÉE D'AUXERRE.

814. — **Jean-Baptiste-Joseph, baron Fourier** (1768-1830), physicien et mathématicien, préfet de Grenoble (1815), membre de l'Académie des sciences (1816) et de l'Académie française (1827). — Pastel; haut. 1^m,06, larg. 0^m,96. — **Auteur inconnu** (XIXe siècle).

A mi-jambes, debout; tête nue, presque de face; costume d'académicien; la main gauche dans le gilet; un livre entr'ouvert dans la main droite, sur les feuillets duquel est écrit : *philosophia naturae, principia mathematica. Newton.* Devant lui est une table recouverte d'un tapis, sur laquelle sont déposés son épée, son chapeau et quelques volumes portant pour titres : *Platon, Ciceronis opera*; dans l'angle droit inférieur, une portion de sphère. Fig. grand. nat.

Provient d'un legs de M. Louis-Claude-Pierre Blanchin, dont la femme était nièce du modèle (1861). — AU MUSÉE D'AUXERRE.

815. — **François-Dominique Arago** (1786-1853), physicien, astronome, homme politique; secrétaire perpétuel de l'Académie des sciences, pour les sciences mathématiques (1830). — Buste marbre; haut. 0^m,54. — Par **David d'Angers (Pierre-Jean)** (1788-1856).

Tête nue, de face; chevelure abondante; sans indication de vêtement.

PHILOSOPHES, POÈTES, ÉCRIVAINS, SAVANTS. (Suite.)

Sur le socle est écrit :

A SON AMI F. ARAGO, P. J. DAVID, 1839.

A figuré au Salon de 1839 (n° 2172).

Gravé par M. A. Durand, d'après un dessin de M. A. Peëne, pour l'ouvrage déjà cité : *David d'Angers, sa vie, son œuvre, etc.*, tome II, page 344.

Offert par l'artiste au modèle et donné, en 1853, à Mme Ernest Laugier, nièce du modèle, par MM. Emmanuel et Alfred Arago, fils de l'astronome. — A. Mme veuve Ernest Laugier, à Paris.

816. — **Louis-Sébastien Mercier** (1740-1840), polygraphe, auteur de l'ouvrage intitulé *Tableau de Paris* (1781). — Dessin au crayon, rehaussé de blanc; haut 0^m,42, larg. 0^m,30. — Par **Suvée (Joseph-Benoît)** (1742-1807).

En buste, tête nue, de trois quarts, tournée vers l'épaule gauche; perruque relevée sur le front. Tête grand. nat.

Provient de la collection Saint, miniaturiste. — A Mme Protais, à Paris.

817 — **Ennius-Quirinus Visconti** (1751-1818), conservateur du musée du Capitole (1784), ministre de l'intérieur et consul de la république Romaine (1798), conservateur du Musée des antiques et des tableaux du Louvre, membre de l'Institut (1803). Buste bronze; haut. 0^m,80. — Par **David d'Angers (Pierre-Jean)** (1788-1856).

Tête nue, de face; sans indication de vêtement.

A la gauche du personnage est modelée en relief, sur le socle, une lampe antique.

Exécuté en 1810. Un second exemplaire de ce buste, en marbre, est à la bibliothèque de l'Institut.

Provient d'un don de l'artiste (1820). — Au musée David, à Angers.

818. — **Alexandre Lenoir** (1761-1839), archéologue, fondateur du dépôt des Petits-Augustins (1790) et du Musée national des monuments français (1795), dont il fut le directeur. — Bois; haut. 0^m,76, larg. 0^m,61. — Par **David (Jacques-Louis)** (1748-1825).

En buste, de face; tête nue, légèrement tournée à droite; habit brun à col de velours; décorations; assis devant une table ronde, il tient une plume; la main gauche pose sur le bras du fauteuil; sur la table : encrier, porte-crayon et enveloppe de lettre sur laquelle est écrit : « *Monsieur Lenoir, administrateur du Musée des monuments français.* »

Au bord de la table est écrit :

DAVID 1817.

Ce portrait fut terminé à Bruxelles pendant l'exil du peintre.

Provient de successions. — A M. Albert Lenoir, à Paris.

VI.

ARTISTES.

819. — **Robert Le Fèvre** ou **Le Febvre** (1756-1831), premier peintre du cabinet de Louis XVIII. — Toile; haut. 0^m,63, larg. 0^m,53. — Par **Fèvre ou Febvre (Robert Le)** (1756-1831).

ARTISTES. (Suite.)

En buste, tête nue, tournée vers l'épaule droite; assis sur une chaise de velours rouge; veste noire; col de chemise rabattu. Fig. grand. nat.

A la droite du personnage est écrit, dans la partie supérieure de la toile :

ROBERT LE FÈVRE PEINT PAR LUI-MÊME.
ET DONNÉ A LA VILLE DE CAEN LE 1er JANVIER 1810.

Au musée de Caen.

820. — **Élisabeth-Louise Vigée Le Brun** (1755-1842), peintre de genre et de portraits, membre de l'Académie royale de peinture et de sculpture (1783). — Toile; haut. 1m,73, larg. 1m,28. — Par David (Jacques-Louis) (1748-1825).

A mi-jambes, en pied, assise sur une chaise; le corps de profil à droite; la tête nue, de face; corsage blanc, sans manches; elle tient sur ses genoux une toile ovale sur laquelle est ébauché le portrait de sa fille.

Dans la partie supérieure de la toile est écrit :

J. L. DAVID AN XI.

Photographié au charbon, par M. Braun.

Au musée de Rouen.

821. — **Jean-Louis-André-Théodore Géricault** (1791-1824), peintre, élève de Carle Vernet et de Guérin. — Toile; haut. 0m,78, larg. 0m,65. — Par Géricault (Jean-Louis-André-Théodore) (1791-1824).

A mi-corps, de face; le bras droit posé sur un chassis; la main gauche sur la hanche; habit noir; cravate noire, montante; gilet jaune chamois; un porte-fusain dans la main droite.

Dans la partie inférieure de la toile, à la gauche du personnage, est écrit :

GÉRICAULT.

Photographié au charbon, par M. Braun.

A M. Alexandre Dumas, à Paris.

822. — **Ferdinand-Victor-Eugène Delacroix** (1798-1863), peintre d'histoire et de portraits, membre de l'Institut (1857). — Dessin à la plume; haut. 0m,14, larg. 0m,11. — Par Gavarni (Sulpice-Paul Chevalier *dit*) (1801-1866).

Tête de profil.

Dans la partie inférieure du dessin est écrit :

AMICUS AMICO G.

Au revers du dessin est écrit de la main de Delacroix.

DONNÉ A J. LE GUILLOU.
EUG. DELACROIX.

Photographié au charbon, par M. Braun.

Exécuté vers 1842.

Provenant de Jeanne-Marie Le Guillou. — A M. Louis-Antoine-Léon Riésener, à Paris.

823. — **Eugène-François-Marie-Joseph Devéria** (1805-1865), peintre. — Toile; haut. 0m,55, larg. 0m,45. — Par Devéria (Eugène-François-Marie-Joseph) (1805-1865).

ARTISTES. (Suite.)

En buste, tête nue, tournée de gauche à droite; indication de vêtement.
A la gauche du personnage est écrit :
EUGÈNE DEVÉRIA.
ESSAI A LA CIRE. JUIN 1838.
Provient d'un legs de l'artiste. — AU MUSÉE DE PAU.

824. — **Frédéric Millet** (1786-1859), peintre de portraits en miniature et à l'aquarelle. — Miniature, de forme ovale; haut. 0ᵐ,060, larg. 0ᵐ,045. — Par **Millet (Frédéric)** (1786-1859).
En buste, tête nue, de face; redingote noire; gilet blanc; cravate blanche.
A la gauche du personnage est écrit :
FRÉDÉRIC MILLET 1808.
A figuré au Salon de 1808 (n° 433).
Provient de succession. — A M. AIMÉ MILLET, à Paris.

825. — **Eugénie Millet** (1786-1873), née Marie-Anne-Henriette Rioux, femme du peintre Frédéric Millet; fondatrice des salles d'asile en France (1827). — Miniature, de forme ovale; haut. 0ᵐ,060, larg. 0ᵐ,045. — Par **Millet (Frédéric)** (1786-1859).
En buste, tête nue, diadème de corail sur les cheveux; collerette brodée; robe rouge; manteau garni de fourrures.
A la gauche du personnage est écrit :
MILLET 1817.
Provient de successions. — A M. AIMÉ MILLET, à Paris.

826. — **Prosper Marilhat** (1811-1847), peintre de paysages. — Toile; haut. 1ᵐ,27, larg. 0ᵐ,94. — Par **Chassériau (Théodore)** (1819-1856).
A mi-jambes, debout; tête nue, de face, cheveux longs; redingote noire, boutonnée, à col de velours; la main droite posée sur une table de style Renaissance; la main gauche pendante; sur la table, un vase antique et un livre.
Exécuté en 1834.
Provient du père du modèle. — A M. MARILHAT, à Thiers (Puy-de-Dôme).

827. — **Édouard-François Bertin, enfant** (1797-1871), peintre de paysages, fils de Louis-François Bertin de Vaux dit Bertin l'Aîné, élève de Girodet et de Bidault; inspecteur des Beaux-Arts sous le gouvernement de Juillet; prit, à la mort de son frère Louis-Marie-Armand Bertin, la direction du *Journal des Débats* (1854). — Toile; haut. 0ᵐ,65, larg. 0ᵐ,58. — Par **Greuze (Jean-Baptiste)** (1725-1805).
A mi-corps; tête nue, cheveux longs; veste de velours rouge, à revers noirs; chemise ouverte à large col; le personnage est placé derrière une balustrade de pierre.
Exécuté en 1801.
Photographié au charbon, par M. Braun.
Provient d'un don du modèle. — A M. LÉON SAY, à Paris.

828. — **Charles-Henri-Alfred Johannot** (1800-1837), peintre et dessinateur, a illustré, avec son frère Tony, les œuvres de Walter Scott, F. Cooper, Byron, etc. et a peint plusieurs épisodes tirés des œuvres de ces écrivains. — Cire sur ardoise; haut. 0ᵐ,130, larg. 0ᵐ,115. — Par **David d'Angers (Pierre-Jean)** (1788-1856).

12.

ARTISTES. (Suite.)

Tête nue, de profil à droite; sans indication de vêtement.

Sur l'ardoise est gravé, dans le sens vertical, derrière la tête du personnage :

ALFRED JOANNOT.

Dans l'angle de droite :

DAVID.

Exécuté en 1833.

Offert au modèle, ce médaillon a passé dans les mains de M. le comte Ferdinand de Lasteyrie, membre de l'Institut, qui l'a lui-même offert au propriétaire actuel. — A M. HENRY JOUIN, à Paris.

829. — **Henriette Lorimier** (1780?-1850?), peintre de genre et de portraits, élève de Regnault; l'un de ses tableaux, *Jeanne de Navarre au tombeau de son époux Jean IV, duc de Bretagne*, exposé en 1806 (n° 362) et en 1814 (n° 1378), acquis par l'impératrice Joséphine, a été gravé par Gudin. — Toile; haut. 0^m,40, larg. 0^m,35. — Par Lorimier (Henriette) (1780?-1850?).

Tête nue, de trois quarts tournée vers l'épaule droite; peignoir ouvert sur la gorge. Fig. grand. nat.

Exécuté vers 1800, et est probablement l'unique portrait de cette artiste.

Provient d'un don de l'artiste à Mlle Cousin, tante du propriétaire actuel. — A M. JULES COUSIN, à Paris.

830. — **Julien-Léopold Boilly, enfant** (1796-1874), peintre, graveur, lithographe. — Toile; haut. 0^m,96, larg. 0^m,79. — Par Boilly (Louis-Léopold) (1761-1845).

A mi-corps, de profil; tête nue, de face; assis devant une table; l'index de la main gauche entre les feuillets d'un livre demi-fermé; veste noire; cravate rouge foncé.

Photographié au charbon, par M. Braun.

Provient d'un don du modèle (1862). — AU MUSÉE DE LILLE.

831. — **Halte d'Artistes Lyonnais**, à l'Ile Barbe (près Lyon). — Toile; haut. 0^m,94, larg. 1^m,28. — Par Duclaux (Antoine) (1783-1868).

Au premier plan, une voiture dont les chevaux sont dételés; personnages dessinant ou jouant de la guitare; désordre d'une halte improvisée au milieu d'un paysage. Dans les divers groupes d'artistes représentés sur cette toile, on remarque **Bonnefond (Jean-Claude)** (1790-1860, peintre de genre, né à Lyon), à cheval et vêtu d'une blouse bleue; **de Wilbaek** (?-?) armé de son parasol et chargeant **Reverchon** (?-?) dont le cheval s'effraye; **Mocker** (?-?) monté sur la voiture, chante en s'accompagnant de la guitare; près de lui, **Richard (Fleury-François)** (1777-1852, peintre d'histoire et de genre, né à Lyon), sous un parasol, trace un dessin que regardent **Génod (Michel-Philibert)** (1795-1862, peintre d'histoire et de genre, né à Lyon) placé derrière lui, et **Trimolet (Anthelme)** (1798-?, peintre d'histoire, de genre et de portraits, né à Lyon) debout près de la voiture; de son côté, **Rey (Étienne)** (1789-?, peintre et lithographe, né à Lyon), coiffé d'une casquette, dessine un autre point de vue; **Jacomin (Jean-Marie)** (?-?), fait une étude peinte; **Thierriat (Augustin-Alexandre)** (1789-1870, peintre, graveur à l'eau-forte, né à Lyon), à terre, dessine la tête d'un cheval en lui présentant quelques brins d'herbe pour le faire tenir dans l'attitude qu'il désire; **Legendre-Héral (Jean-François)** (1795-1851, sculpteur) se tient à l'écart, et, son mouchoir à la main, paraît absorbé dans ses réflexions; dans le fond, sur un rocher, **Duclaux (Antoine)** (1783-1868, peintre de genre, né à Lyon), s'est représenté occupé à peindre.

ARTISTES. (Suite.)

Dans la partie inférieure de la composition, à droite, est écrit :
A. DUCLAUX, 1824.
A figuré au Salon de 1824 (n° 561) sous le titre : *Halte d'artistes aux bords de la Saône, près de Lyon.*
Au musée de Lyon.

832. — **Michel Grobon** (1770-1853), peintre, graveur, né à Lyon, élève de P. Prud'hon et de J.-J. de Boissieu. — Toile, de forme ovale; haut. 0^m,52, larg. 0^m,43. — Par **Grobon (Michel)** (1770-1853).
En buste, tête nue, de face; costume de l'époque de la République; habit gris, à la française; cravate blanche; le personnage est âgé d'environ vingt-sept ans. Fig. grand. nat.
Gravé par Lehmann.
Photographié au charbon, par M. Braun.
Provient de la galerie de M. Charles Michel, ami de Grobon et oncle du propriétaire actuel. — A M. Jules-Augustin Poulot, à Lyon.

833. — **Pierre-Henri Revoil** (1776-1842), peintre de genre, écrivain, né à Lyon. — Toile; haut. 0^m,43, larg. 0^m,35. — Par **Ponce-Camus (Marie-Nicolas)** (1778-1839).
En buste, de trois quarts à droite; cheveux longs, d'un blond ardent; feutre sur la tête; veste grise, ouverte; gilet montant, à rayures de couleur foncée; cravate blanche; col de chemise rabattu.
Dans la partie supérieure de la toile, derrière le personnage, est écrit :
REVOIL,
CHEF DE L'ÉCOLE DE LYON
1776-1842.
PEINT PAR PONCE CAMUS.
A Mme Rouillard, à Paris.

834. — **Antoine Berjon** (1754-1843), peintre de fleurs et de fruits, professeur à l'école des beaux-arts de Lyon, de 1811 à 1823. — Dessin au crayon, rehaussé de blanc, sur papier gris; haut. 0^m,32, larg. 0^m,25. — Par **Augustin (Jean-Baptiste)** (1759-1832).
A mi-corps, tourné vers la gauche; la tête couverte d'un chapeau.
Dans la partie inférieure de la composition est écrit :
PORTRAIT D'ANTOINE BERJON PAR SON AMI AUGUSTIN.
Provient du modèle. — A M. Jean Reignier, à Lyon.

835. — **Paul** dit **Joseph Roques** (1754-1847), peintre, élève de Rivalz et de Despax, professeur d'Ingres à l'école des beaux-arts de Toulouse; correspondant de l'Institut. — Dessin au crayon et à l'estompe; haut. 0^m,16, larg. 0^m,12.] — Par **Salabert (Firmin)** (?-?), élève d'Ingres.
En buste, de profil, la tête tournée vers la gauche; un chapeau sur la tête; il porte des lunettes.
Provient de la collection Ingres. — Au musée de Montauban.

ARTISTES. (Suite.)

836. — **Michel-Nicolas Hussard** (?-1828?), peintre au pastel, directeur de l'école publique et gratuite de dessin de la ville de Nantes, de 1791 à 1827. — Toile; haut. 0ᵐ,70, larg. 0ᵐ,57. — Par **Greuze (Jean-Baptiste)** (1725-1805).

En buste, la tête couverte d'un chapeau et tournée de gauche à droite; habit bleu; gilet blanc. Fig. grand. nat.

Derrière la toile est écrit :

PORTRAIT DE M. HUSARD, FONDATEUR DE L'ÉCOLE DE DESSIN DE NANTES, PEINT PAR J.-B. GREUZE, 1805.

Cette inscription n'est pas complètement exacte, puisque Hussard (et non Husard) n'a pas fondé l'école gratuite de dessin de la ville de Nantes, dont l'établissement, nous écrit M. Charles Marionneau, fut décrété par les états de Bretagne et remonte au 10 février 1757. Le premier directeur de cette école fut le chevalier Volaire; le second, un sieur Vatier; Hussard fut le troisième et eut pour successeur, en 1827, Sarrazin. Quels furent les rapports de Hussard avec Greuze, comment celui-ci, âgé de quatre-vingts ans, se décida-t-il à faire le portrait du peintre nantais? Il y eut apparemment à cette marque d'estime un autre mobile que le talent ou la renommée de Hussard. M. Charles Marionneau nous apprend, en effet, qu'il existe à la mairie de Nantes, dans la salle des archives municipales, un portrait au pastel de Louis XVIII, signé : « Le professeur de l'École royale de dessin de Nantes, Hussard, » avec ces vers :

« Trop au-dessous de mon modèle,
Je vous offre, Messieurs, cette ébauche en tremblant,
Mais, je me suis flatté qu'en faveur de mon zèle,
Vous feriez grâce à mon faible talent. »

Le dernier mot, ajoute notre correspondant, est très-vrai, et cette franchise doit nous rendre indulgent.

Provient d'une vente. — A M. Hermann-Joseph Reinach, à Paris.

837. — **Louis-Jacques-Mandé Daguerre** (1789-1851), peintre de décors et physicien, né à Cormeilles (Seine-et-Oise), construisit, avec Bouton, le Diorama (1822), et parvint à fixer les images de la chambre obscure, découverte qui prit le nom de Daguerréotype et dont Arago rendit compte à l'Académie des sciences le 9 janvier 1839. — Toile; haut. 1ᵐ,13, larg. 0ᵐ,89. — Par **Carpentier (Paul-Claude)** (1787-1877).

A mi-corps, tête nue, de face; assis sur un fauteuil, le coude gauche posé sur une table, près d'un objectif photographique; habit marron; rosette d'officier de la Légion d'honneur.

Dans la partie inférieure de la toile, sur la traverse de la table, est écrit :

A MON AMI DAGUERRE, PAUL CARPENTIER, Px 1851.

Photographié au charbon, par M. Braun.

Provient d'un legs de l'artiste à son gendre M. Rolland, architecte, qui a bien voulu faire l'abandon gracieux de ce portrait. — A la direction générale des Beaux-Arts, à Paris.

838. — **Henry Hugues** (1785?-1842), artiste amateur, chef de service à l'Administration des Postes, cousin germain d'Eugène Delacroix. — Toile; haut. 0ᵐ,72, larg. 0ᵐ,58. — Par **Delacroix (Ferdinand-Victor-Eugène)** (1798-1863).

En buste, tête nue, cheveux grisonnants; de trois quarts à gauche; costume marron; une tabatière dans les mains; lunettes sur les yeux.

Exécuté en 1833.

Provient d'un legs d'Eugène Delacroix. — A M. Louis-Antoine-Léon Riesener, à Paris.

ARTISTES. (Suite.)

839. — Jean-Marie-Joseph Ingres (1758-1814), sculpteur, musicien, peintre et architecte, né à Toulouse, mort à Montauban, père du peintre Jean-Dominique-Auguste Ingres. — Toile; haut. 0^m,52, larg. 0^m,45. — Par **Ingres (Jean-Dominique-Auguste)** (1781-1867).

En buste, tête nue, tournée vers l'épaule droite; habit de velours bleu foncé, à collet droit; cravate blanche; cheveux poudrés.

Provient de la collection Ingres. — AU MUSÉE DE MONTAUBAN.

840. — Anne Moulet (?-?), femme de Jean-Marie-Joseph Ingres, mère du peintre Jean-Dominique-Auguste Ingres. — Dessin à la mine de plomb; haut. 0^m,20, larg. 0^m,16. — Par **Ingres (Jean-Dominique-Auguste)** (1781-1867).

A mi-corps, de face; assise sur une chaise; bonnet de linge sur la tête; fichu croisé sur la poitrine; la main droite posée sur la main gauche.

Photographié au charbon, par M. Braun.

Provient de la collection Ingres. — AU MUSÉE DE MONTAUBAN.

841. — Jean-Marie-Joseph Ingres (1758-1814), sculpteur, musicien, peintre et architecte, né à Toulouse, mort à Montauban, père du peintre Jean-Dominique-Auguste Ingres. — **Anne Moulet,** femme de Jean-Marie-Joseph Ingres, mère du peintre, **et ses deux filles,** sœurs du peintre. — Dessins à la plume, lavés à l'encre; hauteur du dessin représentant les sœurs du peintre, 0^m,16, larg. 0,25; hauteur des dessins, de forme ovale, représentant Jean-Marie-Joseph Ingres et Anne Moulet, apposés sur le précédent dessin, 0^m,055, larg. 0^m,045. — Par **Ingres (Jean-Dominique-Auguste)** (1781-1867).

Jean-Marie-Joseph Ingres est en buste, de trois quarts à gauche; Anne Moulet est également en buste, de trois quarts à gauche; ses deux filles sont représentées à l'âge de cinq ou six ans, debout, en pied; petits bonnets; fichus croisés sur la poitrine. Celle de gauche est vue de face; celle de droite est vue de profil.

On peut lire, sur Jean-Marie-Joseph Ingres, la notice que son fils Jean-Dominique-Auguste a lui-même insérée dans la *Biographie de Tarn-et-Garonne*, publiée par E. Forestié, 1860, in-8° (p. 265-269.)

Provient de la collection Ingres. — AU MUSÉE DE MONTAUBAN.

842. — Nicolas Bornier (1762-1829), sculpteur, professeur de sculpture à l'école de Dijon. — Toile; haut. 0^m,40, larg. 0^m,31. — Par **Prud'hon (Pierre)** (1758-1823).

En buste, tête nue, de face; habit de couleur brune; cou nu; chemise à jabot.

Provient des héritiers de Nicolas Bornier, et a été donné au musée par M. Fevret de Saint-Mémin, conservateur en 1847. — AU MUSÉE DE DIJON.

843. — André Galle (1761-1844), graveur en médailles, membre de l'Institut (1819). — Toile; haut. 1^m,26, larg. 0^m,98. — Par **Gros (Antoine-Jean, baron)** (1771-1835).

A mi-corps; tête nue, tournée vers l'épaule droite; habit noir; cravate blanche; il est assis sur un fauteuil, le coude gauche posé sur un établi, et il tient un outil de graveur dans la main droite.

Dans la partie inférieure de la composition est écrit :

GROS 1822.

Provient de successions. — A Mme HABAIBY, à Paris.

ARTISTES. (Suite.)

844. — **Guillaume-Louis Bocquillon** dit **Wilhem** (1781-1842), compositeur, fondateur des écoles populaires de chant en France et créateur de l'Orphéon (1828). — Miniature, de forme ovale; haut. 0^m,105, larg. 0^{m}080. — Par **Millet (Frédéric)** (1786-1859).

En buste, tête nue, de face; cravate blanche; redingote noire.

A la gauche du personnage est écrit :

MILLET 1826.

A M. Alexis Wilhem Fils, à Paris.

845. — **Frédéric-François Chopin** (1810-1849), pianiste et compositeur, né à Zelazowa-Wola, près de Varsovie, d'une famille d'origine française, vint à Paris, où il se fit entendre pour la première fois chez Pleyel, en 1832, et il ne cessa d'habiter la France jusqu'à sa mort. — Dessin à la mine de plomb, rehaussé de blanc; haut. 0^m,28, larg. 0^m,21. — Par **Delacroix (Ferdinand-Victor-Eugène)** (1798-1863).

En buste, tête nue, de trois quarts, à droite; indication de vêtement.

Exécuté vers 1840.

Photographié au charbon, par M. Braun.

Donné par Eugène Delacroix à Jeanne-Marie Le Guillou, et, par elle, au propriétaire actuel, M. Louis-Antoine-Léon Riésener, à Paris.

846. — **Joséphine Grassini** (1773-1850), cantatrice, née à Varèse, en Lombardie, débuta en France, le 22 juillet 1800, dans la grande fête nationale qui fut donnée au Champ de Mars; attachée aux théâtres des Tuileries et de Saint-Cloud, en 1804, elle s'y fit entendre pendant toute la durée du premier Empire. Elle cessa de paraître en public en 1817. — Toile; haut. 1^m,27, larg. 0^m,95. — Par **Brun (Élisabeth-Louise Vigée Le)** (1755-1842).

A mi-jambes; assise sur un sofa; de trois quarts; la tête tournée vers l'épaule gauche; le bras droit posé sur l'appui du sofa; un turban rouge sur la tête et un voile blanc passé sur le turban; costume oriental; tunique rouge sans manches, recouvrant une robe de gaze rose, parsemée de fleurs d'or; large ceinture fermée par une agrafe d'or; la main gauche tient l'extrémité du voile.

Au musée de Rouen.

847. — **Joséphine Grassini** (1773-1850), cantatrice, née à Varèse, en Lombardie, débuta en France, le 22 juillet 1800, dans la grande fête nationale qui fut donnée au Champ de Mars; attachée aux théâtres des Tuileries et de Saint-Cloud en 1804, elle s'y fit entendre pendant toute la durée du premier Empire. Elle cessa de paraître en public en 1817. — Toile; haut. 0^m,81, larg. 0^m,63. — Par **Brun (Élisabeth-Louise Vigée Le)** (1755-1842).

A mi-corps, debout, de face; robe jaune foncé, ouverte; manteau rouge; diadème de perles et plume dans les cheveux; camée à la ceinture. Fig. grand. nat.

Provient d'un legs de Mme Vigée Le Brun. — Au musée Calvet, à Avignon.

848. — **Maria Félicita Garcia, dame Malibran** (1808-1836), cantatrice, débuta en 1825, à Londres, épousa, à New-York, M. Malibran (1826), entra au théâtre Italien (1828); elle se fit entendre sur les principales scènes d'Angleterre, d'Italie, de Belgique et d'Allemagne, et se remaria, en 1836, avec le violoniste Charles-Auguste de Bériot. — Toile; haut. 0^m,75, larg. 0^m,63. — Par **Belloc (Jean-Hilaire)** (1786-1866).

ARTISTES. (Suite.)

En buste, assise; tête nue, presque de face; regard tourné de gauche à droite; le bras gauche accoudé; les deux mains croisées; douillette noire à revers roses; épaules nues.
Photographié au charbon, par M. Braun.
Provient d'un don de Charles de Bériot au marquis de Louvois, qui l'a légué à M. Léon Guéneau de Montbéliard, oncle du propriétaire actuel.—A M. LE BARON DE LA FRESNAYE, à Falaise.

849. — **Judith Pasta** (1798-1865), cantatrice, débuta au Théâtre-Italien, à Paris, en 1816, y fut attachée seulement en 1821 et ne quitta la France qu'en 1827, à la suite d'un différend avec Rossini. — Toile, de forme ovale, haut. 0^m,70, larg. 0^m,57. — Par **Gérard (François, baron)** (1770-1837).

A mi-corps; tête nue, tournée vers l'épaule gauche; robe blanche, décolletée; elle tient un luth dans ses mains. Fig. grand. nat.
Exécuté en 1826.
Photographié au charbon, par M. Braun.
Provient de succession. — A M. LE BARON GÉRARD, à Paris.

850. — **Charles Sauvageot** (1781-1856), prix de violon au premier concours du Conservatoire en 1797, mort au Louvre, dont il était conservateur honoraire depuis 1856, à la suite du don au Musée de la collection qu'il avait formée. — Dessin au crayon noir et au pastel; haut. 0^m,32, larg. 0^{m}24. — Par **Delaroche (Hippolyte, dit Paul)** (1797-1856).

En buste, de trois quarts; tête nue, tournée vers l'épaule gauche; gilet et habit ouvert.
Dans la partie inférieure du dessin est écrit :
PAUL DELAROCHE A SON AMI SAUVAGEOT, 1826.
A Mme BÉATRIX DELORE, née SAUVAGEOT, à Paris.

851. — **Nicolas Lupot** (1758-1824), luthier de la chapelle du roi et du Conservatoire de musique. — Toile; haut. 0^m,78, larg. 0^m,64. — Par **Mlle Lorimier (Henriette)** (?-?, a pris part aux expositions de 1800 à 1814).

A mi-corps, de face; tête nue; il tient un violon dans la main gauche; dans la main droite, posée sur une table, est un outil de luthier.
Exécuté en 1805.
Provient de successions. — A M. EUGÈNE GAND, à Paris.

852. — **Marguerite - Joséphine Wemmer** dite **mademoiselle Georges** (1787-1867), tragédienne. — Toile; haut. 0^m,64, larg. 0^m,54. — Par **Gérard (François, baron)** (1770-1837).

En buste, tête nue, tournée vers l'épaule droite; peignoir décolleté; épaules découvertes; le bras droit, nu, replié sur la poitrine; fleurs autour du poignet. Fond de draperie rouge.
Photographié au charbon, par M. Braun.
Provient de la galerie Pourtalès. — A M. le comte EDMOND DE POURTALÈS, à Paris.

853. — **Jenny Vertpré** (1797-1866), actrice du Vaudeville, mariée en 1824 à Adolphe Carmouche, auteur dramatique; a toujours été connue au théâtre sous son nom de jeune fille. — Toile; haut. 0^m,21, larg. 0^m,15. — Par **Boilly (Louis-Léopold)** (1761-1845).

A mi-corps, de face, le regard tourné vers l'épaule droite; robe décolletée.
A M. HENRI OLLERIS, à Paris.

VII.

PERSONNAGES DIVERS.

854. — Antoinette-Louise-Jeanne de Guehéneuc, duchesse de Montebello (?-1856), fille d'un ancien commissaire des guerres; elle épousa le maréchal Lannes en 1800. — Toile; haut. 0ᵐ,53, larg. 0ᵐ,44. — Par **Prud'hon (Pierre)** (1758-1823).

En buste, le regard tourné vers l'épaule droite; bonnet de dentelle sur la tête; châle jaune. Fig. grand. nat.

Photographié au charbon, par M. Braun.

Provient de successions. — A M. Louis Lannes, marquis de Montebello, à Paris.

855. — Alexandrine-Julie de la Boutraye, comtesse Raymond du Tillet (?-?). — Toile, de forme ovale; haut. 0ᵐ,73, larg. 0ᵐ,59. — Par **Delacroix (Ferdinand-Victor-Eugène)** (1798-1863).

En buste, tête nue, de trois quarts; robe blanche, à manches larges et bouffantes; épaules légèrement découvertes.

Dans la partie inférieure de la toile est écrit :

EUG. DELACROIX.

A M. le comte Raymond du Tillet, à Paris.

856. — Magdalena Capelle (?-1849), première femme de Jean-Dominique-Auguste Ingres. — Dessin à la mine de plomb, légèrement lavé; haut. 0ᵐ,21, larg. 0ᵐ,15. — Par **Ingres (Jean-Dominique-Auguste)** (1781-1867).

A mi-corps, de trois quarts à gauche; les mains croisées sur la poitrine; chapeau garni de rubans; collerette de dentelles; robe montante, fermée; réticule à la ceinture.

Photographié au charbon, par M. Braun.

Provient de la collection Ingres. — Au Musée de Montauban.

857. — Louise-Thérèse-Victoire Damoiseau, dame Simon (1799-1874), femme d'un premier sujet de l'Opéra. — Toile; haut. 0ᵐ,60, larg. 0ᵐ,50. — Par **Delacroix (Ferdinand-Victor-Eugène)** (1799-1864).

En buste, de trois quarts; tête tournée vers l'épaule gauche; cheveux noirs frisés, relevés en coque, avec nœuds noirs en gaze; robe de velours violet, décolletée, manches à gigot; écharpe de crêpe de Chine jaune.

A la droite du personnage, dans la partie supérieure de la toile, est écrit :

EUG. DELACROIX.

Exécuté en 1829.

Provient de M. Simon, ex-artiste de l'Opéra. — A Mᵐᵉ Cinot, à Crécy (Seine-et-Oise).

858. — Philippe-Henri de Girard (1775-1845), ingénieur, inventeur de la filature mécanique de lin (1810). — Toile; haut. 0ᵐ,99, larg. 0ᵐ,75. — Par **Scheffer (Henry)** (1798-1862).

A mi-corps, de face; tête nue; en costume moderne; assis près d'une table, il médite la conception de sa machine, dont il trace le dessin sur un album ouvert qu'il tient sur ses genoux; un des feuillets de l'album porte le titre et la date des principales découvertes de l'inventeur; sur la table est un livre portant les armoiries de la famille de Girard.

PERSONNAGES DIVERS. (Suite.)

Dans la partie inférieure de la toile est écrit :

HENRY SCHEFFER.

Exécuté en 1845.

Photographié au charbon, par M. Braun.

A M°™ la comtesse DE VERNÈDE DE CORMEILLAN, née DE GIRARD, à Lourmarin (Vaucluse).

859. — **Émiland-Marie Gauthey** (1732-1806), inspecteur général des ponts et chaussées, né à Chalon-sur-Saône. — Buste bronze; haut. 0^m,54. — Par **Boichot (Jean)** (1738-1814).

Tête nue et chauve, de face; sans indication de vêtement.

Sur le côté droit du buste est écrit :

DENON, DIRECTEUR,
BOICHOT, SCULPTEUR,
CAULERS CISELEUR.
1808.

Ce buste est attribué à Guillaume Boichot par M. Lucien Paté, dans l'inventaire du musée de Chalon-sur-Saône (*Inventaire général des richesses d'art de la France*. Paris, E. Plon et Cie, grand in-8°, 1878, en cours de publication, tome 1er, *Province*, p. 34). Or, nous n'avons pu découvrir qu'un seul sculpteur du nom de Boichot, désigné sous le prénom de Jean par Gabet et Lalanne et divers écrivains de ce siècle, tandis qu'il figure sur les livrets des expositions du siècle dernier (1789, 1791, 1793 et 1795) avec le prénom de Guillaume. Gabet fait naître Jean à Chalon-sur-Saône, ville natale de Denon, dont le nom se trouve rapproché de celui de Boichot sur le buste de leur compatriote et de leur ami Gauthey; de plus, le même écrivain attribue à Jean Boichot la statue d'Hercule, «placée sous le porche du Panthéon françois», et dont le modèle fut exposé au Salon de 1795, sous le n° 1006, par Guillaume. Nous sommes donc, selon toute vraisemblance, en présence du même artiste, dont un seul prénom, celui de « Jean », a subsisté. Ajoutons que Boichot fut peut-être peintre et sculpteur tout ensemble. M. Lucien Paté, dans le travail rappelé plus haut, lui attribue une *Assomption de la Vierge*. (Voir *loc. cit.*, p. 20.)

AU MUSÉE DE CHALON-SUR-SAÔNE.

860. — **M. de Joubert** (?-?). — Toile; 1^m,26, larg. 0^m,95. — Par **David (Jacques-Louis)** (1748-1825).

A mi-corps, de trois quarts; tête nue, de face; assis sur un fauteuil de bois blanc, à fond vert; tourné à droite vers une table couverte d'un tapis rouge, sur laquelle il pose la main gauche; la main droite est appuyée au bras du fauteuil; perruque poudrée à bourse de soie noire; grande veste, gilet, culotte et bas noirs; sur la table, deux volumes; fond uni gris. Fig. grand. nat.

Tableau non terminé.

Provient de M. Collot. — AU MUSÉE DE MONTPELLIER.

INCONNUS.

XVᵉ SIÈCLE.

861. — Portrait de seigneur de la cour des ducs de Bourgogne.
Bois; haut. 0ᵐ,30, larg. 0ᵐ.20. — Auteur inconnu (école bourguignonne, xv° siècle).
En buste, de trois quarts à gauche; longue chevelure; toque noire; vêtement noir, ouvert et laissant voir la chemise; chaîne d'or autour du cou.
A M. Alexandre Babinet, à Paris.

XVIᵉ SIÈCLE.

862. — Portrait d'homme. — Bois; haut. 0ᵐ,17, larg. 0ᵐ,14. — Par Clouet (François) *dit* Janet (1500?-1573).
En buste, de face; barbe blonde; coiffé d'une barrette de docteur; robe noire.
Le panneau est en bois de noyer non parqueté.
Photographié au charbon, par M. Braun.
Provient de successions. — A M. Hutteau, à Paris.

863. — Portrait de femme. — Bois; haut. 0ᵐ,64, larg. 0ᵐ,47. — École des Clouet (xvi° siècle).
En buste, de trois quarts, tournée vers la gauche; elle porte un riche costume noir, brodé d'argent; cheveux crêpés, parsemés de plaques carrées, en émail, qui forment couronne; chignon élevé, recouvert de plumes blanches; large fraise de dentelle; à l'oreille gauche, une grosse perle et une autre pierre au-dessous de laquelle pend une mèche de cheveux nattés; sur la poitrine, un collier richement travaillé en émail, portant, au centre, un cœur surmonté d'une couronne fermée; sur la manche gauche, la même couronne brodée.
Sur le plat du cadre fleurdelisé, les initiales F. L. surmontées d'une couronne crucifère.
Photographié au charbon, par M. Braun.
Provient d'une vente (1870). — Au musée de Chalon-sur-Saône.

864. — Portrait de femme. — Peut-être l'une des filles d'Artus Gouffier, seigneur de Boisy, duc de Roannois, dont la femme, Hélène d'Hangest (1475?-1519), avait formé une collection de portraits historiques, qui sont aujourd'hui, en partie, au Louvre et à la Bibliothèque Nationale. — Bois; haut. 0ᵐ,20, larg. 0ᵐ,16. — **Auteur inconnu** (xvi° siècle).

INCONNUS. (Suite.)

En buste, de face, tête légèrement tournée vers l'épaule droite; robe noire, manches à crevés; corsage coupé carrément sur la poitrine; collier de pierreries; perles et pendeloques; coiffure noire tombant sur les épaules; double rang de perles dans les cheveux.

Photographié au charbon, par M. Braun.

A Madame la comtesse Dzialinska, née princesse Czartoryska, à Paris.

XVIIᵉ SIÈCLE.

865. — Portraits de personnages assistant à un prêche huguenot. — Bois; haut. 1ᵐ,33, larg. 0ᵐ,81. — Par Garnier de Recouvrance (Antoine) (?-? XVIIᵉ siècle).

Au centre d'une église voûtée, se tient debout le prédicateur; robe bleue; manteau rouge; un nimbe d'or autour de la tête; le bras droit levé; une Bible dans la main gauche; autour de lui, debout ou assis, soixante-dix personnages environ, hommes et femmes.

Sur le giron de la troisième marche est écrit :

ANTH° DE RECOUVRANCE, PICTOR REGIS ME FECIT ET DONAUIT 1604.

Sur le giron de la deuxième marche est écrit :

Rien n'est du....., juste parfaict et bon
Dieu qui est dy Vray Cœur....
......ce don......

Le reste de l'inscription est illisible.

Antoine Garnier, sur lequel tous les biographes consultés par nous sont muets, serait né à Recouvrance, près Brest; de là son nom d'*Anthoine de Recouvrance*.

A M. Auguste Pinel, à Chaumont (Haute-Marne).

866. — Portrait de seigneur de la cour de Louis XIV. — Miniature sur émail, de forme ovale; haut. 0ᵐ,025, larg. 0ᵐ,02. — Par Petitot (Jean) (1607-1691).

En buste, tête nue, tournée vers l'épaule droite; perruque; habit de couleur sombre.

A M. Henri Bordier, à Paris.

867. — Portrait de magistrat français. — Miniature sur émail, de forme ovale; haut. 0ᵐ,05, larg. 0ᵐ,045. — Par Chastillon (Louis de) (1639-1734).

En buste, tête nue, légèrement tournée vers l'épaule droite; perruque · robe noire; rabat.

A M. Henri Bordier, à Paris.

868. — Portrait d'une princesse de France. — Toile; haut. 0ᵐ,55, larg. 0ᵐ,43. — Par Mignard (Pierre) (1612-1695).

En pied, de face; les mains croisées; robe de velours bleu fleurdelisé; corsage décolleté; tablier de dentelles. Fond de paysage.

Photographié au charbon, par M. Braun.

Provient du legs Chabosseau. — Au musée de Niort.

INCONNUS. (Suite.)

869. — **Portrait de magistrat.** — Toile; haut. 0^m,80, larg. 0^m,63. — Par Largillière (Nicolas de) (1656-1746).
En buste, de face, tête nue; costume noir; perruque; rabat.
A M. Liouville, à Paris.

870. — **Portrait d'homme.** — Toile; haut. 1^m,26, larg. 0^m,95. — Par Largillière (Nicolas de) (1656-1746).
A mi-jambes; accoudé sur le socle d'une colonne; tête de face; perruque blonde; la main droite dans le gilet; habit de soie rouge clair; manteau jaune orange. Fond de draperie.
A Mgr le duc d'Aumale, à Paris.

871. — **Portrait de femme.** — Miniature, de forme ovale; haut. 0^m,043, larg. 0^m,037. — Par Huaud (Pierre) (?-? XVIIIe siècle).
En buste, tête nue; regard tourné vers l'épaule droite; robe ouverte; écharpe bleue.
Derrière la miniature est écrit :
PETRUS HUAUD MAJOR NATUS PINXIT GENEVOE 1688.
A M. Henri Bordier, à Paris.

872. — **Portrait d'homme.** — Toile; haut. 0^m,45, larg. 0^m,35. — École de Rigaud (Hyacinthe) (XVIIe siècle).
En buste, tête nue, tournée vers l'épaule gauche; grands cheveux. Indication de costume.
Photographié au charbon, par M. Braun.
A M. Julien Gréau, à Troyes.

873. — **Portrait de magistrat.** — Miniature; haut. 0^m,115, larg. 0^m,080. — Auteur inconnu (XVIIe siècle).
A mi-corps, debout; tête nue, de trois quarts tournée vers l'épaule gauche; perruque; robe rouge; grand col; manchettes; le coude droit posé sur des livres; un mouchoir dans la main droite; dans la main gauche, un pli.
Photographié au charbon, par M. Braun.
A M. Alexandre Delaherche, à Beauvais.

874. — **Portrait d'homme.** — Peut-être un des médecins de Louis XIV. — Toile; haut. 0^m,71, larg. 0^m,58. — Auteur inconnu (XVIIe siècle).
En buste, de trois quarts; tête nue, légèrement inclinée et tournée vers l'épaule gauche; la main droite fait un geste indicateur vers le fond; longue perruque; costume noir; rabat.
A M. Ragon, à Paris.

875. — **Portrait d'homme.** — Toile; haut. 1^m,08, larg. 0^m,85. — Auteur inconnu (XVIIe siècle).
A mi-corps, tête nue, tournée vers l'épaule gauche; torse nu; une peau de lion jetée sur les épaules; les pattes se rejoignent sous le menton du personnage; grande draperie rouge laissant apercevoir la décoration de l'ordre du Saint-Esprit; à la droite du personnage, un bouclier; à sa gauche, un blason entouré du cordon de l'ordre de Saint-Michel et portant d'azur à trois rocs d'échiquier d'argent.
Provient de Piney-Luxembourg (Aube). — A M. Julien Gréau, à Troyes.

INCONNUS. (Suite.)

876. — **Portrait d'homme.** — Miniature à l'huile sur bois, de forme ovale; haut. 0^m,08, larg. 0^m,06. — **Auteur inconnu** (XVIIe siècle).

En buste, de trois quarts à droite; tête nue, tournée vers l'épaule droite; longs cheveux tombants; pourpoint jaune, à crevés; manteau vert foncé sur les épaules; cravate de dentelles.

A M. ALEXANDRE DELAHERCHE, à Beauvais.

877. — **Portrait d'homme.** — Miniature à l'huile, sur cuivre; haut. 0^m,10, larg. 0^m,08. — **Auteur inconnu** (XVIIe siècle).

En buste, de trois quarts; tête nue, de face; longs cheveux; cuirasse; grand rabat de dentelles; écharpe en sautoir.

A M. ALEXANDRE DELAHERCHE, à Beauvais.

878. — **Portrait d'un trésorier de France.** — Miniature; haut. 0^m,13, larg. 0^m,10. — **Auteur inconnu** (XVIIe siècle).

A mi-corps, de trois quarts; tête nue, de face; perruque; robe; rabat.

Photographié au charbon, par M. Braun.

A M. ALEXANDRE DELAHERCHE, à Beauvais.

879. — **Portrait de femme d'un trésorier de France.** — Miniature; haut. 0^m,13, larg. 0^m,10. — **Auteur inconnu** (XVIIe siècle).

A mi-corps, de trois quarts à gauche; robe rose décolletée; écharpe garnie de fourrures; coiffe; voile flottant.

Photographié au charbon, par M. Braun.

A M. ALEXANDRE DELAHERCHE, à Beauvais.

880. — **Portrait de femme.** — Bois; haut. 0^m,29, larg. 0^m,24. — **Auteur inconnu** (XVIIe siècle).

En buste, corps de trois quarts à gauche; tête de face; cheveux blonds; corsage rouge, ouvert; collier de perles avec pendeloques de pierreries; coiffure à visière sur le côté, garnie de plumes et de bijoux.

Photographié au charbon, par M. Braun.

AU PRINCE CZARTORYSKI, à Paris.

XVIIIe SIÈCLE.

881. — **Portrait d'un maréchal de France.** — Toile, de forme ovale; haut. 0^m,37, larg. 0^m,30. — Par **Tournières (Robert)** (1668-1752).

A mi-jambes; tête nue, tournée vers l'épaule droite; en armure; appuyé sur son bâton de commandement; écharpe blanche; cordon de l'ordre du Saint-Esprit; perruque.

AU MUSÉE DE RENNES.

882. — **Portrait de femme.** — Toile; haut. 1^m,28, larg. 0^m,96. — Par **Belle (Alexis-Simon)** (1674-1734).

INCONNUS. (Suite.)

A mi-jambes, assise; vêtue d'une robe sans ceinture, de couleur orange; elle est près d'une table chargée de fleurs; dans la main droite elle tient une fleur de jasmin, et dans la gauche, un éventail d'ivoire.

Une inscription qui existait autrefois derrière la toile a permis de faire dater ce tableau de 1720.

Provient d'une vente. — A M. Henri Barbet de Jouy, à Paris.

883. — **Portrait d'homme.** — Miniature sur émail, de forme ovale; haut. 0^m,05, larg. 0^m,04. — Par Gardelle (Robert) (1682-1766).

En buste; tête nue à perruque, tournée vers l'épaule gauche; habit bleu clair; écharpe rouge.

Derrière la miniature est écrit :

E. GARDELLE PINXIT 1721.

Cette signature laisse supposer que Gardelle devait avoir plusieurs prénoms, puisque Adolphe Siret, dans le *Dictionnaire des peintres*, l'appelle Robert, tandis que l'artiste fait précéder son propre nom de l'initiale E.

A M. Henri Bordier, à Paris.

884. — **Portrait d'homme.** — Miniature sur émail, de forme ronde; diam. 0^m,07. — Par Soiron (François) (1755-1813).

En buste, de face; tête nue, cheveux longs; costume du Directoire; habit bleu foncé; col violet; cravate blanche.

Dans la partie inférieure est écrit :

SOIRON 1799.

A M. Henri Bordier, à Paris.

885. — **Portrait de femme.** — Miniature; haut. 0^m,055, larg. 0^m,043. — Par Isabey (Jean-Baptiste) (1767-1855).

En pied; assise sur une chaise; tête nue, tournée vers l'épaule droite; robe rayée de rouge et de bleu; tablier bleu; en face d'elle, une sphère terrestre.

Dans la partie inférieure est écrit :

ISABEY.

A M. Henri Bordier, à Paris.

886. — **Portrait d'homme.** — Miniature, de forme ovale; haut. 0^m,04, larg. 0^m,03. — Par Lawrence (Thomas) (1769-1830).

En buste, tête nue, de trois quarts tournée vers l'épaule droite; cheveux poudrés; habit de velours violet; jabot de dentelles.

A M. Alexandre Delaherche, à Beauvais.

887. — **Portrait d'homme.** — Bois; haut. 0^m,37, larg. 0^m,29. — Auteur inconnu (XVIIIe siècle).

A mi-jambes, debout; tête nue, tournée vers l'épaule droite; la main gauche posée sur une table; la main droite sur la hanche. Fond de draperie.

A M. Alexandre Delaherche, à Beauvais.

INCONNUS. (Suite.)

888. — Portrait d'homme. — Miniature; haut. 0ᵐ,04, larg. 0ᵐ,03. — Auteur inconnu (XVIIIᵉ siècle).

En buste, de trois quarts; tête tournée vers l'épaule droite; vêtement rouge, garni de fourrures; bonnet de fourrure sur les cheveux.

A la partie inférieure du cadre est fixée une cornaline portant un écusson en forme de losange.

A M. Alexandre Delaherche, à Beauvais.

889. — Portrait de femme. — Miniature, de forme ovale; haut. 0ᵐ,045, larg. 0ᵐ,035. — Auteur inconnu (XVIIIᵉ siècle).

En buste, tête nue, le regard tourné vers l'épaule gauche; cheveux poudrés; robe ouverte; fichu de gaze.

A M. Henri Bordier, à Paris.

XIXᵉ SIÈCLE.

890. — Portrait de femme. — Dessin à la mine de plomb; haut. 0ᵐ,25, larg. 0ᵐ,17. — Par Bonnington (Richard-Parkes) (1801-1828).

En buste, de face; cheveux relevés en coque; grand col; cravate; indication de la robe et des manches à gigot.

Provient d'Eugène Delacroix. — A M. Louis-Antoine-Léon Riesener, à Paris.

APPENDICE.

XVe SIÈCLE.

891. — **Charles VIII** (1470-1498), roi de France. — Bois; haut. 0m,41, larg. 0m,32, Auteur inconnu (xve siècle).

A mi-corps, de face; la tête tournée vers l'épaule droite; béret rouge et noir orné d'une médaille où se trouve représentée la *Vierge tenant sur ses genoux l'Enfant Jésus*, et dont l'exergue est : *Mater Dei memento mei ;* tunique d'étoffe grise, à passementeries d'or, coupée carrément sur la poitrine; manteau doublé d'hermine retombant sur les bras; mains jointes; la droite est gantée de gris, et l'index semble brisé; la main gauche est nue; bagues au pouce droit et à l'index gauche; un cordon de velours noir passé au cou se perd dans le vêtement.

Photographié au charbon, par M. Braun.

A Mme LA COMTESSE DZIALINSKA, née PRINCESSE CZARTORYSKA, à Paris.

892. — **Anne de Bretagne** (1477-1514), reine de France. — Bois; haut. 0m,41, larg. 0m,32. — Auteur inconnu (xve siècle).

A mi-corps, de trois quarts; tête légèrement tournée vers l'épaule gauche; mains jointes; coiffure noire retombant sur les épaules; robe noire à manches rouges; corsage coupé carrément sur la poitrine; chemise de dentelle; double collier de perles; agrafe de diamants suspendue sur la poitrine; un léger fil noir, passé au cou, se perd dans le vêtement; manteau de fourrures. Fond d'architecture et de paysage.

Photographié au charbon, par M. Braun.

A Mme LA COMTESSE DZIALINSKA, née PRINCESSE CZARTORYSKA, à Paris.

893. — **Gaston IV, comte de Foix** (1423-1472), roi de Navarre, conquit le Roussillon pour Louis XI (1465). — Toile; haut. 0m,43, larg. 0m,33. — Par **Barbarelli (Giorgio)** *dit* Giorgione (1477-1511).

En pied, debout; tête tournée vers l'épaule droite; couvert d'une armure; de la main gauche il tient sa lance au repos.

Dans la partie supérieure de la toile, à la droite du personnage, est écrit :

GEORGIONE.

Il est à peine nécessaire de faire remarquer que si ce portrait est l'œuvre de Barbarelli, il n'a pu être exécuté que d'après des documents.

A été gravé.

Photographié au charbon, par M. Braun.

Au prince CZARTORYSKI, à Paris.

APPENDICE. (Suite.)

XVIe SIÈCLE.

894. — Louis XII (1462-1515), roi de France. — Bois; haut. 0^m,35, larg. 0^m,25.
— Auteur inconnu (XVIe siècle).

En buste, de trois quarts à droite; feutre noir sur les cheveux; pourpoint rayé, à crevés, ouvert sur les épaules; chemisette plissée; manteau noir, garni de fourrures. Fond vert clair.

Photographié au charbon, par M. Braun.

A Mgr LE DUC D'AUMALE, à Paris.

895. — Catherine de Médicis (1519-1589), reine de France. — Bois; haut. 0^m,71, larg. 0^m,25. — Par Clouet (Jean) (?-1541).

En buste; tête nue, tournée vers l'épaule droite; pierreries sur les cheveux; robe de couleur sombre, à broderies de dentelles, ouverte et laissant voir la chemisette; agrafe de diamants sur la gorge; collerette godronnée.

Photographié au charbon, par M. Braun.

Au PRINCE CZARTORYSKI, à Paris.

896. — Marie Stuart (1542-1587), reine de France, puis d'Écosse. — Bois; haut. 0^m,21, larg. 0^m,16. — École des Clouet (XVIe siècle).

En buste; tête nue, de trois quarts tournée vers l'épaule droite; pierreries sur les cheveux; robe montante à crevés, garnie de broderies d'or; collerette godronnée; double collier de perles.

Dans la partie supérieure du panneau, des deux côtés du personnage, est écrit :

MARIE   STUART
REYNE   D'ESCOSSE

Derrière le panneau est écrit en caractères anciens :

1634.
St-B.

Photographié au charbon, par M. Braun.

Au PRINCE CZARTORYSKI, à Paris.

897. — Louise de Lorraine (1553-1601), reine de France. — Bois; haut. 0^m,30, larg. 0^m,23. — Attribué à Clouet (François) dit Janet (1500?-1573).

En buste, de face; tête légèrement tournée vers l'épaule droite; nœud de pierreries sur les cheveux; corsage noir, ouvert; grande collerette de dentelle godronnée; collier de perles; bijoux et pendeloques sur la poitrine.

Dans la partie supérieure du panneau, à la droite du personnage, est écrit :

LA REINE DE....

Photographié au charbon, par M. Braun.

A Mme LA COMTESSE DZIALINSKA, née PRINCESSE CZARTORYSKA, à Paris.

APPENDICE. (Suite.)

898. — **Renée de France** (1510-1576), duchesse de Ferrare, fille de Louis XII. — Bois, haut. 0ᵐ,35, larg. 0ᵐ,25. — Auteur inconnu (xvıᵉ siècle).

En buste, de trois quarts; tête tournée vers l'épaule droite; corsage noir, garni de broderies; chemise montante; collerette à bouillons; torsades ornées de pierreries dans les cheveux.

Photographié au charbon, par M. Braun.

A Mᵐᵉ LA COMTESSE DZIALINSKA, née PRINCESSE CZARTORYSKA, à Paris.

899. — **Gabrielle d'Estrées, enfant** (1572?-1599), maîtresse de Henri IV. (Portrait présumé). — Bois; haut. 0ᵐ,35, larg. 0ᵐ,26. — Auteur inconnu (xvıᵉ siècle).

En buste, tête nue, tournée de trois quarts vers l'épaule droite; grandes boucles blondes tombant sur les épaules; corsage gris clair, coupé carrément sur la poitrine; manches à rayures; collier de perles.

Photographié au charbon, par M. Braun.

A Mᵐᵉ LA COMTESSE DZIALINSKA, née PRINCESSE CZARTORYSKA, à Paris.

900. — **César, duc de Vendôme** (1594-1665), fils naturel de Henri IV et de Gabrielle d'Estrées; gouverneur de Bourgogne sous Louis XIV. — Miniature sur papier; haut. 0ᵐ,125, larg. 0ᵐ,90. — Auteur inconnu (xvıᵉ siècle).

A mi-corps, de face; en robe d'enfant; corsage blanc brodé de pierreries; manches rouges; toque bleue avec aigrette; dans la main droite, un hochet.

A la droite du personnage, à la hauteur de la tête, est écrit :

MONSIEUR CÉSART.

Photographié au charbon, par M. Braun.

A M. ALEXANDRE DELAHERCHE, à Beauvais.

901. — **Jeanne de Coesme, dame de Bonnestable, princesse de Conti** (?-1601), mariée, en 1582, à François, prince de Conti. — Bois; haut. 0ᵐ,21, larg. 0ᵐ,17. — Par **Quesnel (François)** (1544?-1619).

A mi-corps, de trois quarts à droite; tête nue; robe fond rouge, à rayures, garnie de perles; grande collerette; collier de perles.

A M. ALEXANDRE DELAHERCHE, à Beauvais.

902. — **Charles III, duc de Lorraine,** *dit* **le Grand** (règne de 1545 à 1608). — **Henri II, duc de Lorraine,** fils de Charles III (règne de 1608 à 1624). — **François II, duc de Lorraine,** frère de Henri II (règne quelques mois en 1624). — **Charles, cardinal de Lorraine** (1567-1607), frère de Henri II et de François II, évêque de Strasbourg et de Metz. — **Hippolyte Aldobrandini, pape sous le nom de Clément VIII** (1536-1605). — **La duchesse Claude, épouse de Charles III** (mariée en 1559, morte en 1575). — **Catherine, abbesse de Remiremont,** fille de Charles III, fondatrice des dames du Saint-Sacrement (morte en 1641). — — **Christine, duchesse de Toscane,** fille de Charles III, épouse de Ferdinand, duc de Toscane (morte en 1636). — **Antoinette, duchesse de Juliers et de Clèves,** fille de Charles III (morte en 1610). — **Elisabeth, duchesse de Bavière,** fille de Charles III, mariée à Maximilien Iᵉʳ, duc et électeur de Bavière (morte en 1648). — Ces personnages sont compris dans le tableau *la Vierge au Rosaire.* — Toile; haut. 3ᵐ,46, larg. 2ᵐ,78. — Par **Wayembourg (Jean de)** (?-1605).

APPENDICE. (Suite.)

Charles III, ses trois fils et le pape Clément VIII, à gauche; sa femme et ses filles à droite, en costume de cour, sont agenouillés devant le plan de l'église provisionnelle des Minimes, fondée par lui à Nancy, en l'honneur de saint François de Paule. La dévotion spéciale à saint François de Paule, protecteur de la fécondité des princesses, avait été introduite à la cour de Lorraine par la duchesse Claude, épouse de Charles III. La partie supérieure du tableau est occupée par le groupe de la Vierge tenant l'Enfant Jésus sur ses genoux. A droite et à gauche de ce groupe, saint François de Paule et saint Dominique, à genoux, s'apprêtent à recevoir le Rosaire des mains de l'Enfant Jésus. Quinze médaillons disposés autour du sujet principal rappellent les mystères joyeux, les mystères douloureux et les mystères glorieux du Rosaire. Aux quatre angles de la composition, la figure d'un évangéliste, en pied.

Du côté de la duchesse Claude et de ses filles, se trouve une jeune femme, peut-être une suivante des princesses, dont le nom ne nous est pas connu.

Ce tableau date de 1596. Le nom de Jean de Wayembourg et l'indication précise de l'époque à laquelle il a travaillé à cette composition sont consignés dans les *Comptes des trésoriers généraux des ducs de Lorraine*, années 1597 et 1598.

Provient de l'église du couvent des Minimes à Nancy, où il formait le contre-rétable du maître-autel. — A LA FABRIQUE DE LA CATHÉDRALE DE NANCY.

903. — **André Tiraqueau** (1480-1558), jurisconsulte, né à Fontenay-le-Comte, conseiller au parlement de Paris; ami de Rabelais. — Médaillon bronze, de forme ronde; diam. 0^m,075. — **Auteur inconnu** (XVIe siècle).

En buste, de profil à gauche; longue barbe; robe et bonnet de magistrat.

En exergue est écrit :

A. TIRAQUELLUS SENAT PAR ROMÆ 1552.
(*SENATOR PARISIENSIS*)

Tiraqueau était attaché à l'ambassade, en même temps que Rabelais, lorsque cette médaille fut exécutée à Rome.

A M. BENJAMIN FILLON, à Saint-Cyr-en-Talmondais (Vendée).

904. — **Jean Savaron** (1550 ?-1622), jurisconsulte et érudit, député du tiers aux états généraux de 1614. — Toile; haut. 0^m,80, larg. 0^m,64. — **Auteur inconnu** (XVIIe siècle).

A mi-corps; tête nue, de trois quarts à gauche; assis devant une table, un livre ouvert dans les mains; vêtement noir; collet blanc; médailles éparses sur la table.

Dans la partie supérieure de la toile, à la gauche du personnage, est écrit :

ÆTA. XL.

Auprès de cette inscription, le blason du modèle, composé de l'écu surmonté du cimier entouré de feuillage.

A la droite du personnage est écrit :

LAEAU
G... IVLI.
ARVENI.
GIRA PQS.

Au-dessus de cette inscription, une croix noire dont les extrémités sont blanches.

L'inscription presque illisible que nous venons de relever aurait-elle trait à la charge de lieutenant général de la cour des aides, à Montferrand, que remplit Savaron? Il est toutefois probable que les mots ÆTA XL se rapportent au modèle, ce qui permet de faire remonter ce portrait à l'année 1590.

Photographié au charbon, par M. Braun.

A LA BIBLIOTHÈQUE DES AVOCATS, à Clermont-Ferrand.

APPENDICE. (Suite.)

905. — Sainte Jeanne-Françoise Fremyot de Chantal (1572-1641), fondatrice du premier monastère de la Visitation. — Toile; haut. 0^m,57, larg. 0^m45. — **Auteur inconnu** (XVIe siècle).

A mi-corps, tête de trois quarts tournée vers l'épaule gauche; robe vert foncé, décolletée; chemisette montante; mains jointes sur la poitrine; coiffure en velours noir avec pan rouge et dentelle jaune; manchettes.

Dans la partie supérieure de la toile est écrit :

IEANNE FREMYOT EXPOUSE DE M. CHANTAL.

Jeanne de Chantal, mariée en 1592, devint veuve en 1600; l'inscription relevée sur la toile indiquant que cette peinture fut exécutée du vivant du baron de Chantal, il en faut placer la date dans les dernières années du XVIe siècle.

Photographié au charbon, par M. Braun.

Provient de l'ancien couvent de la Visitation, à Dijon. — Passé entre les mains de Mme de Courtivron, de Dijon, à la dispersion du monastère en 1791, a été restitué par elle aux Visitandines. — AU COUVENT DE LA VISITATION, à Dijon.

906. — Pierre de Ronsart (1524-1585), poète. — Médaillon bronze, de forme ronde; diam. 0,^m06. — Par **Primavera (Jacques)** (1544-?).

En buste, de profil à droite; tête nue; pourpoint boutonné sur la poitrine; manteau à large collet rabattu.

En exergue est écrit :

PETRVS DE RONSARDO ÆT. S. LXI.

Sous l'épaule du personnage :

IA PRIMAV.

Ronsard étant représenté ici à l'âge de soixante et un ans, cette médaille aurait donc été exécutée en 1685, l'année même de la mort du modèle.

Un plâtre, probablement unique, de l'œuvre de Primavera, fut découvert il y a quelques années par M. A. Chaboüillet, dans l'atelier de M. Adolphe David, graveur en pierres fines. Devenu possesseur de l'image de Ronsard qui lui fut offerte par M. David, M. Chaboüillet l'a fait fondre en bronze à un seul exemplaire. (Voir dans les *Mémoires de la société archéologique et historique de l'Orléanais*, — Orléans, Georges Jacob, in-8°, 1875, t. XV, p. 197 à 258, — la *Notice sur une médaille inédite de Ronsard, par Jacques Primavera, suivie de recherches sur la vie et les œuvres de cet artiste*, par A. Chaboüillet.

A M. A. CHABOÜILLET, à Paris.

907. — Pierre Brisson (?-1590), historien, sénéchal de Fontenay-le-Comte. — Dessin aux deux crayons. — Haut. 0^m,20, larg. 0^m,16. — Par **Lagneau ou Lanneau** (?-?) peintre en crayon et au pastel (commencement du XVIIIe siècle).

En buste, presque de face; figure âgée; cheveux demi-longs; grand col uni, rabattu; robe avec fourrure.

A M. BENJAMIN FILLON, à Saint-Cyr-en-Talmondais (Vendée).

APPENDICE. (Suite.)

XVIIᵉ SIÈCLE.

908. — **Henri IV** (1553-1610), roi de France. — Toile, haut. 0ᵐ,39, larg. 0ᵐ,25. — École de **Porbus** ou **Pourbus (Franz)** *dit le Jeune*.

En pied, debout; tête nue, de face; en armure; la main gauche sur le pommeau de l'épée; la droite sur son casque, déposé sur une table recouverte d'un tapis de velours rouge; grande écharpe blanche en sautoir; cordon de l'ordre du Saint-Esprit; fond de draperie rouge.

Dans la partie supérieure de la toile, à la gauche du personnage, est écrit :

HENRYK IV.

A été gravé.

Photographié au charbon, par M. Braun.

AU PRINCE CZARTORYSKI, à Paris.

909. — **Gaston-Jean-Baptiste de France, duc d'Orléans** (1608-1610), fils puîné de Henri IV. — Toile; haut. 1ᵐ,90; larg. 1ᵐ,16. — Par **Dyck (Anton Van)** (1599-1641).

En pied, debout; cuirasse; ordre du Saint-Esprit; le bras gauche posé sur un casque que supporte une table couverte d'un tapis jaune; un bâton de commandement dans la main droite.

Dans la partie inférieure de la toile, à gauche, est écrit :

GASTON DE FRANCE, FRERE UNIQUE DU ROI LOUIS, 1634.

A Mᵍʳ LE DUC D'AUMALE, à Paris.

910. — **Catherine-Henriette de Balzac d'Entraigues, marquise de Verneuil** (1579-1633), maîtresse de Henri IV. — Bois; haut. 0ᵐ,34, larg. 0ᵐ,25. — **Auteur inconnu** (XVIIᵉ siècle).

En buste, tête nue, tournée vers l'épaule gauche; chevelure blonde, frisée; corsage ouvert, garni de dentelles; collier de perles.

Photographié au charbon, par M. Braun.

A Mᵐᵉ LA COMTESSE DZIALINSKA, née PRINCESSE CZARTORYSKA, à Paris.

911. — **François de Vendôme, duc de Beaufort**, *dit* **le roi des Halles** (1616-1669), second fils de César de Vendôme et de Françoise de Lorraine, duchesse de Mercœur. (Portrait présumé.) — Toile; haut. 0ᵐ,46, larg. 0ᵐ,38. — Par **Mignard (Pierre)** (1612-1695).

A mi-corps, en cuirasse; manteau de velours bleu; la main droite sur sa canne; le bras gauche posé sur un casque.

A M. HERMANN-JOSEPH REINACH, à Paris.

912. — **Louis-Alexandre de Bourbon, comte de Toulouse** (1678-1737), fils de Louis XIV et de la marquise de Montespan, grand amiral de France. — Toile; haut. 1ᵐ,78, larg. 1ᵐ,28. — Par **Trinquesse** ou **Trinquese (J.)** (?-?, a pris part aux expositions de 1791 à 1799.)

APPENDICE. (Suite.)

En pied, debout; tête nue, tournée vers l'épaule droite; costume de novice de l'ordre du Saint-Esprit, en soie grise. Fig. grand. nat.

A Mgr LE DUC D'AUMALE, à Paris.

913. — **Henriette-Anne d'Angleterre (Madame), duchesse d'Orléans** (1644-1670), fille de Charles Ier et de Henriette de France, épousa, le 31 mars 1661, Philippe, duc d'Orléans (1661). — Toile; haut. 0^m,72, larg. 0^m,58. — Par **Mignard (Pierre)** (1612-1695).

A mi-corps, debout; tête de face; robe de couleur claire, décolletée, bordée de perles; écharpe rouge; collier de perles; elle tient dans ses bras un petit chien posé sur un coussin. Inscrit dans un ovale. Fig. grand. nat.

Photographié au charbon, par M. Braun.

A Mgr LE DUC D'AUMALE, à Paris.

914. — **Henriette-Anne d'Angleterre (Madame), duchesse d'Orléans** (1644-1670), fille de Charles Ier et de Henriette de France, épousa, le 31 mars 1661, Philippe, duc d'Orléans. — Bois; haut. 0^m,32, larg. 0^m,24. — Par **Netscher (Gaspar)** (1639-1684).

En pied, de face; robe décolletée, ornée de broderies; bracelet de perles; coiffure rouge, à plumes blanches; elle tient dans ses mains un médaillon de forme ovale avec bordure de perles, représentant un personnage en buste.

A Mgr LE DUC D'AUMALE, à Paris.

915. — **Anne-Geneviève de Bourbon, duchesse de Longueville** (1619-1679), fille de Henri II de Bourbon, prince de Condé, et de Charlotte-Marguerite de Montmorency; mariée à Henri II, duc de Longueville (1642). — Toile; haut. 0^m,52, larg. 0^m,44. — **Auteur inconnu** (XVIIe siècle).

En buste, de trois quarts à droite, regard tourné vers l'épaule droite; robe de satin blanc, ouverte; mantille retenue par une agrafe de perles; parure dans les cheveux; perles au corsage. Fond de draperie.

Photographié au charbon, par M. Braun.

A Mgr LE DUC D'AUMALE, à Paris.

916. — **Marie d'Orléans, fille de Henri II d'Orléans, duc de Longueville** (1625-1707), mariée à Henri de Savoie, dernier duc de Nemours. — Toile; haut. 0^m,50, larg. 0^m,42. — **Auteur inconnu** (XVIIe siècle).

En buste, de trois quarts à droite; tête nue, regard tourné vers l'épaule droite; robe gris clair, décolletée; écharpe; nœuds de rubans bleus lisérés de rouge au corsage, aux épaules et dans les cheveux; collier de perles; perles fines au corsage et aux manches.

Dans la partie supérieure de la toile, à la gauche du personnage, est écrit:

MADAMOYSEL
DE LONGVEVIL.

Photographié au charbon, par M. Braun.

A Mgr LE DUC D'AUMALE, à Paris.

917. — **Françoise-Élisabeth-Marie de Savoie-Nemours** (1646-1683) connue avant son mariage sous le nom de Mademoiselle d'Aumale; fille de Charles-Amédée de Savoie et d'Élisabeth de Vendôme; mariée, le 27 juin 1666, à Alphonse VI, et l'année suivante à Pierre II, rois de Portugal. — Haut. 0^m,34, larg. 0^m,26. — **Auteur inconnu** (XVIIe siècle).

APPENDICE. (Suite.)

En buste, de trois quarts, tête tournée vers l'épaule droite; robe noire, ouverte; voile de tulle noir sur les cheveux; collier de perles.

Photographié au charbon, par M. Braun.

A M°ᵐᵉ LA COMTESSE DZIALINSKA, née PRINCESSE CZARTORYSKA, à Paris.

918. — François du Hallier dit **le maréchal de l'Hospital** (1583-1660), maréchal de France. — Miniature sur cuivre, de forme ovale; haut. 0ᵐ,115, larg. 0ᵐ,090. — Par **Champaigne (Philippe de)** (1602-1674).

En buste, de trois quarts à droite; tête nue; grand costume brodé; large collerette; écharpe en sautoir.

Derrière la miniature est écrit :

VENDREDY.... 1632.
LE MARÉCHAL DE LHOPITALE.

Photographié au charbon, par M. Braun.

Provient de successions. — A M. CHARLES-AUGUSTE PINEL, à Paris.

919. — Louis-François, duc de Boufflers, comte, puis duc de Cagny (1644-1711), maréchal de France, gouverneur de Flandre, soutint le siège de Namur (1695). — Toile; haut. 0ᵐ,91, larg. 0ᵐ,70. — Par **Rigaud (Hyacinthe)** (1659-1743).

A mi-corps, assis; tête nue, de trois quarts tournée vers l'épaule droite; en cuirasse; la main gauche posée sur un casque; ganté de blanc. Fig. grand. nat.

Provient de Mᵐᵉ Thomassin de Châtillon. — A Mᵐᵉ VICTOR BRINQUANT, à Paris.

920. — Pierre Seguier (1588-1672), chancelier de France, président à mortier (1624), garde des sceaux (1633). — Bois, de forme octogone; haut. 0ᵐ,24, larg. 0ᵐ,20. — Auteur inconnu (XVIIᵉ siècle), École de **Le Brun (Charles)**.

En buste; corps de trois quarts à gauche; tête de face; calotte noire sur les cheveux; robe noire; manteau noir à parements doublés de rouge; collerette rabattue; cordon de l'ordre du Saint-Esprit.

Photographié au charbon, par M. Braun.

Au PRINCE CZARTORYSKI, à Paris.

921. — Hilaire Rouillé du Coudray (1651-1729), maréchal des camps et armées du Roi, directeur général des finances en 1715. — Miniature à l'huile, sur cuivre; haut. 0ᵐ,133, larg. 0ᵐ,100. — Auteur inconnu (XVIIᵉ siècle).

En buste; tête nue, tournée vers l'épaule droite; perruque; cuirasse; croix de Saint-Louis.

Au revers est écrit :

Mʳᵉ HILAIRE ROÜILLÉ Mⁱˢ DU COUDRAY MARECHᴸ DES ARMÉES DU ROY, FUT CAPITᴺᴱ DES GENS Dᵐᵉˢ DU DAUPHIN FILS DE LOUIS XV, IL ÉTAIT SEIGʳ Bʳᵒⁿ DE BOISSY-SUR-SEVRY DU PLESSIS-AU-BOIS, PLESSIS-L'ÉVÊQUE-JUERNY, CUISY-LA-MALMAISON, LA BATE, VERSARY, CHARGIS, BOUTHEVILLE-PUISIEUX..... RAME, PRÈS MEAUX.

Cette inscription, sans doute d'une date postérieure à celle du portrait, renferme, selon toute vraisemblance, une erreur de nom. Le Dauphin, fils de Louis XV, est né le 4 septembre 1729, et Hilaire Rouillé du Coudray est décédé ce même jour 4 septembre 1729; il nous semble difficile d'admettre qu'il ait porté le titre de « capitaine des gens d'armes du Dauphin fils de Louis XV » antérieurement à la naissance de ce prince, tandis qu'il a pu remplir ces fonctions près du Dauphin fils de Louis XIV, né le 1ᵉʳ novembre 1661 et mort le 14 avril 1711.

A M. HUBERT LAVIGNE, à Paris.

APPENDICE. (Suite.)

922. — **Jacques-François de Johanne, chevalier, marquis de Saumery** (?-?), gouverneur de Chambord et gouverneur des enfants de France (1690 à 1697). — Toile; haut. 0^m,35, larg. 0^m,30. — Auteur inconnu (xviie siècle).

En buste; tête nue, cheveux blancs; le regard tourné vers l'épaule droite; la poitrine couverte d'une cuirasse.

Dans la partie supérieure de la toile est écrit :

DE SAUMERY.

N'ayant eu d'autre indication pour établir l'identité du personnage que l'inscription peinte sur la toile, nous avons supposé que ce portrait est celui de Saumery, nommé par le Roi pour «soulager le duc de Beauvillier établi gouverneur de ses petits-fils, le duc de Bourgogne et le duc d'Anjou, lequel marquis de Saumery, dit le brevet du 25 août 1690, nous a rendu ses services dans nos troupes où il s'est distingué par sa valeur et bonne conduite ayant été considérablement blessé au combat de Altonem, où il servoit en qualité de mestre d'un regiment de caualerie». — C'est le même personnage qui signe sur l'acte d'inhumation de François de Montlesun, seigneur de Besmaus, son beau-père, et il fait suivre son nom des titres que nous lui donnons en tête de cette notice; mais, avec lui, signe messire Jean-Baptiste de Johanne, chevalier, marquis de Saumery, son fils, cornette des chevaux-légers de la garde du roi. Le présent portrait paraissant appartenir aux dernières années du xviie siècle et le personnage étant âgé, nous avons dû penser que nous étions en présence de Jacques-François et non de Jean-Baptiste.

Photographié au charbon, par M. Braun.

A M. Alexandre Delaherche, à Beauvais.

923. — **Emmanuel-Théodore de la Tour d'Auvergne de Bouillon** dit **le cardinal de Bouillon** (1644-1715), cardinal en 1669, grand aumônier de France (1671), ambassadeur à Rome (1694). — Toile; haut. 2^m,73, larg. 2^m,15. — Par **Rigaud (Hyacinthe)** (1659-1743).

En pied, assis sur un fauteuil, la tête tournée vers l'épaule gauche, le cardinal doyen du Sacré-Collège fait, à la place d'Innocent XII mourant, le 24 décembre 1699, l'ouverture de la porte sainte pour le jubilé séculaire; de la main droite, posée sur le genou, il tient un marteau finement ciselé; à sa droite sont deux génies : l'un présente une truelle, et l'autre répand des médailles d'or et d'argent commémoratives de la solennité.

Provient d'une vente. — Au musée de Perpignan.

924. — **Madame de Forbin** (1560-?), abbesse d'un couvent à Aix. — Toile; haut. 0^m,72, larg. 0^m,56. — Par **Nain (Louis Le)** (?-1648), (**Antoine Le**) (?-1648) ou (**Mathieu Le**) (1607-1677).

A mi-corps, assise, de trois quarts à gauche; coiffe noire sur les cheveux; robe noire; guimpe; col et revers de manches blancs; la main gauche tient un mouchoir; la main droite est posée sur l'autre main.

Dans la partie supérieure de la toile, à la gauche du personnage, est écrit :

AET. SVÆ 64.
A° 1644.
LENAIN F.

Photographié au charbon, par M. Braun.

Provient d'un don de M. Peyre (1838). — Au musée Calvet, à Avignon.

925. — **Françoise Bertaut, dame de Motteville** (1621-1689), écrivain. — Toile; haut. 1^m,30, larg. 0^m,98. — Par **Largillière (Nicolas de)** (1656-1746).

APPENDICE. (Suite.)

A mi-jambes, debout; tête de face; épaules nues; bras découverts; robe blanche; draperie bleue, flottante; de la main gauche, elle cueille une fleur, de la droite elle tient relevé un pan de la robe dans le pli de laquelle sont des fleurs.

Photographié au charbon, par M. Braun.

A M. POUYER-QUERTIER, à Rouen.

926. — **Charles Gobinet** (1613-1690), docteur en Sorbonne. — Toile; haut. 0m,56, larg. 0m,53. — Par Largillière (Nicolas de) (1656-1746).

En buste, de trois quarts; tête nue, le regard tourné vers l'épaule gauche; rabat.

A Mgr LE DUC D'AUMALE, à Paris.

927. — **Jean-Baptiste Tuby** (1559-?), peintre, l'un des ascendants de Jean-Baptiste Tuby *dit* le Romain, sculpteur, né en 1630, mort en 1700. — Toile; haut. 0m,54; larg. 0m,44. — Par Tuby (Jean-Baptiste) (1559-?).

En buste, de trois quarts à droite; tête nue; barbe grise; costume gris, tacheté de noir; un compas dans la main droite.

Dans la partie supérieure de la toile, à la droite du personnage, est écrit :

ANNO 60: 1619.

Derrière la toile, à l'encre, en écriture du temps :

PORTRAIT DE JEAN-BAPTISTE TUBY
PEINT PAR LUY MÊME EN 1619
AGÉ DE 60 ANS.

Provient de successions. — A M. CHARLES FOURNIER, à Paris.

928. — **François Lombard** (1606-?), peintre, auteur de *l'Adoration des Mages* qui orne le maître-autel de l'église de la Visitation, à Saint-Flour (Cantal). — Bois; haut. 0m,23, larg. 0m,14. — Par Lombard (François) (1606-?).

En buste; cheveux gris, tombant sur les épaules; costume ecclésiastique; rabat; calotte; la main gauche posée sur la poitrine.

Dans la partie supérieure du panneau, à la droite du personnage, est écrit en lettres rouges :

AETAT : 58 . 1664.

Derrière le tableau, d'une écriture ancienne :

FRANCISCUS LOMBARD PICTOR ARUERNUS SUAM HIC EXPRESSIT
EFFIGIEM ANNO 1664.

Suivant une tradition, nous écrit M. Ernest Grassal, propriétaire de ce tableau, Lombard François serait fils d'Ernest Lombard et petit-fils de Lambert Lombard; né à Paris, il serait venu s'établir au village de Roueyre, commune de Saint-Flour (Cantal). M. Ernest Grassal tient ces renseignements de son père, mort en 1859, à l'âge de quatre-vingts ans, qui lui-même les tenait de son grand-père, contemporain de François Lombard. — Indépendamment du tableau de l'église de la Visitation, François Lombard compte à Saint-Flour un certain nombre d'œuvres très-estimées.

Provient de successions. — A M. ERNEST GRASSAL, à Saint-Flour (Cantal).

929. — **Sébastien Bourdon** (1616-1671), peintre, graveur; l'un des fondateurs de l'Académie royale de peinture et de sculpture (1648). — Toile; haut. 0m,56, larg. 0m,40. — Par Bourdon (Sébastien) (1616-1671).

APPENDICE. (Suite.)

En buste; tête nue, tournée vers l'épaule gauche; cheveux tombant sur les épaules; costume noir; grande collerette. Fig. grand. nat.

Photographié au charbon, par M. Braun.

Provient d'une vente (1835). — Au musée Calvet, à Avignon.

930. — **Sébastien Bourdon** (1616-1671), peintre, graveur; l'un des fondateurs de l'Académie royale de peinture et de sculpture (1648). — Toile; 0^m,50, larg. 0^m,40. — Par Bourdon (Sébastien) (1616-1671).

En buste, de trois quarts; tête nue, tournée vers l'épaule droite; la main gauche posée sur la poitrine.

Photographié au charbon, par M. Braun.

Provient de la collection Lenoir. — A Mgr le duc d'Aumale, à Paris.

931. — **François Girardon** (1627-1715), sculpteur, membre de l'Académie royale de peinture et de sculpture (1657). — Toile; haut. 0^m,79, larg. 0^m,63. — Par Rigaud (Hyacinthe) (1659-1743).

En buste, tête nue, tournée vers l'épaule droite; habit de satin noir; manteau de velours violet; perruque. Fig. grand. nat.

Photographié au charbon, par M. Braun.

Au musée de Dijon.

932. — **Catherine Duchemin** (1629-1698), peintre de fleurs, membre de l'Académie royale de peinture et de sculpture (1663), et femme du sculpteur Girardon. — Toile; haut. 1^m,27, larg. 0^m,95. — Par Bourdon (Sébastien) (1616-1671).

A mi-jambes, assise sur un fauteuil; de trois quarts; tête nue, de face; corsage et fichu blancs; jupe jaune foncé; elle tient une palette et des pinceaux; devant elle un chevalet et des fleurs. Fond de draperie et de paysage.

Photographié au charbon, par M. Braun.

A M. Eugène Féral-Cussac, à Paris.

933. — **Philippe Caffieri** (1634-1716), sculpteur-ingénieur-dessinateur des vaisseaux du Roi et inspecteur de la marine à Dunkerque. — Toile; haut. 0^m,77, larg. 0^m,98. — Auteur inconnu (xviie siècle).

Seize personnages, en pied, portant le costume du règne de Louis XIV, sont groupés autour d'une table de forme ovale. Au centre, on voudrait reconnaître Charles Le Brun, tenant un compas à la main; sa femme serait près de lui. De l'autre côté, Philippe Caffieri, ayant derrière lui sa femme, indique une tête sculptée. Un personnage, placé à droite, semble parler et commander l'attention. Les femmes ont en main des travaux à l'aiguille; trois enfants jouent au premier plan. Un singe, un chien, un cheval de bois, des livres et des estampes déroulées complètent la composition.

Ce qui autorise à penser que cette toile renferme le portrait de Charles Le Brun, c'est l'alliance de Philippe Caffieri avec Françoise Renault de Beauvallon, cousine germaine du premier peintre du Roi. (Voy. *Les Caffieri*, page 3.)

Provient de successions. — A Madame Mary-Caffieri, à Senonches (Eure-et-Loir).

APPENDICE. (Suite.)

XVIIIᵉ SIÈCLE.

934. — Louis XVI (1754-1793), roi de France. — Buste terre cuite; haut. 0ᵐ,50. — Attribué à **Pajou (Augustin)** (1730-1809).

Tête nue, presque de face, légèrement tournée vers l'épaule droite; sans indication de costume.

Provient d'un don de Louis XVI aux états de Bourgogne vers 1782. Le vicomte de Virieu, arrière grand-père du propriétaire actuel, présidait à cette époque les états de Bourgogne, au double titre de maréchal des camps et armées du Roi et d'élu général desdits états.

A M. LE MARQUIS DE VIRIEU, au château de Lantilly, commune de Lantilly (Côte-d'Or).

935. — François-Xavier-Louis-Auguste-Albert Bennon, duc de Saxe, comte de Lusace (1730-1806), administrateur de l'Électorat de Saxe pendant la minorité de Frédéric-Auguste III; beau-frère de Louis, Dauphin de France, fils de Louis XV; lieutenant général des armées du Roi; seigneur de Pont-sur-Seine. (Aube). — Toile; haut. 0ᵐ,79, larg. 0ᵐ,63. — Par **Boucher (François)** (1703-1770).

A mi-corps, de trois quarts; tête nue; perruque; le regard tourné vers l'épaule gauche; armure; la main droite posée sur un casque; grand cordon de l'ordre de Saint-Louis.

A M. JEAN CASIMIR-PÉRIER, à Paris.

936. — Eugénie-Adélaïde-Louise, princesse d'Orléans, dite **Madame Adélaïde** (1777-1848), fille de Louis-Philippe-Joseph, duc d'Orléans et de Louise-Marie-Adélaïde de Bourbon-Penthièvre; sœur du roi Louis-Philippe Iᵉʳ. (Portrait présumé.) — Toile; haut. 1ᵐ,22, larg. 0ᵐ,98. — Par **Reynolds (sir Joshua)** (1723-1792).

A mi-jambes, debout, la tête légèrement tournée vers l'épaule gauche; le coude gauche appuyé sur une table que recouvre un tapis cramoisi; robe blanche, ouverte; haute coiffure poudrée; un livre dans la main gauche.

On sait que la jeune princesse fit, en 1791, un voyage en Angleterre avec sa gouvernante Mᵐᵉ de Genlis, et qu'elle fut inscrite sur la liste des émigrés à la suite de cette excursion. Le portrait que nous venons de décrire est celui d'une personne âgée de 14 à 15 ans; il est donc admissible qu'il ait été exécuté à l'époque du séjour à Londres de la princesse Adélaïde; toutefois cette hypothèse devient moins probable s'il faut croire W. Burger, lorsqu'il écrit : « Quelques années avant sa mort, Reynolds avait presque perdu la vue. » (*Trésors de l'art, exposés à Manchester en 1857.* Paris, Veuve Renouard, 1857, in-12, p. 385.) Or Joshua Reynolds est mort à Londres le 23 février 1792.

Photographié au charbon, par M. Braun.

Provient d'une collection de Hollande. — A. M. RAOUL-HENRI LEROY D'ÉTIOLLES, à Paris.

937. — Michel-Étienne Turgot, marquis de Sousmont (1690-1761), prévôt des marchands à Paris (1729), conseiller d'État (1737), membre honoraire de l'Académie des inscriptions et belles-lettres (1743). — Toile; haut. 1ᵐ,43, larg. 1ᵐ,15. — Par **Loo (Charles-André** dit **Carle)** (1705-1765).

A mi-jambes, assis sur un fauteuil; corps de profil à droite; tête de face; robe rouge; la main gauche tient des gants, la droite un chapeau; grande perruque. Fond de draperie. Fig. grand. nat.

Provient de successions. — A Madame LA MARQUISE TURGOT, à Paris.

APPENDICE. (Suite.)

938. — Benoît-Antoine Turgot (1705?), conseiller au parlement de Paris. — Toile; 0ᵐ,70, larg. 0ᵐ,56. — Par Drouais (François-Hubert) (1727-1775).

A mi-corps; tête nue, de face; habit de velours vert pâle; décoration. Fig. grand. nat.

Dans la partie inférieure de la toile, à gauche, est écrit :

DROUAIS.

Photographié au charbon, par M. Braun.

Provient de successions. — A Madame LA MARQUISE TURGOT, à Paris.

939. — René-Nicolas-Suzanne de Sacquespée, marquis de Thésy (1743-1790), seigneur de Fouencamps, maire de Thésy-Glymont (Somme). — Toile, de forme ovale; haut. 0ᵐ,52, larg. 0ᵐ,43. — Par Greuze (Jean-Baptiste) (1725-1805).

En buste, de profil à droite; tête nue, de trois quarts tournée vers l'épaule droite et légèrement rejetée en arrière; perruque, avec bourse de soie noire; veste gris fer foncé, à boutons de diamant et à large collet rabattu en satin blanc; chemise à jabot; cravate blanche.

A M. PIERRE LEFEBVRE, à Paris.

940. — César-Louis-Marie de Villeminot (1749-1807), receveur général des domaines et bois de la généralité du Berri et du comté d'Artois; plus tard, payeur général de la marine et des colonies. — Miniature, de forme ronde; diam. 0ᵐ,07. — Par Mouchet (François-Nicolas) (1750-1814).

A mi-corps, de face; cheveux poudrés et roulés; cravate blanche; habit gris bleu, à grand collet; gilet rouge; il tient de la main droite une lettre portant pour suscription : « Au citoyen Villeminot; » à gauche, derrière le personnage, un bureau chargé de papiers et de cartons.

Dans la partie supérieure d'un carton placé dans son casier, à la droite du personnage, est écrit :

MOUCHET.

A Mᵐᵉ veuve AURÉLIEN DE SÈZE, née LOUISE DE VILLEMINOT, à Bordeaux.

941. — Honoré-Gabriel Riquetti, comte de Mirabeau (1749-1791), député du tiers-état à l'Assemblée nationale. — Buste marbre; haut. 0ᵐ,65. — Par Houdon (Jean-Antoine) (1741-1828).

Tête nue, de face; perruque; costume de député.

Sur le socle est écrit :

HOUDON FECIT
10 AVRIL 1791.

On sait que Mirabeau mourut le 2 avril de la même année.

A Mᵐᵉ AUMONT-THIÉVILLE, à Paris.

942. — Pierre-Louis Manuel (1751-1793), procureur de la Commune de Paris en 1791, conventionnel, publiciste. — Pastel, de forme ovale; haut. 0ᵐ,71, larg. 0ᵐ,58. — Par Latour (Maurice-Quentin de) (1704-1788).

En buste, tête nue, de trois quarts tournée vers l'épaule gauche; cheveux poudrés; habit noir; jabot.

Photographié au charbon, par M. Braun.

A M. CHARLES MOISSON, à Paris.

APPENDICE. (Suite.)

943. — Jean Bon-Saint-André (1749-1813), pasteur calviniste, conventionnel, préfet de Mont-Tonnerre (1801) et commissaire général des quatre départements de la rive gauche du Rhin. — Dessin à l'encre de Chine, de forme ronde; diam. 0^m,18. — Par **David** (Jacques-Louis) (1748-1825).

En buste, de profil à gauche, la tête couverte d'un chapeau; les bras croisés.

Écrit à la main en exergue :

DONUM AMICITIÆ. AMORIS SOLATIUM. DAVID FACIEBAT IN VINCULIS ANNO R. P. 3 (1795) MESSIDORIS 20.

La détention du peintre David et de Jean Bon-Saint-André datait du 9 prairial an III (28 mai 1795) et elle se prolongea jusqu'au 3 fructidor de la même année (20 août 1795). La Convention avait décrété leur arrestation au cours de la même séance. Le portrait de Jean Bon-Saint-André n'est pas le seul que David ait exécuté dans la prison du Luxembourg, pendant les trois mois qu'il dut y vivre. Plusieurs de ses compagnons de captivité reçurent de sa main leur portrait au lavis. C'est aussi à la même époque que le peintre fit le portrait de sa mère, qui le venait voir tous les jours; il esquissa également dans sa prison le tableau des *Sabines* (Musée du Louvre, n° 149, catal. Frédéric Villot, édition de 1874). Autorisé le 3 fructidor, sur la proposition de Guyomard, parlant au nom du Comité de sûreté générale, à rester dans son domicile avec des gardes, faveur qu'il partagea encore avec Jean Bon-Saint-André, il ne recouvra sa pleine liberté que par la mesure d'amnistie votée le 4 brumaire (26 octobre 1795).

Photographié au charbon, par M. Braun.

Provient de successions. — A M. Jean Bon-Saint-André, à Montauban.

944. — Philippe Nericault Destouches (1680-1754), poète comique, membre de l'Académie française (1723). — Toile; 0^m,70, larg. 0^m,57. — Par **Dubuisson** (?-? XVIIIe siècle).

En buste, de trois quarts; tourné de droite à gauche; perruque blonde; habit marron; cravate de dentelle brodée.

Nous avons vainement cherché à établir l'identité du peintre de ce portrait.

Photographié au charbon, par M. Braun.

Au musée de Tours.

945. — Jean-François Ducis (1733-1816), poète dramatique, membre de l'Académie française (1778). — Dessin au fusain sur papier teinté; haut. 0^m,36, larg. 0^m,24. — Par **Karpff** dit Casimir (Jean-Jacques) (1770?-1829).

A mi-corps; tête nue; de profil, assis devant une table couverte de papiers; une plume à la main; il vient d'écrire :

OTHELLO.

« Sans crainte, sans remords, avec simplicité,
« Je marche dans ma force et dans ma liberté. »

Dans la partie inférieure de la composition est écrit :

ÉBAUCHÉ D'APRÈS NATURE PAR CASIMIR.

Au-dessus du dessin est écrit :

« Il eut les traits, les feux, la lyre d'Apollon;
« Il fut Sophocle, Eschyle; il fut Anacréon,
« Et sut, avec un charme, une grâce suprême,
« A tout ce qu'on révère unir tout ce qu'on aime. »

Victoire Babois.

APPENDICE. (Suite.)

La tragédie d'*Othello* datant de 1792, le portrait dessiné par Casimir est naturellement d'une époque postérieure à cette date.

Photographié au charbon, par M. Braun.

Provient de la famille de Ducis. — A LA BIBLIOTHÈQUE DE VERSAILLES.

946. — **Maurice-Quentin de Latour** (1704-1788), peintre de portraits au pastel, né à Saint-Quentin, membre de l'Académie royale de peinture et de sculpture (1744), fondateur d'une école de dessin dans sa ville natale (1783). — Toile; haut. 0^m,79, largeur 0^m,64. — Attribué à Latour (**Maurice-Quentin de**) (1704-1788).

En buste; la tête coiffée d'une toque, le regard tourné vers l'épaule droite; vêtement de velours rouge foncé. Fig. grand. nat.

Photographié au charbon, par M. Braun.

A M. OLIVIER, à Montauban.

947. — **Piat-Joseph Sauvage** (1744-1818), peintre de fruits et de fleurs, sur émail et sur porcelaine, membre de l'Académie royale de peinture et de sculpture (1783). — Toile; haut. 1^m,13, larg. 0^m,98. — Par **Donvé** (**Louis-Joseph**) (1760-1802).

A mi-corps, assis sur un fauteuil et tourné de droite à gauche; cou découvert; costume de satin blanc; il tient un pinceau et une palette. Fig. grand. nat.

Ce portrait est le morceau de réception de Louis-Joseph Donvé à l'Académie des beaux-arts de Lille. (Voy. *Études artistiques*, par Jules HOUDOY, Paris, Detaille, 1877, in-8°, p. 112.)

AU MUSÉE DE LILLE.

948. — **Jacques Thouron** (1749-1788), peintre en émail et en miniature, fils de Jean-Jacques Thouron de Saint-Antonin en Rouergue, orfèvre, habitant de Genève, et de Madeleine Ducloux; né à Genève, mort à Paris. — Miniature, de forme ovale; haut. 0^m,06, larg. 0^m,05. — Par **Thouron** (**Jacques**) (1749-1788).

En buste, tête nue, de face; cheveux blancs; chemise ouverte; habit brun.

M. Frédéric Reiset, dans sa *Notice des dessins, cartons, pastels, miniatures et émaux exposés au musée du Louvre* (Paris, de Mourgues, 1869, 2 vol. in-8°, t. II, p. 431), fait naître Thouron en 1737, d'après l'ouvrage de Senebier (*Histoire littéraire de Genève*, t. III, p. 332). M. Reiset suppose également que Thouron serait mort vers 1790. Nous avons cru pouvoir rectifier ces deux dates en nous appuyant sur l'ouvrage de J.-J. Rigaud, *Renseignements sur les beaux-arts, à Genève*. (Nouvelle édition, Genève, 1876, in-8°, p. 115 et 116.)

A M. HENRI BORDIER, à Paris.

949. — **Louis-Joseph Donvé** (1760-1802), peintre, né à Lille, élève de Greuze. — Toile; haut. 0^m,89, larg. 0^m,71. — Par **Donvé** (**Louis-Joseph**) (1760-1802).

A mi-corps; assis devant une toile qu'il semble désigner de la main droite; le coude droit posé sur une table couverte de pinceaux; sur la tête, tournée de gauche à droite, coiffure légère en batiste blanche.

M. Houdoy, dans l'ouvrage que nous citons plus haut, donne d'intéressants détails sur les relations de Donvé avec Greuze, son maître et son ami. Ce serait Donvé qui aurait posé pour le fils prodigue, dans le tableau de Greuze, *la Malédiction paternelle*, et les traits de ce personnage ne seraient pas sans ressemblance avec le présent portrait. (*Études artistiques*, p. 113.)

Photographié au charbon, par M. Braun.

Provient d'une vente (1851). — AU MUSÉE DE LILLE.

APPENDICE. (Suite.)

950. — François-Joseph Talma (1763-1826), acteur tragique, sociétaire de la Comédie-Française. — Toile; haut. 0^m,27, larg. 0^m,58. — Par **Gérard (François, baron)** (1770-1837).

En buste, tête nue, de trois quarts tournée vers l'épaule gauche; costume négligé du matin; expression méditative; il tient un manuscrit dans la main gauche.

A M. Charles Prevot, à Paris.

951. — Marie-Thérèse Davoux *dite* **Mademoiselle Maillard** (1766-1818), élève du « magasin de l'Opéra » pour la danse, débuta le 17 mai 1782, remplit, à dater de 1784, les rôles de princesses et ne prit sa retraite qu'en 1813. — Pastel; haut. 0^m,79, larg. 0^m,63. — Par **Monet** (?-?, a pris part aux expositions de 1791 et 1793).

A mi-corps, de trois quarts à droite; tête de face; la main gauche posée sur une colonne; robe bleue, ouverte; manteau bleu, garni de fourrures. Fig. grand. nat.

Provient de M. Hippolyte Walferdin. — Au musée de Chaumont (Haute-Marne).

952. — Simon Chenard (1758-1831), acteur, chanteur et violoncelliste, sociétaire-directeur de l'Opéra-Comique, né à Auxerre. — Toile; haut. 0^m,62, larg. 0^m,52. — Par **Gérard (François, baron)** (1770-1837).

En buste, de face; pardessus gris jaunâtre; habit bleu; gilet jaune; cravate blanche. Fig. grand. nat.

Exécuté en 1797.

Provient d'un legs de la fille du modèle (1863). — Au musée d'Auxerre.

953. — Marie-Jeanne de Clermont-Montoison, marquise de la Guiche (1757-1822). — Toile; haut. 1^m,15, larg. 0,^{m}88. — Par **Brun (Élisabeth-Louise Vigée Le)** (1755-1842).

A mi-corps, assise; en costume de bergère; corsage vert, décolleté; jupe rouge; chapeau de paille sur les cheveux; le bras gauche posé sur un vase de cuivre.

Dans la partie inférieure de la toile, à la droite du personnage, est écrit :

LEBRUN FECIT 1783.

Photographié au charbon, par M. Braun.

Provient de successions. — A M. le marquis de la Guiche, à Paris.

954. — Geneviève-Adélaïde Helvetius, comtesse d'Andlau (?-?). — Toile; haut. 0^m,60, larg. 0^m,50. — Par **Brun (Élisabeth-Louise Vigée Le)** (1755-1842).

En buste, de trois quarts; la tête légèrement inclinée; le regard tourné vers l'épaule gauche; robe bleu foncé, ouverte; voile blanc sur les cheveux.

Photographié au charbon, par M. Braun.

Provient de successions. — A M. le marquis de Mun, à Paris.

955. — Claudine de Maleteste, vicomtesse de Virieu (1753-1823), dame d'honneur de Madame Sophie-Philippine-Élisabeth-Justine de France, fille de Louis XV. — Toile, de forme ovale; haut. 0^m,71, larg. 0^m,56. — Par **Brun (Élisabeth-Louise Vigée Le)** (1755-1842).

A mi-corps, de face; robe bleue, coupée carrément sur la poitrine et garnie de rubans jaunes; cheveux poudrés; chapeau rond en paille, avec bouquet de fleurs champêtres.

APPENDICE. (Suite.)

Dans la partie inférieure de la toile, à la droite du personnage, est écrit :

M⁰ LEBRUN 1779.

Photographié ou charbon, par M. Braun.
Provient de successions. — A M. LE MARQUIS DE GANAY, à Paris.

956. — **Laure de Boneuil, comtesse Regnaud de Saint-Jean d'Angely** (?-?), femme du comte Michel-Louis-Étienne Regnaud de Saint-Jean-d'Angely, homme politique, membre de l'Institut (1803). — Toile; haut. 0^m,98, larg. 0^m,73. — Par **Gérard (François, baron)** (1770-1837).

A mi-jambes; assise sur une banquette recouverte de velours rouge; robe de crêpe noir; écharpe bleue.
Exécuté en 1799.
A Madame DE SAMPAYO, nièce du modèle, à Paris.

957. — **Jeanne-Robertine Rilliet, marquise d'Orvilliers** (?-?), femme du marquis d'Orvilliers, pair de France. — Toile; haut. 1^m,24, larg. 0^m,96. — Par **David (Jacques-Louis)** (1748-1825).

A mi-jambes, assise sur un fauteuil; tête nue, tournée vers l'épaule droite; cheveux courts et bouclés; ruban rouge dans les cheveux; le bras droit posé sur le dossier du fauteuil et les mains croisées; robe noire; chemisette ouverte sur la gorge; mantelet garni de dentelles enveloppant le bras gauche.

Dans la partie inférieure de la composition, à la droite du personnage, est écrit :

L. DAVID 1790.

Photographié au charbon, par M. Braun.
Provient du modèle, grand'mère maternelle du propriétaire actuel. — A M. LE COMTE SOSTHÈNES-PAUL DE TURENNE D'AYNAC, à Paris.

958. — **Madame Vincent** (?-?), mère du colonel Vincent, tué pendant la guerre d'Espagne. — Toile; haut. 0^m,80, larg. 0^m,63. — Par **Drolling (Martin)** (1752-1817).

A mi-corps, assise; tête tournée vers l'épaule droite et coiffée d'un bonnet avec plumes blanches; robe bleue, décolletée; collerette de dentelle. Fig. grand. nat.
Provient de successions. — A M. HENRI PIGACHE, à Paris.

XIXe SIÈCLE.

959. — **Dominique Vivant, baron Denon** (1747-1825), dessinateur, graveur, diplomate et archéologue, directeur général des musées et de la Monnaie des médailles sous le premier Empire. — Toile; haut. 0^m,45, larg. 0^m,32. — Par **Berthon (René-Théodore)** (1777-1859).

En pied, vêtu de noir; la main droite posée sur une planche gravée; décorations..
A Mlle DE SAINT-MAURICE, à Paris.

APPENDICE. (Suite.)

960. — **Dominique Vivant, baron Denon** (1747-1826), dessinateur, graveur, diplomate et archéologue, directeur des musées, et de la Monnaie des médailles sous le premier empire. — Toile; haut. 0^m,71, larg. 0^m,59. — Par **Fevre ou Febvre (Robert Le)** (1756-1831).

En buste, assis devant une table; tête nue, légèrement tournée vers l'épaule droite; un manuscrit ou un dessin roulé dans la main gauche.

A la gauche du personnage est écrit :

ROB^t LEFEVRE.

Acquis à la vente Robert Le Fevre (1832). Provient d'un legs de M. Pierre-Aimé Lair, de Caen. — AU MUSÉE DE CAEN.

961. — **Pierre-Narcisse, baron Guérin** (1774-1833), peintre d'histoire, membre de l'Institut (1815), directeur de l'Académie de France à Rome de 1822 à 1828, créé baron en 1829. — Toile; haut. 0^m,61, larg. 0^m,50. Par **Guérin (Pierre-Narcisse, baron)** (1774-1833).

A mi-corps, assis; tête de face, enveloppée d'un foulard rouge; redingote blanche; cravate blanche.

Derrière la toile est écrit au pinceau :

PIERRE-NARCISSE GUÉRIN,
DIRECTEUR DE L'ÉCOLE FRANÇAISE DE PEINTURE A ROME EN 1830.
PEINT PAR LUI-MÊME EN 1830. ROMÆ.

Nous n'avons pas besoin de faire remarquer que cette inscription ne peut être l'œuvre du peintre, car chacun sait que le directorat de Guérin à l'Académie de France prit fin en 1828. Guérin revint aussitôt à Paris, tandis que son successeur, Horace Vernet, se rendait à la villa Médicis; mais, à peu de temps de là, Vernet dut faire un voyage en France, et Guérin, qui sentait ses forces décroître, eut l'espoir que le climat de l'Italie pourrait lui rendre la santé; il partit donc pour Rome en compagnie de Vernet, et il demeura dans cette ville jusqu'à sa mort (16 juillet 1833). C'est pendant ce dernier séjour qu'il aurait exécuté son portrait,

Photographié au charbon, par M. Braun.

Provient d'un legs de Guérin à M. Gabriel-Gilles Denis, père du propriétaire actuel. — A M. ANTOINE DENIS, à Versailles.

ERRATA, OMISSIONS ET CORRECTIONS.

PROPRIÉTAIRES D'OEUVRES D'ART,
MUSÉES, BIBLIOTHÈQUES, FABRIQUES, ÉVÊCHÉS, ETC.
QUI ONT PRIS PART
À LA PREMIÈRE EXPOSITION FRANÇAISE
DES PORTRAITS NATIONAUX
AU PALAIS DU TROCADÉRO, EN 1878.

Page XII. Au lieu de :
CLAUDE (M. JULES), à Paris.

Lisez :
CLAUDE (Mme JULES), à Paris.

Page XIII. Au lieu de :
LAGUICHE (M. LE MARQUIS DE).

Lisez :
LA GUICHE (M. LE MARQUIS DE).

Page XIV. Omissions :
LASTEYRIE (M. LE COMTE FERDINAND DE), à Paris.
MUSÉE DE CHAUMONT (Haute-Marne).

Il n'a pas dépendu de notre volonté de réunir à la page 66 les deux portraits de PIERRE DREVET, séparés à tort et inscrits sous les n°^{s} 315 et 686.

Il en est de même de trois portraits de LARGILLIÈRE (n°^{s} 312, 594, 595), qui auraient dû prendre place parmi les portraits d'artistes du XVIIe siècle.

TABLE RAISONNÉE

DES NOMS CONTENUS DANS CE VOLUME.

Sont imprimés en CARACTÈRES GRAS les noms des personnages dont le portrait a figuré au palais du Trocadéro; — en LETTRES ITALIQUES les noms d'Artistes; — en PETITES CAPITALES les noms des Propriétaires de portraits qui ont pris part à l'Exposition et ceux des membres de la Commission de l'Inventaire général des richesses d'art de la France qui a fait fonction de jury; — en CARACTÈRES ROMAINS les noms des personnes citées dans le texte de ce livret.

ACADÉMIE. — ALABAT.

Académie de France à Rome (Pensionnaires de l'), p. 127.
Acarie (Jean-Pierre), p. 40.
Accords (Étienne Tabourot dit **le seigneur des),** p. 23.
Acy (Le comte d'), p. 61.
Adélaïde (Eugénie-Adélaïde-Louise, princesse d'Orléans, dite **Madame),** p. 206.
Adeline (Marie-Madeleine Romboeoli-Riggieri, dite**),** p. 153.
Adrets (François de Beaumont, baron des), p. 15.
Agard de Champs (Étienne), p. 67.
Agescy (Augustin d'), p. 112.
Agescy (Bernard d'), p. 112.
Agescy (Bernard d') [famille], p. 112.
AGUADO (M. LE VICOMTE ONÉSIME), p. XI, 72. — Galerie 76.
Aguesseau (Henri-François d'), p. 109.
Aignan-Desaix (M.), p. XI, 102.
Aiguillon (Marie-Madeleine de Vignerot, dame de Combalet, duchesse d'), p. 42.
AIX. Voyez CATHÉDRALE.
Alabat des Vazavx (M.), p. 19.

ALBERT. — ANNE.

Albert de Luynes (Jeanne-Baptiste d'), comtesse de Verrue, p. 149.

Albert (Jean), p. 103.

Albert d'Ailly (Michel-Ferdinand d'), duc de Chaulnes. — Son portrait, p. 85. — Cité p. 86.

Albret (Henri II d'), p. 14.

Albret (Jeanne d'), p. 14.

Alby (Antoine-Raymond-Jean-Gualbert-Gabriel de Sartine, comte d'), p. 83.

Aldobrandini (Hippolyte), pape sous le nom de Clément VIII, p. 197, 198.

Alègre (Yves de Tourzel, marquis d'), p. 47.

Alembert (Jean Le Rond d'), p. 116.

Alençon (Hercule-François de France, duc d'), p. 15.

Alexandre VII, p. 143.

ALIX (M. G.), p. xi, 102.

Alphonse VI, roi de Portugal, p. 201.

Amblard de Beaumont, p. 3.

Amboise (Pierre d'), p. 21.

AMIENS. Voyez MUSÉE.

Anacréon, p. 123.

Andlau (Geneviève-Adélaïde Helvetius, comtesse d'), p. 210.

ANDRÉ (M. ÉDOUARD), p. xi, 43.

ANDRIEU DE MARTILLAT (M.), p. xi, 25.

Angélique (La mère), p. 57.

Angennes (Julie d'), p. 39.

ANGERS. Voyez MUSÉE.

ANGERS. Voyez MUSÉE ARCHÉOLOGIQUE.

ANGERS. Voyez MUSÉE DAVID.

Angleterre (Henriette-Anne d'), duchesse d'Orléans (Madame), p. 37, 201.

Angoulême (Louis-Antoine de Bourbon, duc d'), p. 79.

Angoulême (Marguerite d'), p. 11.

Anjou (Hercule-François de France, duc d'Alençon, puis duc d'), p. 15.

Anjou (Philippe, duc d'), roi d'Espagne sous le nom de Philippe V, p. 75, 76, 203.

Anne d'Autriche. — Son portrait, p. 29, 31, 32. — Citée p. 35, 39.

Anne de Bretagne, p. 8, 195.

ANNE. — AUBUSSON.

Anne d'Este, p. 12.
Anne de France, p. 6.
Anne de Lorraine, princesse d'Orange, p. 14.
Anne-Geneviève de Bourbon, duchesse de Longueville, p. 201.
Anne-Marie-Louise d'Orléans, duchesse de Montpensier, dite **Mademoiselle, et la Grande Mademoiselle,** p. 37, 38.
Antin (Louis-Antoine de Montespan, marquis, puis duc d'), p. 80.
Anthoine de Recouvrance, p. 190.
Antoine de Bourbon, p. 14.
Antoinette, duchesse de Juliers et de Clèves, p. 197, 198.
Appiani (le chevalier André), p. 102.
Arago (M. Alfred), p. 177.
Arago (M. Emmanuel), p. 177.
Arago (François-Dominique). — Son portrait, p. 176, 177. — Cité p. 182.
Archambault (M.), p. 19.
Argenson (Marc-Pierre, comte d'), p. 88.
Argentré (Bertrand d'), p. 19.
Argenville (Antoine-Joseph Dezallier d'), p. 128.
Arial (René), p. 103.
Arnauld (Antoine), dit le Grand Arnauld, p. 57.
Arnauld (Marie-Angélique de Sainte-Madeleine), dite **la Mère Angélique,** p. 57.
Arnauld (Les), p. 53.
Artaginette (le marquis d'), p. 155.
Artemisande (le marquis d'), p. 61.
Artois (Marie-Thérèse de Savoie, comtesse d'), p. 73.
Asselin (François), chevalier, sire de Frenelles, p. 154.
Attiret (Claude-François), p. 144.
Aubert (collection), p. 150.
Aubespine (François de l'), marquis d'Hauterive et de Chateauneuf, p. 40.
Aubespine (Madelaine de l'), p. 25.
Aubigné (Françoise d'), marquise de Maintenon, p. 33.
Aubigny (Jean-Marc-Antoine d'), comte de Morell, p. 87.
Aublay (M.), p. xi, 82, 157.
Aublay de Chançay (Pierre d'), p. 82.
Aubusson (François d'), duc de la Feuillade et de Roannais, p. 45.

AUDRAN. — BARBARELLI.

Audran (Benoît), p. 52.

Auguste III, électeur de Saxe, p. 77.

Augustin (Jean-Baptiste), p. 181.

Aulnc (Anne-Robert-Jacques Turgot, baron de l'), p. 87.

Aumale (Claude de Lorraine, premier duc de Guise, comte d'), p. 15.

Aumale (Françoise-Élisabeth-Marie de Savoie-Nemours, dite **Mademoiselle d'),** p. 201.

AUMALE (Mgr HENRI-EUGÈNE-PHILIPPE-LOUIS D'ORLÉANS, DUC D'), p. XI, 2, 7, 8, 9, 10, 11, 12, 13, 14, 15, 18, 20, 25, 35, 38, 40, 41, 42, 45, 55, 57, 58, 60, 61, 62, 65, 69, 73, 75, 77, 78, 79, 82, 115, 116, 166, 191, 196, 200, 201, 204, 205.

Aumont (Françoise-Angélique de la Mothe, duchesse d'), p. 69.

Aumont (Jean d'), p. 18.

Aumont (Louis-Marie, duc d'), p. 69.

AUMONT-THIÉVILE (MADAME), p. XI, 207.

Autriche (Anne d'). — Son portrait, p. 29, 31, 32. — Citée p. 35, 39.

Autriche (Josèphe-Jeanne-Marie-Antoinette d'), p. 73.

Autriche (Marie-Caroline, archiduchesse d'), p. 165.

Autriche (Marie-Josèphe, archiduchesse d'), p. 77.

Autriche (Marie-Thérèse d'). — Son portrait, p. 32. — Citée p. 31, 35.

AUXERRE. Voyez MUSÉE.

Aved (Jacques-André-Joseph), p. 122.

AVIGNON. Voyez MUSÉE CALVET.

AYEN (M. LE DUC D'), p. XI, 167.

BABINET (M. ALEXANDRE), p. XI, 189.

Babois (Victoire), p. 208.

BAILLET (Mme VEUVE), p. XI, 93.

Bailly (Jean-Sylvain), p. 91.

Balbes de Berton (Louis des), seigneur de Crillon, p. 18.

Balzac (Honoré de), p. 174.

Balzac d'Entraigues (Catherine-Henriette de), marquise de Verneuil, p. 33, 200.

BAPST (M. JULES-AUGUSTE), p. XI, 174.

BARBET DE JOUY (M. HENRI), p. XI, 193.

Barbarelli (Giorgio), dit Giorgione, p. 195.

BARBIER. — BEAUVALLON.

Barbier (l'abbé), p. 113.
Barrangue (Marianne), dame de Ribaucourt, p. 135.
Barrault (M.), p. 52.
Barrault (Mme veuve), p. 52.
Barry (Marie-Jeanne Gomard-Vaubernier, comtesse du). — Son portrait, p. 75. — Citée p. 161.
Bascle (M. Théophile), p. xi, 134, 159.
Bassompierre (François II de), p. 44.
Battoni (Pompeo), p. 95.
Baudicour (M. Théodule de), p. xi, 27, 64.
Baudouin (Dom Louis), p. 113.
Baume-Leblanc (Françoise-Louise de la), duchesse de la Vallière. — Son portrait, p. 33, 34. — Citée p. 36.
Bavière (Charlotte-Élisabeth de), dite **la princesse Palatine,** p. 38.
Bavière (Élisabeth, duchesse de), p. 197, 198.
Bavière (Marie-Anne-Christine de), p. 35, 75, 76.
Bavière (Maximilien Ier, duc et électeur de), p. 197.
Baville (Nicolas-Lamoignon, seigneur de), p. 85.
Bayard (Pierre du Terrail, seigneur de), p. 17.
Bazin (M.), p. 151.
Beaubrun, Baubrun ou Bobrun (Charles), p. 32, 59, 60.
Beaubrun, Baubrun ou Bobrun (Henri), p. 32, 39, 59, 60.
Beaubrun, Baubrun ou Bobrun (Loys), p. 68.
Beaufort (François de Vendôme, duc de), dit **le roi des Halles,** p. 200.
Beaufort (Gabrielle d'Estrées, duchesse de), p. 13.
Beauharnais (Alexandre de), p. 164.
Beauharnais (Eugène de), p. 168.
Beaujeu (Pierre II, duc de Bourbon, sire de), p. 6.
Beaumarchais (Pierre-Augustin Caron de), p. 125.
Beaumont (Charles-Geneviève-Louis-Auguste-André-Thimothée de), chevalier d'Eon, p. 83.
Beaumont (François de), p. 15.
Beaumont (Henri-Jacques de), p. 159.
Beaumont (Tarboicher de), p. 81.
Beaupré (M. Émile), p. xi, 17, 20, 40.
Beauvallet (Pierre-Nicolas), p. 91, 94.
Beauvallon (Françoise-Renault de), p. 143, 205.

BEAUVAU. — BESSE.

Beauvau (le prince de), p. 117.
Beauvillier (le duc de), p. 203.
Bélions (Jean), p. 105.
Bélions (René), p. 105.
Belle (Alexis-Simon), p. 192.
Bellenot (M. Eugène), p. xi, 71.
Belloc (Jean-Hilaire), p. 184.
Bennon (François-Xavier-Louis-Auguste-Albert), duc de Saxe, comte de Lusace, p. 206.
Bériot (Charles-Auguste de), p. 184, 185.
Berjon (Antoine), p. 181.
Bernard (Saint), p. 1.
Bernard (Samuel), p. 67.
Bernis (le cardinal de), p. 82.
Bertel (M.), p. xi, 18.
Berthault (Pierre-Gabriel), p. 147.
Berthon (René-Théodore), p. 211.
Berthoud (M. Auguste-Louis), p. xi, 118, 120.
Berthoud (Ferdinand), p. 120.
Bertin (Édouard-François), p. 179.
Bertin (Louis-François Bertin de Vaux, dit **Bertin l'Aîné).** — Son portrait, p. 174. — Cité p. 179.
Bertin (Louis-Marie-Armand), p. 179.
Bertinetti (Francesco), dit Bertinet, p. 30, 31, 42, 54, 55.
Bérulle (Pierre de), p. 29, 51, 110.
Berri (Charles-Ferdinand de Bourbon, duc de), p. 165.
Berri (Marie-Louise-Élisabeth d'Orléans, duchesse de), p. 77.
Berryer (Nicolas-René), p. 81.
Besançon. Voyez Musée.
Besenval (M. le comte de), p. xi, 73, 98, 99, 100.
Besenval (Théodore-Élisabeth-Catherine, baronne de), p. 100.
Besenval du Saint-Empire (la baronne de), née comtesse Bielinska). — Son portrait, p. 100. — Citée p. 73.
Besenval du Saint-Empire (Jean-Victor, baron de). — Son portrait, p. 98, 99. — Cité p. 99.
Besenval du Saint-Empire (Pierre-Victor, baron de). — Son portrait, p. 99. — Cité p. 99.
Besse Beauregard (M.), p. 18.

BÉTHUNE (M. LE COMTE DE), p. xi, 113.
Béthune-Charost (Armand-Louis, duc de), p. 113.
Béthune-Charost (Basile de), p. 113.
BEURDELEY (M. PAUL), p. xi, 113.
Beuzelin de Bosmelet (Anne-Marie de), p. 159.
Beyle (Marie-Henri) *dit de Stendhal*, p. 174.
Bezout (Étienne), p. 113.
BEZUEL D'ESNEVAL (M. ROBERT), p. xi, 110.
BIBLIOTHÈQUE DE BORDEAUX, p. xi, 117.
BIBLIOTHÈQUE DE CLERMONT-FERRAND, p. xi, 126, 172.
BIBLIOTHÈQUE DES AVOCATS, à Clermont-Ferrand, p. xi, 19, 48, 110, 198.
BIBLIOTHÈQUE DE GRENOBLE, p. xi, 17, 44, 174.
BIBLIOTHÈQUE DE VERSAILLES, p. xi, 209.
Bidault (Jean-Joseph-Xavier). — Son portrait, p. 138. — Cité p. 179.
Bie (Jacques de), p. 2.
Bielinska (la comtesse) et sa fille, p. 100.
Billaud (Edmond-François-Antoine de Sadonvilliers de), p. 97.
Billaud (Louis-François-Ignace, chevalier de), p. 98.
Bindre (M.), p. 135.
Biron (Charles de Gontaut, baron de), p. 17.
Bissy (Henri de Thiard, cardinal de), p. 51.
BIZEMONT (M. LE MARQUIS DE), p. xi, 114.
Blain (M.), p. 128.
BLAISEL (Mme LA MARQUISE DU), p. xi, 78, 79, 134.
BLANCHEMAIN (M. PROSPER), p. xi, 22.
Blanchin (M. Louis-Claude-Pierre), p. 176.
Blancmesnil (Guillaume de Lamoignon, seigneur de) et de Malesherbes, p. 110.
BLAZY (Mme LÉON), NÉE PÉRILLIEUX, p. xi, 9, 28, 79, 81, 83, 116, 165.
Blocqueville (Mme la marquise de), p. 159.
Blois (Marie-Anne de Bourbon *dite* **Mademoiselle de)**, p. 36.
Blois (les comtes de), p. 9.
Blot (Maurice), p. 148.
BOCHER (M. CHARLES), p. xi, 85, 86.
BOESWILLWALD (M.), p. vii.
Boffrand (Germain), p. 146.
Boichot (Guillaume), p. 187.

BOICHOT. — BONVOISIN.

Boichot (Jean), p. 187.

Boileau-Despréaux (Nicolas), p. 60, 61.

Boilly (Julien-Léopold), p. 140, 180.

Boilly (Louis-Léopold). — Son portrait, p. 139, 140. — Portraits peints par lui : p. 94, 124, 137, 138, 139, 140, 141, 142, 144, 145, 146, 147, 148, 152, 180, 185.

Boisguilbert (Pierre Le Pesant de), p. 62.

Boisguilbert (M. le marquis Pierre-Charles Le Pesant de), p. xiv, 62.

Boisselet (M. Jean-Joseph-Thérèse), p. xi, 45.

Boissieu (M. J. de), p. xi, 136.

Boissieu (Jean-Jacques de). — Son portrait, 136. — Portrait peint par lui, p. 136. — Cité p. 181.

Boisy (seigneur de), p. 189.

Boitelle (collection), p. 91.

Bojano (Mme la duchesse de), p. xi, p. 77.

Bompart (Marcelin-Hercule), p. 40.

Bonald (le cardinal de), p. 50.

Bonaparte (Napoléon). — Son portrait, p. 162. — Cité p. 102, 109, 164.

Bonaparte (Napoléon), premier consul, visite la manufacture des frères Sevène, à Rouen, p. 162. Voyez aussi **Napoléon Ier**.

Bonaparte (Madame), p. 162. Voyez aussi **Joséphine.**

Bonchamps (le marquis de), p. 103, 104, 105, 106, 107.

Boncki (Signor) console di Firenze, p. 82.

Boncuil (Laure de), comtesse Regnaud de Saint-Jean-d'Angely, p. 211.

Bonne-Lesdiguières (famille de), p. 11, 20.

Bonnefond (Jean-Claude), p. 180.

Bonnelles (Claude de Bullion, sieur de), p. 41.

Bonnes (Marie-Françoise d'Esparbez de Lussan d'Aubeterre *dite* Mademoiselle de), p. 159.

Bonnestable (Jeanne de Coesme, dame de), princesse de Conti, p. 197.

Bonneval (M. le comte de), p. 19.

Bonnier (Anne-Joséphine), duchesse de Chaulnes, p. 86.

Bonnington (Richard-Parkes), p. 194.

Bon-Saint-André (Jean), p. 208.

Bon-Saint-André (M. Jean), p. xi, 208.

Bonvallet, p. 94.

Bonvoisin (Jean), son portrait, p. 137. — Portrait peint par lui, 137.

BORDEAUX. — BOURBON.

Bordeaux. Voyez Bibliothèque.

Bordier (M. Henri), p. xii, 30, 32, 33, 38, 60, 67, 122, 130, 142, 174, 190, 191, 193, 194, 209.

Boré (François), p. 102.

Boré (Michel), p. 105.

Bornes (Savinienne de), p. 26.

Bornier (Nicolas), p. 183.

Bosmelet (Anne-Marie de Beuzelin), p. 159.

Bosmelet (Jean, seigneur de), p. 159.

Bosse (Abraham), p. 30.

Bossuet (Jacques-Benigne), p. 51.

Bouchardon (Edme), p. 80.

Boucher (collection), p. 149.

Boucher (François), p. 74, 75, 147, 206.

Boucher (Jean). — Son portrait, p. 63. — Portrait peint par lui, p. 63.

Bouchut (M.), p. xii, 30.

Boudet (Antoine-Alexis), p. 112.

Boudet de Bardon (M.), p. xiv, 113.

Boufflers (Joseph-Marie, duc de), p. 86.

Boufflers (Louis-François, duc de), comte, puis duc de Cagny, p. 202.

Bouhier (Antoine-Bernard, marquis de), p. 49.

Bouillon (Emmanuel-Théodore de la Tour d'Auvergne de Bouillon *dit le cardinal de*), p. 203.

Bouis, Bouys ou Boys (André), p. 53, 70, 143, 144.

Boulanger (Louis), p. 174.

Boulard fils, p. 149.

Boulland (Alexandre), p. 19.

Boulogne (Bon) ou de Boullongne. — Son portrait, p. 128. — Portrait peint par lui, p. 128.

Bounieu (Émilie), p. 90.

Bounieu (Michel-Honoré), p. 84, 90.

Bourbon (Anne-Geneviève de), duchesse de Longueville. — Son portrait, p. 201. — Citée p. 69.

Bourbon (Antoine de), p. 14.

Bourbon (Charles-Ferdinand de), duc de Berri, p. 165.

Bourbon (Henri II de), prince de Condé, p. 39, 201.

Bourbon (Louis II de), prince de Condé, *dit le Grand Condé*. Son portrait, p. 45. — Cité p. 39.

BOURBON. — BOURGOGNE.

Bourbon (Louis III, duc de), prince de Condé, p. 36, 77.

Bourbon (Louis-Alexandre de), comte de Toulouse, p. 36, 200.

Bourbon (Louis-Antoine de), duc d'Angoulême, p. 79.

Bourbon (Louis-Auguste de), duc du Maine, p. 36.

Bourbon (Louis-Jean-Marie de), duc de Penthièvre, p. 76.

Bourbon (Louis-Stanislas-Xavier de), comte de Provence. — Son portrait, p. 163, 164. — Cité p. 165. Voyez aussi **Louis XVIII**.

Bourbon (Louise de), p. 39.

Bourbon (Louise de), duchesse de Parme, p. 165.

Bourbon (Louise-Françoise de) *dite* **Mademoiselle de Nantes.** — Son portrait, p. 36. — Citée p. 77.

Bourbon (Louise-Marie-Adélaïde de), p. 76.

Bourbon (Marie de), duchesse de Montpensier, p. 37, 38.

Bourbon (Marie-Amélie de), p. 165.

Bourbon (Marie-Anne de) *dite* **Mademoiselle de Blois**, p. 36.

Bourbon (Marie-Anne de) *dite* **Mademoiselle de Clermont**, p. 77.

Bourbon (Pierre II, duc de), p. 6.

Bourbon (Suzanne de), p. 6.

Bourbon-Conti (Louise-Henriette de), p. 78.

Bourbon-Penthièvre (Louise-Marie-Adélaïde de), duchesse d'Orléans. — Son portrait, p. 78, 79. — Citée p. 206.

Bourdaloue (Louis), p. 52, 53.

Bourdeille (Pierre de), seigneur et abbé séculier de Brantôme, p. 22.

BOURDEILLE (M. LE MARQUIS DE), p. XII, 28, 52.

BOURDEILLE (Mme LA MARQUISE DE), p. XII, 73.

BOURDIER (M. LÉON), p. XII, 109.

Bourdillon (M.), p. 34.

Bourdon (Sébastien). — Son portrait, p. 204, 205. — Portraits peint par lui, p. 54, 58, 204, 205.

BOURGE (M. DE), p. XII, 79.

BOURGE (Mme JULIETTE DE), p. XII, 165.

Bourgeois (Florent-Fidèle-Constant), p. 140.

BOURGEOT (M.), p. XII, 70.

BOURGES. Voyez MUSÉE.

Bourgnon (Claude-Marie-Micolon du), p. 98.

Bourgogne (Louis, duc de), fils de Louis de France, *dit* **le Grand Dauphin.** — Son portrait, p. 35, 36. — Cité p. 52, 203.

BOURGOGNE. — BRINQUANT.

Bourgogne (Louis-Joseph-Xavier de France, duc de), p. 77.
Bouthillier de Chavigny (le seigneur de), p. 29.
Bouthillier de Chavigny (Denys-François Ier), p. 54.
Bouthillier de Chavigny (Denys-François II), p. 54.
Boutin de Diencourt (René), fermier général, sa femme et ses enfants exécutant un concert, p. 84.

Bouton, p. 182.
BOUVYER (Mme GASTON), p. XII, 25, 26.

Bouyer (Jacques), p. 104.

Bouys (André). Voyez Bouis.
Bouzonnet (Claudine), dite Stella, p. 63.

Bowyer II (Estienne), p. 25.
Bowyer II (Jehan), p. 25.
Bowyer III (Jehan). — Son portrait, p. 26. — Cité p. 26.
Boyer (Jean de), p. 68.

Boys (André). Voyez Bouis.
Boze (Joseph), p. 83, 91, 108, 109, 118, 119.
Boze (Ursule-Claudine-Marie), p. 108, 109.
Brame (M. Jules), p. 127.

Brantôme (Pierre de Bourdeille, seigneur et abbé séculier de), p. 22.
Brau (François-René), p. 105.
Brau (Laurent), p. 105.

Braun (M. Gaston), 2, 3, 5, 6, 7, 8, 9, 10, 11, 12, 13, 14, 15, 16, 17, 18, 20, 21, 22, 25, 26, 27, 28, 31, 33, 34, 35, 36, 37, 38, 39, 40, 41, 43, 44, 45, 46, 47, 48, 49, 50, 51, 52, 53, 55, 56, 57, 58, 59, 60, 61, 62, 65, 66, 67, 68, 69, 70, 71, 72, 73, 74, 75, 76, 77, 78, 79, 80, 81, 82, 83, 85, 86, 87, 89, 90, 92, 93, 95, 96, 97, 98, 100, 101, 109, 111, 113, 114, 115, 117, 119, 121, 122, 123, 124, 126, 127, 129, 130, 131, 134, 137, 142, 147, 148, 149, 150, 151, 152, 153, 154, 156, 157, 158, 159, 160, 161, 162, 163, 164, 166, 167, 168, 169, 171, 172, 173, 174, 178, 179, 180, 181, 182, 184, 185, 186, 187, 189, 190, 191, 192, 195, 196, 197, 198, 199, 200, 201, 202, 203, 204, 205, 207, 208, 209, 210, 211, 212.

Brem (March^e di), min^{tt} di Turino, p. 82.
Bretagne (Anne de), p. 195.
Breteuil (Louis-Auguste Le Tonnelier, baron de), p. 83.
Brevet (François), p. 107.
Bricot (Sébastien), p. 104.

BRIEY (M. LE COMTE DE), p. XII, 91.
BRINQUANT (Mme VICTOR) p. XII, 202.

Portraits nationaux.

Brissac (Charles de Cossé, comte de), p. 18.
Brisson (Pierre), p. 199.
Bro de Comérès (Dominique-Louis-Olivier, baron), p. 169.
Bro de Comérès (Mme la baronne), p. xii, 170.
Broglie (Charles-Louis-Guillaume, marquis de), p. 100. — Cité p. 100.
Brossette (le président), p. 61.
Bruges (Jean de), p. 2.
Brugevin (Jean), p. 103.
Brumenc (Jean de), p. 70.
Brun (Charles Le). — Son portrait, p. 205. — Portraits peints par lui, p. 56. — Cité p. 143, 202.
Brun (Élisabeth-Louise Vigée Le). — Son portrait, p. 178. — Portraits peints par elle, p. 79, 90, 184, 210, 211.
Brunard (M.), p. 37.
Brunet (le général), p. 166.
Brunet-Denon (famille), p. 166.
Brutus, p. 91.
Budé (Guillaume), p. 21.
Buffon (Jean-Louis Leclerc, comte de). — Son portrait, p. 121. — Cité p. 121.
Buffon (Marie-Françoise de Saint-Belin-Mâlain, comtesse de), p. 121.
Bullion (Claude de), sieur de Bonnelles, p. 41.
Bullion (Mlle de), p. 41.
Bullion (le seigneur de), p. 29.
Bunel (Jacob), p. 27.
Burger (W.), p. 59, 206.
Burty (M. Philippe), p. 169.
Butte (collection), p. 57, 146.
Buzot (François-Nicolas-Léonard), p. 93.
Byron (Lord), p. 179.

Cabuchet (M. Émilien), p. xii, 92.
Cadene (Marie), femme du sculpteur Desjardins, p. 70.
Caen. Voyez Musée.
Caffieri (M. Hector), p. xii, 143, 144.

Caffieri (Jacques). — Son portrait, p. 143. — Portrait sculpté par lui, p. 98, 99.
Caffieri (Jean-Jacques). — Son portrait, p. 144. — Cité p. 143.
Caffieri (Marie-Anne Rousseau, femme du sculpteur Jacques), p. 70, 144.
Caffieri (Philippe). — Son portrait, p. 143, 205. — Cité p. 143.
Cagny (Louis-François, duc de Boufflers, comte, puis duc de), p. 202.
Caillot (Joseph), p. 152.
Cailleux (collection de), p. 126.
Calamatta (Louis), p. 167.
Callande de Champmartin (M. Charles-Émile), p. 175.
CALLANDREAU (M.), p. XII, 37.
Callet (Antoine-François), p. 82.
Calvin (Jean), p. 24, 25.
Camargo (Marie-Anne Cuppi dite la). — Son portrait, p. 153. — Citée p. 152.
Camerera (Mme), p. 134.
Campra (André), p. 128.
CAMUS (M.), p. XII, 90.
Canette (F.-E.-S.-E.), p. 90.
Capelle (Magdalena), première femme de Jean-Dominique-Auguste Ingres, p. 186.
Capet (Marie-Gabrielle), p. 156.
Carion (Mme veuve), p. 144.
Carmontelle (Louis Carrogis, dit), p. 96, 116, 151.
Carmouche (Adolphe), p. 185.
Carpentier (Paul-Claude), p. 182.
CARRÉ (M. JULES), p. XII, 130, 138.
Carteron (le docteur), p. 64.
CARVALHIDO (M. LE COMTE), p. XII, 164.
Casimir. Voyez *Karpff.*
CASIMIR-PÉRIER (M. JEAN), p. XII, 206.
Castillione (Moncetto de), p. 11.
CATHÉDRALE D'AIX (LE CHAPITRE DE LA), p. XII, 5.
CATHÉDRALE DE MOULINS (LA FABRIQUE DE LA), p. XII, 7.
CATHÉDRALE DE NANCY (LA FABRIQUE DE LA), p. XII, 198.
CATHÉDRALE DE POITIERS (LE CHAPITRE DE LA), p. XII, 6, 21.
Cathelin, p. 88.

Cathelineau (Jacques), p. 106.
Cathelineau (Marie-Anne), veuve Mousseau, p. 106.
Catherine, abbesse de Remiremont, p. 197, 198.
Catherine II, p. 121.
Catherine de Médicis, p. 12, 196.
Caulers, p. 187.
Caze, p. 150.
Cazes (Pierre-Jacques), 150.
Cazes fils, p. 150.
César, duc de Vendôme. — Son portrait, p. 197. — Cité p. 200.
Chabanon (Michel-Paul Gui de), p. 124.
Chabert (M.), p. 13.
Chabosseau (legs), p. 190.
CHABOÜILLET (M. A.), p. VII, XII, 199.
Chabrol (Guillaume-Michel), p. 110.
Chalette (Jean), p. 68.
Châlier (Marie-Joseph), p. 94.
Challe (Charles-Michel-Ange). — Son portrait, p. 134. — Portrait peint par lui, p. 134.
Challe (Simon), p. 144.
CHALON-SUR-SAÔNE. Voyez MUSÉE.
Champaigne (Philippe de), p. 29, 39, 41, 42, 43, 45, 49, 50, 52, 53, 54, 55, 57, 59, 202.
Champmartin (M. Charles-Émile Callande de), p. 175.
Champmeslé (Marie Desmares dite la), p. 68.
Chançay (Pierre d'Aublay de), p. 82.
Chancey (Charles Chastelain de), p. 157.
Chancey (Pauline-Antoinette Chastelain de), p. 157.
Chantal (le baron de), p. 60, 199.
CHANTERAC (MADAME LA MARQUISE DE), p. XII, 44.
Chapelain, p. 60.
Chapelle (Claude-Emmanuel Luillier), p. 60, 61.
Chapron (Julien), p. 107.
Chaptal (Jean-Antoine), comte de Chanteloup, p. 175.
Charette, p. 106.
Charles Ier, roi d'Angleterre, p. 34, 37, 201.
Charles II, p. 37.

Charles III, duc de Lorraine, p. 40, 197, 198.
Charles IV, duc de Lorraine, p. 40.
Charles V, p. 2.
Charles-Quint, p. 24.
Charles VIII, p. 4, 195.
Charles IX, p. 9, 10.
Charles X, p. 77, 79, 171.
Charles XII, p. 98, 99.
Charlemagne, p. 8.
Charles-Amédée de Savoie, p. 201.
Charles, cardinal de Lorraine, p. 197, 198.
Charles de Savoie, duc de Nemours, p. 15, 16.
Charles, duc d'Orléans, p. 11.
Charles-Ferdinand de Bourbon, duc de Berri, p. 165.
Charles (Jacques-Alexandre-César), p. 118.
Charlotte-Élisabeth de Bavière dite **la princesse Palatine,** p. 38.
Charlotte-Marguerite de Montmorency, princesse de Condé, p. 39.
Chardin (Jean-Baptiste-Siméon). — Son portrait, p. 130. — Portraits peints par lui, p. 115, 116, 123, 127.
Charpentier (Jean), p. 76.
Charron (Pierre), p. 23.
Chartres (Louis-Philippe, duc de), puis duc d'Orléans. — Son portrait, p. 78. — Cité p. 78.
CHARTRES. Voyez MUSÉE.
Chastelain de Chancey (Charles), p. 157.
Chastelain de Chancey (Pauline-Antoinette), p. 157.
CHASLES (M. HENRI), p. XII, 38.
Chassériau (Théodore), p. 179.
Chataignier (Louis), p. 105.
Chataignier (Michel), p. 106.
Chateaubourg, p. 107.
CHATEAUBRIAND (M. LE COMTE DE), p. XII, 173.
Chateaubriand (François-Auguste, vicomte de), p. 173.
Chateaubriand (Françoise de Foix, comtesse de), p. 8, 11.
Châteauneuf (François de l'Aubespine, marquis d'Hauterive et de), p. 40.

Châteauneuf (Marie-Anne de) *dite* **Mademoiselle Duclos,** p. 150.

Châteauneuf (Renée de Rieux *dite* **la Belle de),** p. 12.

Châteauroux (Marie-Anne de Mailly, marquise de la Tournelle, duchesse de), p. 74.

CHÂTEAUROUX. Voyez MUSÉE.

CHÂTEAU-THIERRY. Voyez MUSÉE.

Châtillon (Gaspard de Coligny *dit* **l'Amiral de),** p. 16.

Châtillon (Odet de Coligny *dit* **le Cardinal de),** p. 20.

Chaudet (Antoine-Denis), p. 145, 163, 175.

Chaulnes (Anne-Joséphine Bonnier, duchesse de), p. 86.

Chaulnes (Michel-Ferdinand d'Albert d'Ailly, duc de). — Son portrait, p. 85. — Cité p. 86.

Chaumont (J.-D. Leray de), p. 85.

Chaumont (Thérèse-Joques Leray de), p. 85.

CHAUMONT. Voyez MUSÉE.

CHAZAUD (M. JEAN-BAPTISTE), p. XII, 3, 5, 10, 36, 79, 127, 129, 149.

Chenard (Simon), p. 139, 210.

Chénier (André-Marie de), p. 126.

CHENNEVIÈRES (M. LE MARQUIS DE), p. III, VII, VIII, XII, 20, 27, 46, 53, 63, 69, 70, 86, 98, 110, 128.

CHENUE PÈRE (M.), p. XII, 51, 52.

CHÉRON (M. PAUL), p. VII.

Chevert (François de), p. 96.

Chevillet, p. 156.

CHEVRILLON (Mme), p. XII, 35.

Chevreuse (la duchesse de), p. 157.

Chinard (Joseph), p. 93.

Choiseul (le duc de). — Son portrait, p. 155. — Cité p. 58. — Galerie, p. 158.

CHOPARD (M.), p. XIV, 40.

Chopin (Frédéric-François), p. 184.

CHRISTIAN (Mme), p. XII, 151.

Christine de France, p. 34.

Christine, duchesse de Toscane, p. 197, 198.

Christophe (J.), p. 147.

Cideville (Pierre-Robert le Cornier de), p. 111.

CINOT (Mme), p. XII, 186.

Cinq-Mars (Henri Coiffier de Ruzé, marquis de), p. 43.

Clairon (Claire-Josèphe-Hippolyte Legris de Latude dite **Mlle),** p. 150.

Claude (Mme Jules), p. xii, 130, 213.

Claude de France, p. 11.

Claude de Lorraine, premier duc de Guise, comte d'Aumale, p. 15.

Claude (la duchesse), épouse de Charles III, duc de Lorraine, p. 197, 198.

Claux-Slutter, p. 3.

Clément (A.), p. 124, 137, 138, 139, 140, 141, 142, 144, 145, 146, 147, 148, 152.

Clément VIII (Hippolyte Aldobrandini, pape sous le nom de), p. 197, 198.

Clément de Ris (M. le comte), p. v, vii.

Clerian père, p. 70.

Clermont-Gessans (Anne de), p. 113.

Clermont (Marie-Anne de Bourbon dite **Mademoiselle de),** p. 77.

Clermont-Montoison (Marie-Jeanne de), marquise de la Guiche, p. 210.

Clermont-Ferrand. Voyez Bibliothèque.

Clermont-Ferrand. Voyez Bibliothèque des avocats.

Clermont-Ferrand. Voyez Musée.

Clèves (Antoinette, duchesse de Juliers et de), p. 197, 198.

Clock (M. Léon de), p. xii, 87.

Clouet (François) dit *Janet,* p. 8, 9, 10, 11, 12, 13, 14, 15, 16, 18, 20, 189.

Clouet (Jean), p. 196.

Clouet (École des), p. 196.

Cochin (Charles-Nicolas). — Son portrait, p. 147. — Portraits dessinés par lui, p. 72, 73, 97, 120.

Cœsme (Jeanne de), dame de Bonnestable, princesse de Conti, p. 197.

Cognard (François), p. 103.

Coislin (le cardinal de), p. 36.

Colardeau (Charles-Pierre), p. 124.

Colbert (Jean-Baptiste de), marquis de Seignelay. — Son portrait, p. 42, 43. — Cité p. 143.

Colbert (Odard), p. 32.

Coligny (Gaspard de), p. 16.

Coligny (Odet de) *dit* **le cardinal de Châtillon,** p. 20.

Colin (M. Alexandre), p. 134, 144.

COLLÉ. — COSSÉ.

Collé (Charles) et Pétronille Bazire, sa femme, p. 125.
Collesson (M. Dieudonné), p. 36, 37.
COLLESSON (M. LOUIS-FÉLIX-ANTOINE-LÉON), p. XII, 36, 37.
Collot, p. 66, 167, 187.
Colombe (Marie-Thérèse-Théodore Romboeoli-Riggieri dite**)**, p. 153.
Colson (Jean-Baptiste-Gille), p. 129.
Colson (Jean-François-Gille), p. 129.
Colson (Mlle), p. 129.
Combemale (Mme), p. 132.
COMTE (M. JULES), p. VIII.
Condé (Charlotte-Marguerite de Montmorency, princesse de).
— Son portrait, p. 39. — Citée p. 69.
Condé (Henri II de Bourbon, prince de), p. 39, 55, 201.
Condé (Louis II de Bourbon, prince de Condé, dit **le Grand).**
— Son portrait, p. 45. — Cité p. 39.
Condé (Louis III, duc de Bourbon, prince de), p. 36, 77.
Condorcet (Jean-Antoine-Nicolas de Caritat, marquis de), p. 117.
Conti (François, prince de), p. 38, 197.
Conti (Jeanne de Coesme, dame de Bonnestable, princesse de), p. 197.
Conti (Louise-Marguerite de Lorraine, princesse de), p. 38.
Conti (Marie-Anne de Bourbon dite **Mademoiselle de Blois, princesse de)**, p. 36.
Cooper (Fenimore), p. 179.
Coqueret (Pierre-Charles), p. 108.
Corbet (Charles-Louis), p. 145.
Corday (Mme veuve), p. 47.
Cordier (Pierre-Louis-Antoine), p. 135.
Cormon (M. Fernand), p. 2.
Corneil ou *Corneille de Lyon*, p. 38.
Corneille (Marie de), p. 47.
Corneille (Pierre). — Son portrait, p. 56, 57. — Cité p. 47.
Corneille (Pierre), deuxième du nom, p. 47.
Corneille (Thomas), p. 59.
Cornier de Cideville (Pierre-Robert le), p. 111.
Cosnou (Mathurin), p. 104.
Cossé (Charles de), comte de Brissac, p. 18.

COSWAY. — DAGUERRE.

Cosway (Richard), p. 101.
COTTIER (M. MAURICE), p. XII, 28.
Coubard (M.), p. 133.
Counis (Salomon-Guillaume), p. 174.
COUR D'APPEL DE ROUEN, p. XII, 48.
Courgeon (l'abbé), p. 104.
Courtivron (Mme de), p. 199.
COURTOIS (M. JUSTIN), p. XII, 59.
Cousin (Jean), p. 11, 25, 26.
COUSIN (M. JULES), p. VII, XII, 180.
Cousin (Mlle), p. 180.
Cousin (Marie), p. 25.
Coustou (Guillaume), p. 87, 147, 159.
Coustou (Philippe), p. 85.
COUVET (M. ÉDOUARD), p. XII, 69.
Coypel (Antoine), p. 95.
Coyzevox (Antoine), p. 65.
Cozette (Charles), p. 155, 158.
Cramand (Simon de), p. 6.
Crébillon (Prosper Jolyot de), p. 123.
Crillon (Louis des Balbes de Berton, seigneur de), p. 18.
Crussol (la comtesse Diane de), p. 39.
Cujas (Jacques), p. 19.
Cumont (René de), p. 55.
CZARTORYSKI (M. LE PRINCE), p. XII, 14, 15, 28, 192, 195, 196, 200, 202.
Czartoryski de Pulawy, p. 14, 15, 28.

D*** (M. le duc de), p. 164.
Dacier (Madame), née Anne Lefèvre, p. 122.
Daclin (M. le baron), p. 131.
Daël (Jean-François Van), p. 140.
Dagescy (Augustin), p. 112.
Dagescy (Bernard), p. 112.
Dagescy (famille Bernard), p. 112.
Daguerre (Louis-Jacques-Mandé), p. 182.

DALAINE. — DELAMICHODIÈRE.

Dalaine (Julien-René), p. 104.

Dampierre, p. 91.

Danchet (Antoine), p. 128.

Danet (l'abbé Pierre), p. 55.

Danloux (Henri-Pierre), p. 72, 152, 156, 160, 164, 171, 172.

Danloux (la femme du peintre Henri-Pierre), née Antoinette de Saint-Redan, p. 156.

Danloux (Jules), p. 172.

DANLOUX (Mme VEUVE), p. XII, 156.

DANLOUX DU MESNIL (M.), p. XII, 160, 164.

Danton (Georges-Jacques), p. 92.

DARCEL (M.), p. VII, XII, 135.

Datruvon (Demoiselle), p. 135.

Dauban (C.-A.), p. 93.

Daubenton (Louis-Jean-Marie), p. 121.

Daullé (J.), p. 146.

Daunou (Pierre-Claude-François), p. 53.

Dauphin (Louis de France *dit* le Grand). — Son portrait, p. 35. — Cité p. 35.

DAUSSOIGNE-MÉHUL (M. A.), p. XII, 148.

David (M. Adolphe), p. 199.

David (Jacques-Louis). — Portraits peints par lui, p. 93, 94, 137, 138, 165, 168, 175, 177, 178, 187, 208, 211. — Cité 133.

David d'Angers (Pierre-Jean). — Portraits dessinés ou sculptés par lui, p. 102, 103, 104, 105, 106, 107, 170, 172, 173, 175, 176, 177, 179, 180. — Cité p. 101.

DAVIOUD (M. GABRIEL), p. XII, 120.

Davoux (Marie-Thérèse) *dite* **mademoiselle Maillard,** p. 210.

Debelle (le général), p. 108.

Dechaux, p. 108.

Deffand (Marie de Vichy-Chamron, marquise du), p. 122.

DELABORDE (M. LE VICOMTE HENRI), p. VII.

Delachaussée (M.), p. 19.

DELACOUR (Mlle), p. XII, 22.

Delacroix (Charles, baron), p. 168, 169.

Delacroix (Ferdinand-Victor-Eugène). — Son portrait, p. 178. — Portraits dessinés ou peints par lui, p. 168, 169, 182, 184, 186. — Cité p. 136, 194.

DELAHERCHE (M. ALEXANDRE), p. XII, 3, 8, 11, 12, 13, 15, 16, 17, 18, 23, 31, 33, 34, 35, 37, 46, 66, 77, 110, 131, 150, 191, 192, 193, 194, 197, 203.

Delamichodière (Messire Jean-Baptiste), p. 84.

DELAROCHE. — DESMARES.

Delaroche (Hippolyte dit *Paul)*, p. 185.
DELARUE DE BEAUMARCHAIS (M. ALFRED-HENRI), p. XII, 125.
DELESTRE (M. G.), XII, 162.
Delisle (Jacques), p. 171, 172.
Delille (Mlle), p. 150.
DELORE (Mme BÉATRIX), p. XII, 17, 82, 156, 185.
De Lyen (Jacques-François), p. 81.
Demarnette de Marne (Jean-Louis), p. 138.
DENAIN (Mme), p. XII, 121, 151, 153, 157.
Den Duyts (M. Gustave), p. 2.
Deniau (Pierre), p. 104.
DENIS (M. ANTOINE), p. XII, 212.
DENIS (M. FERDINAND), p. XII, 55.
Denis (M. Gabriel-Gilles), p. 212.
Dennel, p. 113.
De Non (M.), Seg^{rio} di Legaz^{ne} di Francia, p. 82. Voyez le suivant.
De Non ou *Denon (Dominique-Vivant, baron)*. — Son portrait, p. 211, 212. — Portraits dessinés par lui, p. 82. — Cité p. 187.
Desaix de Veygoux (Louis-Charles-Antoine), p. 102.
Descamps (Jean-Baptiste). — Son portrait, p. 132. — Portrait peint par lui, p. 132.
Descamps (M.), p. 39.
Descarsin, p. 88.
Des Cars (Pauline de Laborde, baronne), p. 154.
Descartes (René), p. 56.
Deseine (Louis-Pierre), p. 112.
Des Fossez (le comte), p. 61.
Des Fossez (Charles-Henry, comte), p. 61.
DES FOSSEZ (M. LE COMTE), p. XII, 61.
Deshays (Henri), p. 135.
Deshays (Jean-Baptiste-Henri), p. 135.
Deshays (Jean-Dominique), p. 134.
Des Houlières (Antoinette de Ligier de la Garde, dame), p. 61.
Designé-Maillard, p. 2.
Desjardins (Marie Cadene, femme du sculpteur), p. 70.
Desjardins, p. 150.
Desmares (Marie) *dite* **la Champmeslé**, p. 68.

DESMOULINS. — DU BOCAGE.

Desmoulins (Anne-Lucile-Philippe-Laridon Duplessis dite **Lucile)**, p. 92.

Desperet (collection), p. 77.

Despinoy (collection), p. 27, 28, 43, 64, 122, 128.

Destouches (Philippe Néricault), p. 208.

Détroyat (Mme Léonce), p. xii, 173.

Devéria (Eugène-François-Marie-Joseph). — Son portrait, p. 178, 179. — Portrait peint par lui, p. 178, 179.

Deville (A.), p. 6.

Devoize (Mme), p. xii, 74.

Diane de Crussol (la comtesse), p. 39.

Diane de Poitiers, p. 11.

Diderot (Denis). — Son portrait, p. 115. — Cité p. 135.

Didier (collection Henri), p. 157.

Dieu (Antoine), p. 36.

Dijon. Voyez Musée.

Dijon. Voyez Supérieure du couvent de la Visitation.

Dillon (la comtesse de), p. 165.

Direction générale des beaux-arts, p. xii, 2.

Disnematin, p. 149.

Domat (Jean), p. 48.

Dominique (Saint), p. 198.

Domé (Louis-Joseph). — Son portrait, p. 209. — Portrait peint par lui, p. 209.

Dorfeuille, p. 94.

Douai. Voyez Musée.

Doyen (Gabriel-François), p. 123.

Drevet (F.), p. 46.

Drevet (Pierre). — Son portrait, p. 66, 147, 213. — Portraits gravés par lui, p. 70, 127.

Dreyfus (M. Gustave), p. viii.

Dreyfus (Mme Gustave), p. xii, 85, 155, 160.

Drolling (Martin). — Son portrait, p. 137. — Portraits peints par lui, p. 137, 211.

Drouais (François-Hubert), p. 72, 73, 74, 75, 78, 87, 88, 89, 93, 121, 155, 158, 161, 163, 207.

Drouais (Hubert), p. 113, 134, 135.

Drouot (Antoine, comte), p. 168.

Dubuisson, p. 208.

Du Bocage, p. 135.

DUBOIS. — DUPUIS.

Dubois de Crancé (Édouard-Louis-Alexis), p. 93.
Du Bouchage (Henri, comte), duc de Joyeuse, p. 18.
Ducayer, p. 69.
Du Cayla (Zoé, comtesse), p. 163.
Duchemin (Catherine), p. 205.
Ducis (Jean-François). — Son portrait, p. 126, 208. — Famille, 209. — Cité p. 126.
Duclaux (Antoine). — Son portrait, p. 180. — Portraits peints par lui, p. 180, 181.
Duclos (collection Jules), p. 3, 36, 79, 129, 149.
Duclos (Marie-Anne de Châteauneuf dite **mademoiselle)**, p. 150.
Ducloux (Madeleine), p. 209.
Ducloz-Dufresnoy (Charles-Nicolas-Victor), p. 154.
Ducreux (Joseph), p. 87, 148.
Ducreux (le frère du peintre Joseph), p. 157.
Du Faur (Gui), seigneur de Pibrac, p. 22.
Dufour (M.), p. xii, 154.
Dufourny, p. 122.
Dufresny (Charles), sieur de la Rivière, p. 62.
Dumaige (Claude-Liévain). — Son portrait, p. 135. — Portrait peint par lui, p. 135.
Dumas (Alexandre Davy de la Pailleterie), p. 109.
Dumas père (Alexandre), p. 174.
Dumas (M. Alexandre), p. xii, 76, 81, 109, 123, 130, 148, 150, 153, 156, 173, 174, 178.
Dumée (M.), p. 69.
Dumonstier (Daniel), p. 17.
Dumonstier (l'un des), p. 22, 55.
Dumont (François), p. 79.
Dumont de Vaux (Pierrette-Jeanne-Baptiste-Léocadie), p. 85.
Dumouriez (Charles-François), p. 101.
Du Perrier (François), p. 49.
Duplessis (Joseph-Siffrein), p. 72, 78, 79, 84, 91, 124, 148.
Duplessis-Bertaux, p. 147.
Dupont (M. Edmond), p. xii, 53, 126.
Duprat (Antoine), p. 18.
Dupré (Guillaume), p. 47.
Dupuis (N.), p. 46.

DURAND. — ENJOBERT.

Durand (M. Alphonse), p. XII, 117.

Durand (M. A.), p. 172, 173, 177.

Durand (M. Camille-Hilaire), p. 119.

Duroc (Géraud-Christophe-Michel), duc de Frioul, p. 167.

Du Sommerard (M.), p. VIII.

Dussieux (M. E.), p. 46, 70, 86, 110.

Du Terrail (Pierre), seigneur de Bayard, p. 17.

Duthé (Rosalie Gérard *dite* **mademoiselle)**, p. 160.

Duvergier de Hauranne (M. Emmanuel), p. XII, 53.

Duvergier de Hauranne (Jean), abbé de Saint-Cyran, p. 53.

Dyck (Anton Van), p. 31, 44, 200.

Dzialinska (Mme la comtesse), née princesse Czartoryska, p. XII, 190, 195, 196, 197, 200, 202.

École nationale des arts décoratifs, à Paris, p. XII, 131.

Edelinck (Gérard), p. 60, 70.

Edwards (M. Alfred), p. XII, 128.

Edwards (M. Charles), p. XII, 60, 75.

Egmont (Juste Van); p. 69.

Egmont-Pignatelli (Jeanne-Sophie-Élisabeth-Louise Septimanie de Vignerot du Plessis-Richelieu, comtesse d'), p. 157.

Egmont-Pignatelli (le comte d'), p. 157.

El ou Elle (Ferdinand), p. 40, 44.

El ou Elle, dit Ferdinand (Louis), p. 43.

Elbée (d'), p. 103, 107.

Élisabeth d'Autriche, p. 13.

Élisabeth, duchesse de Bavière, p. 197, 198.

Élisabeth (Philippine-Marie-Hélène de France *dite* **Madame)**, p. 79.

Élisabeth de Russie, p. 83.

Élisabeth de Vendôme, p. 201.

Émery (Jacques-André), p. 170.

Emmerez (Gui-Érasme), p. 56.

Engelmann (M.), p. 5, 7.

Enjobert de Martillat (dame de la famille), p. 25.

EON. — FÉNELON.

Eon (Charles-Geneviève-Louis-Auguste-André-Thimothée de Beaumont, chevalier d'). — Son portrait, p. 83. — Cité p. 82.
Épée (Charles-Michel de l'), p. 112.
Érard (Mme veuve), p. xii, 148.
Érard (galerie), p. 148.
Esneval (Robert-Marie Le Roux d'), p. 110.
Essarts (Charlotte des), comtesse de Romorantin, p. 33.
Este (Anne d'), p. 12.
Estienne (Henri), p. 11.
Estrées (Gabrielle d'), p. 13, 197.
Estrées (Léontine d'), p. 13.
Étampes (Anne de Pisseleu, duchesse d'), p. 8.
Étoile (Pierre de l'), p. 25.
Évêché de Meaux, p. xii, 51, 80.
Évêché de Nîmes, p. xii, 111.
Évêché d'Orléans, p. xiii, 21.
Évêché de Troyes, p. xiii, 54.
Evette (M. Henri), p. xiii, 138.
Évreux (Louis de la Tour-d'Auvergne, comte d'), p. 86.

Fabert (Abraham), p. 45.
Fabre (Mme Berthe), p. xiii, 74.
Fabre (M. Marc), p. xiii, 73.
Fabvier (Mme la baronne), p. 168.
Faculté de médecine, à Paris, p. xiii, 56.
Falconet (Camille), p. 119.
Falconet (Étienne-Maurice), p. 119.
Fau (M. Pierre-Henri), p. xiii, 32.
Faure (M. Félix), p. xiii, 132.
Faure (Mme Félix), p. xiii, 125, 132.
Favras (le marquis de), p. 155.
Favras (Mme Thomas Mahi, marquise de), p. 155.
Febvre (M. Alexis-Joseph), p. xiii, 75.
Femme (Portrait de), p. 189, 191, 192, 193, 194.
Femme d'un trésorier de France (portrait de), p. 192.
Fénelon (François de Salignac de la Mothe), p. 52.

FÉRAL-CUSSAC (M. Eugène), p. XIII, 16, 29, 60, 72, 135, 137, 160, 205.
Ferdinand, duc de Toscane, 197.
Ferdinand IV, p. 165.
Fétis (F.-J.), p. 152.
Feuquières (la marquise de), p. 59.
Fèvre, Febvre ou Fébure (Claude Le), p. 45, 60.
Fèvre ou Febvre (Robert Le). — Son portrait, p. 177. — Portraits peints par lui, p. 138, 148, 177, 178, 212. — Vente, p. 212.
Fevret de Saint-Mémin (M.), p. 183.
Fézenzac (la comtesse de), p. 149.
Fillon (M. Benjamin), p. XIII, 3, 6, 22, 23, 24, 40, 47, 55, 56, 90, 91, 92, 93, 94, 109, 142, 162, 198, 199.
Finsonius (Ludovicus). p. 70.
Finsonius (la mère du peintre), p. 70.
Firmin-Didot, p. 31.
Firmin-Didot (M. Alfred), p. XIII, 12, 115, 127, 172.
Flatters (I.-J.), p. 172.
Fléchier (Esprit), p. 111.
Fleury (André-Hercule de), p. 80.
Foix (Françoise de), p. 8, 11.
Foix (Gaston IV, comte de), p. 195.
Fontaine (Jacques-François-Joseph Swebach *dit*), p. 141.
Fontaine (Pierre-François-Léonard), p. 146.
Fontenai (l'abbé de), p. 31, 88, 99, 120, 150.
Fontenay (M. de), p. 94.
Fontenay (Jean-Baptiste), p. 95, 96.
Fontenay (Pierre-Nicolas de), p. 94.
Fontenay (M. le comte de), p. XIII, 46.
Fontenay-le-Comte. Voyez Tribunal.
Fontenay Mareuil (François du Val, marquis de), p. 42.
Fontenelle (Bernard Le Bouyer ou le Bovier de), p. 117.
Forbin (Mme de), p. 203.
Forest (Jean), p. 127.
Forfait (Pierre-Alexandre-Laurent), p. 167.
Fouquet (Nicolas), vicomte de Melun et de Vaux, marquis de Belle-Isle, p. 43.
Fourier (Jean-Baptiste-Joseph, baron), p. 176.

FOURNEL. — FRANÇOISE.

Fournel (M. Louis-Edmond), p. xiii, 65.
Fournier (M. Charles), p. xiii, 204.
Foy (Maximilien-Sébastien), p. 167.
Foy (M. le comte), p. xiii, 164, 167.
Foyer, p. 103.
Fragonard (Jean-Honoré), p. 98, 115, 142, 158.
France (Christine de), p. 34.
France (Élisabeth de), p. 35.
France (Gaston-Jean-Baptiste de), duc d'Orléans, p. 35, 200.
France (Henriette-Marie de). — Son portrait, p. 32, 34. — Citée p. 37, 201.
France (Louis de) *dit* **le Grand Dauphin.** — Son portrait, p. 35. — Cité p. 35.
France (Louis-Joseph-Xavier de), duc de Bourgogne, p. 77.
France (Louis de), fils de Louis XV. — Son portrait, p. 77. — Cité p. 77.
France (Louis-Joseph-Xavier-François, dauphin de), p. 88.
France (Louise-Marie-Thérèse-Victoire de), p. 77.
France (Marie-Thérèse-Charlotte de) *dite* **Madame Royale,** p. 79.
France (Philippine-Marie-Hélène de) *dite* **Madame Élisabeth,** p. 79.
France (Renée de), p. 197.
France (Sophie-Philippine-Élisabeth-Justine de). — Son portrait, p. 78. — Citée p. 210.
Francisque, p. 150.
François Ier. — Son portrait, p. 8, 9. — Cité p. 9, 11.
François, prince de Conti, p. 38, 197.
François de Lorraine, duc d'Aumale et de Guise, 12.
François II, duc de Lorraine, p. 197, 198.
François de Vendôme, duc de Beaufort, *dit* **le roi des Halles,** p. 200.
François-Xavier-Louis-Auguste-Albert Bennon, duc de Saxe, comte de Lusace, p. 206.
François de Paule (Saint), p. 198.
François de Sales (Saint), p. 49.
François (F.), p. 51.
François (Hubert), p. 84.
François (Jean-Charles), p. 142.
Françoise de Lorraine, duchesse de Mercœur, p. 200.
Françoise-Élisabeth-Marie de Savoie-Nemours, p. 201.

Portraits nationaux.

Franklin (Benjamin), p. 89.
Frayssinous (Denis-Luc), p. 171.
Frédéric-Auguste III, électeur de Saxe, p. 206.
Fredon (Marie-Catherine), p. 142.
Frédou (Jean-Martial), p. 98, 163.
Frenelles (François Asselin, chevalier, sire de), p. 154.
Frère (Mme), p. xiii, 147.
Fréret (M. Armand), p. xiii, 84.
Fresnaye (M. le baron de la), p. xiii, 23, 185.
Fresnaye (Mme la baronne de la), p. xiii, 95.
Froment (Nicolas), p. 4, 5.
Furetière (l'abbé Antoine), p. 55.
Furtado-Heine (Mme), p. xiii, 76, 81, 92.

Gabet, p. 88, 150, 187.
Gabrielle d'Estrées, p. 13, 197.
Gaetano (Scipione Pulzone dit Il), p. 24.
Gaignières (Roger de), p. 2.
Galicier de la Turmelière (Mme), p. xiii, 84.
Galitzin (M. le prince Borys), p. xiii, 78, 118.
Galitzin (M. le prince Étienne), p. xiii, 38.
Gallard (René-Jean), p. 106.
Galle (André), p. 183.
Ganay (M. le marquis de), p. xiii, 211.
Gand (M. Eugène), p. xiii, 185.
Gardelle (Robert), p. 193.
Garnier de Recouvrance (Antoine), p. 190.
Gaston-Jean-Baptiste de France, duc d'Orléans. — Son portrait, p. 200. — Cité, 37, 38.
Gaston IV, comte de Foix, p. 195.
Gault de Saint-Germain (collection), p. 114.
Gautherot (Claude), p. 170, 176.
Gauthey (Émiland-Marie), p. 187.
Gavarni (Sulpice-Paul Chevalier, dit), p. 178.
Gay (Delphine), p. 173.

GAY. — GODART.

Gay (Marie-Françoise-Sophie Nichault de Lavalette, dame), p. 173.

Geffrier-Desisles (vente), p. 147.

Geille, p. 65.

Gellée ou **Gillée (Claude)** dit **Le Lorrain.** — Son portrait, p. 63, 64. — Portraits peint par lui, p. 63, 64.

Genlis (Mme de), p. 206.

Génod (Michel-Philibert), p. 180.

GENTIL (M. ARTHUR), p. v, vii.

Gentil (François), p. 23.

Gentil-Jacob (famille), p. 24.

Geoffrin (Marie-Thérèse Rodet, dame), p. 123.

Georges Ier, roi d'Angleterre, p. 135.

Georges (Marguerite-Joséphine Wemmer dite **mademoiselle),** p. 185.

Gérard (François, baron). — Son portrait, p. 141. — Portraits peints par lui, p. 94, 126, 141, 164, 165, 166, 167, 172, 185, 210, 211.

Gérard (la mère du peintre), p. 141.

GÉRARD (M. LE BARON), p. xiii, 93, 126, 141, 142, 164, 166, 185.

Gérard (Marguerite), p. 142.

Géricault (Jean-Louis-André-Théodore). — Son portrait, p. 178. — Portraits peints par lui, p. 169, 178.

Ghirlandajo (Domenico), p. 7.

Gibieuf (M. Pierre), p. 19.

Gilibert (le docteur), p. 70.

GIRARD (M. LOUIS-ERNEST), p. xiii, 146.

Girard (Philippe-Henri de), p. 186.

GIRARD-GOUPILLON (M.), p. xiii, 107.

Girardin (M. Émile de), p. 173.

Girardin (Mme Émile de), p. 173.

Girardon (François), p. 30, 32, 65, 205.

Girardon (Catherine Duchemin, femme du sculpteur), p. 205.

Girodet de Roucy Trioson (Anne-Louis). — Son portrait, p. 140. — Portraits peints par lui, p. 163, 173. — Cité p. 174, 179.

GIUDICELLI (Mme), p. xiii, 71.

GIUDICELLI (M. HENRI), p. xiii, 161.

Gluck (Christophe), p. 148.

Gobinet (Charles), p. 204.

Godart (M.), p. 52.

16.

GODEFROY. — GRIMOU.

Godefroy (Mlle Marie-Éléonore), p. 167.

Gomard-Vaubernier (Marie-Jeanne), comtesse du Barry, p. 75.

Gondy (Albert de), duc de Retz, p. 18.

Gontaut (Charles de), baron de Biron, p. 17.

Gony ou Gouy (Mlle de), p. 76.

Gosselin (M.), p. 171.

Gouffier (Artus), p. 189.

Gouillart (M.), p. 44.

Goujon (Jean), p. 24.

Gourdon (l'abbé Joseph). — Son portrait, p. 103. — Cité p. 104.

Gourgaud (Françoise-Rose), femme d'Angiolo Vestris, p. 150.

GOURGAUD (M. LE BARON), p. XIII, 102.

Gouy ou Gony (Mlle de), p. 76.

GOYON (Mme LA COMTESSE DE), p. XIII, 149.

Graffigny (Françoise d'Issembourg d'Happoncourt, dame de), p. 122.

Graille, p. 65.

Grammont (la duchesse de), p. 158.

Granvelle (Antoine Perrenot, cardinal de), p. 24.

Granvelle (Nicolas Perrenot, seigneur de), p. 24.

GRASSAL (M. ERNEST), p. XIII, 204.

Grasset (René), p. 107.

Grassini (Joséphine), p. 184.

Gravier (Charles), comte de Vergennes, p. 82.

GRAVILLON (Mme GABRIELLE DE), p. XIII, 167.

GRÉAU (M. JULIEN), p. XIII, 1, 11, 16, 36, 43, 45, 64, 65, 191.

Grécourt (l'abbé de), p. 157.

Grécourt (Anne de Villars de), p. 157.

GRENOBLE. Voyez BIBLIOTHÈQUE. Voyez MUSÉE.

Grétry (André-Ernest-Modeste), p. 148.

Greuze (Jean-Baptiste). — Son portrait, p. 134. — Portraits peints par lui, p. 76, 89, 91, 92, 101, 134, 149, 151, 154, 160, 179, 182, 207. — Cité p. 134, 209.

Grignan (Françoise-Marguerite de Sévigné, comtesse de), p. 60.

Grille (François), p. 115.

Grimaud (Louis), p. 105.

Grimou, Grimoux ou Grimoud (Jean-Alexis). — Son portrait, p. 129. — Portraits peints par lui, p. 117, 129, 151, 155.

Grizel (Marie-Anne-Charlotte), deuxième femme de Jean-Henri Riesener, p. 136.
Grobon (Michel). — Son portrait, p. 181. — Portrait peint par lui, p. 181.
Gros (Antoine-Jean, baron), p. 141, 162, 167, 168, 183.
Gruyer (M. A.), p. VII.
Gudin, p. 180.
Guéneau de Montbéliard (M. Léon), p. 185.
Guerchy (Claude-François, comte Regnier de), p. 82.
Guerchy (Edme de Regnier de), p. 68.
Guérin (Christophe), p. 102.
Guérin (François-Constance, comte), p. 97.
Guérin (Georges-Martin). — Son portrait, p. 96, 97. — Cité p. 97, 98.
Guérin (Jean), p. 102.
Guérin (Jean-Baptiste-Paulin), p. 175.
Guérin (Pierre) et sa famille, p. 93.
Guérin (Pierre-Narcisse, baron). — Son portrait, p. 212. — Portrait peint par lui, p. 212. — Cité p. 178.
Guérin (M. le comte), p. XIII, 36, 97, 98.
Guiard (Adélaïde Labille, dame), p. 92.
Guibert (Alexandrine-Louise Boutmon de Courcelles, comtesse de), p. 118.
Guibert (Jacques-Antoine-Hyppolyte, comte de), p. 118.
Guiffrey (M. J.-J.), p. V, VII, 99, 143, 144.
Guiffrey (Mme Jules), p. XIII, 134, 144, 150.
Guilhermy (M. de), p. VII, VIII.
Guilhiermoz (M. Baptistin), p. XIII, 36.
Guillaume (M. Eugène), p. VIII.
Guillaume de Rochebrune (M. Octave de), p. XIII, 44.
Guinahut (René), p. 103.
Guise (Charles de Lorraine, cardinal de), p. 30.
Guise (Claude de Lorraine, premier duc de), p. 15.
Guise (Henri Ier de Lorraine, troisième duc de), p. 15, 38.
Guyart des Moulins, p. 2.
Guyomard, p. 208.

Habaiby (Mme), p. XIII, 183.
Haflen (Van), p. 143.

HALEN. — HENRI.

Halen (Arnolf Van), p. 101.

Hall (Pierre-Adolphe), p. 101.

Hallier (François du) *dit* **le maréchal de l'Hospital,** p. 202.

Hamoche, p. 150.

Hangest (Hélène d'), p. 189.

Haraucourt (la duchesse de Phalaris, née d'), p. 159.

Harcourt (Anne-Pierre, quatrième duc d'), p. 88.

Harcourt (François-Henri, comte de Lillebonne, cinquième duc d'), p. 88.

Harcourt (Marie-François, duc d'), p. 89.

HARCOURT (M. LE DUC D'), p. VIII, 88, 89.

Hardouin-Mansart (Jules), p. 65, 66.

HARO (M.), p. XIII, 76, 92, 133.

HASTIER (M. PAUL), p. VIII, 53.

Haussemann (Mme veuve), p. 152.

HAUSSONVILLE (M. LE COMTE D'), p. XIII, 80, 83, 91, 114, 122.

HAUT (M. MARC DE), p. XIII, 68.

Hauterive (François de l'Aubespine, marquis d') et de Châteauneuf, p. 40.

Hauteville (Messire Jean-Baptiste Delamichodière, comte d'), p. 84.

HAVILLE (M.), p. XIII, 125.

HAVRE (LE). Voyez MUSÉE.

HEDOUIN (M. EDMOND), p. XIII, 115.

Heinsius (Johann-Ernest), p. 110.

Helvétius (Charlotte), p. 116.

Helvétius (Claude-Adrien), p. 115.

Helvétius (Geneviève-Adélaïde), comtesse d'Andlau, p. 210.

Henri II. — Son portrait, p. 9. — Cité p. 11.

Henri III. — Son portrait, p. 10. — Cité p. 12, 22, 29.

Henri III remettant les insignes de l'ordre du Saint-Esprit, p. 10.

Henri IV. — Son portrait, p. 27, 28, 200. — Cité p. 13, 14, 15, 22, 27, 28, 33, 34, 35, 49, 197, 200.

Henri VIII, p. 10.

Henri II d'Albret, p. 14.

Henri II de Bourbon, prince de Condé, p. 39, 201.

Henri II d'Orléans, duc de Longueville, p. 29, 39, 201.

HENRI. — HOUDETOT.

Henri I⁰ʳ de Lorraine, troisième duc de Guise, *dit* **le Balafré,** p. 15, 38.
Henri II, duc de Lorraine, p. 197, 198.
Henri de Lorraine, marquis de Moüy, p. 44.
Henri de Savoie, dernier duc de Nemours, p. 201.
Henriette de Hesse-Rheinfels, p. 79.
Henriette-Anne d'Angleterre, duchesse d'Orléans (Madame), p. 37, 201.
Henriette-Marie de France. — Son portrait, p. 32, 34. — Citée p. 37, 201.
Henriquel-Dupont (M. Louis-Pierre), p. 171, 174.
Henry (M.), p. 53.
Hérault de Séchelles (Marie-Jean), p. 93.
Hercule II, p. 12.
Hercule-François de France, duc d'Alençon, puis duc d'Anjou, p. 15.
Héricart (Marie), p. 58.
Héricart de Thury (M. le vicomte), p. xiii, 57, 58.
Herluison (M.), p. xiii, 33.
Herrau (Pierre), p. 107.
Herreria (visconte dell), min⁰ di Spagna, p. 82.
Hersent (Louis), p. 165, 173.
Hesse-Rheinfels (Henriette de), p. 79.
Hischbein, p. 96.
Hoche (Lazare). — Son portrait, p. 107, 108, 109. — Cité p. 108, 109.
Hoffmann (François-Benoît), p. 124.
Hoin (Claude). — Son portrait, p. 137. — Portraits peints par lui, p. 79, 80, 137.
Hoin (François-Jacques), p. 120.
Holbach (Charlotte-Suzanne Daine, baronne d'), p. 116.
Holbach (Paul-Henri-Thiry, baron d'), p. 116.
Holbein (Hans) dit le Jeune, p. 14, 24.
Holland (Lord), p. 166.
Homme (Portrait d'), p. 189, 191, 192, 193, 194.
Hospital (François du Hallier *dit* **le maréchal de l').** — Son portrait, p. 202. — Cité p. 33.
Hospital (Michel de l'), p. 19.
Houdetot (Claude-Constance-César, comte de), p. 158.
Houdetot (Élisabeth-Françoise-Sophie de la Live de Bellegarde, comtesse d'), p. 158.

Houdetot (collection d'), p. 166.

Houdetot (M. le comte d'), p. xiii, 61, 159.

Houdon (Jean-Antoine). — Son portrait, p. 144, 145. — Portraits sculptés par lui, p. 59, 89, 101, 115, 142, 144, 145, 207.

Houdon (Marguerite-Julie-Antoinette). — Son portrait, p. 142. — Portrait peint par elle, p. 142.

Houdoy (M. Jules), p. 209.

Houël (Jean-Pierre-Louis), p. 135.

Houry (Laurent d'), p. 127.

Huaud (Pierre), p. 191.

Huber (Jean-Daniel), p. 114.

Hugo (Marie-Victor), p. 172.

Hugues (Henry). — Son portrait, p. 182. — Cité 169.

Hulst, p. 46, 86.

Humbert II, dauphin de Viennois, 3.

Hünolstein (M. le baron d'), p. xiii, 47.

Hussard (Michel-Nicolas), p. 182.

Hutteau (M.), p. xiii, 189.

Inconnus, p. 189, 190, 191, 192, 193, 194.

Ingres (Jean-Dominique-Auguste), p. 167, 171, 174, 181, 183, 186. — Collection, p. 58, 171, 181, 183, 186.

Ingres (Jean-Marie-Joseph), p. 183.

Ingres (Magdalena Capelle, première femme de Jean-Dominique-Auguste), p. 186.

Innocent XII, p. 52, 203.

Institution nationale des Sourds-Muets, à Paris, p. xiii, 112.

Isabey (Jean-Baptiste), p. 76, 140, 141, 148, 162, 164, 165, 193. — Cabinet, p. 165.

Issoudun. Voyez musée.

Jacomin (Jean-Marie), p. 180.

Jacquemin (Cyprien), p. 126.

Jacques de Savoie duc de Nemours, p. 14, 15.

Jacquet (M. C. J. Orien Marais et Marie-Catherine), p. 155.

Jacquinot-Godard (collection), p. 80.

Jal (Auguste), p. 31, 88, 120, 150.

JAMAIN. — JUNOT.

Jamain (M. Joseph), p. VIII.
Jancigny (M. Du Bois de), p. VIII, 72.
Janmot (M. Anne-François-Louis), p. 171.
Jansénius, p. 53.
Jarrault (M. Émile), p. XIII, 132.
Jean II *dit* **le Bon,** p. 1, 2.
Jean sans Peur, p. 2, 3.
Jean de Bruges, p. 2.
Jean de Paris, p. 10.
Jeanne d'Albret, p. 14.
Jeanne d'Arc, p. 5, 6.
Jeanne de France, p. 8.
Jeanne de Laval, p. 4, 5.
Jeanne-Françoise Fremyot de Chantal (Sainte), p. 199
Jeannin (Pierre), p. 47.
Jéliot, p. 55.
Johannot (Charles-Henri-Alfred), p. 179, 180.
Johannot (Tony), p. 179.
Joly (Claude), p. 54.
Joly de Fleury, p. 2.
Jonzac (le comte de), p. 159.
Jonzac (Michelle-Françoise-Julie Bouchard d'Esparbez de Lussan d'Aubeterre *dite* **mademoiselle de),** p. 159.
Jordan (Camille), p. 167.
Joseph (François Leclerc du Tremblay *dit* **le Père),** p. 41.
Joséphine (Marie-Joséphine-Rose Tascher de la Pagerie *dite*). — Son portrait, p. 164. — Citée p. 180.
Jouin (M. Henry), p. VIII, XIII, 172, 180.
Jousse (Daniel), p. 111.
Jouvenet (François), p. 66.
Jouvenet (Jean), p. 53, 59, 65.
Joyeuse (Henri, comte du Bouchage, duc de), p. 18.
Julie d'Angennes, p. 39.
Juliers (Antoinette, duchesse de) et de Clèves, p. 197, 198.
Jullienne (François de), p. 149.
Jullienne (Jean de), p. 149.
Junot (Jean-Andoche), duc d'Abrantès, p. 168.

KARPFF. — LALLEMAND.

Karpff dit *Casimir (Jean-Jacques)*, p. 208, 209.
Kaunitz-Rietberg (le prince), p. 75.
Kiewert (M.), p. 157.
Kléber (Jean-Baptiste), p. 102.
Kœts (Rodolphe ou *Rœlof)*, p. 113.
Krantz (M. J.-B.), p. x.

Lablache (le comte de), p. 90.
Laborde (Jean-Joseph, marquis de) et sa famille, p. 154.
Laborde (Pauline de), baronne des Cars, p. 154.
LABORDE (M. LE MARQUIS DE), p. XV, 154.
LABORDE (Mme LA MARQUISE DE), p. XIII, 154.
La Bretesche (le marquis de), p. 102.
LACHAUD (M. C.), p. XIII, 62.
Lacordaire (Jean-Baptiste-Henri-Dominique), p. 171.
LACROIX (M. PAUL), p. XIII, 40.
LACROIX (Mme PAUL), p. XIII, 134, 142.
Lacurne de Sainte-Palaye (Jean-Baptiste) et son frère, p. 126.
La Fayette (Marie-Jean-Paul-Roch-Yves-Gilbert Motier, marquis de), p. 101.
LAFENESTRE (M. GEORGES), p. VII, 123.
La Feuillade (François d'Aubusson, duc de) et de Roannais, p. 45.
La Fontaine (Jean de), p. 57, 58.
Lagarenne (le sieur), p. 135.
Lagneau ou *Lanneau*, p. 40, 55, 199.
Lagrenée (Louis-Jean-François) dit *l'Aîné*, p. 144.
La Guiche (Marie-Jeanne de Clermont-Montoison, marquise de), p. 210.
LA GUICHE (M. LE MARQUIS DE), p. XIII, 210, 213.
Lair (M. Pierre-Aimé), p. 148, 212.
Lalanne (M. Ludovic), p. 31, 187.
Lalauze (M. Ad.), p. 59.
Laleu (Françoise Charpentier, dame de), p. 159.
Laleu (famille de), p. 160.
Lalive de Jully (Ange-Laurent), p. 149.
LALLEMAND (M. HENRI), p. XIII, 94.

LAMARE. — LA TOUR.

Lamare (M. René de), p. XIII, 132.

Lamartine (Alphonse-Marie-Louis Prat de), p. 172.

Lamballe (Marie-Thérèse-Louise de Savoie-Carignan, princesse de), p. 79.

Lamballe (le prince de), p. 79.

Lamésange, p. 45.

Lami ou *Lamy* (M. *Louis-Eugène*), p. 172.

Lamoignon (François de), seigneur de Baville, p. 48.

Lamoignon (Guillaume de), seigneur de Blancmesnil et de Malesherbes, p. 110.

Lamoignon (Nicolas), seigneur de Baville, p. 85.

Lanberg (Conte), p. 82.

Lancret (Nicolas). — Son portrait, p. 129. — Portrait peint par lui, p. 129.

Langlois (M. Amédée-Jérôme), p. XIII, 137.

Langlois (M. *Jérôme-Martin*), p. 137.

Lanjuinais (Jean-Denis, comte), p. 90.

Lannes (le maréchal), p. 186.

Lannes (M. Louis), marquis de Montebello, p. XIV, 186.

Lapin (Joseph), p. 106.

La Revellière-Lepeaux (Louis-Marie de), p. 94.

La Revellière (Ossian), p. 94.

La Reynie (Nicolas-Gabriel de), p. 44.

La Reynière (Alexandre-Barthasar-Laurent Grimod de), p. 120.

La Reynière (Mme Grimod de), p. 121.

Largillière (Nicolas de). — Son portrait, p. 66, 128, 213. — Portraits peints par lui, p. 36, 39, 45, 48, 49, 51, 52, 56, 57, 60, 62, 65, 66, 67, 77, 84, 100, 110, 113, 127, 128, 147, 191, 203, 204.

Laridon-Duplessis (Anne-Lucile-Philippe) *dite* **Lucile Desmoulins**, p. 92.

La Rivière (Louise-Blandine de), de Mur, comtesse de Lusignan, p. 158.

Lasne (Michel). — Son portrait, p. 63. — Portrait dessiné par lui, p. 63.

Lasteyrie (M. le comte Ferdinand de), p. 90, 213. — Cité p. 180.

Latil (Jean-Baptiste-Marie-Anne-Antoine, duc de), p. 171.

Latour (Maurice-Quentin de). — Son portrait, p. 130, 131, 209. — Portraits peints ou dessinés par lui, 71, 75, 77, 88, 114, 116, 120, 121, 129, 130, 149, 152, 153, 159, 207, 209.

La Tour d'Auvergne (Henri de), vicomte de Turenne, p. 45.

La Tour d'Auvergne (Louis de), comte d'Évreux, p. 86.

LA TOUR. — LEMOYNE.

La Tour d'Auvergne, de Bouillon (Emmanuel-Théodore de la) *dit* **le cardinal de Bouillon,** p. 203.

Laubespin (M. le comte de), p. xiv, 60.

Laugier (Jean-Nicolas), p. 172.

Laugier (Mme veuve Ernest), p. xiv, 177.

Launey (Bernard-René Jourdan *dit* **de),** p. 91.

Laurent (Jean-Antoine), p. 90.

Laval-Montmorency (duc de), p. 41.

Lavigne (M. Hubert), p. xiv, 42, 202.

Lawrence (Thomas), p. 193.

Le Berquier (M.), p. xiv, 33.

Lebeuf (l'abbé Jean), p. 112.

Lebeuf (M.), p. 112.

Le Bret (M.), p. xiv, 135.

Lebreton (M. Gaston), p. xiv, 96.

Lebrun (Pierre), p. 103.

Lebrun Dalbane (M.), p. xiv, 31, 37.

Leclerc du Tremblay (François) *dit* **le père Joseph ou l'Éminence grise,** p. 41.

Le Coq (Marguerite-Madeleine, femme de), p. 69.

Leczinska (Catherine-Sophie-Félicité-Marie), p. 71, 73.

Lefebvre (M. Pierre), p. xiv, 207.

Lefèvre (M. Ernest), p. xiv, 124.

Lefèvre (Marie-Jeanne), p. 135.

Lefevre (Mme), p. 124.

Legendre-Héral (Jean-François), p. 180.

Legrip (Frédéric), p. 128. — Cité p. 98.

Le Guillou (Jeanne-Marie), p. 169, 178, 184.

Lehmann, p. 181.

Lekain (Henri-Louis Caïn, *dit***),** p. 151, 152.

Lelong, p. 108.

Lemercier (le comte), p. 46.

Lemoine (E.-F.), p. 167.

Lemonnier (Anicet-Charles-Gabriel), p. 72, 88.

Lemort, p. 117, 118.

Lemot (François-Frédéric, baron), p. 145.

Lemoyne (Jean-Baptiste), p. 71, 116, 117.

LENCLOS. — LIOTARD.

Lenclos (Anne *dite* **Ninon de),** p. 68.
Lenfant (M. Albert), p. xiv, 76.
Lenfant (Pierre), p. 76.
Lenoir (M. Albert), p. xiv, 177.
Lenoir (Alexandre). — Son portrait, p. 177. — Collection, p. 2, 10, 13, 14, 20, 25, 55, 57, 60, 65, 73, 75, 115, 116, 205.
Lenoir (Dominique), p. 142.
Lenormand-Ducoudray (Charles), p. 81.
Le Paige de Pinterville (Suzanne), dame Le Pesant de Bois-guilbert, p. 62.
Le Peletier (Claude), p. 44.
Le Pelletier (Michel), p. 91.
Le Pesant de Boisguilbert (Pierre), p. 62.
Le Pesant de Boisguilbert (M. le marquis Pierre-Charles), p. xiv, 62.
Lépicié (Nicolas-Bernard). — Son portrait, p. 135 — Portraits peints par lui, p. 97, 130, 135, 147, 153, 154.
Leray de Chaumont (J.-D.), p. 85.
Leray de Chaumont (Thérèse-Joques), p. 85.
Le Rebours (M. l'abbé A.), p. xiv, 80.
Leroux (M.), p. xiv, 36, 71, 153.
Le Roux d'Esneval (Robert-Marie), p. 110.
Leroy (Alphonse-Louis), p. 175.
Leroy d'Étiolles (M. Raoul-Henri), p. xiv, 206.
Lesdiguières (François de Bonne, duc de), p. 44.
Lesdiguières (famille), p. 44.
Lesdiguières (maison de), p. 78.
Lesterpt (M.), p. 74.
Le Sueur (Eustache), p. 64.
Lethière (Guillaume-Guillon), p. 139.
Le Tellier (Michel), p. 42.
Le Tonnelier (Louis-Auguste), baron de Breteuil, p. 83.
Lévèque (P.-C.), p. 119.
Lille. Voyez Musée.
Lillebonne (François-Henri, comte de), cinquième duc d'Harcourt, p. 88.
Limoges. Voyez Musée.
*Limosin (Léonard I*er*),* p. 17.
Liotard (Jean-Étienne) *dit* **le Peintre turc.** — Son portrait, p. 130. — Portrait peint par lui, p. 130.

LIOUVILLE. — LORRAINE.

Liouville (M.), p. xiv, 21, 129, 190.

Livois (Galerie de), p. 160.

Lizé (M.), p. xiv, 137.

Lochet Duchainet (famille), p. 160.

Lœux (Pierre), p. 105.

Loiseleur (M. Jules), p. 59.

Lombard (Ernest), p. 204.

Lombard (François). — Son portrait, p. 204. — Portrait peint par lui, p. 204.

Lombard (Lambert), p. 204.

Longepierre (Hilaire-Bernard de Requeleyne, baron de), p. 123.

Longraire (M.), p. 52.

Longrois (Anne-Félicité, dame de), p. 156.

Longrois (M. de), p. 156.

Longueville (Anne-Geneviève de Bourbon, duchesse de), p. 201. — Citée p. 69.

Longueville (Henri II, duc de), p. 29. — Cité p. 39, 201.

Longueville (Marie d'Orléans, fille de Henri II d'Orléans, duc de Longueville, *dite* **mademoiselle de),** p. 201.

Lonsing, p 89, 90.

Loo (Charles-Amédée-Philippe Van). — Son portrait, p. 132. — Portrait peint par lui, p. 132.

Loo (Charles-André *dit* **Carle Van).** — Son portrait, p. 131. — Portraits peints par lui, p. 73, 80, 81, 84, 96, 116, 131, 132, 142, 158, 206.

Loo (François Van), p. 132.

Loo (Jacques Van), p. 34.

Loo (Jean-Baptiste Van), p. 132.

Loo (Louis Van), p. 131.

Loo (Louis-Michel Van).—Son portrait, p. 132.— Portraits peints par lui, p. 73, 82, 83, 84, 132, 147.

Loo (la femme de Louis-Michel Van), p. 132.

Loo (l'un des Van), p. 123.

Lorimier (Henriette). — Son portrait, p. 180. — Portraits peints par elle, p. 180, 185.

Lorrain (Claude Gellée ou Gillée *dit* **Le).** — Son portrait, p. 63, 64. — Portraits peint par lui, p. 63, 64.

Lorraine (Anne de), p. 14.

Lorraine (Charles III, duc de), p. 40, 197, 198.

Lorraine (Charles IV, duc de), p. 40.

Lorraine (Charles de), marquis, puis duc de Mayenne, p. 17.
Lorraine (Charles de), cardinal de Guise ou **cardinal de Lorraine,** p. 20, 197, 198.
Lorraine (François II, duc de), p. 197, 198.
Lorraine (Françoise de), duchesse de Mercœur, p. 200.
Lorraine (Henri Ier de), troisième duc de Guise, p. 15, 38.
Lorraine (Henri II, duc de), p. 197, 198.
Lorraine (Henri de), marquis de Moüy, p. 44.
Lorraine (Louise de), p. 196.
Lorraine (Louise-Marguerite de), princesse de Conti, p. 38.
Louis XI, p. 3. — Cité p. 195.
Louis XII, p. 8, 196. — Cité p. 9, 11, 197.
Louis XIII, p. 28, 29. — Cité p. 23, 37, 38, 40, 43.
Louis XIV, p. 30, 31, 32. — Cité p. 31, 33, 34, 35, 36, 37, 67, 70, 75, 76, 77, 98, 191, 197, 200, 202.
Louis XV, p. 71. — Cité p. 67, 74, 77, 78, 82, 83, 202, 210.
Louis XVI, p. 72, 206. — Cité p. 71, 77, 79, 84, 156.
Louis XVII, p. 79.
Louis XVIII, p. 164. — Cité p. 77, 155, 163, 164, 171, 177, 182.
Louis, duc de Bourgogne, fils de Louis de France, *dit* **le Grand Dauphin,** p. 35, 36.
Louis de France *dit* **le Grand Dauphin,** p. 35. — Cité p. 75, 76.
Louis de France, fils de Louis XV, p. 77. — Cité p. 77, 206.
Louis II de Bourbon, prince de Condé, *dit* **le Grand Condé,** p. 45. — Cité p. 39.
Louis III, duc de Bourbon, prince de Condé, p. 36.
Louis-Alexandre de Bourbon, comte de Toulouse, p. 200.
Louis-Antoine de Bourbon, duc d'Angoulême, p. 79.
Louis-Jean-Marie de Bourbon, duc de Penthièvre, p. 76.
Louis-Joseph-Xavier de France, duc de Bourgogne, p. 77.
Louis-Joseph-Xavier-François de France, p. 88, 156.
Louis-Philippe Ier, p. 43, 76, 78, 165, 206. — Collection, p. 34.
Louis-Philippe, duc de Chartres, puis duc d'Orléans, p. 78. — Cité, p. 78.
Louis-Philippe-Joseph, duc d'Orléans, *dit* Égalité, p. 78. — Cité p. 78, 206.
Louis-Stanislas-Xaxier de Bourbon, comte de Provence, p. 163, 164. — Cité p. 165. Voyez aussi **Louis XVIII.**
Louis-Victor de Savoie-Carignan, p. 79.

LOUISE. — MACIET.

Louise de Bourbon, p. 39.
Louise de Bourbon, duchesse de Parme, p. 165.
Louise de Lorraine, p. 196.
Louise-Françoise de Bourbon *dite* Mademoiselle de Nantes, p. 77.
Louise-Henriette de Bourbon-Conti, p. 78.
Louise-Marguerite de Lorraine, princesse de Conti, p. 38.
Louise-Marie-Adélaïde de Bourbon-Penthièvre, duchesse d'Orléans, p. 78, 79. — Citée p. 76, 206.
Louise-Marie-Joséphine de Savoie, comtesse de Provence, p. 165.
Louise-Marie-Thérèse-Victoire de France, p. 77.
Loup (M. Ernest), p. xiv, 118.
Louvois (François-Michel Le Tellier, marquis de), p. 43.
Louvois (M. le marquis de), p. 185.
Louvrier de Lajolais (M. A.), p. viii.
Lucas (François), p. 145.
Lucas (Pierre), p. 145.
Luillier Chapelle (Claude-Emmanuel), p. 60, 61.
Luine (M. de), p. 49.
Luines (la duchesse Isabelle de), p. 49.
Lunort, p. 117, 118.
Lupot (Nicolas), p. 185.
Lusace (François-Xavier-Louis-Auguste-Albert Bennon, duc de Saxe, comte de), p. 206.
Lusignan (Louise-Blandine de la Rivière, de Mur, comtesse de), p. 158.
Lusignan (Philippe-Hugues Lezay, marquis de Lizignem, comte de), p. 158.
Luxembourg (François-Henri de Montmorency, duc de), p. 45, 46.
Luynes (Duc de), p. 39.
Luynes (Mme la duchesse de), p. xiv, 39, 41, 158.
Luzarche (Mme), p. xiv, 10, 28.
Lyon. Voyez Musée.
Lyon. Voyez Supérieure des Religieuses de Saint-Vincent-de-Paul.

Mac-Cartan (M. l'abbé), p. 113.
Maciet (M. Jules), p. 58.

Madame (Henriette-Anne d'Angleterre, duchesse d'Orléans), p. 37.
Madame Élisabeth (Philippine-Marie-Hélène de France dite**)**, p. 79.
Madame Royale (Marie-Thérèse-Charlotte de France), p. 79.
Mademoiselle, et la Grande Mademoiselle (Anne-Marie-Louise d'Orléans, duchesse de Montpensier, dite**)**, p. 37, 38.
Magendie (François), p. 175.
Magistrat (portrait de), p. 191.
Magistrat français (portrait de), p. 190.
Mahérault (M.), p. xiv, 124, 151.
Mahi (Madame Thomas), marquise de Favras, p. 155.
Maillard (Marie-Thérèse Davoux dite **mademoiselle)**, p. 210.
Mailly (Louise-Julie de Nesle, comtesse de), p. 74.
Mailly (Marie-Anne de), marquise de la Tournelle, duchesse de Châteauroux, p. 74.
Maine (Louis-Auguste de Bourbon, duc du), p. 36.
Maintenon (Françoise d'Aubigné, marquise de), p. 33.
Maisne (M.), p. 50.
Malesherbes (Guillaume de Lamoignon, seigneur de Blancmesnil et de), p. 110.
Maleteste (Claudine de), vicomtesse de Virieu, p. 210.
Maleteste de Villey (Jean-Louis, marquis de), p. 110.
Malezieu (Nicolas de), p. 118.
Malherbe, p. 49.
Malibran (Maria-Felicita Garcia, dame), p. 184.
Malibran (M.), p. 184.
Mandl (M.), p. xiv, 67, 213.
Mannheim (M. Charles), p. xiv, 11.
Mantz (M. Paul), p. v, viii, 46, 69, 70, 86, 110, 156.
Manuel (Pierre-Louis), p. 207.
Marat (Jean-Paul), p. 91.
Marbeau (M. l'abbé Emmanuel), p. xiv, 154.
Marcillac (M. Daney de), p. xiv, 64, 136.
Marcille (Camille), p. 16, 39.
Marcille (M. Eudoxe), p. xiv, 40, 44, 65, 80, 91, 92, 111, 155, 157, 166, 168.
Marcille (François-Martial), p. 40, 44, 65, 80, 91, 92, 111, 166, 168.
Maréchal de France (portrait d'un), p. 192.

Portraits nationaux. 17

MARGUERITE. — MARNE.

Marguerite d'Angoulême, p. 11.
Marguerite de Valois, p. 12, 13.
Marie d'Angleterre, p. 10, 11.
Marie de Bourbon, duchesse de Montpensier, p. 37, 38.
Marie Leczinska (Catherine-Sophie-Félicité-), p. 71, 73, 77, 78.
Marie de Médicis, p. 31, 34, 42.
Marie d'Orléans, fille de Henri II d'Orléans, duc de Longueville, dite **mademoiselle de Longueville**, p. 201.
Marie d'Orléans, duchesse de Nemours, princesse de Neufchatel, p. 39.
Marie Stuart, p. 12, 196.
Marie-Adélaïde de Savoie, p. 36.
Marie-Anne de Bourbon dite **mademoiselle de Clermont**, p. 77.
Marie-Anne-Christine de Bavière, p. 35, 75, 76.
Marie-Antoinette d'Autriche (Josèphe-Jeanne-). — Son portrait, p. 73. — Citée p. 79, 151, 155.
Marie-Caroline, archiduchesse d'Autriche, p. 165.
Marie-Josèphe, archiduchesse d'Autriche, p. 77.
Marie-Josèphe de Saxe. — Son portrait, p. 77. — Citée p. 77.
Marie-Louise (l'impératrice), p. 165.
Marie-Louise d'Orléans, p. 37.
Marie-Louise-Élisabeth d'Orléans, duchesse de Berri, p. 77.
Marie-Thérèse d'Autriche. — Son portrait, p. 32. — Citée p. 31, 35.
Marie-Thérèse de Savoie, comtesse d'Artois, p. 73, 79.
Marie-Thérèse-Charlotte de France dite **Madame Royale**, p. 79.
Marie-Thérèse-Louise de Savoie-Carignan, princesse de Lamballe, p. 79.
Mariette (Jean), p. 146.
Mariette (Pierre-Jean), p. 31.
Marigny (Abel-François Poisson, marquis de Vandières, puis de), p. 89.
Marilhat (Prosper), p. 179.
Marilhat (M.), p. xiv, 179.
Marin (Bourgeois), p. 28.
Marin (Charles), p. 28.
Marionneau (M. Charles), p. 182.
Marmontel (Jean-François), p. 127.
Marne (Jean-Louis Demarnette de), p. 138.

Marolle, p. 115.
Marot (Clément), p. 11.
MARSEILLE. Voyez MUSÉE.
Marteau (Marie), p. 6.
Martillat (Dame de la famille Enjobert de), p. 15.
MARTILLAT (M. ANDRIEU DE), p. XI, 25.
Martin (M. l'abbé), p. 103.
Martin (M. Tristan), p. 103.
MARTIN (M.), p. XIV, 57.
MARY-CAFFIERI (Mme), p. XIV, 205.
Massé (Jean-Baptiste), p. 130, 149.
Massillon (Jean-Baptiste), p. 53.
Masson (Antoine), p. 56.
Mastrely, p. 77.
Matheron (famille), p. 5.
MATTEI (M.), p. XIV, 101.
Maurepas (Jean-Frédéric Phélypeaux, comte de), p. 81.
Maury (Jean-Siffrein), p. 90, 112.
Maximilien Ier, duc et électeur de Bavière, p. 197.
Mayenne (Charles de Lorraine, marquis, puis duc de), p. 17.
MAYOU (M. CONSTANT), p. XIV, 132.
Mazarin (Giulio Mazarini *dit*). — Son portrait, p. 42. — Cité p. 143.
MEAUX. Voyez ÉVÊCHÉ.
Médicis (Catherine de), p. 196.
Médicis (Marie de). — Son portrait, p. 31. — Citée p. 34, 42.
Méhul (Étienne-Nicolas), p. 148.
Melun (le duc de), p. 77.
Menars, p. 115.
Menars (le marquis de), p. 89.
Ménars (Vente de), p. 71.
Mercier (Louis-Sébastien), p. 177.
Mercier (collection), p. 94.
Mercœur (Françoise de Lorraine, duchesse de), p. 200.
Merlin de Douai (Philippe-Antoine, comte Merlin, *dit*), p. 170.
Meslay (Jacques-Auguste de Thou, baron de), p. 40.
MESNARD (Mme LA COMTESSE DE), p. XIV, 171.
Meynier (Charles), p. 141.

MÉZERAY. — MONTAIGNE.

Mézeray (François-Eudes de), p. 57.
Michaux (M.), p. viii.
Michel (M.), p. xiv, 127.
Michel (M. Charles), p. 66, 67, 147, 171, 181.
Michel (M. François), p. xiii, 66.
Michel (M. H.), p. 19, 48.
Michel (René), p. 104.
Michel (René-Guillaume), p. 106.
Micolon du Bourgnon (Claude-Marie), p. 98.
Miger, p. 148.
Mignard (Catherine), comtesse de Feuquières, p. 64.
Mignard (Nicolas) dit **Mignard d'Avignon**. — Son portrait, p. 64. — Portrait peint par lui, p. 64.
Mignard (Pierre). — Son portrait, p. 61, 64. — Portraits peints par lui, p. 31, 32, 33, 34, 36, 37, 44, 58, 61, 64, 68, 190, 200, 201.
Millet (M. Aimé), p. xiv, 164, 179.
Millet (Eugénie), p. 179.
Millet (Frédéric). — Son portrait, p. 179. — Portraits peints par lui, p. 164, 179, 184.
Mirabeau (Honoré-Gabriel Riquetti, comte de), p. 89, 90, 207.
Miraille (Marie), p. 25.
Mirbeck (Jean-Ignace-Frédérick Van), p. 84.
Miromesnil (Mme), p. 117.
Miromesnil (Madame Armand-Thomas Hue de), née Alphand, p. 159.
Mocker, p. 180.
Moïse, p. 4.
Moisson (M. Charles), p. xiv, 35, 39, 77, 78, 114, 207.
Moitte (Pierre-Étienne), p. 120.
Molé (Mathieu-Louis, comte), p. 167.
Molière (Jean-Baptiste Poquelin dit**)**, p. 58, 59.
Monastère de Maison-Dieu-Notre-Dame de la Grande Trappe, à Soligny-la-Trappe, p. xiv, 50.
Moncetto de Castillione, p. 11.
Monet, p. 210.
Monsigny (Pierre-Alexandre de), p. 148.
Montaiglon (M. Anatole de), p. v, viii, xiv, 31, 46, 70, 86, 89, 110, 147.
Montaigne (Michel Eyquem de), p. 22.

Montauban. Voyez Musée.

Montcalm (le marquis de), p. 123.

Montebello (Antoinette-Louise-Jeanne de Guehéneuc, duchesse de), p. 186.

Montebello (M. Louis Lannes, marquis de), p. xiv, 186.

Montespan (Françoise-Athénaïs de Rochechouart, marquise de). — Son portrait, p. 34. — Citée p. 36, 46, 200.

Montespan (Louis-Antoine de), marquis, puis duc d'Antin, p. 80.

Montesquieu (Charles de Secondat, baron de la Brède et de), p. 116.

Montfaucon (Guy de), p. 6.

Montholon (Charles-François de), p. 48.

Montholon-Gallié (Mme Élisa de), p. xiv, 43.

Montlesun (François de), p. 203.

Montmignon (François de), p. 54.

Montmorency (Anne, baron, puis premier duc de), p. 17.

Montmorency (François-Henri de), duc de Luxembourg, p. 45, 46.

Montmorency (Charlotte-Marguerite de), princesse de Condé. Son portrait, p. 39. — Citée p. 69.

Montmorency (Charlotte-Marguerite de), duchesse de Longueville, p. 201.

Montpellier. Voyez Musée.

Montpensier (Anne-Marie-Louise d'Orléans, duchesse de), *dite* **Mademoiselle et la Grande Mademoiselle**, p. 37, 38.

Montpensier (Marie de Bourbon, duchesse de), p. 37, 38.

Moreau (M.), p. 63.

Morell (Jean-Marc-Antoine d'Aubigny, comte de), p. 87.

Mornay (Philippe de), p. 55.

Mortemart (Louis-Victor de Rochechouart, comte, puis duc de) et de Vivonne, p. 46.

Morvilliers (Jean de), p. 21.

Moschus, p. 123.

Mosnac (Charles-René Péan, seigneur de), p. 155.

Motteville (Françoise Bertaut, dame de), p. 203.

Mouchet (*François-Nicolas*), p. 207.

Moulet (Anne), femme de Jean-Marie-Joseph Ingres, p. 183.

Moulins. Voyez Cathédrale.

Moüy (Henri de Lorraine, marquis de), p. 44.

Moyreau (Jean), p. 147.

Muller, p. 167.

Mun (M. le marquis de), p. xiv, 116, 310.

Mur (Louise-Blandine de la Rivière de), comtesse de Lusignan, p. 158.

Murat (Joachim), p. 166.

Musée d'Amiens, p. xiv, 165.

Musée d'Angers, p. xiv, 94, 120.

Musée archéologique, à Angers, p. xiv, 122.

Musée David, à Angers, p. xiv, 101, 102, 103, 104, 105, 106, 107, 176, 177.

Musée d'Auxerre, p. xiv, 112, 126, 176, 210.

Musée Calvet, à Avignon, p. xiv, 45, 64, 184, 203, 205.

Musée de Besançon, p. xiv, 24, 85, 131.

Musée de Bourges, p. xiv, 19, 63, 67.

Musée de Caen, p. xiv, 61, 66, 70, 96, 148, 178, 212.

Musée de Chalon-sur-Saône, p. xiv, 166, 172, 187, 189.

Musée de Chartres, p. xiv, 45, 62.

Musée de Châteauroux, p. xiv, 34, 163.

Musée de Château-Thierry, p. xiv, 58.

Musée de Chaumont, p. 210, 213.

Musée de Clermont-Ferrand, p. xiv, 18.

Musée de Dijon, p. xiv, 30, 49, 110, 129, 137, 144, 183, 205.

Musée de Douai, p. xiv, 170.

Musée de Grenoble, p. xiv, 16, 53.

Musée du Havre, p. xiv, 137.

Musée d'Issoudun, p. xiv, 63.

Musée de Lille, p. xiv, 31, 124, 127, 137, 138, 139, 140, 141, 142, 144, 145, 146, 147, 148, 152, 180, 209.

Musée de Limoges, p. xiv, 17, 74, 181.

Musée de Lyon, p. xiv, 63, 67.

Musée de Marseille, p. xiv, 46, 65, 81, 156.

Musée de Montauban, p. xiv, 58, 59, 171, 181, 183, 186.

Musée de Montpellier, p. xiv, 13, 66, 85, 117, 123, 133, 175, 187.

Musée de Nancy, p. xiv, 146, 168.

Musée de Nangis, p. xiv, 56.

Musée de Neufchatel-en-Bray, p. xiv, 93.

Musée de Niort, p. xiv, 158, 190.

MUSÉE. — NASSAU.

Musée de l'hôtel Carnavalet, à Paris, p. xiv, 25.

Musée de Pau, p. xiv, 179.

Musée de Perpignan, p. xiv, 203.

Musée du Puy-en-Velay, p. xiv, 9.

Musée d'Orléans, p. xiv, 74, 84, 111, 113, 120, 124, 128, 147.

Musée de Reims, p. xiv, 44, 62.

Musée de Rennes, p. xiv, 19, 76, 192.

Musée de Rouen, p. xiv, 6, 33, 39, 56, 57, 59, 67, 72, 88, 94, 111, 113, 114, 12 133, 135, 159, 162, 167, 178, 184.

Musée de Saint-Malo, p. xiv, 173.

Musée Latour, à Saint-Quentin, p. xv, 71, 75, 77, 88, 129, 130, 149.

Musée de Saintes, p. xiv, 46.

Musée de Toulouse, p. xv, 29, 56, 145.

Musée de Tours, p. xv, 55, 64, 72, 86, 96, 101, 152, 155, 158, 175, 208.

Musée de Troyes, p. xv, 24, 32, 34, 48, 49, 68, 81.

Musée de Valenciennes, p. xv, 31, 86, 122.

Musée de Verdun, p. xv, 52, 96.

Musset (Louis-Charles-Alfred de), p. 172, 173.

Muy (Louis-Nicolas-Victor de Félix, comte du), p. 95.

Nadault (Jean), p. 121.

Nadault de Buffon (M. Henri), p. xv, 121.

Nain (Antoine Le), p. 43, 203.

Nain (Louis Le), p. 43, 203.

Nain (Mathieu Le), p. 62, 203.

Nancy. Voyez Cathédrale.

Nancy. Voyez Musée.

Nangis (Claude-François, comte Regnier de Guerchy, seigneur de), p. 82.

Nangis (Marquis de), p. 56.

Nangis. Voyez Musée.

Nantes (Louise-Françoise de Bourbon *dite* mademoiselle de).
— Son portrait, p. 36. — Citée p. 77.

Nanteuil (Robert), p. 35, 43, 59, 60.

Napoléon Ier. — Son portrait, p. 163. — Cité p. 163.

Nassau (Anne de Lorraine, princesse d'Orange, comtesse de), p. 14.

Nast, p. 109, 162.

Natoire (Charles-Joseph). — Son portrait, p. 130. — Portrait peint par lui, p. 97.

Nattier (Jean-Marc), p. 74, 77, 78, 85, 86, 99, 100, 125, 150, 155, 157.

Nauzières (Mme de), p. 160.

Neaud (M. Nérée-Michel), p. xv, 61.

Necker (Mme), p. 114.

Nélaton (Mme), p. xv, 24.

Nemours (Charles de Savoie, duc de), p. 15, 16.

Nemours (Henri de Savoie, dernier duc de), p. 201.

Nemours (Jacques de Savoie, duc de), p. 14, 15.

Nemours (Marie d'Orléans, duchesse de), princesse de Neufchatel, p. 39.

Nemours (Philippe de Savoie, duc de), p. 12.

Nesle (Louise-Julie de), comtesse de Mailly, p. 74.

Netscher (Constantin), p. 98.

Netscher (Gaspar), p. 201.

Neufchatel (Marie d'Orléans, duchesse de Nemours, princesse de), p. 39.

Neufchatel-en Bray. Voyez Musée.

Neufville (Nicolas de), seigneur de Villeroy, p. 25.

Niccolo, p. 25.

Nimes. Voyez Évêché.

Ninet de l'Estaing (Jacques). — Son portrait, p. 64. — Portrait peint par lui, p. 64.

Nini (Jean-Baptiste), p. 71, 85, 89, 155, 160.

Niort. Voyez Musée.

Niort. Voyez Société de statistique.

Nivenheim (Albertine, née baronne de), p. 160.

Noir (Simon-Bernard Le), p. 110, 111, 144.

Nonnotte (Donat). — Son portrait, p. 131. — Portraits peints par lui, p. 131, 147.

Nonnotte (la femme du peintre), p. 131.

Odiot (collection), p. 81.

Oeben (Jean-François), p. 136.

Oger de l'Isle (M.), p. 107.

Olivier (M.), p. xv, 151, 209.

OLLENDORFF. — ORVILLIERS.

OLLENDORFF (M. GUSTAVE), p. xv, 131.

OLLERIS (M. HENRI), p. xv, 185.

Ollier (Jean-Jacques). — Son portrait, p. 50. — Cité p. 171.

OPIGEZ (M. PIERRE-AMABLE-JOSEPH), p. xv, 39, 45, 58, 89, 150.

Oppenheim (galerie), p. 137.

Orange (Anne de Lorraine, princesse d'), p. 14.

Orien Marais (M. C.-J.) et Marie-Catherine Jacquet, p. 155.

Orléans (Anne-Marie-Louise d'), duchesse de Montpensier, *dite* **Mademoiselle et la Grande Mademoiselle,** p. 37, 38.

Orléans (Charles, duc d'), p. 11.

Orléans (Eugénie-Adélaïde-Louise, princesse d'), *dite* **Madame Adélaïde,** p. 206.

Orléans (Gaston-Jean-Baptiste de France, duc d'). — Son portrait, p. 35, 200. — Cité p. 37, 38.

Orléans (Henri II d'), duc de Longueville, p. 39.

Orléans (Henriette-Anne d'Angleterre, duchesse d'), p. 37, 201.

Orléans (Louis-Philippe, duc de Chartres, puis duc d'). — Son portrait, p. 76, 78. — Cité p. 78.

Orléans (Louis-Philippe-Joseph, duc d'), *dit* **Égalité.** — Son portrait, p. 78. — Cité p. 78, 125, 206.

Orléans (Louis-Philippe, duc d'), depuis Louis-Philippe Ier, p. 165.

Orléans (Louise-Marie-Adélaïde de Bourbon-Penthièvre, duchesse d'), p. 78, 79.

Orléans (Marie d'), duchesse de Nemours, princesse de Neufchatel, p. 39.

Orléans (Marie d'), fille de Henri II d'Orléans, duc de Longueville, *dite* **mademoiselle de Longueville,** p. 201.

Orléans (Marie-Louise d'), p. 37.

Orléans (Marie-Louise-Élisabeth d'), duchesse de Berri, p. 77.

Orléans (Philippe, duc d'), p. 37, 38, 201.

Orléans (Philippe d'), régent de France, p. 77.

Orléans (les ducs d'), p. 9.

Orléans (famille d'), p. 34.

ORLÉANS. Voyez ÉVÊCHÉ.

ORLÉANS. Voyez MUSÉE.

ORVILLE (M.), p. xv, 30.

Orvilliers (Jeanne-Robertine Rilliet, marquise d'), p. 211.

Orvilliers (le marquis d'), p. 211.

ORSEL. — PARIS.

Orsel (André-Jacques-Victor), p. 171.
OSMOY (M. LE COMTE D'), p. XV, 57, 59.
OUDOT (M. ALFRED), p. XV, 133, 134.
Oudry (Jean-Baptiste), p. 81.

Paghette, p. 150.
Paillières (M. des), p. 19.
Pajou (Augustin). — Son portrait, p. 144. — Portraits sculptés par lui, p. 92, 206.
Palatine (Charlotte-Élisabeth de Bavière dite **la princesse),** p. 38.
PANGE (M. LE MARQUIS DE), p. XV, 126.
Paoli (Pascal), p. 101.
Papin (collection), p. 72.
Paquier (Jean), p. 102.
Parabère (César-Alexandre de Baudéan, comte de). — Son portrait, p. 95. — Cité p. 95.
Parabère (Marie-Madeleine de la Vieuville, comtesse de), p. 95.
Pardaillan de Gondrin (Louis-Henri de), p. 54.
Pardaillan (famille de), p. 54.
Paré (Ambroise), p. 24.
Paris (Jean de), p. 10.
PARIS (Mgr LOUIS-PHILIPPE-ALBERT D'ORLÉANS, COMTE DE), p. XV, 38, 29.
PARIS Voyez ÉCOLE NATIONALE DES ARTS DÉCORATIFS.
PARIS. Voyez FACULTÉ DE MÉDECINE.
PARIS. Voyez INSTITUTION NATIONALE DES SOURDS-MUETS.
PARIS. Voyez MUSÉE DE L'HÔTEL CARNAVALET.
PARIS. Voyez PAROISSE DE NOTRE-DAME-DE-BONNE-NOUVELLE.
PARIS. Voyez PAROISSE DE SAINT-LEU-SAINT-GILLES.
PARIS. Voyez PAROISSE DE SAINT-NICOLAS-DES-CHAMPS.
PARIS. Voyez SOCIÉTÉ DE L'HISTOIRE DU PROTESTANTISME FRANÇAIS.
PARIS. Voyez SUPÉRIEUR DES PRÊTRES DU SÉMINAIRE DE SAINT-SULPICE.
PARIS. Voyez SUPÉRIEUR GÉNÉRAL DE LA CONGRÉGATION DE LA MISSION.
PARIS (M.), p. XVII, 82.
Paris (Jean de Montmartel), marquis de Brunoy, p. 81.
Paris (Joseph), dit Paris-Duvernay, p. 80.

PAROISSE. — PETERS.

Paroisse de Notre-Dame (Fabrique de la), à Versailles, p. xv, 29.
Paroisse de Notre-Dame-de-Bonne-Nouvelle (Fabrique de la), à Paris, p. xv, 32, 35.
Paroisse de Saint-Leu-Saint-Gilles (Fabrique de la), à Paris, p. xv, 49.
Paroisse de Saint-Nicolas-des-Champs (Fabrique de la), à Paris, p. xv, 54.
Parrocel (Charles), p. 129.
Parrocel (Joseph), p. 86.
Pascal (Blaise), p. 48.
Passerat (Jean), p. 22.
Pasta (Judith), p. 185.
Paté (M. Lucien), p. 187.
Pater (Jean-Baptiste). — Son portrait, p. 130. — Portrait peint par lui, p. 130.
Patin (Gui), p. 56.
Patru (Olivier), p. 56.
Pau. Voyez Musée.
Péan (Charles-René), seigneur de Mosnac, p. 155.
Péene (M. A.), p. 177.
Peloggi, p. 101.
Penneau (Étienne-Mathurin), p. 103.
Pensionnaires de l'Académie de France à Rome, p. 127.
Penthièvre (Louis-Jean-Marie de Bourbon, duc de). — Son portrait, p. 76. — Cité p. 78.
Perché, p. 94.
Percier (Charles), p. 146.
Périllieux (collection), p. 165.
Périn (Lié-Louis), p. 160, 161.
Perkins, p. 31.
Perpignan. Voyez Musée.
Perraud (René), p. 105.
Perréal (Jehan), p. 10.
Perrenot (Antoine), cardinal de Granvelle, p. 24.
Perrenot (Nicolas), seigneur de Granvelle, p. 24.
Perrin (Jean de), p. 68.
Perronneau (Jean-Baptiste), p. 81, 125.
Personnages assistant à un prêche huguenot (portraits de), p. 190.
Pesne (Antoine), p. 146.
Peters (J.-A. de), p. 125, 156.

Petit (Antoine), p. 120.
Petitot (Jean), p. 30, 33, 34, 60, 67, 190.
Petitot (Paul), p. 67.
Peyre (M.), p. 203.
Phalaris (la duchesse de), née d'Haraucourt, p. 159.
Phelypeaux (Jean-Frédéric), comte de Maurepas, p. 81.
Phélipeaux (Louis), comte de Saint-Florentin, p. 81.
Philippe dit **le Bon**, p. 3.
Philippe II, p. 24.
Philippe, duc d'Anjou, roi d'Espagne sous le nom de Philippe V, p. 75, 76.
Philippe, duc d'Orléans, p. 37, 38, 201. Voyez aussi Orléans.
Philippe dit Égalité, p. 76. Voyez aussi Orléans.
Philippe de Savoie, duc de Nemours, p. 12.
Philippine-Marie-Hélène de France dite **Madame Élisabeth**, p. 79.
Pibrac (Gui du Faur, seigneur de), p. 22.
PIBRAC (M. LE COMTE DE), p. XV, 22.
Picart (B.), p. 117.
PICHON (M. LE BARON J.), p. XV, 13, 39, 42, 47, 49, 68, 74, 149.
Pierre II, roi de Portugal, p. 201.
PIGACHE (M. HENRI), p. XV, 211.
Pigalle (Jean-Baptiste), p. 97.
PIGEOTTE (M. LÉON), p. XV, 64.
Pilon (Germain), p. 21.
PINEL (M. AUGUSTE), p. XV, 190.
PINEL (M. CHARLES-AUGUSTE), p. XV, 33, 202.
Pinterville (Suzanne Le Paige de), dame Le Pesant de Boisguilbert, p. 62.
Piré (M. le marquis de), p. 19.
Pisseleu (Anne de), p. 8.
Pithou (François), p. 48.
Pitton (François), p. 103.
Pleyel, p. 184.
Pocholle (Pierre-Pomponne-Amédée), p. 93.
Poisson (Abel-François), marquis de Vandières, puis de Marigny, p. 89.
Poisson (Jeanne-Antoinette), marquise de Pompadour. — Son portrait, p. 74, 75. — Portrait peint par elle, p. 75.

POISSON. — POURTALÈS.

Poisson (Philippe), p. 151.
Poitevin (Louis), p. 106.
POITIERS. Voyez CATHÉDRALE.
Poitrine (Madame), p. 156.
Polignac (Melchior de), p. 80.
Pomer (Barnabas), p. 32.
Pompadour (Jeanne-Antoinette Poisson, marquise de). — Son portrait, p. 74, 75. — Portrait peint par elle, p. 75. — Citée p. 45.
Ponce-Camus (*Marie-Nicolas*), p. 181.
Pontchartrain (Louis Phélipeaux, comte de). — Son portrait, p. 48. — Cité p. 48.
Pontchartrain (la comtesse de), p. 48.
Porbus ou *Pourbus* (*Franz dit le Jeune*), p. 18, 28, 31, 35, 48, 200.
Porbus ou *Pourbus* (*Pieter*), p. 9, 21, 24.
Porcin (Madame de), p. 160.
Portail (Jacques-André), p. 98.
Portal (Antoine, baron), p. 174.
Portrait de femme, p. 189, 191, 192, 193, 194.
Portrait de femme d'un trésorier de France, p. 192.
Portrait d'homme, p. 189, 191, 192, 193, 194.
Portrait d'un maréchal de France, p. 192.
Portrait de magistrat, p. 191.
Portrait de magistrat français, p. 190.
Portraits de personnages assistant à un prêche huguenot, p. 190.
Portrait d'une princesse de France, p. 190.
Portrait d'un seigneur de la cour des ducs de Bourgogne, p. 189.
Portrait d'un seigneur de la cour de Louis XIV, p. 190.
Portrait d'un trésorier de France, p. 192.
PORTALIS (M. LE COMTE CHARLES-GUILLAUME-ÉTIENNE), p. XV, 170.
Portalis (Jean-Étienne-Marie), p. 170.
Potel (M.), p. 112.
Pothier (Robert-Joseph). — Son portrait, p. 110. — Cité p. 111.
POULOT (M. JULES-AUGUSTIN), p. XV, 10, 57, 147, 171, 181.
Poupart (Pierre), p. 107.
Pourbus. Voyez *Porbus.*
POURTALÈS (M. LE COMTE EDMOND DE), p. XV, 185.
Pourtalès (galerie), p. 185.

POUSSIN. — QUOICOS.

Poussin (Nicolas), p. 63.

Pouyer-Quertier (M.), p. xv, 117, 154, 204.

Pradelle (M.), p. xv, 101.

Prêche huguenot (Portraits de personnages assistant à un), p. 190.

Prévost (Françoise), p. 152.

Prévot (M. Charles), p. xv, 210.

Primaticcio (Francesco), dit *Primatice*, p. 20.

Primavera (Jacques), p. 199.

Prince (Jean-Baptiste Le). — Son portrait, p. 135. — Portrait peint par lui, p. 135.

Princesse de France (portrait d'une), p. 190.

Protais (Mme), p. xv, 177.

Proust (Louis-Joseph), p. 175, 176.

Provence (Louis-Stanislas-Xavier de Bourbon, comte de), p. 163, 164. — Cité p. 165. Voyez aussi **Louis XVIII**.

Provence (Louise-Marie-Joséphine de Savoie, comtesse de), p. 165.

Prud'hon (Pierre), p. 92, 94, 113, 166, 181, 183.

Pruines (M. Claude-Jacques de), p. xv, 98.

Puget (M. Paul), p. xv, 43.

Puget (Pierre). — Son portrait, p. 64. — Portrait peint par lui, p. 64.

Pulzone (Scipione), dit *Il Gaetano*, p. 24.

Puy-en-Velay. Voyez Musée.

Quatremère (Étienne-Marc), p. 153, 154.

Quatremère (Marc-Antoine) et sa famille, p. 153, 154.

Quantin (M. A.), p. 5, 169.

Quesnel (François), p. 197.

Quesnel (Nicolas), p. 40.

Quesnel (Pasquier), p. 113.

Quicherat (M.), p. viii.

Quillien (Cézaire), p. 19.

Quoicos (Charles), p. 104.

Quoicos (François), p. 107.

Quoicos (Jacques), p. 104.

RABELAIS. — REGNAULT.

Rabelais, p. 19, 198.
Rabjeau (Louis), p. 106.
Racine (Jean). — Son portrait, p. 61. — Cité p. 69.
Ragon (M.), p. xv, 191.
Ragueneau, p. 102.
Ragueneau (Toussaint-Simon), p. 106.
Rainssant (Pierre), p. 62.
Rainssant (Mlles), p. 62.
Rambouillet (la marquise de), p. 39, 69.
Rameau (Jean-François), p. 124.
Ranc (Jean), p. 85.
Rancé (Armand-Jean le Bouthillier, abbé de), p. 50.
Raoul-Rochette (Mme veuve), p. xv, 145.
Raoux (Jean), p. 47, 152.
Rapin (Nicolas), p. 23.
Rauch (Charles), p. 168.
Raucher (le comte de), p. 71.
Raucourt (M. Éloi-François-Madeleine Saucerotte-), p. 151.
Raucourt (Françoise-Marie-Antoinette-Joseph Saucerotte-), p. 151.
Raveau (Antoine-Remy), p. 90.
Ravrai (A.), p. 149, 150.
Ravrio (Antoine-André), p. 150.
Razomowski (conte) min^{ro} di Russia, p. 82.
Read (M. Charles), p. xv, 25, 41, 114, 138.
Read (Mme Charles), p. xv, 135.
Récamier (Mme), p. 173.
Redouté (Jean-Joseph), p. 139.
Refuge (les de), p. 9.
Régent (le), p. 159. Voyez aussi Orléans.
Regnard (Jean-François), p. 62.
Regnard (Mlle), p. 111.
Regnaud de Saint-Jean-d'Angely (Laure de Boneuil, comtesse), p. 211.
Regnaud de Saint-Jean-d'Angely (Michel-Louis-Étienne), p. 211.
Regnault (Jean-Baptiste, baron). — Son portrait, 138. — Portrait peint par lui, p. 138.

Regnier de Guerchy (Claude-François, comte), p. 82.
Regnier de Guerchy (Edme de), p. 68.
Reignier (M. Jean), p. xv, 181.
Reims. Voyez Musée.
Reinach (M. Hermann-Joseph), p. xv, 34, 182, 200.
Reiset (M. Frédéric), p. vii, 209.
Reiset (M. le comte de), p. xv, 9.
Remiremont (Catherine, abbesse de), p. 197, 198.
René d'Anjou *dit* **le roi René**, p. 4, 5.
Renée de France. — Son portrait, p. 11, 197. — Citée p. 12.
Renouvier (J.), p. 147.
Rennes. Voyez Musée.
Restout (Jean). — Son portrait, 129. — Portraits peints par lui, p. 113, 146.
Rethoré (Jean), p. 104.
Retz (Albert de Gondy, duc de), p. 18.
Reverchon, p. 180.
Revoil (Pierre-Henri), p. 181.
Rey (Étienne), p. 180.
Reyn (Jean de), p. 47.
Reynolds (Sir Joshua), p. 78, 206.
Ribaucourt (Marianne Barrangue, dame de), p. 155.
Richard (Fleury-François), p. 180.
Richelieu (Armand-Jean du Plessis, duc de). — Son portrait, p. 41. — Cité p. 42.
Richelieu (Louis-François-Armand de Vignerot du Plessis, duc de), p. 157.
Ricourt (collection Achille), p. 113.
Rieux (Renée de), p. 12.
Riesener (Françoise-Marguerite Vandercruz, première femme de Jean-Henri), p. 136.
Riesener (Henri-François), p. 136.
Riesener (Jean-Henri), p. 136.
Riesener (M. Louis-Antoine-Léon), p. xv, 136, 156, 169, 178, 182, 184, 194.
Riesener (Marie-Anne-Charlotte Grizel, deuxième femme de Jean-Henri), p. 136.
Rigaud (Hyacinthe). — Son portrait, p. 66. — Portraits peints par lui, p. 30, 35, 37, 38, 46, 47, 50, 52, 57, 65, 66, 70, 76, 86, 95, 100, 110, 117, 147, 154, 161, 202, 203, 205.
Rigaud (J.-J.), p. 209.
Rilliet (Jeanne-Robertine), marquise d'Orvilliers, p. 211.

Rioux (Marie-Anne-Henriette), femme de Frédéric Millet, p. 179.
Riquet (Pierre-Paul), baron de Bonrepaux, p. 67.
Riquet (famille), p. 67.
Rivalz (Pierre), p. 68.
Rivarol (Antoine, comte de), p. 127.
Rivière (Louise-Blandine de la), de Mur, comtesse de Lusignan, p. 158.
Rivière (le marquis de), p. 158.
Roannois (duc de), p. 189.
Robert (Mme), p. 151.
Robespierre (Maximilien-Marie-Isidore de), p. 92.
Roche (Pierre de la), p. 128.
Rochechouart (Françoise-Athénaïs de), marquise de Montespan. — Son portrait, p. 34. — Citée p. 36.
Rochechouart (Louis-Victor de), comte, puis duc de Mortemart et de Vivonne, p. 46.
Roger (Louis), p. 106.
Rohan (une princesse de), p. 39.
Roland (Mme), p. 93.
Romain (François dit **le Frère),** p. 66.
Romain (M.), p. xv, 11, 20.
Romorantin (Charlotte des Essarts, comtesse de), p. 33.
Ronchaud (M. Louis de), p. viii.
Ronsard (Pierre de), p. 22, 199.
Roques (Paul dit **Joseph),** p. 181.
Roselle (M. Hippolyte du), p. 165.
Roslin (Alexandre). — Son portrait, p. 133. — Portraits peints par lui, p. 120, 121, 122, 133, 157, 158.
Roslin (Marie-Suzanne Giroust, femme du peintre), p. 133.
Rosset (Joseph), p. 51, 52.
Rossigneux (M. Charles-François), p. xv, 27, 41, 151.
Rossini, p. 185.
Rothschild (M. le baron Gustave de), p. xv, 21, 22, 75.
Rothschild (Mme la baronne James de), p. xv, 84.
Rouen. Voyez Cour d'appel.
Rouen. Voyez Musée.
Rougé (Pierre-François, marquis de), p. 96.

Portraits nationaux.

ROUILLARD. — SALLÉ.

Rouillard (Mme), p. xv, 181.
Rouillé du Coudray (Hilaire), p. 202.
Rousseau (Jean-Jacques), p. 115.
Rousseau (Marie-Anne), femme du sculpteur Jacques Caffieri, p. 70, 144.
Roxard de la Salle (M. Henry), p. xv, 126, 151.
Royale (Marie-Thérèse-Charlotte de France dite Madame), p. 79.
Rubens (Peter-Paul), p. 27.
Rymend, p. 68.

Sa (M. de), min^{re} di Portogallo, p. 82.
Sablé (Madeleine de Souvré, marquise de), p. 56.
Sacquespée (René-Nicolas-Suzanne de), marquis de Thésy, p. 207.
Sadonvilliers (le Billaud (Edmond-François-Antoine de), p. 97.
Saint-Aldegonde (com.e Camille de), p. 9.
Saint-Amand (M. de), p. 84.
Saint-Ferriol (Mme la comtesse de), p. xv, 17.
Saint-Florentin (Louis Phelipeaux, comte de), p. 81.
Saint-Geniez (Grégoire de), p. 84.
Saint-Just (Louis-Antoine de), p. 92.
Saint-Louis (M. de), p. 50.
Saint-Malo. Voyez Musée.
Saint-Maurice (Mlle de), p. xv, 175, 211.
Saint-Paul (M. le marquis de), p. xv, 110.
Saint-Phal, p. 39.
Saint-Pons (Mme la comtesse de), p. 5.
Saint-Quentin. Voyez Musée Latour.
Saint-Simon (Louis de Rouvroy, duc de). — Son portrait, p. 62. — Cité p. 50.
Saint-Victor (M. Paul de), p. viii, xv, 10.
Sainte-Beuve (M. Eugène de), p. xv, 55.
Sainte-Beuve (Jacques de), p. 54, 55.
Saintes. Voyez Musée.
Salabert (Firmin), p. 181.
Sallé (Marie), p. 152, 153.

SAMPAYO. — SAXE.

Sampayo (Mme de), p. xv, 211.
Sancy de Parabère (Mme de), p. xv, 95.
Santerre (Jean-Baptiste), p. 58, 60.
Sapho, p. 123.
Sarrabat, p. 128.
Sarrasin, p. 112.
Sartine (Antoine-Raymond-Jean-Gualbert-Gabriel de), comte d'Alby, p. 83.
Saucède (M. Alfred), p. xv, 153.
Saucerotte-Raucourt (M. Éloi-François-Madeleine), p. 151.
Saucerotte-Raucourt (Françoise-Marie-Antoinette-Joseph), p. 151.
Saudejeau (Jean), p. 107.
Saulcy (Louis-Félicien-Joseph Caignart de), p. xv, 113, 129, 159.
Saulty (M. Henry-Guillaume-Albert de), p. xv, 48.
Saumery (Jacques-François de Johanne, chevalier, marquis de), p. 203.
Saumery (Messire Jean-Baptiste de Johanne, chevalier, marquis de), p. 203.
Sauvage (Joseph-Grégoire), p. 118.
Sauvage (Piat-Joseph), p. 209.
Sauvageot (Charles). — Son portrait, p. 185. — Cité p. 17. — Sa collection p. 82, 156.
Sauvalle (M.), p. 126.
Savaron (Jean), p. 198.
Savoie (Charles de), p. 15, 16.
Savoie (Charles-Amédée de), p. 201.
Savoie (Christine de France, duchesse de), p. 34.
Savoie (Henri de), dernier duc de Nemours, p. 201.
Savoie (Jacques de), p. 14, 15.
Savoie (Louise-Marie-Joséphine de), comtesse de Provence, p. 165.
Savoie (Marie-Adélaïde de), p. 36.
Savoie (Marie-Thérèse de), comtesse d'Artois, p. 73, 79.
Savoie (Philippe de), p. 12.
Savoie-Carignan (Louis-Victor de), p. 79.
Savoie-Carignan (Marie-Thérèse-Louise de), princesse de Lamballe, p. 79.
Savoie-Nemours (Françoise-Élisabeth-Marie de), p. 201.
Saxe (Auguste III, électeur de), p. 77.

SAXE. — SIMONOT.

Saxe (François-Xavier-Louis-Auguste-Albert Bennon, duc de), comte de Lusace, p. 206.

Saxe (Frédéric-Auguste III, électeur de), p. 206.

Saxe (Marie-Josephe de). — Son portrait, p. 77. — Citée p. 77.

SAY (M. LÉON), p. XIV, 179.

Scheffer (Ary), p. 166.

Scheffer (Henry), p. 186, 187.

SCHICKLER (M. LE BARON ARTHUR DE), p. XVI, 3, 4, 8.

Scitivaux (collection), p. 59.

Schmidt (Georges-Frédéric), p. 86.

Schmidt, p. 55.

Scott (Walter), p. 179.

Scudéry (Mlle de), p. 69.

Sedaine (Michel-Jean), p. 123.

Seguier (Pierre), p. 202.

Ségur (le maréchal de), p. 99.

Seigneur de la cour des ducs de Bourgogne (portrait de), p. 189.

Seigneur de la cour de Louis XIV (portrait de), p. 190.

SEILLIÈRE (M. LE BARON), p. XVI, 43, 123, 159, 161.

Sené du Care, p. 81.

Senebier, p. 209.

Sentout (Pierre), p. 160.

Serangeli (Gioacchino Giuseppe), p. 142.

Serre (Florie Regimond, femme de Michel-Jacques-Gaspard) et ses quatre enfants, p. 156.

Serre (Michel-Jacques-Gaspard), p. 156.

Servanzi (Ab^e), internonzio, p. 82.

SERVAUX (M.), p. VIII.

Sévigné (Françoise-Marguerite de), comtesse de Grignan, p. 60.

Sévigné (Marie de Rabutin-Chantal, marquise de), p. 59, 60.

SÈZE (Mme VEUVE AURÉLIEN DE), p. XVI, 207.

Sicardi (Louis), p. 165.

Sicardi père, p. 165.

Sieyès (Emmanuel-Joseph, comte), p. 90, 94.

Simon (Louise-Thérèse-Victoire Damoiseau, dame), p. 186.

Simon (M.), p. 186.

Simonot (M.), p. 52.

SIPIERRE. — TAIGNY.

Sipierre (M. de), p. 13.

Siret (Adolphe), p. 88, 114, 120, 150, 193.

Smirnoff (galerie), p. 60, 75, 128.

Société de l'Histoire du protestantisme français à Paris, p. xvi, 16.

Société de Statistique de Niort, p. xvi, 112, 155.

Soiron (François), p. 153, 193.

Soligny la Trappe. Voyez Monastère de Maison-Dieu-Notre-Dame de la Grande Trappe.

Sombreval (Madame de) et son fils, p. 157.

Sommis (Christine), femme de Carle van Loo, p. 131.

Sophie-Philippine-Élisabeth-Justine de France. — Son portrait, p. 78. — Citée p. 210.

Soufflot (Jacques-Germain), p. 146.

Soulié (E.), p. 46, 70, 86, 96, 110.

Soultzener (M.), p. xvi, 32.

Sousmont (Michel-Étienne Turgot, marquis de), p. 87, 206.

Spaendonck (Corneille Van), p. 94.

Sponville, p. 108.

Stella (Claudine Bouzonnet, dite), p. 63.

Stella (Jacques). — Son portrait, 63. — Portrait peint par lui, 63.

Strauss (M.), p. xvi, 152.

Stuart (Marie), p. 196.

Subleyras (Pierre), p. 145.

Sueur (Eustache Le), p. 64.

Suffren de Saint-Tropez (Pierre-André) dit **le bailly de Suffren**, p. 95.

Sully, p. 27.

Supérieur général de la Congrégation de la Mission, à Paris, p. xvi, 42, 51.

Supérieur des prêtres du séminaire de Saint-Sulpice, à Paris, p. xvi, 50, 51, 171.

Supérieure des religieuses de Saint-Vincent-de-Paul (Mme la), à Lyon, p. xvi, 50.

Supérieure du couvent de la Visitation (Mme la), à Dijon, p. xvi, 199.

Surée (Joseph-Benoît), p. 126, 177.

Suzeneau (Julien), p. 106.

Swebach dit **Fontaine (Jacques-François-Joseph)**, p. 141.

Tabourot (Étienne) dit **le seigneur des Accords**, p. 23.

Taigny (M. Edmond), p. xvi, 122, 130, 148, 165.

TAINTURIER. — THOU.

Tainturier (Mme veuve), p. 113.

Talaru (le marquis de), p. 120.

Talleyrand-Périgord (Charles-Maurice), prince de Bénévent, p. 166.

TALLEYRAND ET DE VALENÇAY (M. LE DUC DE), p. XVI, 166.

Talma (François-Joseph), p. 152, 210.

Talon, p. 165.

Tarade (collection), p. 86.

Tarboicher de Beaumont, p. 81.

Tardieu (Jean-Charles), p. 147.

Target (Gui-Jean-Baptiste), p. 91.

TARGET (M. PAUL-LOUIS), p. XVI, 91.

Tarrau (Paul-Jacques), p. 106.

Tascher de la Pagerie (Marie-Joséphine-Rose), dite Joséphine, p. 164.

TASCHEREAU (M. JULES), p. XVI, 30.

Taunay (Nicolas-Antoine), p. 140.

Tencin (Claudine-Alexandrine Guérin, marquise de), p. 122.

Terroux (Élisabeth). — Son portrait, 142. — Portrait peint par elle. p. 142.

TEULIÈRES (M. XAVIER), p. XVI, 54.

Thabaud de Chasteignier (M.), p. 22.

Thayer (M. Amédée-Fourcy-William), p. 163.

Théocrite, p. 123.

Théroigne de Méricourt (Anne-Josèphe Terwagne dite**),** p. 91.

Thésy (René-Nicolas-Suzanne de Sacquespée, marquis de), p. 207.

Thiard (Henri de), cardinal de Bissy, p. 51.

Thibaudeau (vente), p. 30.

Thibault (Jean-Thomas). p. 138.

Thielen (Jean-Philippe Van), p. 69.

Thierriat (Augustin-Alexandre), p. 180.

Thierry (Jean), p. 67.

Thomas (Anne-Marguerite), p. 85.

Thomas (Antoine-Léonard), p. 126.

Thomas Mahi (Mme), marquise de Favras, p. 155.

Thomassin, p. 67.

Thomassin de Châtillon (Mme), p. 202.

Thou (Jacques-Auguste de), baron de Meslay, p. 40.

THOURON. — TUBY.

Thouron (Jacques). — Son portrait, p. 209. — Portrait peint par lui, p. 209.
Thouron (Jean-Jacques), p. 209.
Thuret *dit* **le Doyen des vétérans**, p. 101.
Tillet (Alexandrine-Julie de la Boutraye, comtesse Raymond du), p. 186.
Tillet (M. le comte Raymond du), p. xvi, 186.
Tiraqueau (André), p. 19, 198.
Tocqué (Louis), p. 74, 78, 81.
Tollin (M. A.), p. xvi, 127.
Toscane (Christine, duchesse de), p. 197, 198.
Toscane (Ferdinand, duc de), p. 197.
Toulouse (Louis-Alexandre de Bourbon, comte de). — Son portrait, p. 36, 200. — Cité p. 76.
Toulouse. Voyez Musée.
Toulmouche (Mme), p. xvi, 144.
Tour-Maubourg (marquis de la), p. 9.
Tournehem (M. de), p. 89.
Tournelle (Marie-Anne de Mailly, marquise de la), duchesse de Châteauroux, p. 74.
Tournières (Robert). — Son portrait, p. 128. — Portraits peints par lui, p. 61, 84, 114, 128, 129, 192.
Tours. Voyez Musée.
Tourzel (Yves de), marquis d'Alègre, p. 47.
Traullé (M.), p. 60.
Trémoille (Louis II de la), p. 7.
Trésorier de France (Portrait d'un), p. 192.
Tribert (collection), p. 158.
Tribunal de Fontenay-le-Comte, p. xvi, 19.
Trimolet (Anthelme), p. 180.
Trioson (le docteur), p. 174.
Trinquesse ou *Trinquese* (J.), p. 156, 200.
Trinquesse (la femme du peintre), p. 156.
Tronchin (Théodore), p. 120.
Troy (François de), p. 35, 36, 48, 118.
Troy (Jean-François de), p. 123, 159.
Troyes. Voyez Évêché.
Troyes. Voyez Musée.
Tuby (Jean-Baptiste). — Son portrait, p. 204. — Portrait peint par lui, p. 204.

TUBY. — VAULSERRE.

Tuby (Jean-Baptiste), dit *le Romain*, p. 204.

TULPAIN (M.), p. XVI, 92.

Turenne (Henri de la Tour d'Auvergne, vicomte de), p. 45.

Turenne-d'Aynac (Henri-Amédée-Mercure de), p. 168.

TURENNE-D'AYNAC (M. LE COMTE SOSTHÈNES-PAUL DE), p. XVI, 168, 211.

Turgot (Anne-Robert-Jacques), baron de l'Aulne, p. 87.

Turgot (Benoît-Antoine), p. 207.

Turgot (Étienne-François), p. 87.

Turgot (Michel-Étienne), marquis de Sousmont, p. 87, 206.

Turgot de Saint-Clair (Dominique-Barnabé), p. 112.

TURGOT (Mme LA MARQUISE), p. XVI, 87, 88, 112, 206, 207.

VAIL ET Cie (MM.), p. XVI, 150, 152.

VALENCIENNES. Voyez MUSÉE.

Vallet (M.), p. 117.

Vallière (Jean-Florent de), p. 96.

Vallière (Françoise-Louise de la Baume-Leblanc, duchesse de la). — Son portrait, p. 33, 34. — Citée p. 36.

Valois (Marguerite de), p. 12, 13.

Van Daël. Voyez **Daël Van.**

Vandercruz (Françoise-Marguerite), première femme de Jean-Henri Riesener, p. 136.

Vandières (Abel-François Poisson, marquis de), puis de Marigny, p. 89.

Van Dyck. Voyez *Dyck (Van)*.

Vangelisty, p. 111.

Van Haflen. Voyez *Haflen (Van)*.

Van Halen. Voyez *Halen (Van)*.

Van Loo. Voyez Loo (Van).

Van Mirbeck. Voyez **Mirbeck (Van).**

Van Spaendonck. Voyez *Spaendonck (Van)*.

VATEL (M. CHARLES), p. XVI, 47, 73, 80, 83, 90, 93, 108, 109, 119, 165.

Vatier (le sieur), p. 182.

Vauban (Sébastien Le Prestre de), p. 46.

Vaudrey (Messire Georges de), p. 68.

VAULSERRE (M. LE MARQUIS DE), p. XVI, 3, 15.

Vauquelin des Yveteaux (Nicolas), p. 23.

Vaussard (Mme), p. xvi, 163.

Vaussin (Ferdinand-Charles-Nicolas), p. xvi, 122.

Vecellio (Tiziano), p. 24.

Vendôme (César, duc de). — Son portrait. p. 197. — Cité p. 200.

Vendôme (Élisabeth de), p. 201.

Vendôme (François de), duc de Beaufort, *dit* **le roi des Halles,** p. 200.

Vendôme (Philippe, chevalier, puis duc de), p. 47.

Venezia (Residente di), p. 82.

Verdonnet (M. le comte Sosthènes de), p. xvi, 52.

Verdun. Voyez Musée.

Vergennes (Charles-Gravier, comte de), p. 82.

Vernède de Corneillan (Mme la comtesse de), p. xvi, 187.

Vernet (Antoine-Charles-Horace *dit* **Carle)**. — Son portrait, p. 138, 139. — Portrait peint par lui, p. 97. — Cité, p. 178.

Vernet (Émile-Jean-Horace), p. 168, 212.

Verneuil (Catherine-Henriette de Balzac d'Entraigues, marquise de), p. 33, 200.

Véron (vente), p. 153.

Verrue (Jeanne-Baptiste d'Albert de Luynes, comtesse de), p. 149.

Versailles. Voyez Bibliothèque.

Versailles. Voyez Paroisse de Notre-Dame.

Vertpré (Jenny), p. 185.

Vestier (Antoine). — Son portrait, p. 136, 137. — Portraits peints par lui, p. 101, 136.

Vestier (M.), p. 101.

Vestris (Françoise-Rose Gourgaud, femme d'Angiolo), p. 150.

Vestris (Gaëtano-Appollino-Baldassare Vestri *dit***)**, p. 153.

Vial, p. 120.

Vialy (Louis-René de), p. 120.

Victor-Amédée II, p. 149.

Victor-Amédée III, p. 165.

Vidal (M.), p. 135.

Viel (M.), p. xvi, 155.

Vien (Joseph-Marie, comte). — Son portrait, p. 133. — Portrait peint par lui, p. 133.

Vien (Joseph-Marie), p. 133.

VIGNEROT. — WATTEAU.

Vignerot (Marie-Madeleine de), dame de Combalet, duchesse d'Aiguillon, p. 42.

Vignerot du Plessis (Louis-François-Armand de), duc de Richelieu, p. 157.

Vignerot du Plessis-Richelieu (Jeanne-Sophie-Élisabeth-Louise-Septimanie de), comtesse d'Egmont-Pignatelli, p. 157.

Vigny (Alfred de), p. 62.

Villars (Claude-Louis-Hector, duc de), p. 46.

Villars (Léontine d'Estrées, duchesse de), p. 13.

Villars de Grécourt (Anne de), p. 157.

Villeminot (César-Louis-Marie de), p. 207.

VILLENEUVE (M.), p. XVI, 143, 144.

VILLEPERDRIX (M. LE COMTE LOUIS DE), p. XVI, 95.

Villeroy (Nicolas de Neufville, seigneur de), p. 25.

Villey (Jean-Louis, marquis de Maleteste de), p. 110.

Villot (Frédéric), p. 208.

Vincent (Madame), p. 211.

Vincent (le Colonel), p. 211.

Vincent (François-André), p. 135, 137.

Vincent de Paul (Saint), p. 50.

Virieu (Claudine de Maleteste, vicomtesse de), p. 210.

VIRIEU (M. LE MARQUIS DE), p. XVI, 164, 206.

Virieu (le vicomte de), p. 163, 164, 206.

Visconti (Ennius-Quirinus), p. 177.

Vivien (Joseph), p. 52, 67.

Vivonne (Louis-Victor de Rochechouart, comte, puis duc de Mortemart et de), p. 46.

Voch (Jeanne-Élisabeth-Claudine), p. 134.

Voiriot, Woiriot ou Voriot (Guillaume). — Son portrait, p. 133. — Portraits peints par lui, p. 82, 111, 117, 124, 133, 157.

Volaire (le Chevalier), p. 182.

Voltaire (François-Marie Arouet de). — Son portrait, p. 114, 115. — Cité p. 159.

Vouet (Simon), p. 41.

WALFERDIN (M. HIPPOLYTE), p. XVI, 22, 89, 94, 101, 115, 116, 118, 142, 210.

Walkenaër (le baron), p. 60.

Watteau (Antoine), p. 149, 150.

WATTEVILLE (M. LE BARON OSCAR DE), p. VIII.
Wayembourg (Jean de), p. 197, 198.
Wemmer (Marguerite-Joséphine) dite **mademoiselle Georges,** p. 185.
Wilback (de), p. 180.
Wilhem (Guillaume-Louis Bocquillon *dit*), p. 184.
WILHEM FILS (M. ALEXIS), p. XVI, 184.
Wille (Jean-Georges), p. 81, 124.
Wismes (le baron de), p. 59.
WHITELOCKE (M.), p. XVI, 14, 34, 92, 123, 158.
Wyrsch (Jean-Melchior), p. 127.

YVES (M. PHILIPPE), p. XVI, 32, 46, 102.
Yveteaux (Nicolas Vauquelin des), p. 23.

Zamore, p. 161.

TABLE DES MATIÈRES.

	Pages.
Introduction	III
Commission de l'Inventaire général des richesses d'art de la France	VII
Règlement de l'Exposition des Portraits nationaux	IX
Propriétaires d'œuvres d'art, musées, bibliothèques, fabriques, etc. évêchés, qui ont pris part à la première exposition française des Portraits nationaux, au palais du Trocadéro, en 1878	XI
Notice historique et analytique des peintures, sculptures, tapisseries, miniatures, émaux, dessins, etc. exposés dans les galeries des Portraits nationaux, au palais du Trocadéro	1
Portraits nationaux du XIe au XVIe siècle	1
Portraits nationaux du XVIe siècle	8
I. Gouvernement. — Personnages politiques	8
II. Armée	16
III. Magistrats, jurisconsultes	18
IV. Clergé	20
V. Philosophes, poètes, écrivains, savants	21
VI. Artistes	23
VII. Personnages divers	24
Portraits nationaux du XVIIe siècle	27
I. Gouvernement. — Personnages politiques	27
II. Armée	44
III. Magistrats, jurisconsultes	47
IV. Clergé	49
V. Philosophes, poètes, écrivains, savants	55
VI. Artistes	63
VII. Personnages divers	67
Portraits nationaux du XVIIIe siècle	71
I. Gouvernement. — Personnages politiques	71
II. Armée	95
III. Magistrats, jurisconsultes	109
IV. Clergé	111
V. Philosophes, poètes, écrivains, savants	114
VI. Artistes	127
VII. Personnages divers	153

Portraits nationaux du xixe siècle.. 162
    I. Gouvernement. — Personnages politiques........................ 162
    II. Armée.. 167
    III. Magistrats, jurisconsultes....................................... 170
    IV. Clergé... 170
    V. Philosophes, poètes, écrivains, savants........................... 171
    VI. Artistes... 177
    VII. Personnages divers.. 186

Inconnus 189
    Portraits du xve siècle 189
    Portraits du xvie siècle.. 189
    Portraits du xviie siècle... 190
    Portraits du xviiie siècle.. 192
    Portraits du xixe siècle.. 194

Appendice... 195
    Portraits nationaux du xve siècle................................. 195
    Portraits nationaux du xvie siècle................................ 196
    Portraits nationaux du xviie siècle............................... 200
    Portraits nationaux du xviiie siècle.............................. 206
    Portraits nationaux du xixe siècle................................ 211

Errata, corrections, omissions... 213

Table raisonnée des noms contenus dans ce volume...................... 215

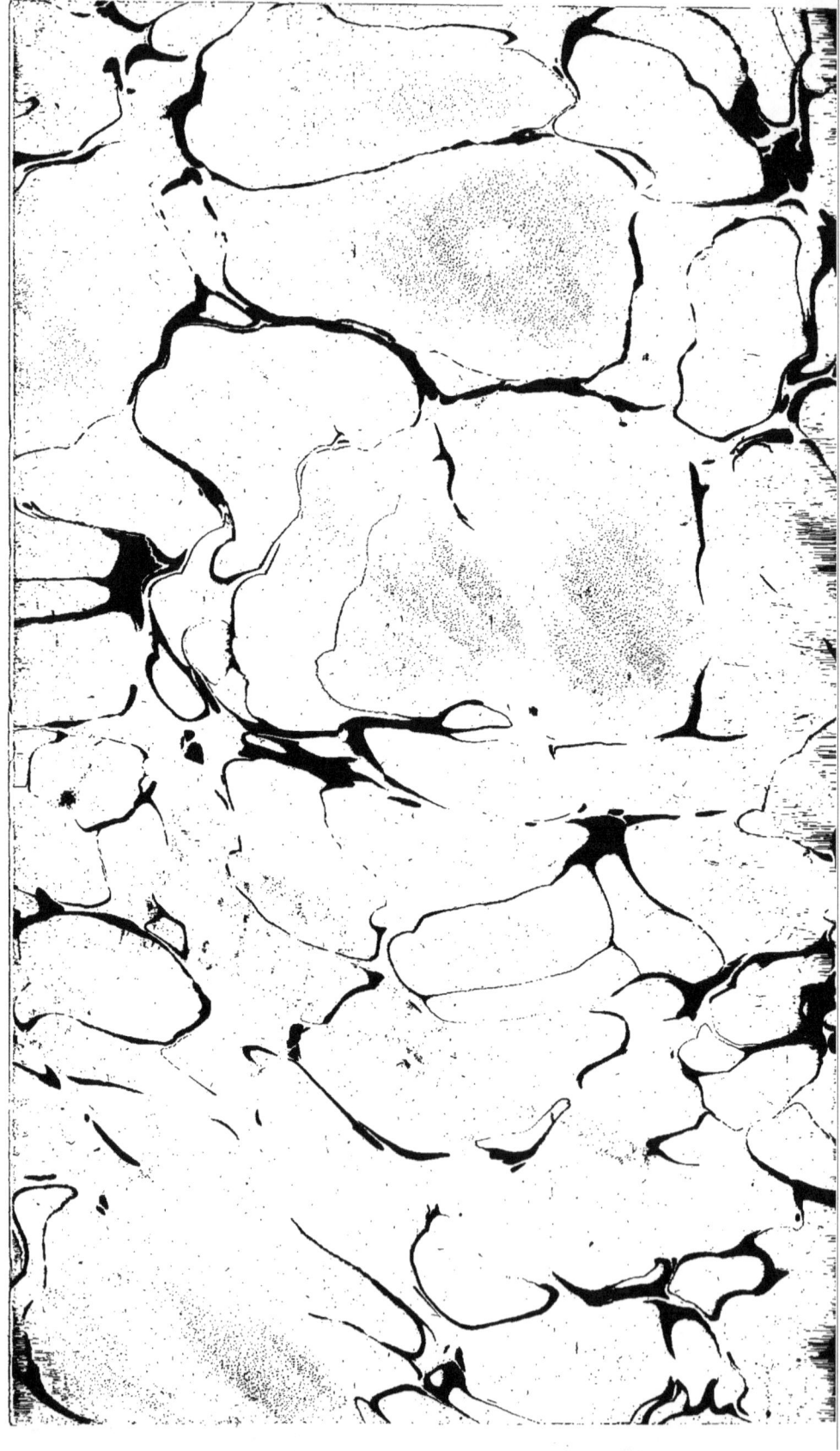

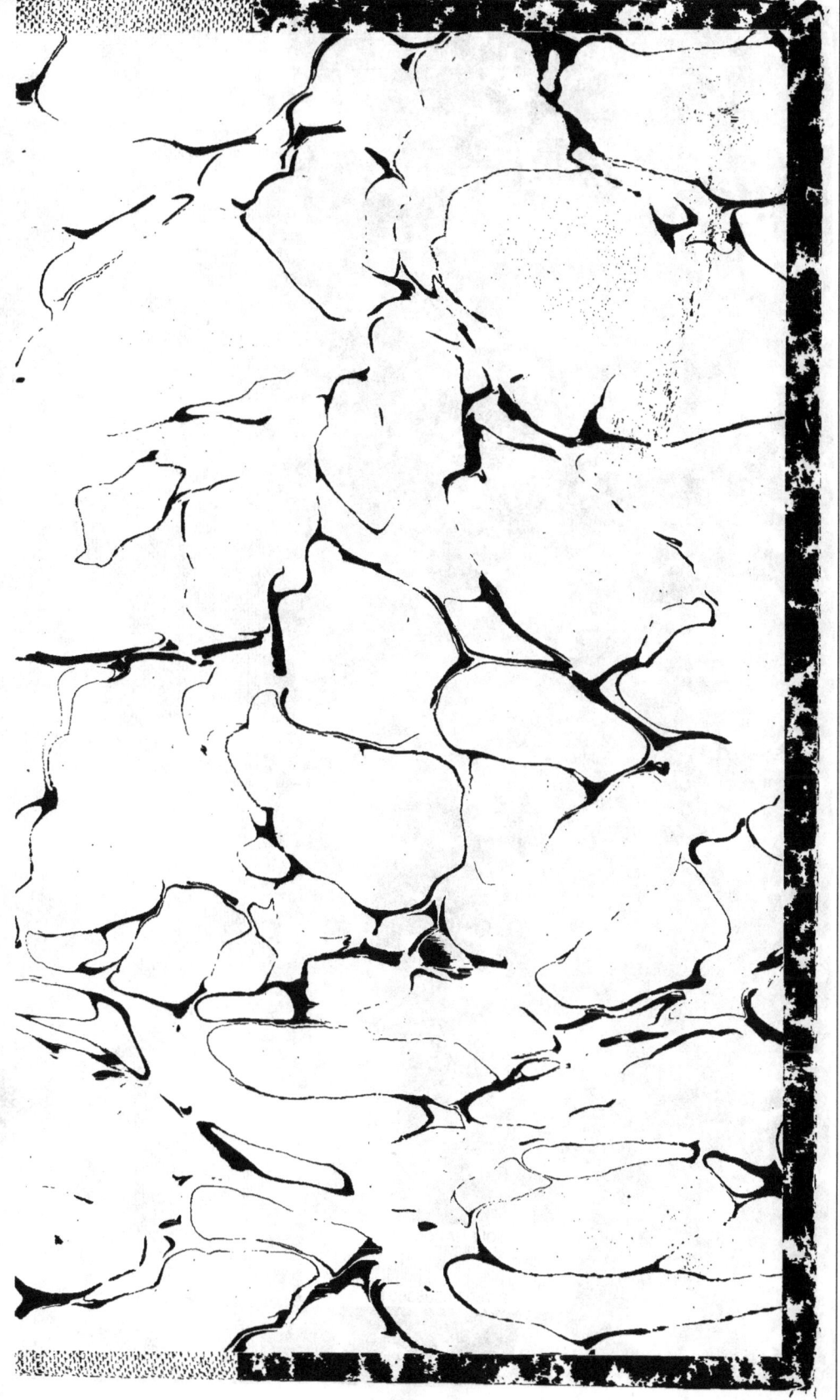

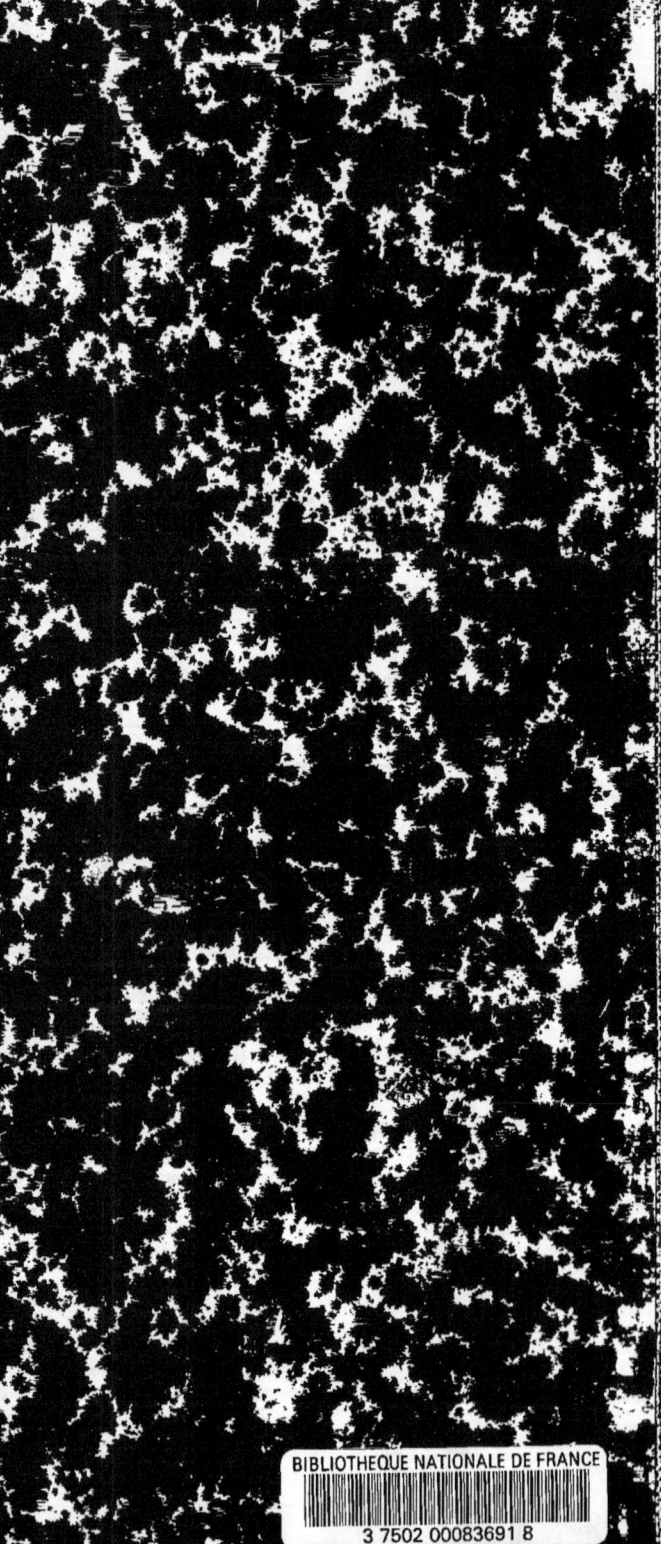

www.ingramcontent.com/pod-product-compliance
Lightning Source LLC
Chambersburg PA
CBHW070617160426
43194CB00009B/1297